한국 근현대사 100년의 재조명

# 지배자의 국가 / 민중의 나라

― 서중석 지음 ―

돌베개

## 지배자의 국가, 민중의 나라
— 한국 근현대사 100년의 재조명

서중석 지음

2010년 6월 14일 초판 1쇄 발행
2015년 7월  6일 초판 4쇄 발행

펴낸이 한철희 | 펴낸곳 주식회사 돌베개 | 등록 1979년 8월 25일 제406-2003-000018호
주소 경기도 파주시 회동길 77-20 (문발동)
전화 (031) 955-5020 | 팩스 (031) 955-5050
홈페이지 www.dolbegae.co.kr | 전자우편 book@dolbegae.co.kr

책임편집 김희진
편집 소은주·김태권·이경아·좌세훈·권영민·조성웅·김혜영
본문디자인 박정영·이은정 | 마케팅 심찬식·고운성·조원형
제작·관리 윤국중·이수민 | 인쇄·제본 상지사 P&B

ISBN 978-89-7199-391-0 (93910)

책값은 뒤표지에 있습니다.

이 도서의 국립중앙도서관 출판시도서목록(CIP)은 e-CIP 홈페이지
(http://www.nl.go.kr/ecip)에서 이용하실 수 있습니다.(CIP제어번호: CIP2010002059)

**지배자의 국가** / 민중의 나라

책을 펴내며

1

    금년은 일제의 강제병합-경술국치 100주년, 한국전쟁 60주년이 되는 해이기도 하지만, 4월혁명 50주년, 광주항쟁 30주년, 6·15남북정상회담 10주년이 되는 해이기도 하다. 이처럼 우리 근현대사에 거대한 영향을 미친 사건이 많기 때문에 어느 때보다도 올해는 20세기의 우리 역사에 각별히 관심을 갖지 않으면 안 될 것 같다. 이 책은 파란에 찬 20세기의 우리 역사를 중요 고비마다 그 의미를 묻고 되새기면서 성찰해보자는 의도에서 필자의 글 중 그것에 부응할 만한 것을 선정해 수록했다.
    우리는 금년에 기념비적인 사건을 맞을 때마다 끊임없이 우리 자신에게 '왜' 그러한 일이 일어났나를 묻게 될 것이다. 이 책과 관련해 그러한 물음은 다음과 같은 것들이 될 것이다. 왜 남북정상회담은 분단정부가 들어선 지 50년이 넘도록 한 번도 이루어지지 않아 새천년이 시작되는 2000년대에 와서야 결실을 맺게 되었을까. 민중이 남북교류나 긴장 완화, 통일을 바라지 않아서였나. 그렇지 않다면 그 책임은 누가 져야 하나. 1980년 5월에 무엇이 광주의 학생과 시민들을 그토록 분노케 하여, 한국에서 제일 무섭다는, 특수진압훈련을 전문적으로 받은 공수특전단과 수일간 일진일퇴의

'격전'을 벌이고, 급기야는 그 군대를 광주 외곽으로 물러나게 하였을까. 박정희의 지독한 호남차별정책과 함께 박정희가 박해하고 사지로 몰아넣었던 김대중이 '유신 잔당'에 의해 또다시 체포되어 사지에 빠진 것이 그러한 분노의 중요 요인이 아니었을까. 4월혁명은 왜 일어났나. 4월혁명으로 우리는 어떠한 세상을 가지려 했으며, 그래서 무슨 일이 일어났나. 4월혁명은 1960년 3~4월의 시위투쟁도 중요하지만, 그것이 가져온 그 이후의 변화가 똑같이 의미가 있다. 20세기 말, 21세기를 양식을 가진 지구인들이 '기억과 화해의 시대'라고 한다면, 한국전쟁과 관련해 왜 전쟁 전후에 군경에 의한 대규모 제주4·3 주민 집단학살과 보도연맹원 집단학살, 11사단에 의한 거창 등지에서의 주민 집단학살이 발생했는가를 중시하지 않을 수 없다. 이 저서에서는 이것에 초점을 맞추지는 않았지만, 이 책의 4장 「이승만의 단정운동·반공국가와 여순사건」에서 그 단서를 찾았다.

　금년에 한국강제병합 100주년을 맞아 한국과 일본 및 미국 등의 학자가 참여하는 국내·국외의 국제회의가 풍성하게 열릴 예정이고, 남북 역사학자들도 학술토론회를 이미 한 번 가졌지만, 8월에 더 큰 규모로 개최할 예정이라고 한다. 이처럼 남과 북, 일본 등 여러 지역에서 논의가 활발한 것은 강제병합이 갖는 의미가 대단히 크기 때문이다. 유일한 비백인 제국주의국가로 등장해 한국을 강점한 일제는 그것에 이어 중국에 21개조를 강요하고 시베리아 출병으로 시베리아를 넘보다가 만주침략 이후부터는 중일전쟁·태평양전쟁으로 이어지는 15년전쟁의 수렁에 빠지게 되었기 때문에, 한국강제병합은 국제적으로 중요한 의미를 지니고 있다. 또 일제 강점은 한국인에게 무한한 고통을 주었다. 백인 제국주의국가에서 유례를 찾아볼 수 없는 극단적인 억압통치와 독립운동 탄압으로 한국인은 20세기 전반기에 정치적 '훈련'의 기회가 없었고, 일제 말 군국주의 파시즘 광풍은 해방 후 일부 한국인으로 하여금 이승만의 '백색독재', 박정희의 '한국식 민주주의' 곧 '한국형 파시즘'에 순응하게 만들었다. 그보다 더 중요한 것은 일제가 태평양전쟁을 일으키고 나치 독일, 파시스트 이탈리아와 추축동맹을 맺으며 대대적인 반공운동을 벌임으로써 한국인 유지·명사와 일부 청년들을 군국주의 침략전쟁과 황국신민화운동의 첨병으로 만들었다는 점이다. 일제의 군국주의 파시즘은 반공주의를 친일파들로 하여금 해방 후 독재정치나 파시즘을 합리화시키고 떠받치는 데 유용한 도구로 만들었다. 뿐만 아니라 일본천황에게 충성을 맹세하는 혈서를 쓰면서까지 '황국의 간성(干城)'이 되려고 한 일제 말의 친일파는 프랑스의 나치협력자들과 마찬가지로 비인간적 반문명적 행위를 저지른 자들로, 또다시 그러한 행위를 저지를 수 있는 정신 상태를 지니고 있었다. 일제의 지배가 얼마나 유해한가를 잘 보여주는 예인데, 이 책 전체를 관통하고 있는 주장이지만, 한일합병 100주년이 되는 금년에는 일제의 식민주의, 그중에서도 해독이 제일 큰, 반공주의와 결합된 군국주의 파시즘 또는 한국형 파시즘을 인적으로나 물적으로 규명하고 청산하는 뜻있는 해가 되어야겠다.

짧지 않은 현대사에서 긍정적인 역할보다 부정적인 역할을 많이 한 세력의 하나로 일제강점기의 민족개량주의자들을 생각할 수 있다. 이 세력은 물적으로나 정신적으로 취약한 존재여서 친일과 반일운동 사이를 왔다 갔다할 수밖에 없었고, 일제 말에는 다수가 친일행위에 가담했다. 해방 후에도 이 세력은 독자성을 갖기도 어려웠고, 좌익에 대항하는 데도 힘이 벅차 외세에 의존했고, 이승만·친일파와 결탁했다. 이 세력은 민주주의에도 인권에도 남북통일에도 소극적인 태도를 보이거나 부정적일 수밖에 없었다.

현대사에서 부정적인 역할을 한 자들이 친일파다. 친일파, 그중에서도 경찰과 일제 말의 친일파는 현대사에서 씻어내기 어려운 해독을 끼친 암적 존재였다. 이들은 동족을 짓밟으며 일제에 보여주었던 '충성심'과 탁월한 생존능력으로 미군정에서 유신체제에 이르기까지 실세로 활동했다. 친일파들은 민주주의와 인권의 적이었다. 그들은 권력자가 요구하는 것이라면 물불 가리지 않고 앞장섰다. 경찰선거·관권선거로 대표되는 부정선거를 저지르는 데 조금도 양심의 가책을 받지 않았고, 자유민주주의를 유린한 유신체제를 만들고 수호했다. 친일파들은 반공의 외피를 쓰면 무슨 짓을 자행해도 된다는 사고를 지니고 있었다.

정부수립 후 민족정기와 국가기강을 세우기 위해 추진된 반민족행위처벌도 반공을 내세워 저지했다. 제주4·3 주민 집단학살, 보도연맹원 집단학살, 거창 주민 집단학살 등 비인간적 반문명적 집단학살이 공공연히 자행된 것도 친일파의 극단적인 반공주의를 빼놓고는 이해하기 어렵다. 3·15부정선거로 마산에서 두 차례에 걸쳐 의거가 일어나자 이승만과 일제 때 판사였던 홍진기 내무장관, 경찰은 마산시위 배후에 공산당이 관련된 것처럼 주장했다. 해방이 되자 전전긍긍하며 피신했던 친일파들은 통일정부가 수립되면 자신이 처단될 터여서 통일정부 수립을 방해했고, 분단체제를 공고히 하는 데 모든 노력을 기울였다. 이승만정권이 보여주듯 친일파에게는 부정·부패·비리가 체질화되어 생리현상처럼 자연스러운 것이었다. 친일파들이 득세하고 지도자 행세하는 세상에서는 가치관이 혼란에 빠지거나 전도될 수밖에 없다. 3·1절, 광복절에 친일 경찰서장이 단상에 버티고 있고 친일행위자가 기념사를 읽는 사회에서, 어떻게 참되게 살라고 할 수 있으며 어떻게 올바른 가치관이 자리 잡을 수 있겠는가.

민주화가 되기 이전 한국인은 상당 기간 각각 성격이 다른 두 개의 조국 또는 국가를 가지고 있는 것 같았다. 특히 이승만정권, 박정희 유신체제, 전두환·신군부정권의 잔학한 행위를 목도한 사람들에게는 더욱 그러했다. 친일파가 활개치고 독립운동가가 숨죽이고 사는 사회, 민주주의와 인권, 사회정의가 권력에 의해 무참히 유린당하는 그러한 국가를 나의 조국이라고 하는 것은 쉬운 일이 아니다. 유신시기에 '올바른 국가관', '능률의 극대화', '비상시국', '총력안보', '위대한 영도자 박정희'를, 그것도 친일파가 TV나 라디오에서 쉬지 않고 떠들어대는 소리를 듣는 것처럼 고통스러운 일은 없었다. 쉬려고 극장에 갔는데 기립해서 애국가를 듣게 하고, 저녁 6시면 길을 가다가도 사이렌 소리에 발을 멈추고 국기에 경례하던 것도 일제 말을 상기시켰다. 장발 단속, 미니스커트 단속도 군국주의를 떠올려 소름이 오싹 끼쳤다. 안 그래도 살맛 나지 않는 국가였는데 대통령, 국회의장, 대법원장은 모두 친일행위자였다. 더구나 유신체제에서 신물 나게 들었던 박정희의 국가관이라는 것이 '황국군인'들이 1932년 일으킨 5·15쿠데타나 1936년의 2·26쿠데타에 심취하여 만들어진 것이라는 데 이르러서는……

20세기 100년의 역사에서 민주화가 이루어지기까지는 지배자의 국가관과 민중이 갖고 싶었던 나라가 확연히 달랐다. 또 일제강점기 독립운동과 해방 이후 민주화운동이 추구하는 바가 같았다. 독립운동가들이 국내 지하에서, 국외 이역만리에서 풍찬노숙하며 목숨을 걸고 수십년간 항일투쟁을 전개한 것은 이민족의 억압에서 벗어나 자유와 평등, 민주주의와 인권을 쟁취하기 위해서였고, 개성을 마음껏 발휘할 수 있는 좋은 세상에 살기 위해서였다. 다른 점이 있다면, 독립운동은 3대가 망한다고 할 정도로 일제강점기에만이 아니라 해방 후 조국에 돌아와서도 고초를 겪고 자손도 고생을 했는데, 민주화운동은 중앙정보부, 보안사, 남영동 대공분실 등에서 모진 고문을 당하더라도 대개의 경우 독립운동가 집안처럼 망하거나 심하게 고생하지는 않았다는 점 정도이다.

20세기 현대사는 세상이 바뀌는 것이 얼마나 좋은가를 잘 말해준다. 우리는 세상이 바뀔 때마다 억눌린, 꽉 막힌, 답답하고 음울한 울안에서 나와 자유의 세상을 만끽하면서 역동적으로 새로운 사회를 만들어보려고 했다. 꿈에도 그리던 해방이 되자 한국인은 역사상 처음으로 언론·출판·집회·결사의 자유를 누렸고, 정치적 자유를 가졌다. 그러한 자유가 두 정부가 남과 북에 서면서 급속히 축소되었지만.

4월혁명은 5장 「4월혁명 이후 새나라 건설 방향과 혁명입법」에서 서술한 대로, 우리도 민주주의를 할 수 있다는 희망과 용기를 실어줘 보수적 언론조차 '혁명입법'을 제정해 이승만정권을 단단히 단죄해야 한다고 역설했다. 뿐만 아니라 극우·냉전 이데올로기의 질곡에서 해방되어 사고의 지평을 넓혔고, 그래서 민족자주의 논리도 등장했다. 경제적으로도 활력이 생겨나 자립경제가 제창되고, 장면정권은 경제제일주의를 내세워 경제건설에 나섰다. 노동계·교육계 등 사회 각계, 각 부문의 자율성이 커졌고, 공직자사회도 새 바람이 불었으며, 법치주의도 영향력을 넓혔다. 공권력 남용도 많이 줄었다. 5·16쿠데타 이후에도 4월혁명이 열어놓은 사고·사상의 확대 등은 상당 부분 지속되었다.

10·26정변 이후 민주화운동이 어떠한 변모를 보여 광주항쟁으로 이어지고, 6월항쟁으로 발전하는지는 6장 「부마항쟁과 박정희 유신국가의 말로」 뒷부분에서 기술했지만, 유신 말기에는 4월혁명 직전의 상황과 비슷하게 정치적으로뿐만 아니라 경제적·사회적·정신적으로 출구가 꽉 막힌 침체되고 암울한 사회였다. 박정희와 경호실장 차지철은 어떤 일을 저지를지 예측할 수 없이 폭주를 거듭하였고, 경제적으로도 박정희식 경제발전이 한계에 부닥치면서 난맥상과 무능력을 보여주었다. 빈부격차, 투기열풍, 소외된 빈곤층의 확산과 그들의 터질 듯한 분노로 심각한 사회 균열 현상이 일어나 대형사건이 언제 어디서 일어날지 알 수 없는 상황이었다. 정신이나 사고를 밀폐된 공간에 몰아넣고 정보를 차단하고 문화를 통제하는 것도 한계에 달해 있었다. 민주주의, 인권 문제를 떠나서라도 사회나 경제가 전반적으로 재조정되고 통합되어야 했다. 10·26은 대참극을 막고 새로이 출구와 활로를 찾을 수 있는, 그리하여 박정희의 유산인 유신체제를

털어버리고 새출발할 수 있는 기회였다.

현대사에 어두운 과거만 있던 것은 아니다. 2005년 해방-광복 60년을 맞아 필자는 여러 글과 강연을 통해 우리가 민주화와 경제발전을 동시에 달성한 자랑스러운 역사를 가졌다고 강조했다. 그럴 만도 했던 것이 선거의 투명성 등 사회의 투명성이 커졌고, 정경유착이 현저히 약화되었으며, 대통령이나 국가정보원 등 여러 권력기관도 제자리를 찾아가는 것 같았다. 국회나 사법부도 제 역할을 하는 것처럼 보였다. 남북관계도 달라졌다. 일제강점기에서부터 극우·반공·독재 정권기에 있었던 수많은 비인간적 반문명적 행위, 각종 의혹사건을 털어버리고 새출발을 하려는 과거청산 움직임도 활기를 띠었다. 문제는 산적해 있었지만 이제 나라가 제대로 되는가 싶었다. 필자는 이 무렵 일제의 유산이 해방 후 한국을 어떻게 짓눌렀으며, 해방·4월혁명·부마항쟁·광주항쟁·6월항쟁이 어떻게 우리 사회에 역동성을 불어넣었고, 우리 사회에 대해 긍지를 갖게 했는지 역설했다.

그렇지만 이승만·박정희 유산은 쉽게 청산되지 않았다. 권위주의에 대한 향수가 컸고, 2007년 대선에서는 성장제일주의 앞에서 민주주의나 정의감, 양심이 얼마나 쉽게 마비되는가가 입증되었다. (분단)정부 수립 60주년을 맞아서는 '이승만 건국'을 찬양하면서, 광복절 대신 건국절을 제정해 기념하고, 건국공로자를 서훈하자는, 경악할 만한 주장까지 나왔다. 단정운동을 찬양하고 단정운동에 참여한 친일파를 건국공로자로 모시자는 주장이었다. 이는 친일파의 위력을 실감케 했는데, 해방 이후 처음 나온, 역사관이 뒤집혀져도 완전히 뒤집힌 해괴한 논리였다. 광복회 등 독립운동단체들이 즉각 반발하지 않았더라면 어디까지 주장할지, 무슨 일을 저지를지 알 수 없는 상황이었다. 그리고도 부족해 역사를 과거로 되돌려놓으려는 움직임이 잇달아 일어났다. 2009년에는 『친일인명사전』 출판기념식을 예정된 장소에서 가질 수 없어, 할 수 없이 백범 묘소로

가 그 앞에서 간소하게 거행했다. 역사는 돌고 돈다지만 2005년과 너무나 달랐다. 상황이 이러했기 때문에 이 책의 출간을 서둘렀고, 『6월항쟁』 집필에도 착수했다.

## 2

이 책에 수록된 글들이 어떠한 이유로, 어떠한 상황에서 씌어졌고, 어디에 중점을 두어 서술했는가를 각각의 장에 따라 밝히는 것은 독자가 이 글을 이해하는 데 도움이 될 듯하다.

### 제1장 일제가 만들려 한 국가, 한국인이 세우려 한 나라

이 장은 일본 역사교과서 왜곡사건의 산물이다. 2001년 일본 역사교과서 왜곡사건이 직접적인 계기가 되어 조직된 한일역사공동연구위원회 한국 측 위원장인 조동걸 교수가 쓰기로 되어 있던 「일제의 지배정책과 독립운동」을 필자가 맡게 되었다.

일본인은 1990년대까지 한국과 한국인에 대해 별 관심이 없었지만, 양심적인 사람들도 대개가 백인의 제국주의건 일본의 제국주의건 제국주의는 나쁘지만 일제의 조선 지배가 그래도 한국에 유익한 것이 적지 않았다거나, 억압이나 차별이 있었지만 그것이 그렇게 심했겠느냐는 생각을 가지고 있었다. 필자는 1990년대에 일본 한 대학 발표에서 친일파에 대해서 몇 마디를 꺼냈다가 진보적인 교수들조차도 불만을 표하는 것을 보고 놀란 적이 있다. 그러한 경험으로 보아, '일제의 지배정책'을 한국사회에서 통용되는 일반적인 논리로 비판하면 일본인들이 귀담아듣지 않을 것 같았다. 따라서 유럽·미국과 일본의 차이, 한국과 일본의 역사적 관계, 한국이 '대일본제국'에서 차지했던 위상을 설명하고, 구체적으로 언론·출판·집회·결사의 기본적 권리에 대한 인정, 의회의 존재, 총독의 권한에서 일제의 조선 지배가 백인 제국주의국가들의 인도, 필리핀 등 동남아시아 지배와 어떻게 달랐는가를 비교해줌으로써 일본인이 스스로 판단할 수 있도록 하는 데 치중했다. 또한 일제는 강점 초기부터 내지연장주의, 내선일체라고도 말했던 동화정책을 실시했는데, 그것이 프랑스의 초기 식민정책인 동화정책과 출발부터 왜 근본적으로 다를 수밖에 없었는가를 일제의 '충량한 신민 만들기' 논리와 연관지어 설명하였다. 더불어 동화정책과 모순되는 것처럼 보이지만 실은 일제 동화정책의 진면목이었던 차별정책을 조선총독부나 일본정부의 공식자료, 그것도 구체적 제도나 수치를 가지고 제시했다. 그와 함께 동화정책의 진면목이 동화교육을 통해서 나타났던 점을 중시해, 동화교육이 초·중등학교에서 학교의 명칭, 교육연한과 교육의 내용과 질, 교사의 '국적'에 이르기까지 어떻게 제도화되었고, 한국인의 초·중등 학생 수, 공립 전문학교, 대학교 학생 수가 얼마나 낮은 수준인가를 일본 측의 자료와 통계를 가지고 제시했다. 이 글의 1부인 '일제 지배정책'의 후반부에서는 중일전쟁 이후부터 전개된 황국신민화운동이 일본 천황한테 순응하고 복종하는 인간을 만들어내기 위한 동화정책에서 한걸음 더 나아가 총력전으로 한국인의 정체성을 해체시켜 천황제 파시즘 또는 군국주의 파시즘에 순응하는 인간을 만드는 운동이었다는 점을 역설하고, 형식 면에서 볼 때 동화정책에 가까운 일제 말의 초등학교 입학률 증가와 참정권 논의 등은 사실 강제동원, 징병제처럼 일제의 군국주의 침략전쟁 수행과 밀접한 관계가 있다는 점에 초점을 맞춰 서술했다.

    필자는 처음에 '일제의 지배정책'을 많이 쓰고, 독립운동은 간단히 기술하면 되는 것으로 제안을 받고 그에 따라 구상을 했다. 그런데 '일제의 지배정책'을 한창 쓰고 있을 때 정재정 교수가 일본인은 지배정책 쪽은 조금 안다고 생각하지만, 한국의 독립운동에 관한 글은 볼 수 있는 기회가 거의 없고, 독립운동에 관심이 없거나 독립운동을 별것 아닌 것으로 알고 있으므로, 오히려 이 부분에 더 큰 비중을 두었으면 좋겠다고 조언했다. 그래서 필자는 '일제의 지배정책' 부분은 구상한 대로 쓰고 대신에 독립운동에 더 많은 비중을 두기로 했다. 이 때문에 긴 글이 되었지만, 그 덕에 일제의 지배정책과 독립운동을 비교적 상세히 쓸 수 있었다.

'독립운동'에 대해서는 왜 인도 등 다른 지역과 크게 다르게 한국의 독립운동은 국내에서는 '불법적인' 시위투쟁, 지하투쟁의 형태로 전개되고 국외에서, 그것도 만주, 중국 관내(산해관 안쪽이라는 뜻)의 화북과 화중, 연해주 등 러시아, 일본, 미국 등지에서 전개되었는가를 설명하고자 했다. 또 한국인은 3·1운동과 같은 독립운동을 하면서 어떻게 변화하였는가, 한국인이 꿈꾼 나라, 곧 한국인이 독립운동을 펴면서 가지려던 나라는 어떤 것이었나에 초점을 맞추었다.

4월혁명, 반유신투쟁, 부마항쟁, 광주항쟁, 1980년대 민주화·자주화운동, 6월항쟁이 인간의 의식을 바꿔놓았듯이, 3·1운동, 6·10만세운동, 광주학생운동과 국외의 독립운동은 제국주의자들의 식민주의를 배격하고 시민적·자주적 근대인을 형성하는 데 중요한 역할을 했다. 이 글에서는 1910년대 서간도, 북간도의 한국인 거주지에서의 교육 수혜가 당시 일제 치하에서의 교육 수혜보다 월등 높았음을 조선총독부 수치로 제시함으로써 독립운동 지역에서의 근대교육이 내용적으로나 양적으로 무단통치하의 교육과 어떤 차이를 갖는가를 독자들이 생각해보게 했다. 3·1운동은 무단통치에 의해 저지당했던 인간의식, 민족의식을 일깨워 개인으로나 농민·노동자·지식인 등 계층으로나 민족으로나 다시 태어나는 계기가 되었고, 한국인들을 침체와 무기력에서 벗어나 정체성을 확립한 능동적·적극적 인간으로 변화시켰다. 1920년대의 활발한 사회·문화운동, 국내외의 민족운동은 이처럼 근대인으로 깨어난 개인, 계층, 민족에 의해 이루어진 것이다. 일제강점기건 해방 후 독재권력하에서건 '비판적 참여' 또는 '운동'(투쟁)이라는 것은 이렇게 소중했다.

또 한국인은 이미 1910년대 독립운동에서 공화국을 세우려 했고, 3·1운동 직후에 세워진 대한민국임시정부는 보통선거에 의해 구성되는 나라를 구상했음을 강조했다. 1920년대 중후반 국내외 항일운동세력의 국가구상은 더욱 구체적으로 다듬어졌고, 1930년대에 이르면 독립운동계에서는 그러한 국가구상이 보편화되고 있음을 비교 분석을 통해 입증했다. 한국인이 1945년 8·15해방을 어떻게 주체적으로 맞으려 했는지, 또 실제로 어떻게 맞았는지도 비중을 두어 서술했다.

### 제2장 해방 직후 여운형의 국가 건설 방향

2006년 10월경 국사편찬위원회에서 다음 해 평양에서 열릴 학술회의를 위해 '한국인의 독립 후 국가 구상'에 관한 논문을 청탁해왔다. 여러 가지로 생각 끝에 여운형의 해방 후 국가 건설 방향을 가지고 쓰기로 했다. 평양회의인 만큼 남과 북에서 존경받거나 인정하는 인물을 택하는 것이 좋다고 생각했고, 그보다는 해방 60년을 넘긴 시점에서 우와 좌, 남과 북이 해방 직후 어떻게 단추를 잘못 끼웠기에 60년 동안 극단적인 갈등과 대립을 하게 되었는가를 해방 직후로 거슬러 올라가 차분히 생각해볼 필요가 있다고 판단한 때문이었다. 그렇지만 그 다음 해 열릴 예정이었던 평양회의는 무산되었다.

좌의 여운형과 우의 안재홍이 이끈 건국준비위원회가 해방된 그날부터 자주적·자율적으로 '나라 세우기'에 착수했다는 것은 우리 민족의 뛰어난 정치적 잠재력을 잘 보여준 실례였다. 그런데 1945년 9월 초 대한민국 임시정부봉대운동과 인민공화국 지지가 맞서면서 좌우대립은 점차 심해졌다. 평양회의가 무산되어 학술논문지에만 발표된 「해방 후 주요 정치세력의 국가 건설 방향—여운형의 인민공화국·인민당·신탁통치 관련 문제를 중심으로」에서는 우선 진보적 지식인이 거의 다루지 않았던, 인민공화국 문제를 둘러싸고 여운형과 공산당이 '왜' '어떠한' 갈등을 가졌는가에 초점을 맞추었다. 그러한 갈등 속에서 여운형은 좌우합작운동을 추진할 독자적 정당의 필요성을 갖게 되어 인민당을 창당했다. 이 무렵 여운형은 독점자본독재와 프롤레타리아독재를 반대하고 노동당이 집권한 영국의 의회민주주의와 비슷한 방향으로 가야 한다고 주장했다. 이 주장은 한국은 상당 기간 (서민)자본주의 경제체제를 가져야 한다는 주장과 표리를 이루었다.

　신기하게도 여운형 관계 저서들이 대부분 신탁 문제를 외면하거나 잘못 언급하는데, 여운형은 1945년 연말, 1946년 연시의 숨막히는 '반탁 정국'에서 침묵을 지켰다. 똑같이 침묵을 지켰던 이승만과 달리, 그는 '연합국의 결정을 지키지 않으면 분단이라는 큰 비극을 초래하지만 그 결정에 들어 있는 신탁통치는 반대하지 않을 수 없다'는 문제를 두고 고심에 고심을 거듭했다. 방법은 있었다. 1946년 1월 7일 한민당, 국민당, 인민당, 공산당 등 남한의 4대 실세 정당이 합의한 대로, "조선 문제에 관한 모스크바 3국외상회의의 결정에 대해여 조선의 자주독립을 보장하고 민주주의적 발전을 원조한다는 정신과 의도는 전면적으로 지지한다. 신탁(국제헌장에 의하여 의구되는 신탁제도)은 장래 수립될 우리 정부로 하여금 자주독립정신에 따라 해결케 함"에 따르면 되는 것이었다. 그러나 영향력이 큰 극우·극좌는 신탁통치 문제를 상대방을 공격하는 수단으로 동원하는 측면이 있었고, 그것은 분단으로 갈 수밖에 없는 논리였다. 이 글에서는 이러한 극한적

대립의 상황을 타개하기 위해 여운형이 신탁통치 문제를 어떻게 해결하려고 했는가를 비중 있게 기술했다.

### 제3장 해방 후 남북 중요 정치세력의 국가 건설 방안

이 장이 발표된 1992년만 해도 진보적 학계는 사회민주주의, 자유민주주의를 배격한 것과 같은 논리로 해방 직후의 연구에서 혁명적 변혁 논리를 대단히 중요시했고, 좌우합작운동을 기회주의 운동으로 강하게 비판했다. 그러나 필자는 이 시기에 극좌가 너무 좌쪽으로 나간 것이 통일정부 수립에서나 그 이후의 남북 갈등에서 중요 요소를 이루고 있다고 판단했다. 1947년 5월 재개된 미소공동위원회에서 요구한, 민권, 임시정부 형태, 중앙정부, 지방정권기구, 사법기관, 일제 잔재의 청산 문제, 경제정책, 산업조직 등에 대한 주요 정당·사회단체의 답신안을 분석했다. 이때 극우정치세력을 대변한 임정수립대책협의회안과 중도우파를 대변한 시국대책협의회안의 차이점보다, 북조선노동당안과 남조선노동당안이 어떤 점에서 다르고 같은가, 그것이 일제강점기의 공산주의운동과 어떤 관련이 있는가, 해방 후 남과 북에서 새로 조성된 정세에서 어떻게 다르게 되었는가, 두 답신안이 제시한 국가의 상은 다른가 같은가를 분석하는 데 더 큰 비중을 두었다.

### 제4장 이승만의 단정운동·반공국가와 여순사건

2008년 10월 여순사건 60년 기념학술회의 '여순사건과 대한민국의 형성'에서 필자는 권두발제로 「한국현대사와 여순사건」을 발표했다. 이 당시에는 현대사, 그중에서도 해방 직후의 역사 문제에서 보기 드문 '싸움'이 벌어지고 있었다. 역사교과서사건을 일으킨 일본 극우사관의 영향을 받으면서 '뉴라이트'라 불리는 현대사에 비전문적인 사람들과 현대사를 잘 모르는 일부 정치인들이 7~8월에 '이승만 건국'을 찬양해 건국절을 제정하고 건국공로자를 서훈하자고 나서도록 하더니, 9월부터는 검정 역사교과서 문제에 화살이 집중되었다. 그럼에도 불구하고 필자가 십수 년간 마음을 쏟았던 대중적 역사 학술지를 포함해 어느 곳에서도 이에 대해 정곡을 찔러 비판하지 못하는 것을 보았을 때 답답하고 암울한 심정이었다. 단정운동이 어떠한 상황에서 어떠한 자들에 의해서 일어났는지, '건국절', '건국공로자' 주장이 얼마나 순국선열과 독립운동 공로자를 모독하는 일인지, 그것이 왜 지금까지의 가치관을 뒤집어엎는 행위인지 지적해야 했다. 또 친일파들의 반공국가가 자유민주주의에 기반한 건강한 사회가 아니라 일제강점기에서부터 시작된 수구냉전 논리로 무장된 반공국가이며, 그리하여 그 반공국가는 '정적 죽이기', 억압과 독재, 부정·부패·비리로 얼룩진 국가가 될 수밖에 없음을 지적해야 했다.

여순사건은 제주4·3 주민 집단학살, 보도연맹원 집단학살과 함께 엄청난 주민 희생을 치른 한국사 최대 비극의 하나였다. 여순사건에서 남로당 프락치가 저지른 무모성은 반드시 짚고 넘어가야 하지만, 분단에 대한 두려움, 그것과 직결된 분단-단정운동, 친일 경찰의 횡포에 대한 울분 등이 배경 또는 원인이었다. 한국은 세계사에서 아주 드물게 천년 이상 단일국가를, 그것도 중앙집권적 형태로 경험한 데다가, 분단이 오면 필연코 극좌·극우가 외세를 등에 업은 전쟁이 일어날 것이라는 불안이 널리 퍼져 있어, 제주4·3사건이나 여순사건이 아니더라도 악질 친일파를 제외한 거의 모든 한국인이 분단은 막아야 한다고 생각했다. 그런데 이승만의 단정운동은 통일정부를 세우려는 노력을 하지 않은 채 편협한 파당의식과 수구냉전 논리로 조급하게 전개되어 경계의 대상이 되었고, 친일 경찰 등 친일파들이 적극 앞장섰다는 점에서 더욱 더 미움을 받았다. 또 (분단)정부가 들어선 것은 미·소의 냉전 때문이지 이승만의 단정운동에 의한 결과가 아니라는 점도 이 글에서 소상히 밝혔다.

　필자는 5·10 선거에 일부 진보적인 학자들이 부정적인 것은 5·10 선거의 과정과 결과, 소장파 전성시대에 대한 인식이 잘못 되어 나타난 현상으로 이해한다. (분단)정부가 세워진다는 점에서 유권자들의 마음이 무거웠지만, 보통선거라는 점에서 획기적이었다. 또 5·10 선거가 치러진 배경에는 미국·국제연합이 연관되어 있었지만, 선거의 주체는 엄연히 유권자, 곧 한국인이었고 대한민국의 주권은 한국인에게 있었다. 따라서 조봉암처럼 이 선거에 참여해 자신이 구상했던 민주주의 나라를 세우기 위해 단정운동세력과 싸우는 것은 중요했다. 또 민중의 요구와 민족 대의로 김구·김규식 등 민족주의자들이 분단을 막기 위해 전력을 기울이더라도 2년 후 치러질 5·30 선거에는 참여해 좋은 나라 세우기에 앞장서게끔 되어 있었다. 5·10 선거 결과 예상을 크게 뒤집고 한민당이 29석, 이승만 지지자가 많은 독립촉성국민회가 50석인데, 김구·김규식 지지자가 많은 무소속이 85석이었다는 것도 역사의 순리를 말해준다. 또 제헌국회에서 훌륭한 헌법을 제정하고, 무소속-소장파 전성시대가 열려 김구암살사건이 날 무렵까지 반민족행위자를 처단하고, 농민 본위의 농지개혁을 추진하고, 지방자치제를 실현하는 등 민주주의를 확립하려 한 것은 해방의 대의에 부응하는 활동이었다. 여순사건이 발발하자 기다렸다는 듯이 이승만정권의 최고 권력자들이 최능진·오동기 등이 무력혁명으로 그들이 숭배하는 수령(김구를 가리킴)을 내세우려 했다는 소위 혁명의용군사건을 발표하고 얼토당토않게 이들의 심복이 여순사건을 일으켰다고 주장한 것은 이승만정권의 반공국가가 어떠한 성격을 가졌고, 가질 것인가를 잘 말해주었다. 뿐만 아니라 이 사건에서 주민들이 크게 희생되고―이와 관련해 한 여순사건 연구자는 자신의 저서에 '빨갱이의 탄생'이라는 제목을 붙였다—이어서 바로 다음 달부터 제주도에서 대규모 주민 집단희생이 일어난 것은 극우반공체제가 얼마나 비인간적이고 반문명적인가를 보여주었다. 필자는 「한국현대사와 여순사건」 발표 얼마 후 이승만의 단정운동과 이승만 건국론의 성격을 강연한 적이 있는데 강연장을 가득 메운 교사들이 기뻐하던 모습이 지금도 선하다.

### 제5장 4월혁명 이후 새나라 건설 방향과 혁명입법

2007년 민주화운동기념사업회에서 기획하여 그 다음 해 연말에 출판된 『한국민주화운동사』 1권은 「4월혁명 직후의 민주화운동」을 '4월혁명 직후 민주화 이행'과, 한국전쟁 전후 민간인 집단학살과 김구암살사건 진상규명운동이 포함된 '4월혁명 직후 대중운동의 성장', '4월혁명 직후 통일운동과 진보적 사회운동의 전개'의 세 부분으로 나누었던바, 첫번째 부분을 필자가 담당했다.

4월혁명 직후의 민주화 이행 작업은 6월항쟁 이후처럼 여야가 여론에 귀를 기울이면서 함께 추진했다는 점에서 의미가 있다. 자유당이 다수파인 민의원에서 내각책임제 개헌과 언론·집회 등의 기본권 관계법 개정, 국가보안법 개정 등이 이루어진 것도 이채롭다. 그것에 이어 치러진 7·29 총선은 비록 '자유당 잔당'이 상당수 당선되었고 혁신계 진출이 부진했지만, 5·10 선거, 5·30 선거처럼 집권자의 부정선거만 아니면, 한국인은 상당한 수준으로 공명선거를 치를 수 있는 정치역량을 지니고 있음을 보여주었다. 7·29 총선으로 장면 민주당정권이 들어서자 '혁명입법'으로 부정선거 원흉 처단, 반민주행위자 공민권 제한, 부정축재자 처벌 특별법이 제정되었다. 체질이 보수적인 장면정권은 '혁명입법' 실현에 소극적이었으나, 박정희정권의 중앙정보부와 비슷한 역할을 맡았던 악명 높은 사찰경찰에 대해서는 대폭 수술을 했다.

필자는 오랫동안 4월혁명과 관련된 공부를 해왔지만, 「4월혁명 직후 민주화 이행」을 쓰면서 혁명은 아름답다는 것을, 다시 말해서 독재정권이 바뀌면 세상이 크게 바뀌고 4월의 신록처럼 새로운 기운과 의욕이 솟구치고 새로운 시야가 열린다는 것을 새삼 명료히 인식했다. 한국전쟁 전후 민간인 집단학살 진상규명·명예회복운동, 통일운동과 사회운동 등 일반적으로 알려진 것 외에도 장면정부의 국토개발사업 등 경제 건설, 정부수립 후 최대 규모의 공무원 공채 등으로 인한 공무원 사회의 변화, 경찰·관권의 남용과 횡포의 현저한 감소, 법치주의의 일정한 실현, 각종 사회·문화·경제단체의 자율성 제고, 대미·대일관계와 비동맹세계에 대한 국제적 시야의 확대 등에서 그러한 인식을 갖게 되었을 때 연구자로서 보람도 느꼈다.

### 제6장 부마항쟁과 박정희 유신국가의 말로

2009년 10월 부마항쟁 30주년을 맞아 '박정희체제와 부마항쟁의 재조명'이라는 전체 주제 아래 학술회의가 열려 필자는 기조발제로 「부마항쟁의 역사적 재조명」을 발표했다. 이 글에서 1960년 2차에 걸친 마산시위, 4·19시위, 1964년 6·3시위, 1970년대의 반유신민주화시위와 부마항쟁을 비교하면서, 부마항쟁이 현대사에서 유례를 찾기 어렵게 유신 말기의 폭정, 심각한 경제 문제가 장기독재에 대한 염증과 절묘하게 중첩되어 엄청나게 폭발력이 컸다는 점에 주목했다. 시민과 학생이 완전히 의기투합하여 부산과 마산에서 밤낮으로 그것도 여러 날에 걸쳐 격렬한 유신체제 반대시위를 일으켜 계엄령과 위수령이 발동되고, 공수특전단이 출동하기까지의 과정을 분석하는 데 큰 비중을 두었다.

필자가 유신 말기에 청와대에 출입했던 기자로부터 여러 차례 당시 상황을 들었던 것도 이 글을 쓰는 데 도움을 주었다. 여러 자료를 살펴볼 때 박정희와 차지철 두 권력자는 김영삼제명사건 이후에도 위험한 정치적 폭주를 거듭했을 것이 확실하다는 판단이 설 만큼 비정상적인 상태였다. 그리고 중화학공업 침체, 물가 급등, 세금 중압 같은 문제들 외에도 재벌의 비대화, 기업주의 비윤리성, 정경유착 등의 비리, 특수층의 향락 생활과 스캔들, 가진 자의 부동산 투기 열풍이 저임금, 실업, 셋방살이, 좌절과 체념, 전도가 보이지 않는 암울한 생활과 대조를 이루고 있었다. 다시 말해서 극심한 빈부격차, 집권층·기업가의 도덕적 해이가 상인·소시민의 불만, 광범위하게 존재했던 룸펜·반룸펜·저임금층·영세층의 절망과 극명한 대조를 이루고 있었다. 이처럼 체제 저항이 정치·경제·사회 문제와 중첩되어 일어났고, 이러한 것은 부산·마산뿐만 아니라 전국적인 현상이어서 다른 대도시로 확산될 가능성이 컸다. 당시의 상황으로는 박정희와 특별한 관계였고 충직하기로 유명했던 김재규가 유신의 심장을 쏘지 않을 수 없었던 것이다.

필자는 10·26이 없었으면 대참극이 일어났을 수 있다고 판단한 근거로, 유신 말기의 정치·경제·사회 상황과 함께 박정희-차지철 권력의 성격이 4·19를 촉발시킨 이승만-이기붕 권력과 대단히 다르고, 광주 참극을 유발한 전두환-신군부 권력과도 차이가 있다는 점을 중시하고 3자의 관계를 비교, 분석했다.

### 제7장 친일파가 만들려 한 국가

필자는 2006년 11월 친일반민족행위 진상규명위원회에서 주최한 국제학술회의 '과거청산의 보편성과 특수성'에서 한국 측 발제로「한국 친일

역사 청산의 과제와 전망」을 맡았다. 해방 후 친일파 청산을 위한 활동은 연구가 꽤 되었으므로, 어째서 미군정·이승만정권에서 친일파 청산이 실패했나, 친일파들이 이승만·박정희정권에서 무슨 일을 하였나, 곧 어떠한 국가를 만들려 하였나에 초점을 맞추어 발표했다.

여운형의 주장대로 해방 후 우리 정부를 세워서 잘 해가려면 인재가 필요했기 때문에 새 국가·새 정부에 동참해도 괜찮은 친일파들은 포용이 필요했고, 장면정부 참여자처럼 양심을 가진 친일행위자들도 있었다. 그러나 집단으로서 친일세력은 친일파 청산을 악랄하게 방해했고, 단정운동을 벌였고, (분단)정부가 들어선 이후 민주주의와 남북관계 개선에 암적 존재였으며, 이승만·박정희 독재의 하수인이었다. 뿐만 아니라 6월항쟁 이후에도 퇴행적으로 이승만 살리기·박정희 키우기에 열을 올리고 있다. 더구나 민족의식말살운동에 가담하고 군국주의 침략전쟁을 찬양한 일제 말 협력자들은 수구냉전 논리와 반공 이데올로기로 극우반공체제 형성에 앞장섰다. 친일파 계열은 6월항쟁 이후에도 퇴행적으로 '이승만 살리기·박정희 키우기'에 열을 올리고 있었다.

이 글에서는 친일파 반공주의가 어떤 의도에서 나왔고, 어떤 성격을 지녔는가를 분석하고, 1950년대의 여러 부정선거와 친일파와의 관계, 특히 그러한 부정선거의 결정판으로서의 3·15부정선거와 어떤 관계를 가졌나를 자유당 간부, 장차관, 내무부와 경찰 간부 분석 등을 통해서 밝혔다. 필자는 1970년대에 친일파들이 TV나 라디오에서 유신체제를 옹호하는 강연이나 발언을 할 때마다 암담한 심정이었는데, 유신시기 대통령, 국회의장, 대법원장, 유신정우회장, 국무총리의 일제강점기 행적을 살펴보면서 박정희 유신국가의 성격을 더 잘 이해하게 되었다.

### 제8장 과거사 청산과 새로운 출발

해방·광복 60년인 2005년경 여러 과거사 관련 위원회가 왕성한 활동을 할 때, 필자는 민주화와 경제발전이 일정한 수준에 도달한 오늘의 시점에서 과거사 청산이 민주주의와 인권, 국민적 화해와 상생, 한반도와 동아시아 평화에 얼마나 소중한지를 4·3사건특별위원회 활동 이후 달라진 제주도 분위기를 예로 들면서 강조한 바 있고 그래서 과거사 청산으로 새출발을 하자고 역설했다. 장기간에 걸친 권위주의적 통치는 필연적으로 사회의 경직과 병리현상을 초래하기 때문에 정상적인 사회가 되기 위해서는 수술과 신선한 활력으로 사회를 재조정해 통합하지 않으면 안 된다. 더구나 집단학살을 당한 피해자의 가족들이 극우반공통치로 수십년간 통곡조차 할 수 없는 억압 상태에 있었을 경우 그 상처를 치유하지 않으면 사회는 갈등과 고통에서 벗어날 수 없다. 2007년에는 여러 과거사위원회 활동이 중반기에 접어들었는데, 대선에서 보수 후보가 승리할 것이 확실한 시점이어서, 이 단계에서 과거사위원회의 활동과 과제를 점검하고 무엇을 대비할 것인가를 생각해볼 필요가 있었다. 『역사비평』 2007년 가을호에 권두논문으로 실린 「과거사진상규명의 점검과 향후 과제」에서 필자는 먼저 6월항쟁 이전까지 과거사청산 문제가 어떻게 다루어졌나를 살펴보았다. 과거사청산운동은 당연하게도 6월항쟁 이후 활발해졌는데, 유족 당사자들의 운동보다 시민운동 차원에서 이루어졌고, MBC의 〈이제는 말할 수 있다〉나 〈PD수첩〉 같은 프로그램에서 보듯이 언론의 역할이 컸다. 20세기가 다 가도록 과거사위원회가 탄생하지 못한 것은 단적으로 수구세력이 얼마나 막강하고, 냉전·반공 이데올로기의 얼음장이 얼마나 두꺼운가를 말해주는 것이었다. 이 글에서는 과거사위원회들이 어떠한 문제점을 안고 있는가를 살펴보고, 집권할 보수정권과 관련해서도 논의했지만, 앞의 장 「친일파가 만들려 한 국가」에서 큰 비중을 두고 서술한 바와 같이 시민의식이 방기·

실종된 상황, 특히 젊은이들의 의식에 초점을 맞춰 문제를 살펴보았다.

끝으로 이 책을 출판해주신 한철희 사장과 적절히 조언을 해주고 편집·교정에 성의를 아끼지 않은 김희진 팀장 및 편집진에게 감사의 말씀을 드린다.

4월혁명 50주년인 2010년 4월 19일에
서중석

차례

책을 펴내며 5
찾아보기 421

## 1장 일제가 만들려 한 국가, 한국인이 세우려 한 나라 29

### I 일제의 지배정책

들어가며 31 | 정치적 특징―총독 전제통치와 계급분열정책 36 | 동화정책 41 |
동화교육 52 | 황국신민화운동·황국신민화교육 57

### II 독립운동과 새나라 구상

들어가며 67 | 3·1운동 이전 독립운동 기지건설운동 71 | 근대의 새로운 출발 3·1운동 76 |
3·1운동 이후 독립운동과 국가 건설 구상 82 | 일제의 만주침략 이후 독립운동 98 |
일제 말 건국 활동 110 | 맺으며 117 | 주 123

## 2장 해방 직후 여운형의 국가 건설 방향 135
―인민공화국·인민당·신탁통치 문제를 중심으로

들어가며 137 | 여운형과 인민공화국 141 | 인민당 발당 시 여운형의 국가 건설 방향 149
여운형과 신탁통치 문제 157 | 맺으며 163 | 주 167

## 3장 해방 후 남북 주요 정치세력의 국가 건설 방안 173

들어가며 175 | 국가권력 및 기구의 구성 179 |
국가 건설의 방향―사회경제적 성격 및 친일과 문제를 중심으로 190 |
맺으며―통일민족국가 건설의 가능성과 관련하여 196 | 주 201

## 4장  이승만의 단정운동·반공국가와 여순사건  205

당대 남한의 축소판이자 남한 현대사의 축소판, 여순사건 207 ǀ 이승만과 여순사건의 발발 210 ǀ
여순사건과 극우반공체제의 형성 228 ǀ 맺으며 241 ǀ 주 245

## 5장  4월혁명 이후 새나라 건설 방향과 혁명입법  247

허정과도정권의 성격과 내각책임제 개헌 249 ǀ 7·29 총선과 장면정권의 출범 260 ǀ
혁명입법 추진 272 ǀ 장면정권의 통일정책과 대미·대일 관계 284 ǀ 주 299

## 6장  부마항쟁과 박정희 유신국가의 말로  301

들어가며 303 ǀ 부마항쟁이 대규모 항쟁으로 폭발한 요인 306 ǀ
민주화운동에서 차지하는 부마항쟁의 위상 322 ǀ 부마항쟁으로 인한 유신체제 붕괴의 의의 329 ǀ
맺으며 339 ǀ 주 343 ǀ

## 7장  친일파가 만들려 한 국가  347

왜 친일행위 청산이 중요한가 349 ǀ 친일파 청산을 좌절케 한 요인 352 ǀ
친일파가 만들려 한 국가 361 ǀ 6월항쟁 이후 친일행위청산운동 372 ǀ 주 385

## 8장  과거사 청산과 새로운 출발  389

들어가며 391 ǀ 6월항쟁 이전의 과거사 문제 392 ǀ 6월항쟁 이후 특별법이 제정되기까지 399 ǀ
과거사위원회의 활동 407 ǀ 과거사 청산으로 새로운 출발을 416 ǀ 주 420

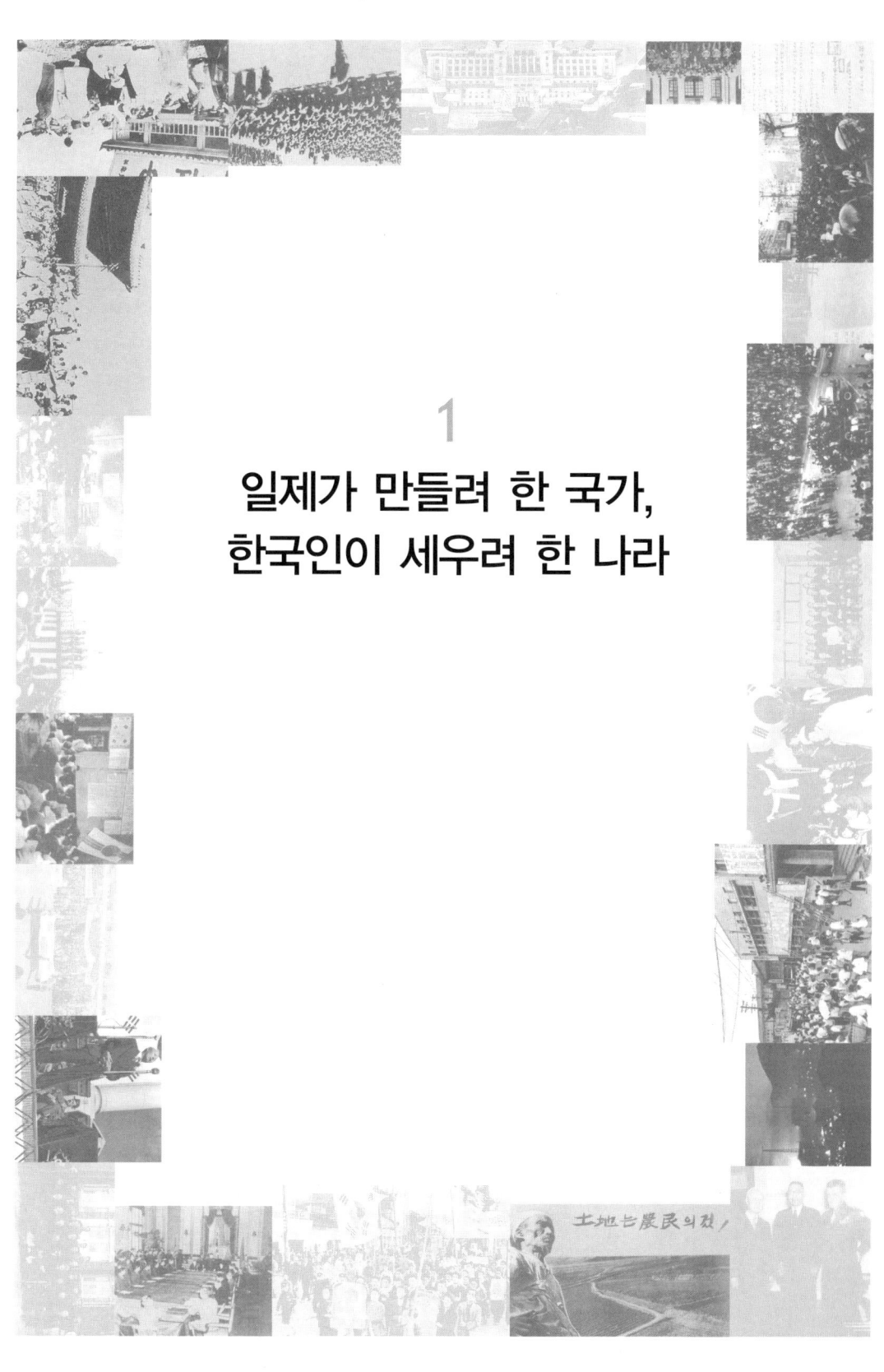

# 1

# 일제가 만들려 한 국가, 한국인이 세우려 한 나라

# I
# 일제의 지배정책

## 1  들어가며

　　일제는 1910년 한국을 강점했다. 이로써 한국은 역사상 최초로 이민족의 직접적인 지배하에 들어갔다. 한때 한반도 일부가 외족의 지배하에 놓인 적이 있었고, 고려는 1세기 가까이 원(元)의 내정간섭을 받았다. 그러나 일제강점기처럼 외족에게 직접적인 지배를 받은 적은 없었다. 1945년까지 계속된 일제 지배 35년은 20세기 전반기의 대부분을 차지하는 시기로, 이 땅에서 근대적 인간을 구현하고, 근대적 시민사회, 근대적 국민국가로 전환할 수 있는 중요한 시기였다.

　　그런데 일본은 마지막으로 제국주의국가 대열에 끼어든 나라이자 유일한 비(非)백인 제국주의국가로, 천황제 국가, 천황제 파시즘하에서 서유럽·미국에 비해 자국민조차 인간의 기본권이 현저히 제약받았고, 민주주의 역시 낮은 수준이었다. 일본의 자본주의도 서유럽·미국에 비해 뒤떨어져 있었는데, 시장이 협소하고 원료와 식량이 부족한 상태에서 과도하게 부국강병에 의한 대일본제국 건설에 집착하여 끊임없이 해외침략을 추구했다. 이러한 상태에서 한국은 대륙을 침략하는 데 목구멍이자 교량과 같은 위치에 있었기 때문에,[1] 일본제국주의자들은 한국이 일본제국으로부터 떨어져나가 독립한다는 것은 결코 있을 수 없는 일이라고 생각했다.[2] 반면 오랫동안 독자적으로 국가를 영위해온 한국인은 일본에 선진문화를 전해주었다는 점에 자부심을 갖고 있었고, 일본 문화를 얕잡아 보았다. 또한 왜구의 노략질이나 1592년 임진왜란, 1876년 개항 이후의 경험과 1910년 강점 이후 일제의 심한 차별·억압 정책으로 반일감정이 높았다. 따라서 독립운동을 치열하게 전개했다.

이같이 일제는 서유럽·미국 등의 백인 제국주의국가에 비해 민주주의나 시민의식이 크게 뒤떨어진 상태에서 한국은 대일본제국에서 절대 분리될 수 없는 지역이라고 확신했는데,[3] 한국인은 격렬한 반일감정을 품었고 독립해야 한다는 생각이 강했다. 이 때문에 일본제국주의자들은 한국을 미구에 쟁란이 발생할 수 있는 지역으로 판단했다.[4] 바로 이러한 점들이 상호작용하여 서유럽·미국이 인도·인도차이나·필리핀·인도네시아 등에 대해 펼친 제국주의정책과 일제의 한국 지배정책은 현저히 차이가 났다. 뿐만 아니라 일제의 한국 지배정책은 만주국의 경우와 비교해도 크게 달랐으며, 문관총독이 있었고 '황국신민의 서사'를 외게 하지도 않은[5] 대만 지배정책과도 적지 않은 차이가 있었다.

일제의 한국 지배정책은 1910년에서 (3·1운동이 대대적으로 일어난) 1919년까지의 무단통치기, 1920년대의 문화통치기, 1930년대 중반 이후의 군국주의 파시즘 통치기로 각각 구분하여 볼 필요가 있다. 문화통치기에는 일본과는 현저한 차이가 있었다 하더라도 집회·결사·출판·언론의 자유가 어느 정도 있었으나, 무단통치기와 군국주의 파시즘 통치기에는 그러한 자유조차 찾아보기 어려웠다. 특히 중일전쟁 이후는 전시체제에서 황국신민화운동이 광적으로 벌어진 민족의식 말살 시기였다. 이 점은 인도와 인도차이나, 필리핀, 인도네시아 등지에서 제1차 세계대전 종전 이후 정치적 자유와 권리가 신장되고, 1930년대에 더욱 신장된 역사적 조건과

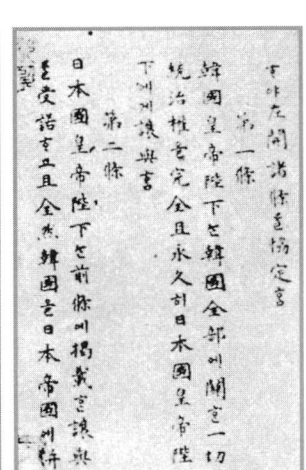
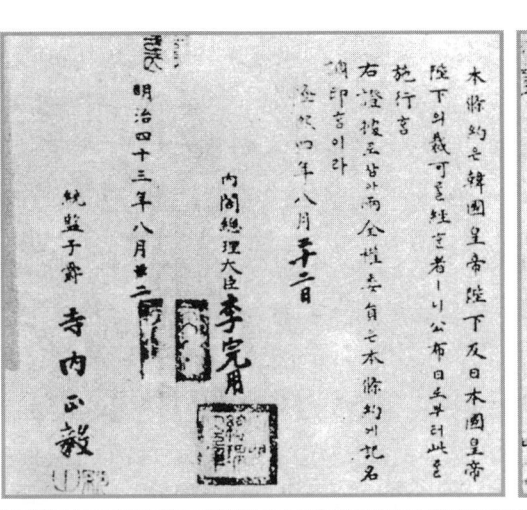

1910년 8월 22일 총리대신 이완용과 데라우치 통감이 조인한 한일합병조약 조인서 원본(위).

병합 직후 덕수궁 석조전 앞에서 촬영한 고종, 순종과 총독부 간부들. 가운데가 고종, 오른쪽이 순종, 왼쪽이 영친왕, 영친왕 왼쪽이 데라우치 총독(아래).

뚜렷이 구분된다. 베트남의 경우 1930년대에 노동자·농민 운동 등 사회운동과 반제민족운동이 활기차게 전개되었으며, 사회주의자들도 활발하게 활동할 수 있었다.[6] 1930년대 베트남인들의 왕성한 활동은 베트남인의 민족해방운동에 기본 동력이 되었다.

일제의 전제적 통치로 한국인은 자료를 남기기 어려웠던바, 이 점은 일제 지배정책 연구를 기본적으로 제약한다. 일제 지배 기간에 한국인이 자료를 남기기가 얼마나 어려웠는가는 대한제국 말기 '통감부시기'와 무단통치기를 비교해보면 쉽게 알 수 있다. 1910년 한국을 강점했을 때 일제는 일제 주구들의 단체인 일진회조차 해산시켰을 정도로 한국인의 결사를 철저히 제한했고 언론·출판·집회 활동을 억압했다. 한말 '통감부시기'에는 계몽운동이 왕성하게 전개되었으나, 무단통치기는 칠흑 같은 어둠의 반동시기였다. '통감부시기'에는 신채호 등이 한국사와 외국의 망국사·건국사 관계 저서와 글, 그 밖에 계몽적인 집필 활동을 통해 근대적 민족정신과 애국심, 자유·민권·평등 의식을 고취하였다.

한말 '통감부시기'와 일제통치기가 얼마나 큰 차이가 있었는가는 교과서만 비교해보아도 단박에 알 수 있다. 통감부 통제하의 학부가 검열 등으로 제약을 가했는데도 이 시기의 교과서와 일제통치기의 교과서는 한국의 문화와 역사, 자주적 인간상 기술에 현격한 차이를 보였다. 근대인으로 성장하는 데 자국의 문화와 역사를 말살한 경우와 그렇지 않은 경우가 어떠한 차이를 낳는가는 두말할 필요가 없을 것이다. 통감부는 1907년 7월에 공포된 광무신문지법 등의 악법으로 언론을 탄압했지만, 『대한매일신보』, 『황성신문』, 『제국신문』 등은 나름대로 한국인의 의사를 대변할 수 있었고 통감정치를 비판할 수 있었다. 그렇지만 무단통치기에는 조선총독부 어용지인 『경성일보』와 『매일신보』만이 있었다. 한말 '통감부시기'에는 각종 학회나 단체의 회보 등 수많은 잡지가 있었지만, 무단통치기에는 꼽을 만한 잡지가 『청춘』뿐이었다. 그 잡지는 같은 시기에 일본에서 한국인 유학생들이 낸 『학지광』과 비교해보아도 큰 차이가 있을 만큼 '비정치적인' 잡지였다. 문화통치기에 한국인들은 일제의 유화정책 아래 신문화·신사상을 전파시키고 사회운동·민족운동과 관련된 적극적인 활동을 펼쳤다. 그 결과 신문, 잡지와 결사(結社) 등을 중심으로 일제의 지배정책을 비판하는 자료를 상당수 남겼으나, 1931년 일제의 만주침략 이후 신문, 잡지와 결사들은 점차 무력해졌다. 1937년 이후에는 신문, 잡지는 물론이고 종교단체까지 군국주의 침략전쟁인 소위 '성전'(聖戰)의 옹호와 황국신민화운동을 찬양하는 데 총동원되었다.

이 글에서는 먼저 일제 지배정책의 정치적 성격을 기술하고, 동화정책, 동화교육, 황국신민화운동·황국신민화교육을 기술하고자 한다.

일제의 동화정책에 대해서는 여러 가지로 논란이 일었다. 그것은 프랑스의 동화주의와 다르기 때문에 동화주의로 볼 수 없다는 주장도 있었고, 시기 또는 조선총독에 따라서 정책이 달랐기 때문에 일률적으로 동화주의로 파악하는 것은 문제가 있다는 주장도 나왔다. 그렇지만 여러 조선총독이 동화주의 또는 내선일체나 내지연장주의 등을 표명하고, 동화정책을 강행한 데에는 이유가 있었다. 일제가 한국에서 강행한 동화정책은 프랑스가 알제리 등의 식민지에서 편 동화정책과 의도와 내용에서 차이가 있다. 이는 일제강점 직후부터 일제패망 때까지 교육정책으로 표명한, 근대적 시민교육과 거리가 있는, '충량한 국민'을 육성한다는 슬로건이나 황국신민화란 용어, 그리고 제2대 조선총독 하세가와 요시미치(長谷川好道)가 이임하면서 한국은 "우리 대륙 발전의 근거지이기 때문에 동화정책을 계속 견지해야 한다"라고 언명한 데에[7] 잘 함축되어 있다고 본다. 이 글에서 교육정책을 중시한 이유는 그것이 동화정책을 실현하는 데 중요한 통로였기 때문이다.

## 2   정치적 특징 — 총독 전제통치와 계급분열정책

일제가 백인 제국주의국가의 인도·동남아 지배정책과 다르게 총독 전제통치 또는 헌병·경찰 통치를 펼쳤다는 주장은 해방 후 한국에서 널리 통용되어왔다. 조선총독의 통치는 한국인의 기본적 자유·권리의 향수 정도, 총독의 권한과 위상, 조선의회에 의한 견제 여부, 일본의회에 의한 견제의 성격, 헌병과 경찰의 활동 등으로 나누어 분석할 필요가 있다.

1910년 일제의 강점 이후 무단통치가 실시되어 한국인은 결사·언론·출판·집회의 자유를 가질 수 없었다. 총독부 경무총감의 부령(部令) 제3호 '집회 취체(取締)에 관한 건'에 의해 집회의 자유는 서울에서뿐만 아니라 지방에서도 허용되지 않았으며,⁸ 합병 공로로 은사금까지 받은 일진회와 대한협회를 포함하여 모든 정치·사회 단체가 해산되었다. 1919년 3·1운동 이후 새 총독이 부임하면서 친일파와 대자산가의 신문 발간을 허용하였고, 결사의 자유도 어느 정도 존재했으나, 이 시기에도 정치적 결사는 친일단체 외에는 허용되지 않았다. 모든 출판물은 원고를 미리 검열받았다. 인도와 필리핀은 물론이고 베트남과도 대비되는 대목이다. 신문, 잡지, 서적 등에 실린 글들은 압수되거나 경고·견책 처분을 받았으며 일부 기사가 삭제되었고 또 시커멓게 지워져 나왔다.⁹ 집회는 옥내에 한해 허용되었는데, 그것도 엄격한 허가제였고, 항상 임석경관이 집회를 지켜봤으며, 집회 도중에 중지명령을 받는 경우도 적지 않았다. 집회를 제한·금지·해산할 수 있는 재량권이 경찰한테 부여된 것도(보안법 2조) 문제였지만, 사실 중요 단체의 집회 허가나 불허, 집회 중지 등에는 고도의 정치적 계산이 깔려 있었다. 예컨대 1927년에는 신간회가 발족하고, 노농총동맹이 노동총동맹과 농민총동맹으로 분리되는 등 사회운동·민족운동이 활기를 띠었는데, 이들 단체(청년총동맹 포함)는 창립 이후 일체 전국대회가 허용되지 않아

지도부 개편이나 활동에 많은 어려움을 겪었고, 결국 1930년대 들어 무력해졌다. 신간회가 1931년 해소대회를 연다고 하자 일제는 그제야 집회 허가를 내주었다. 부분적으로 허용되던 집회도 일제의 만주침략 이후 점차 족쇄가 채워졌고, 중일전쟁 이후에는 전시통제를 받았다.

1920년대에도 한국인은 인도, 필리핀 등과는 달리 독립운동이나 반제활동이 봉쇄되어 있었기 때문에, 항일 독립투쟁은 3·1만세운동, 6·10만세운동, 광주학생운동 같은 '불법'시위를 제외하면 국내에서는 지하에서만 가능하였기에, 중국 등 국외에서 분산되어 전개될 수밖에 없었다. 민족주의자들과 사회주의자들의 협동단체인 신간회는 광주학생운동의 영향을 받아 1929년 12월 처음으로 대중집회인 민중대회를 열고자 하였으나, 사전에 발각되어 간부들이 대거 검거되어 재판을 받았다. 관헌의 자의적인 법집행도 사회활동을 위축시켰다. 조선총독부 검사는 조선형사령 제12조에 근거하여 현행범이 아니더라도 압수 수색 검증 및 피의자 구인 등의 처분을 할 수 있었고, 사법경찰관한테까지 이 같은 권한이 부여되었다.[10] 문화통치기인데도 반일적인 인물들은 '요시찰', '요주의' 인물로 경찰의 서류에 올라 늘 감시·미행·가택수색·검거·구류·투옥을 당했다. 자신들은 말할 것도 없고 가족들까지 여행·취직·학교 입학 등을 방해받았고 일상생활의 모든 활동에서 수시로 위협받았다.[11] 같은 시기 호구조사규정에 따르면 실제로 대부분의 인텔리나 활동가가 계속 당국의 조사 또는 사찰을 받았다.[12] 한마디로 한국은 일본 관헌의 전제통치하에 놓여 있었다.

일제는 3·1운동 이후 문관도 조선총독에 취임할 수 있도록 제도를 변경했지만, 대만과는 달리 한국의 경우 실제로는 육해군 현역 대장만 총독으로 부임했다. 조선총독은 종합행정권을 보유하고 있었다. 일반 행정뿐만 아니라, 재무, 산업경제, 경찰, 문교, 사법, 교통, 통신, 전매 등의 각종 행정권을 총괄했던바, 조선총독부 각 국부(局部)는 일본의 각 성(省)처럼

남산에서 이전해 경복궁 일부를 헐고 그 자리에 신축된 조선총독부 청사.

독립돼 있지 않았고 일원적으로 총독의 지휘감독을 받았다.[13] 조선총독은 또한 육해군사령관한테 출병을 청구할 수 있었고,[14] 법률에 대신하는 제령(制令)을 발포(發布)할 수 있는 제령제정권(制令制定權)을 보유했으며, 직권 또는 위임에 의해 총독부령을 발하고 1년 이하의 자유형, 200원 이하의 벌칙금을 부과할 수 있는 명령권을 행사할 수 있었을 만큼 광범하고 막강한 권력을 손에 쥐고 있었다. 호소카와 가코루(細川嘉六)는 이와 같이 총독한테 권력이 광범하게 집중된 것이 조선 정치의 근본이라고 조심스럽게 평했다.[15]

막강한 권력을 휘두르는 총독을 견제할 수 있는 제도가 한국 내에는 존재하지 않았다. 인도의 경우, 1919년 공포된 인도통치법에 의거 입법의회가 입법권 및 예산 심의권을 가졌다. 상원의 경우 60개 의석 중 33석, 하원의 경우 145개 의석 중 104석을 선거로 선출했으며, 시·읍·촌회(村會)

의원 대부분 또는 전부가 인도인이었다. 1930년에 합의한 영인평화협정은 인도인의 자치를 대폭 허용해 의회의원을 소수민족 대표를 제외하고는 모두 민선으로 하였으며, 선거권도 크게 확장시켰다. 1935년에 발포된 인도통치법에 의하면 연방의회는 일정한 재산을 가진 인도인 유권자들이 선출한 의원들이 다수를 점했고, 주(州)정부는 주민이 선출한 주의회에 책임지는 등 대의정치가 행해졌다. 주지사는 권고만 했을 뿐 실제 우두머리는 수석장관이었다.[16] 그렇지만 한국의 경우 조선총독부에 대해 민의를 대표하는 중앙기관으로 의결권을 가진 입법의회는 물론이고—허수아비 기구로서 민족분열정책에 활용된 중추원[17]을 제외하면—자문기관도 설치되지 않아 중앙 행정은 총독의 독단과 전제에 맡겨졌다.[18]

조선총독은 일본정부나 의회로부터도 독립적인 존재로, 일본 천황에 직례(直隷)하여, 대만과는 달리 내각총리대신이나 각 성 대신의 지휘감독을 받지 않게 되어 있었다.[19] 조선총독은 일본의회에서 질의응답을 받지 않아도 되었다. 일본천황 직례의 조선총독만이 조선 '민의'를 대표하였다. 한 연구자는 천황이라는 최고 권위에 근거한 조선총독의 지위, 지배는 일제 한국 지배의 특질이고 또 그것에 의해 조선총독부 지배권력이 중앙에 종속적이라기보다는 오히려 대등한 관계 이상의 관계를 갖게 되어 정당(의회)정치가 일본에 국한되게 되었다고 기술했다.[20]

헌병·경찰 통치는 헌병·경찰의 역할 등을 살펴볼 필요가 있지만, 감시와 고문, 감옥과 강제전향과 관련해서도 고찰할 필요가 있다. 무단통치기의 헌병·경찰보다 문화통치기의 경찰이 수적으로 증가했는데,[21] 무단통치기의 헌병뿐만 아니라, 문화통치기 이후의 경찰도 공포의 대상이었다. 극단적인 헌병·경찰 통치가 실시된 까닭은 독립운동을 두려워하여 한국인의 민족주의적 감정까지 반역사상으로 간주했기 때문이다.[22] 경찰은 의병 공격 등의 군사활동, 언론·출판·집회·결사 등에 대한 정치사찰, 범죄 즉결 등의 사법권 행사, 납세독촉 등의 경제활동, 학교와 서당 시찰·일어 보급 등의 학사활동, 도일 노동자 단속 등 외무활동, 법령보급 등의 조장행정, 위생활동 등을 했다.[23] 그리고 전시에는 노무·징병·식량공출 등에서 중요한 역할을 하는 등 총독의 시정방침 구현과 전국 각지의 동태 파악에 탁월한 능력을 발휘하였다.[24] 고등경찰은 노령·미주 등 해외 각지까지 독립운동자를 미행·잠복·추적하여 감시·체포하고, 심지어는 밀정을 시켜 암살하기도 했다. 도지사도 도령(道令)을 발동하여 3개월 이하의 징역이나 금고, 구류, 100원 이하의 벌금을 부과할 수 있었지만,[25] 경찰 또한 태형이나 3개월 이하의 징역, 100원 이하의 벌금을 부과할 수 있는 범죄에 대해 즉결심판권을 갖고 있었다. 태형은 수치감을, 징역이나 벌금형은 두려움을 주었다. 즉결처벌은 1911년 1만 8,100여 건, 1913년 2만 1,400여 건, 1918년 8만 2,121건, 1921년 7만 3,262건으로 강점 초기보다 3·1운동을 전후한 시기에 많았다.[26]

    일제의 지배정책 중 민족분열정책도 중시할 필요가 있다. 한국은 인도나 동남아시아와는 달리 인종적으로나 종교적·정치적·경제적으로 분열되어 있지 않았기 때문에, 일제는 백인 제국주의국가들처럼 분할통치(divide and rule)정책[27]을 쓰는 대신 계급분단정책을 썼다.[28] 지주·자본가·유림·교육가·종교가를 비롯한 상층 인사를 회유하고 끌어들이는 한편, 소작인과 노동자들의 농민운동·노동운동에 대해서는 가혹한 억압정책을 쓴 것이다. 이러한 민족분열정책은 흥미롭게도 3·1운동 이후 사이토 마코토(齋藤實)가 조선총독으로 부임하여 소위 문화정치를 펴면서 적극적으로 전개되었는데, 민족분열정책은 문화정치와 표리의 관계라고 할 수 있다. 사이토 총독은 친일세력과 민족개량주의세력을 육성·후원했다. 또한 자치운동과 참정권운동을 후원했고, 실력양성운동으로 전개된 한국인의 문화운동을 지원했는데, 이것 또한 민족분열정책의 일환이었다.[29] 사이토는 2회에 걸친 총독 재임기간에 자치-참정권 문제로 민족운동을 분열시켰고, 중추원과 지방제도 개정을 통해 친일세력을 양성했다. 사이토와 그의 참모인 아베 미쓰이에(阿部充家)는 3·1운동 계획에서 중요한 역할을 한 천도교 간부 최린, '3·1독립선언서'를 기초한 최남선을 가출옥으로 석방하고, 동경 '2·8독립선언서'를 기초한 이광수를 상해 임시정부로부터 끌어내 실력양성운동, 민족성개조운동 등 개량주의운동을 적극 벌이게 했는데,[30] 이는 천도교를 분열시키는 등 민족운동에 적지 않은 영향을 미쳤다. 최린, 최남선, 이광수 등은 중일전쟁 이후 황국신민화운동에 적극 나섰다. 우가키 가즈시게(宇垣一成) 총독의 중견인물 양성이나[31] 중일전쟁 이후의 황국신민화운동, 내선일체운동도 민족분열정책 성격을 지니고 있었다.

## 3 동화정책

여러 조선총독이 동화정책이나 내선일체, 내지연장주의를 표방했는데, 일제강점기 총독 통치에 비판적인 학자든 관변학자든, 시기와 성격 규정은 달리하더라도 동화정책을 한국에 대한 기본적인 정책으로 보는 점에서는 견해가 대체로 일치한다고 말할 수 있다.[32]

식민정책 중 동화주의란 식민지에 본국과 동일한 권리와 자유를 보장함으로써 식민지는 본국의 연장이라는 의미를 갖는 것이었다.[33] 원래 식민지는 모국 영토의 단순한 연장에 지나지 않는다는 관념의 산물로서, 식민지는 본국과 뗄 수 없는 일부여야 하므로 본국과 동일한 제도하에서 복종하지 않으면 안 된다는[34] 동화주의는 주로 프랑스의 알제리와 서인도제도, 영국의 아메리카와 아일랜드 등에서의 정책을 가리켰다.[35] 프랑스가 종속주의에서 동화주의로 나아간 것은 1791년 국민공회 헌법에서였다. 이 헌법에서는 식민지 거주자들도 인종 여하를 불문하고 프랑스 시민으로서 헌법에 의해 보장된 일체의 권리를 갖는다고 선언하였다.[36] 프랑스인들은 평등, 박애라는 대혁명 이념을 받들고, 프랑스 문화는 보편적인 가치를 지녔으므로 어떤 이민족에게든 이 문화를 보급하는 것이 선한 일이라고 믿어 가능한 한 프랑스인으로 만든다는 방침을 세웠다.[37]

일제는 강점기에 조선에 대해 일시동인(一視同仁) 혹은 내선일체(內鮮一體)에 입각한 동화정책, 곧 내지연장주의 정책을 편다고 자주 강변하였다. 초대총독 데라우치 마사타케(寺內正毅)도 1910년 8월에 원래 병합의 취지는 피차 차별을 철거하는 것이라고 말했지만,[38] 2대 총독인 하세가와 요시미치는 1919년 7월 1일 이른바 유고를 통해 "조선은 즉 제국의 판도로서 그 속방이 아니다. 조선인은 즉 제국의 신민으로서 내지인과 하등의 차별 없다. 조선의 통치 역시 일찍이 동화의 방침에 기해 일시동인의 대의에 즉하여 시행했다"라고 말했다.[39] 이러한 주장은 패전 후에도 계속되어 일본 대장성(大藏省)에서 펴낸 책의 '조선 통치의 최고 방침' 항목에는 다음과 같이 쓰여 있다.

> 결과는 어떻든 내선일체를 구체화한 역대 총독의 제 정책은 통치자의 의도에 있어서 혁신적인 동화정책이라 할 만하다. 민도(民度) 낮은 후진 조선인을 내지인의 레벨로 끌어올려 내선인(內鮮人)을 전혀 평등히 하고, 내지인의 우월적 차별대우 또는 감정을 절멸시키려는 숭고한 목적으로 계획·추진되었다는 면에서 볼 경우, 진보적이고 혁신적이고 또 민주적이라는 것은 이민족 통치 사상 그 유(類)를 볼 수 없다 해도 과언이 아니다.[40]

침략전쟁을 일으키고 학살 등 만행을 자행하면서도 대동아공영이라는 인류의 숭고한 목적을 수행하고 있다고 강변한 것과 마찬가지 주장을 패전 후에도 하는 것이다. 이러한 주장은 강점기 일본의 저명한 지식인들한테서도 어렵지 않게 찾아볼 수 있다.[41] 또한 일제는 내선일체, 내지연장주의, 일시동인을 제창하면서 한국인과 일본인이 같은 선조로부터 나왔다는 소위 일선동조론(日鮮同祖論) 또는 동조동근론(同祖同根論)이라는 허황한 주장을 유포했다.

그런데 일제의 동화정책에서 대단히 중요한 사실은, 역대 조선총독 등은 동화정책을 표방한다 해서 차별을 철폐하는 것이 아님을 잘 알고 있었다는 점이다. 데라우치는 관습조사의 의의에 대해 말하면서, 한국은 '제국 내지'와는 다른 특수한 통치를 할 필요가 있다는 것은 말할 것도 없다고 밝혔다.[42] 내선일체운동을 적극 추진한 조선총독 미나미 지로(南次郎)는 자신이 역설한 내선일체가 당장 무차별 평등을 실현하자는 것이 아님을 일본인과 한국인한테 오해가 없도록 주지시키기 위해 노력해야만 했다.[43] 이들한테 내선일체, 내지연장주의, 일시동인은 빈말에 지나지 않았고, 차별철폐는 한국인의 문화와 민력(民力)이 '향상'되어 천황의 지배력에 '복종'하게 되는 훗날로 미루어졌다.[44] 조선총독부 관리 야마나 미키오(山名酒喜男)는 내각총력전연구소에서 동화란 항상 두세 발 앞서가는 일본인 뒤를 감사하는 마음을 안고 순종하는 마음으로 따라오는 것을 의미한다고 말했다.[45] 이는 조선총독부의 동화정책을 간단명료하게 잘 설명한 것이었다. 일본에 사는 일본인이건 한국에 사는 일본인이건 일반 일본인들도 차별철폐에 반대했다.[46] 문제는 있지만 그래도 한국인 차별에 비판적이었던 요시노 사쿠조(吉野作造)나 야나이하라 다다오(矢內原忠雄) 같은 일본인은 극히 소수였다.

### 동화정책의 진면목, 차별정책

일본인과 한국인을 차별하지 않는 분야를 찾아내기란 지극히 어려웠다. 일제는 자신의 헌법도, 메이지국가(明治國家) 교육전략도 한국에 적용하지 않았다.[47] 패전 직후 일본 대장성에서 펴낸 책에도 차별정책이 몇 가지 열거되어 있다. 곧 정치상 참정권·지방의회·의원 선임 방법에서, 행정상 총독의 종합행정권과 관리임용에서, 입법상 제령(制令)에서, 경제상 관세제도·경제권·전시경제 독자정책에서, 교육에서, 경찰 취체상 도항 금지 등에서 차별이 있었다는 것이다. 법률의 경우 제령의 존재 외에도 다른 차별이 있었다. 일본제국의회는 일본과 한국에 공통으로 적용하는 법률과 조선에만 시행되는 법률을 제정할 수 있었지만, 그 밖의 법률은 한국에 적용하지 않았다. 한국의 사법기관은 일본과 계통이 달랐다. 재판관의 임용, 자격, 신분보장은 일본에서는 법률로 정했지만, 한국에서는 조선총독의 명령인 제령으로 정했다.[48] 총독부 관리의 경우 한국인과 일본인 사이에는 급료 차이가 적지 않았고, 한국인은 소수만이 고위직에 올랐을 뿐이다. 1925년 3월 말 통계에 따르면, 한국인은 총독부 및 소속 관서 전체 직원의 35.6%였는데, 이중 칙임관은 20%, 고등관 및 고등관 대우자는 29.7%였다.[49] 총독부 본부는 전체 직원의 15.4%가 한국인으로, 그중 고등관이 5.3%였고, 칙임관은 학무국장 이진호 한 사람이었다. 같은 시기 경찰관의 경우 한국인은 전체 경찰관의 39.7%였는데, 경찰부장 13명 전원, 경시·경부·경부보의 78.0%가 일본인이었다.[50] 법조계를 보면 1912년에 판사의 경우 일본인이 161명, 한국인이 38명이었고, 검사는 각각 54명, 3명이었는데, 1940년 9월 현재 고등법원에는 한국인이 한 명도 없었고, 복심법원은 35명 중 4명이, 지방법원은 약 10%가 한국인이었다. 설령 판사 중 2명이 한국인이라도 절대적 거부권을 가진 재판장은 일본인이었다. 또한 비슷한 경범죄일 경우 일본보다 한국에서 더 엄히 처벌했다. 일본은 100만 명당

병원 수에서 한국의 6~7배, 의사 수에서 7배였다. 1938년 한국 관립병원 민족별 환자 수는 일본인이 33만 4,438명, 한국인이 38만 9,739명으로 비슷했다. 그런데 1940년에 한국 내 일본인은 69만여 명으로 전체 인구의 약 3%밖에 안 되었다. 비슷한 시기에 대학은 하나밖에 없었는데, 형무소는 15개소, 감화원은 3개소, 보호관찰소는 7개소, 형무소 지소는 11개소나 되었다.[51] 부산 부두에는 탑승구가 일본인용과 한국인용으로 분리되어 있었는데, 한국인은 엄격한 검문을 받아야 했다.[52] 한 일본인 연구자는, 일본은 한국에 대해 경제 면에서 프랑스보다 철저히 본국 중심의 차별정책을 썼는데, 이는 관세동화정책이었다고 평가했다.[53] 순전히 외형상으로만 본다면 민족의식을 말살하기 위한 정책의 표본인 창씨개명은 프랑스의 동화정책과 유사한 점이 있다고 주장할 수도 있었다. 그런데 거기에도 '차별'이 있었다. 본적으로 일본인과 한국인을 구별할 수 있었던 것이다. 곧 한일 간 전적(轉籍)은 금지되어 있었다.[54]

한국인이 받은 가장 참기 어려운 차별은, 일본인이 한국인을 열등시하면서 업신여기고 얕잡아봤다는 점이다. 일제나 일본인이 한국인에 대한 차별대우를 합리화하는 방편으로 주장한 한국인의 열등성은 이 절 뒷부분에서 살펴보려고 한다. 당연한 일이지만 일본인은 한국인과 결혼하기를 꺼렸다.[55] 일제가 이웃 민족들을 어떻게 생각했는가는 1930년대에 총독이었던 우가키 가즈시게가 1927년에 쓴 다음과 같은 일기에 잘 나타나 있다.

> 진정한 불기독립적(不羈獨立的)으로 존재하는 것은 일본인 8,000만뿐이다. 이 일장기의 비호하에 유색인종 유일의 순독립국민으로서 생존하는 것은 영광스러운 명예이며, 자랑스러운 것으로, 어떤 부족한 점도 없는데 조선인 무리들이 이것저것 부족하다고 말하는 것은 실로 불가해의 극치이다.[56]

일본은 동화주의를 운위할 만한 역사를 가지고 있지 않았다. 한 역사가는 일본은 민족 간의 평등한 관계라는 개념을 상정해본 적이 없었다고 지적했다. 일본인은 민족 간의 관계를 우월과 열등의 관계로 이해했다는 것이다. 이들은 탈아입구론(脫亞入歐論)에서처럼 유럽과 아시아인에 대한 이원적 사고 속에서 식민지민족을 일본민족과 분리하여 통치하는 것이 당연하다는 '분치'(分治) 사고를 지니고 있었다. 프랑스와는 달리 차별통치 또는 분치가 그들한테는 자연스러운 식민지 통치 형태였다.[57] 이러한 사고에는 이웃나라 주민들의 독자성이 매몰되어 있으며, 이웃나라 주민들은 단지 지배(우등민족)와 피지배(열등민족)라는 이분법적 사고 아래 대일본제국의 융성을 위해 존재하는 종속적·도구적 존재일 뿐이었다. 이 점을 다카기 소키라(矢部貞治)는 다음과 같이 정식화했다. 그는 1942년에 쓴 「대동아의 정치구성과 원리」에서 대동아 제 민족의 가치·능력·민도·공적에 걸맞은 지위가 인정되고 그리하여 전체로서 유기적 조화가 유지되어야 한다고 피력하고, 그것은 차별대우가 아닐뿐더러 기실 차등이 곧 공정이라고 지적했다. 지도국·독립국·보호국·직할령 등으로 나뉘는 것은 자연스러운 현상이라는 주장이었다.[58]

한국인은 열등인종으로 일제 치하에서 종속적 역할만 맡도록 되어 있어 정치적 권리도 없었고, 통치책임도 나눠 갖지 않았다. 한국인한테 진보나 계몽은, 일본제국 내부에서 정해진 2등신민으로서의 지위를 일탈하지 않는 수준에서만 허락되었다.[59]

**프랑스 식민정책과의 차이**

일본인 학자 야나이하라 다다오는 식민정책을 종속주의와 동화주의 그리고 자주주의로 구별하고, 종속주의는 식민지의 이익을 고려하지 않고 오로지 자국의 이익을 위해서만 식민활동을 규율하려는 이념이라고 정의했다. 그리고 역사적으로는 종속주의로부터 동화주의로, 또 동화주의로부터 자주주의로 옮겨간 것으로 이해하면서, 한국은 동화주의에 해당한다고 지적했다.60 일제의 동화정책은 프랑스조차 이미 19세기 말에는 식민정책이 협동주의로 변화한 것과 비교해보아도 반대의 길을 간 것이었다.61 그런데 한국은 가장 전제적인 동화주의라는 야나이하라 다다오의 지적이62 시사하는 것처럼 한국의 경우 종속주의와 동화주의 어느 한쪽에 속한다고 보기에는 어려운 점이 있다. 그래서 요시노 사쿠조는 1910년대의 한국에는 일본 봉건시대 관민관계를 방불케 하는 것이 있다고 피력했고,63 1920년대에 야나이하라 다다오는 문치주의의 총독정치하에서 불안·절망·무광명이 떠돈다고 지적했다.64

프랑스는 대체로 유색인종을 대상으로, 오랫동안 발전시켜온 근대문화를 가진 자신들보다 이질적이고 낮은 수준의 문화를 가졌다고 생각한 '원주민'들을 위해 동화정책을 폈다. 그것도 이후 통치 영역이 캄보디아(1863), 통킹(1874), 안남(1884)같이 문화 수준이 높은 보호령으로 확대되고 민족은 각자 특성에 따라 발전해야 한다고 사고하게 됨에 따라 동화주의로부터 점차 협동주의로 정책을 전환했다.65 일제는 그들이 애용한 '동조동근'(同祖同根), '동족동종'(同族同種), '동종동문'(同種同文)이라는 말을 상기하지 않더라도, 같은 황인종인 데다 문화 역시 비슷한데 한국인의 독자성을 인정하지 않았다. 그리하여 중일전쟁 이전에는 동화정책을 폈고, 일제 말에는 황국신민화운동이란 극단적인 동화정책을 총력전 형태로 전개했다. 백인들은 자신의 문명과 제도를 '미개민족'에게 심어주는 것을 사명으로 여겼고, 미신이나 이단적인 종교를 믿는 사람들한테 기독교의 복음을 전파한다는 것을 성스러운 일로 생각했으나, 일제는 이에 비길 만한 것이 없었다.66 무엇보다 프랑스대혁명의 이념 같은 인류 보편의 정치 이념을 가지고 있지 않았다.

일제가 민족적 우월감을 가지고 한국인을 혐오하고 멸시했는데도 동화정책을 편 까닭은 무엇일까.

거기에는 프랑스가 동화정책을 편 이유와 비슷하게, 문명의 혜택을 함께 누리려 했던 점도 있었을 것이고—이 경우 일본인들이 이해한 방식의 근대적 문명이었다—한국인 지배를 정당화하기 위한 이데올로기로 제시하려 한 점 그리고 식민지배를 미화하기 위한 점도 있었을 것이다. 하지만 협동정책 등 다른 정책을 펴는 대신 시대에 역행하여 동화정책을 편 기본 목적은 '대일본제국'을 '발전'시키는 데 긴요한 한국을 '안정'된 지역으로 만들고 '대일본제국 융성'에 기여하도록 하기 위한 것이었다. 데라우치 총독한테 완전한 동화란 절대복종을 의미했는데,[67] 일제한테 동화정책이란 한국인이 일제에 순응하고 복종하도록 만들기 위한 정책이었다. 프랑스와 달리[68] 또 대만과도 다르게 일제강점기 내내 무관총독만 있었던 것도, 그 무관총독을 일본 천황에 직례하는 특별한 존재, 이른바 위엄 있는 존재로 위치지운 것도 그 때문이었다. 앞에서 언급한 대로 일제는 한국이 일본제국에서 결단코 떨어져나가서는 안 되는 지역이지만, 한국인은 강인한 민족의식을 지녔기 때문에 잠재적으로 대단히 불안정하여 소요나 쟁란이 발생할 수 있는 지역으로 파악하고 있었다. 이 때문에 중일전쟁이 일어나기 전까지 한국인은 언제 어떻게 나올지 알 수 없어 동화정책과는 '모순'되게도 한국인을 사병으로 군대에 입영시키지 않았고, 1944년에 징병제가 실시되었을 때도 독자적인 한국인 부대는 없었다. 또한 영국은 동아프리카에 1개 보병대대만 주둔시켰고, 대만에는 전간기에 보병 2개 연대와 포병부대 하나, 그리고 수개의 요새부대를 두었는데,[69] 일본은 한국 곳곳에 헌병(1919년 이전)과 경찰을 배치하였고, 서울에 조선군사령부를 설치했으며, 나남과 서울 등지에 19, 20사단을 주둔시켰다. 그런데 데라우치에게

'완전한 동화'란 '절대복종'을 의미한다는 말이 적절히 시사하듯, 조선에 대한 동화정책과 위압적이고 전제적인 관헌통치는 상호 유기적인 지배방식으로 불가분의 긴밀한 관계를 맺고 있었다. 한국의 '안정'을 위해 강력한 군대의 배치보다 훨씬 더 중요한 것이 일제 또는 일본 천황한테 순응하고 복종하는 인간을 만들기 위한 동화정책이었다.

### 한국 문화와 역사의 독자성 부정

문화통치기에는 다른 면모도 보여주었지만, 기본적으로 일본제국주의자들은 한국인이 독자성을 가질 수 없는 민족이어서 어쩔 수 없이 종속적 역할을 맡게 되어 있다고 '사고'하였다. 그리하여 일제나 일본 천황한테 순응하고 복종하는 인간이 되도록 민족의식을 아예 갖지 못하게 하거나 그것을 약화시키고 변질시켜야 한다고 믿었다. 그래서 일제는 한국의 문화나 역사, 민족성이 독립국가를 가질 수 없게 되어 있다는 것을 입증하기 위해 많은 노력을 기울였다. 우선 일본인 관리나 교육자는 한국의 역사와 풍속, 사회를 연구하고 이해하려 하지 않았고, 한국어를 습득해야 한다고 생각하지 않았으며, 한국어로 된 신문과 잡지·라디오·가요를 가까이 하려 하지 않았다는 점을[70] 주목할 필요가 있다. 그런가 하면 고적 발굴과 관련된 조선고적조사위원회 등의 기구에 한국인은 소수만 끼워주었을 뿐, 중추적인 역할은 맡기지 않았다. 유적 조사 발굴에도 한국인은 배제되었다.[71] 동경제국대학 등 일본의 여러 대학이나 연구기관, 경성제국대학과 총독부의 여러 기구에서 활동한 일본인 학자들은 한국의 역사가 종속적이었다는 것을 19세기 후반에서부터 일제강점기에 이르기까지 주장했다. 그러한 주장은 해방 후에도 이어졌다.

한국 역사학자들이 식민사관으로 통칭하는 일제의 한국사관은 해방 직후 일본 대장성(大藏省)에서 펴낸 『일본인의 해외 활동에 관한 역사적 조사』에도 강조되어 있다. 이 책은 제2책 조선편 제1분책 제1장 제1절과 제2절에서 한국사에서 늘 주도권을 쥔 것은 주변국가이고 한국 측으로서는 이것에 여하히 순응하여 자기보전을 할 것인가에 노력을 집중했다는 반도인의 숙명성을 제시하였다. 그러한 타율성론이 제3절 '국시로서의 사대주의의 성장'에서 거듭 강조되었다.[72] 제4절에서는 조선사회에서 대한제국기까지 한국은 누가 뭐래도 정체된 역사를 가졌다고 설명하면서, 한국의 당시 상황이 후지하라(藤原) 시대 말기에 상당한다는 후쿠다 도쿠조(福田德三)의 주장을 소개했다. 제5절에서는 당파성이 조선민족의 특성이라고 역설했다. 일제는 일찍이 일본인한테 역사교과서 등을 통해 신공황후의 '삼한정벌'을 비중 있게 가르쳤던바, 한 일본인 연구자는 일본에서 '삼한정벌' 전승은 막부 말엽 이래 어떤 의미로는 '주신쿠라'(忠信藏) 이야기 이상으로 친숙하고 일상생활에 뿌리 박혀 있다고 기술했다.[73] 일본인 역사학자 하타다 다카시(旗田巍)는 일본은 한국의 나라뿐만 아니라, 역사까지도 빼앗았는데, 그것이 얼마나 한국인의 자존심을 손상시켰는가는 우리들 일본인은 생각조차 하기 어려울 거라고 피력한 바 있지만,[74] 해방 후 한국인 역사학자들이 가장 힘을 쏟은 일 중 하나가 타율성론, 정체성론, 당파성론으로 대표되는 일제의 식민사관을 연구 비판하는 작업이었다.[75]

일제는 한국인의 민족성이 독립에 부적당하며, 한국인은 열등민족이라는 것을 여러 형태로 주장하고 퍼뜨리기 위해 노력했다. 1920년대 문화통치기에 정치선전으로 주장된 독립불능론은 한국의 민족성에는 독립자치능력이 없고, 그것은 역사적으로 증명되며, 독립하려고 해도 실력이 없고, 국제적 조건이 불가능하게 되어 있다는 네 가지로 구성되어 있었다. 조선총독부 조사자료 20집 『조선인의 사상과 성격』에는 ① 방종, 사치, 낭비, 사행심 ② 표면적, 형식적 ③ 부화뇌동 등 한국인의 민족적 결함이 자세히 기술되어 있다. 이 조사자료에는 자살이 적은 것도, 자살이 많은 것도 한국인의 열악한 민족성으로 되어 있다. 다카하시 도루(高橋亨)는 조선총독부에서 발행한 『조선인』에서 사상의 고착이나 종속 등 한국인의 숙명적 특성을 기술했다.[76] 경성의학전문학교 교수 구보 시게루(久保茂)는 강의시간에 한국인은 해부학상으로 야만에 가깝다고 말해 1개월간 동맹휴학 등 분규를 야기시켰다.[77] 괴산공립보통학교, 목포상업전수학교에서는 교장이 "조선인은 미충(米蟲)이다", "선인(鮮人)은 부패한 식물을 식(食)한다"라고 말해 역시 분규가 일어났던바, 신문에서는 이를 '제2의 구보사건'으로 기사화했다.[78] "조선은 우리 헤이안(平安) 시대로부터 현재까지가 뒤죽박죽으로 섞여 있는 거대한 축도"라고 지적한 기다 사다키치(喜田貞吉)는 서울 남산공원에서 삼삼오오 소요하고 있는 한국인을 보고 한국인은 태업적(怠業的) 민족이라고 규정했다.[79] 백인이 하면 훌륭해 보이는 것도 한국인이 하면 열등의 증표여서, 일본인은 지하의 냉수도 한국인이 마시면 미개인이라고 조소했고, 서양인이 마시면 문명의 신법인 양 추중했다.[80]

하타다 다카시는 일제가 역설한 동화나 일시동인은 한국의 독자성을 부정하여 한국을 몽땅 일본에 흡수시킴으로써 양자의 대립·차별을 없애버리겠다는 의식으로, 상대방의 존재를 일절 박탈함으로써 일체가 된다는 생각이라고 지적했다. 그는 이 방침이 구체적으로 나타나면 한국인의 전통적인 풍속·습관·언어의 무시, 민족의식·민족운동의 부정, 일본식 풍습이나 일본어 강요, 신사참배 등의 일본인 의식의 강제 등을 초래한다고 설명했다.[81] 앞에서 필자는 동화정책이란 한국인을 일제에 순응하고 복종하는 인간으로 만드는 작업이라고 말했지만, 이와 같이 동화정책은 한국인의 역사나 문화, 민족의식을 왜곡하고 제거하여 독립할 생각을 갖지 못하고 복종하도록 하기 위한 정책이었다. 형태나 성격은 서로 다르나 동화정책이 일제강점기에 지속적으로 추구된 것은 바로 이러한 이유 때문이었다. 요컨대 동화정책은 한국인을 자아를 상실한 불구적 존재로 만드는 비인간화의 정책이었다.

## 4  동화교육

동화정책은 동화교육에 의해 강력히 추진되었다. 따라서 동화정책의 진면목은 동화교육에서 나타났다. 동화교육의 진면목은 "충량한 국민을 육성하는 것을 본의로 한다"고 밝힌 1911년 8월 제정의 조선총독부 최초 조선교육령과, 초등학교에서부터 경찰이나 헌병을 연상하도록 관복을 입고 허리에 칼을 찬 교사가 '조선어 및(及) 한문' 시간을 제외하고는 모든 과목을 일본어로 교수했다는 점에[82] 잘 드러나 있다. '충량한 신민' 대신 덕교(德敎)를 내세운 대만의 경우와[83] 대비를 이루는데, 여기에는 데라우치 총독의 의도가 잘 드러나 있다. 식민지라 하더라도 대개 초등교육은 현지어로 하게 마련인데 한국에서는 일본어로,[84] 그것도 관복을 입고 칼을 차고 가르치게 한 것이다. 1920년에 한 한국어 신문은 일본어로 가르치는 것을 '동화정책의 골수'라고 표현했는데,[85] 일본어를 전혀 모르는 학생들은 상당 기간 학업 진도가 나갈 수 없었다.[86] 조선총독부의 학무 당국자는 일본어를 전혀 모르는 아동들에게 통역을 두고 교수하는 것을 배제하고 일본어로 가르치기 위해 '국어교수의 법칙'을 안출했던바, 보통학교 교실 용어는 3개월에 학습할 수 있게 되었다고 주장했다.[87]

학교에서 일률적으로 일본어로 교수하게 했을 뿐만 아니라, 일본어 교육에 각별히 비중을 두어 가르쳤다. 교육령 제5조는 "보통교육은 특히 국민의 성격을 함양하고 국어보급을 목적으로 함"으로 되어 있는데,[88] 국어보급이 '국민 성격' 함양에 중요하였기 때문이다. 6년제 보통학교의 경우

1~6학년에 걸친 총시수가 한 주에 국어, 곧 일본어는 64시간이었으나 조선어 및 한문은 20시간밖에 안 되었다. 고등보통학교는 1922년의 경우 총시수가 일본어 및 한문 32시간, 조선어 및 한문 12시간이었다. 그리하여 전체 교육시간 중 초등학교에서는 일본어가 차지하는 비중이 1906년에 20.7%에서, 1911년 37.7%, 1922년 39.3%, 1938년 35.0%였지만, 조선어는 계속 줄어 각각 20.7%, 20.8%, 12.5%, 6.5%였으며, 1941년에는 0%였다. 중등학교의 경우는 일본어가 각각 20.6%, 25.0%, 20.0%, 17.3%였으며, 조선어는 각각 21.7%, 11.7%, 7.5%, 4.0%였고, 1941년에는 역시 0%가 되었다.[89] 이처럼 일본어 교육이 조선어 교육보다 월등히 비중이 컸을 뿐만 아니라, 조선어 또는 조선어 및 한문의 교육 내용은 주로 일제의 시책 및 일본문화와 관련되는 것을 택했다. 교수방법도 일본어 교수방법에 준하거나 일본어와 연결시키고, 경우에 따라서는 일본어로 교수하였다.[90] 중등학교에서 조선어 교육이 외국어 교육보다 현저히 적은 것도 눈에 띈다. 1922년의 경우 보통고등학교에서 조선어 및 한문은 1~5학년에 걸쳐 1주일에 12시간, 외국어는 30시간이 배정되었는데, 1931년에는 각각 12시간, 28시간이 배정되었다.[91] 일제는 일본어를 가정 및 사회에 보급하기 위해 노력했으며, 그것으로도 부족하여 1912년부터 공사립학교 중심으로 경찰관, 지방관리, 독지가들이 나서 국어강습회를 열었다. 서당에서도 1919년에 천수백 개소에서 일본어를 가르치도록 했다.[92]

### 차별교육의 제도화

일본식 '동화교육'의 또 하나의 특성은 한국인과 일본인을 분리해서 가르친 데서 잘 나타난다. 초등학교 입학생들은 어리기 때문에 한국인과 일본인 학생의 경우도 민족적인 편견이 적어서 일단 우정이 맺어지면 일생 동안 변치 않는 관계가 맺어질 수 있다. 이처럼 인격 형성에 가장 중요한 시기에 각기 분리되어 교육을 받은 것이다.[93] 일본인과 한국인은 다니는 학교의 명칭도 달랐고 교육 연한도 달랐다. 일본인이 다니는 학교는 초등학교는 소학교, 중등학교는 중학교라고 불렀는데, 한국인의 초등학교는 보통학교, 중등학교는 보통고등학교라고 하여 격을 한 단계 떨어뜨렸다. 그리고 일본인은 교육 연한이 소학교는 6년, 중학교는 5년, 고등여학교도 5년이었는데, 한국인 학교의 경우 '통감부시기'보다 감축하여 보통학교는 3~4년, 고등보통학교는 4년, 여자고등보통학교는 3년이었다. 이같이 분리해서 가르치고 명칭도 다르고 교육 연한도 다른 까닭은 교육 목적이 달랐기 때문이다. 대구공립보통학교장 하나다 가나시쓰게(花田金之助)는 소학교는 조선인을 지도할 만한 자질과 품성을 아동기부터 길러주고, 보통학교는 황은의 지극함을 강조하면서 국어의 보급과 덕성의 함양에 노력하여 제국신민으로서의 자질과 품성을 갖추게 하는 데 그 목적이 있다고 말했는데,[94] 소학교와 보통학교의 차이를 솔직히 털어놓은 것으로 보인다. 1922년 제2차 교육령에서 교육 연한의 차별을 철폐하도록 했는데, 여자고등보통학교의 경우 4~5년이었고,[95] 지방 보통학교는 상당수가 4년이었다.[96] 현지 주민과 이주 일본인을 공학하게 한 것은 대만은 1922년이었지만, 한국은 황국신민화운동이 벌어진 1938년에 이르러서였고,[97] 그것도 주로 신설학교에 적용되었다. 조선총독부에서는 일본인 아동에게는 한 명당 49원을, 한국인 아동에게는 18원을 지출했다.[98]

### 문맹(文盲) 교육정책

일제는 동화정책을 강조했으면서도 한국인은 되도록이면 교육을 적게 받아야 한다고 생각했다. 데라우치 총독이 한국인 교육은 오로지 충량한

국민을 육성한다는 목적 달성에만 필요하다고 생각했기 때문에 애초부터 학교 보급에 열의가 없었던 것도[99] 이유였겠지만, 사실 초등학교도 아주 적었다. 그러나 중등학교 이상의 학교는 더욱 적어, 1918년 5월 현재 관공립 고등보통학교가 4개교, 여자고등보통학교가 2개교에 지나지 않았다.[100] 일제는 이미 통감부가 설치된 해인 1906년에 관립 외국어학교인 육영공원 등을 폐지했고, 1911년에는 1895년에 세워진 한성사범학교를 폐지했다. 또 숭실학교의 대학과, 이화학당의 대학과도 인가를 취소했다. 사립학교인 경우 강점 초기에는 전문학교 인가도 소수로 제한했다.[101] 한 교육학자는 일제 식민지 교육정책은 문맹정책이라고 비판했는데,[102] 교육을 중시했던 한국인을 열등한 수준에 묶어두기 위해 초등교육도 제대로 시키지 않았을뿐더러 고등교육기관은 없애다시피 했던 것이다. 일본은 두말할 나위가 없고, 중국만 해도 북경, 상해, 남경, 천진, 청도, 제남, 심양 등에 하나 또는 여러 대학이 설립되어 있었는데, 한국의 경우 1924년에 경성제국대학 예과가 설치되고 1926년에 본과가 설치되었을 뿐이고, 일제가 패망할 때까지 더 이상 대학이 존재하지 않았다. 유일한 대학인 경성제대도 일본인 학생이 훨씬 더 많아 예과는 1924~1938년에 한국인이 33.5%밖에 안 되었으며, 법문학부는 1926~1938년에 39.7%, 의학부는 같은 기간에 26.5%였다. 관립 전문학교도 비슷하여 1937년에 한국인 학생과 일본인 학생이 각각 635명, 1,222명이었고, 1943년에는 802명, 2,231명이었다.[103] 한국인의 교육 기회가 상대적으로 확대된 1930년대 후반을 기준으로 한 인구 1,000명당 한국인 학생 수(1939년 기준), 한국 거주 일본인 학생 수(1939년 기준), 일본 거주 일본인 학생 수(1936년 기준)를 보면, 각각 초등학교는 55.2명, 142.8명, 164.5명, 중등학교는 1.31명, 32.7명, 17.9명, 대학은 0.0093명, 1.06명, 1.03명이었다.[104] 또한 조선총독부는 한국인이 공리공론을 떠나 분수를 지키게 하기 위해 실용주의 교육, 곧 실업교육에 중

점을 두겠다고 밝혔다.[105] 종순하고 규율에 잘 따르는 순응적 인간을 만들기 위해서였다.

한국인의 교육 기회는 매우 적었다. 요시노 사쿠조는 1919년 6월에 한국 전체의 초등학교 수가 일본의 최소 현(縣)보다도 적고, 중등과정인 고등보통학교가 남녀학교 합해서 4~5개밖에 안 되며, 고등보통학교와 초등학교의 교육이 합해서 8년이어서 일본의 고등소학교 졸업 연한과 같다는 데 주목했다.[106] 한국인 아동의 초등학교 취학률은 1911년 1.7%, 1919년 3.9%, 1929년 18.6%, 1937년 30.8%, 1942년 54.5%였다. 일본은 1874년에 32.3%, 1894년에 61.7%, 1911년에 98.1%였다.[107] 대만도 1926년에 28.4%, 1935년 42%, 1940년 57.6%로[108] 한국보다 높았다. 중등과정의 경우 한국인이 다니는 고등보통학교 학생 수가, 한국인의 30분의 1에서 40분의 1밖에 안 되는 재한 일본인의 중학생 수와 비슷했다.[109]

한국인은 조선총독부 고위 관리도 인정한 바와 같이 교육 기회 확대를 열망했다.[110] 그러나 일제는 사립학교 설립과 운영도 제한을 가해 사립학교에서 교육받을 기회도 축소시켰다. 조선총독부는 1911년에 사립학교령을 개정한 데 이어 1915년 사립학교규칙을 대폭 개정하여 일본어로 교수하게 하는 등 많은 제한을 두었던바,[111] 사립학교가 1910년에 1,973개교였던 것이, 1919년에 742개교, 1925년 604개교, 1935년 406개교로 줄었다.[112] 일제는 서당조차 1918년에 서당규칙을 발포하여 감독을 엄하게 하는 등 제한을 가했다. 그리하여 1919년에 2만 3,556명이던 학생이 1935년에 6,807명으로 대폭 줄었다.[113] 중등학교 이상 교원도 대부분 일본인이었다. 1935년 5월 말 현재 일본인 교원은 관공립 보통학교 32.4%, 공립 고등보통학교 85%, 공립여자고등보통학교 74%, 사범학교 85%, 관공립 전문학교 88%, 대학 100%였다.[114] 사립학교에도 일본인 교원이 많았는데, 숙명여자고등보통학교의 경우 1927년에 교원 22명 중 한국인은 5명만 남았고, 조선의복 재봉 교원, 기숙사 사감까지도 일본인을 임명해 학생들은 "재봉 교원은 반드시 조선인 교원으로 할 사(事), 조선인 교원을 다수 증가할 사" 등의 요구조건을 내걸고 한 달 이상 동맹휴학에 들어갔다.[115]

'충량한' 국민을 육성하기 위해 일제는 역사교육을 중시했다.[116] 강점 초기에는 역사교육을 위한 동화교육이 아니라 한국인을 역사교육으로부터 소외시키려는 '통감부시기'의 정책을 발전시켜, 보통학교 교과목에서 지리·역사가 사라졌다. 그러면서도 국어(일본어)독본 교재에서는 일본의 역사와 지리를 다루었다. 한국역사는 조선어 및 한문에도 없었다.[117] 1921, 1922년에 채택된 『보통학교국사』 상·하(국정 제3기 역사교과서)는 『심상소학일본역사』(尋常小學日本歷史) 본문에 조선역사를 보충교재 별항목으로 삽입한 것으로, 일본사 부분은 내용도 문체도 일본의 국정 『일본역사』와 완전히 동일했고, 한국역사의 자율성을 부정하고 일제의 강점을 합리화하는 내용이었다. 역사와 문화, 언어를 달리하는 한국 아동들한테 일본과 똑같은 내용의 역사를 가르친 것인데, 문체도 일본 어린이들도 어려워할 문어체였다.[118] 한국인들은 한국과 아무 관계가 없는 일본의 역사, 전설, 풍속, 인정(人情), 문화를 아동의 뇌수에 고취시키는 것을 반대하고, 한국의 역사와 지리 과목을 신설하고 보통학교 교원은 한국인으로 해줄 것을 요구했다.[119]

## 5 황국신민화운동·황국신민화교육

1937년 7월 일제가 중일전쟁을 도발하면서 본격적으로 펼친 황국신민화운동은 전체주의적 동원 방식으로 한국인에게 황국신민이 되기를 강제했다는 점에서 이전의 동화정책과 다르다. 내선일체를 주창한 조선총독

미나미 지로는 내선일체란 "반도 사람을 충량한 황국신민으로 만드는 것"이라고 피력했다.[120] 이는 사회에서건 학교에서건 총력전으로 명실공히 완전한 황국신민화에 매진하여 한국인의 정체성을 해체하고 일본인처럼 천황에 절대 복종하는 인간형을 주조해내기 위한 이데올로기였다. 황국신민화운동은 천황제 파시즘 또는 군국주의 파시즘에 순응하는 인간 만들기 운동으로, 히틀러의 나치즘이나 무솔리니의 파시즘과 비슷한 비인간적이고 반문명적인 운동이었다. 이 같은 운동이 전체주의적 동원 방식으로 전개된 까닭은 한국인의 민족의식, 독립의식을 말살해 중국 등 아시아 여러 나라를 침략하고 제2차 세계대전을 수행하는 데 인적·물적 병참기지 요원의 사명을 다하게 하기 위해서였다.[121] 이로써 한국인의 인권은 참혹하게 짓밟혔고, 한국인의 인간의식은 비상한 위기를 맞았다.

중일전쟁 도발 직후인 1937년 7월 22일에 조선총독부는 조선중앙정보위원회를 설치했던바, 매월 1일을 애국일로 제정해 모든 직장·학교·마을에서 신사(神社·神祠)참배를 강요하고[122] 국기게양 등의 행사를 벌였다. 뿐만 아니라 '황국신민의 서사'를 제정했으며, 국방헌금을 받았고, 전승 축하 행사 등을 열었다.[123] 이 애국일은 1941년 태평양전쟁을 일으킨 뒤 대조봉대일(大詔奉戴日, 매월 8일)로 바뀌었다. 이와 함께 매일 일본 천황이 있는 궁성을 향해 절을 하게 하는 궁성요배(宮城遙拜)와 정오묵도(正午默禱)를 강요했다. 1937년 10월부터 한국인은 대만인에게는 요구하지 않은, "1. 우리는 대일본제국의 신민이다. 2. 우리는 마음을 합쳐 천황폐하께 충의를 다한다. 3. 우리는 인고단련(忍苦鍛鍊)하여 훌륭하고 강한 국민이 된다" 등의 '황국신민의 서사'를 낭송해야 했다. 또한 매년 11월 10일을 중심으로 '국민정신 작흥(作興) 주간'이 설정되었다.

중일전쟁 1주년을 맞아 조선총독부는 국민정신총동원조선연맹을 조직했다. 이 단체는 1940년에 농산어촌진흥운동을 포섭하여 국민총력조선

황국신민서사탑(위)과 학생들의 신사 참배(아래).

연맹으로 개칭되었다. 또한 정·동·리 부락연맹과 각종 연맹 아래 약 10호를 단위로 하여 애국반을 편성해 한국인 모두를 대상으로 황국신민화운동과 침략전쟁 찬양 운동을 폈다.[124] 이 밖에도 황국신민화운동은 여러 형태로 전개되었다. 1937년 8월에는 고대 일본의 무도정신을 체현시켰다는 '황국신민체조'가 만들어졌고, 그 다음 해 12월에는 고등보통학교, 여자고등보통학교에 일본 천황의 '진영'(眞影)을 '봉안'(奉安)케 했다. 이 해에는 중등학교 이상의 학생들로 학도근로보국대를 조직했다. 이러한 행태로도 부족하다고 생각해 조선총독부는 1940년 2월부터 한국인이 오랫동안 써왔고 중시했던 성(姓)까지 성격과 의미가 다른 일본인의 씨로 바꾸게 하여 천황주의적 가족국가관을 강요한 창씨개명을 실행했다. 창씨개명은 군부의 외고집으로 강력히 추진되었던바, 극히 단순하고 완고하게 서둘러 행해졌다.[125]

황국신민화운동에서 특히 중시한 것이 '국어' 보급이었다. 일반인들을 대상으로 한 일본어 보급은 강점 초기인 1912년부터 국어강습회 등을 통해 실시되었는데, 1930년대에 우가키 총독은 농촌진흥운동에서 특히 '국어' 보급에 힘을 쏟았다. 1937년에 '국어' 상용운동은 한층 강화되었다. 1938년 제2차 조선교육령 개정에서 조선어는 선택과목이 되어 사실상 폐지되었고 고등보통학교에서도 조선식 한문이 폐지되었다. 1939년 조선문인협회(1942년 다른 단체와 합쳐 조선문인보국회가 됨)는 '국어'로 작품을 쓰자는 운동을 벌였고, 연극도 1943년부터 1막은 반드시 '국어극'으로 상연토록 했다.[126] 이해에는 국민개창운동이 벌어졌다. 영화에서는 1942년부터 '국어'를 사용토록 했다. 한국인의 일본어 해득률은, 공교육을 적게 받은 것이 한 요인이었지만, 1930년대까지는 대단히 낮았다. 조사를 시작한 해인 1913년에 일본어 해득자가 0.6%에 지나지 않았다. 3·1운동 이후에는 계속 늘었으나 1937년에도 11.1%였다. 그러나 1942년에는 19.9%로 증가했다.[127] 대만의 경우 일본어 습득자는 1933년에 24.5%, 1940년에 53.9%였다.[128] 일제 말에 한국인 어린이들은 수업시간뿐만 아니라 일상생활, 학교생활에서도 일본어 쓰기를 강요당하고 어기면 벌을 받았다.[129]

황국신민화운동이란 다름 아닌 군국주의 파시즘, 천황제 파시즘에 순응하는 인간을 만들어내는 운동이었는데, 한국인과 일본인의 경우는 크게 다른 점이 있었다. 일본인은 전통과 문화, 정치적 성격으로 그러한 운동을 받아들이고 순응하게 되어 있었지만, 한국인한테 천황제 이데올로기는 도저히 이해가 안 되는 것인데도 그것을 강요한 행위는 한국인의 문화와 역사, 한국인이라는 민족의식을 말살하는 행위와 표리의 관계에 있었다. 이 점에서 한국인이 입은 상처는 심대할 수밖에 없었다.

한국인의 민족의식을 말살하고 일본 천황의 충량한 신민을 만들기 위한 황국신민화운동과 동아시아 침략전쟁을 찬양·미화하는 데는 한국의 유지와 명사, 기독교·천도교·불교·유림 등의 종교지도자들, 문인, 지식인들이 대대적으로 동원되었다. 이로써 민족분열 현상은 한층 심각해졌다.

명사와 유지들이 대거 황국신민화운동과 침략전쟁에 동원되었다면, 사회주의자들이 다수인 '주의자'들은 혹독하게 사상의 굴절 또는 전향을 강요받았다. 1930년대에 들어서면서 대대적으로 '전향'이 강요되었고, 1936년에는 조선사상범보호관찰령이 공포되어 7개소에 보호관찰소가 생겨났다. 다음 해에는 대화숙(大和塾) 등을 만들어 사상범을 무조건 가입하게 하여 감시했다. 같은 해에는 사상전향자로 시국대응전선사상보국연맹(時局對應全鮮思想報國聯盟)을 결성했다. 1937년 9월부터는 일선 경찰관을 동원한 시국좌담회가 열렸는데, 1940년 1월까지 30만 9,000회에 1,606만 명이 참여한 것으로 발표되었다.[130] 1938년에는 공산주의사상을 박멸하고 일본정신을 앙양하기 위해 조선방공협회를 만들었고(총재는 정무총감), 그 아래에 250개소 지부를, 지역 또는 공장 직장 등에 1,789개소의 방공단을 두었다. 일제는 '금일'의 세계를 방공국가군과 용공국가군으로 양분하고, 동경-베를린-로마를 주축으로 공산주의 격멸의 거화(炬火)를 들고 인류 구제의 대도(大道)에 맥진(驀進)하자고 외쳤다.[131]

### 황국신민화운동을 벌인 이유

왜 일제는 한국에서 극단적인 황국신민화운동을 벌였을까. 앞에서 병참기지 성격을 언급했지만, 중일전쟁 이후 부족한 노무자들의 징발이 중요 이유의 하나였다. 일본은 이 시기에 한국인의 일본 도항 제한을 바꿔 적극적으로 일본 입국을 받아들였던바, 1939년 9월 이후에는 '모집'의 형태로, 1942년 2월 이후에는 '관 알선'의 형태로 일본에 데려가거나 끌고 갔다. 한편 1939년 7월 발포된 국민징용령에 의해 1941년 9월 이후 육해군 요원이 징발되었고, 1944년 2월부터는 일본의 공장과 광산 등으로도 한국인을 징용으로 끌고 갔다. '모집'이건 '관 알선'이건 '징용'이건 도망자가 속출하여, 일본 내무성 경보국의 자료에 의하면 1941년의 경우 4만 3,031명으로 집계되었다.[132] 일본 규슈의 야마다(山田) 광산의 경우 도망률이 1942년 67%, 1943년 42%, 1944년 44%였다.[133] 이 때문에 한국인 노동자들은 군대식으로 조직되고 통제되었다. 일본에 강제연행된 노동자들을 최대한 부려먹고, 빈발하는 도망을 막기 위해서도 한국인들을 철저히 황국신민으로 훈련시킬 필요가 있었다. 노동자로 부려먹기 위해서는 일본어 습득이 중요했다는 점도 고려해야 할 것이다. 한 연구자는 1939년 이후 강제징발자를 한반도 내에서의 노역 종사자 480만 명, 일본 본토로의 강제연행자 152만 명, 군속(군근무자) 20~30만 명, 군인 23만 명, 일본군 성노예 14만 명 등 약 699만 명으로 추산했다. 이것은 해방 직전 한국인 인구 2,576만 3,341명의 29%나 되는 숫자다.[134]

황국신민화운동은 전체주의적 총력전 형태로 전개된 천황제 파시즘화 과정에서 일어났는데, 만주침략에서부터 시작된 15년전쟁, 특히 중일전쟁 이후의 전쟁과 깊은 관계가 있다. 일제는 프랑스 또는 다른 백인제국주의 국가와는 달리 한국인 사병이 나중에 어떻게 나올지 알 수 없어 징병 대상에서 제외했다.[135] 그렇지만 전쟁의 확대로 2,000만 명이 넘는 인력에 관심을 갖지 않을 수 없었다.[136] 일제는 결국 조선과 만주는 하나라는 선만일여(鮮滿一如)를 제창했고, 황국신민화운동을 본격적으로 벌인 조선총독 미나미 지로는 '내선일체'의 최후 목표는 '완전한 황민화'에 있고, 그것은 아무런 사심 없이 일본 천황을 위해 죽을 수 있는 조선인 병사 출현에 연관된 문제임을 피력했다.[137] 조선총독부 관리에 따르면 이제 한국인은 내외정책상 일본과 일체가 되지 않으면 '국가' 운명을 개척해나갈 수 없는 상황으로 가고 있었다.[138] 그런데 일본이 제2차 세계대전에 돌입한 1941년 12월 8~22일 사이에 일본 내무성이 재일 한국인이 한국에 거주하는 지인들과 주고받은 통신문을 조사한 결과 "거의 자기의 현황이 위험, 초조하다고 쓴 것뿐으로 시국에 대한 인식을 앙양하는 것은 없다"라고 보고할 수밖에 없는 상황이었다. 따라서 징병제를 시행하고 전쟁체제를 구축하려면 황국신민화운동을 벌이지 않을 수 없었던 것이다.[139] 1940년 2월 창씨개명 시행에도 군부의 입김이 작용했지만, 1942년 1월에 이르러서는 외지 민족을 병력으로 활용하는 문제는 이제 논의의 대상이 아니라 초미의 급무가 아닐 수 없다고 일본 육군성은 판단했다.[140]

일제는 징병제 실시의 전 단계로 1938년 2월 육군특별지원병령을 발포하여 그해부터 지원병을 모집했다. 지원병 자격으로 가장 중시한 것이 '사상의 견고'였고, '주의자'를 극도로 경계했다는 것은[141] 군대와 황국신민화운동과의 관계를 적절히 말해준다고 하겠다. 1938년에 406명이던 지원병은 해마다 증가하여 1943년에는 6,300명에 이르러 총 1만 7,644명이었으며, 1943년 5월 해군특별지원명령에 의해 3,000명이 입소했다.[142] 당국은 지원자 수를 늘리도록 강제 할당하였고, 그것을 황국신민화의 척도로 선전했다. 지원병 합격자는 당국의 의도와는 달리 8~9할이 소작농이었고, 약간의 사무원·관공리를 제외하면 나머지는 급사와 용인(傭人) 등이었다. 지원병과 관련해 조선군사령부는 병원(兵員) 자원 보충에 주안점을 두기보다 이들이 한국인 전체에 대한 황민화정책의 견인차 역할을 하도록 독려했고, 단기 재영자(在營者)들은 제대 후 국민총력연맹 애국반의 추진대원 등으로 삼아, 군사교육에서 체득한 정신을 황민화운동 추진력으로 활용하고자 하였다.[143] 일제는 1943년 10월 학도특별지원병제를 결정하여 1944년 1월 국내 재학생 959명, 귀성 중이던 유학생 1,431명, 일본 재학생 719명, 졸업생 1,276명 등 4,385명을 입영시켰다.[144] 그와 함께 중등학교 이상에 현역 장교를 배속시켜 군사훈련을 하고, 초등학교 졸업생은 청년훈련소, 일본어에 약한 초등학교 미수료자는 청년특별연성소에 집어넣었다. 특히 후자의 경우 '국체의 본의'를 밝히고 '헌신보국'의 정신을 기르며 '국어'를 습득하는 데 주력했다.[145]

  1944년부터 일본정부의 요청에 따라[146] 징병제가 실시되었다. 일제는 그해 9월부터 한국인을 입대시켜, 육군 18만 6,980명, 해군 2만 2,290명 등 20만 9,270명을 끌고 갔다.[147] 더불어 징병제 실시를 앞두고 1940년 8월 의무교육제 실시 준비 개시를 발표했고, 1942년 12월에는 1946년도부터 의무교육제를 실시한다고 발표했다.[148] 의무교육의 추진은 징병제와 관련이 있었다.[149] 군대에서는 일본어만 쓰게 되어 있었고, 한국어는 방첩상 절대 금지했으며, 부형과의 통신도 일본어로만 하게 했다.[150] 그런데 1944년에 징병검사를 받은 한국인 장정조차 46% 정도가 미취학자로, 일본어를 전혀 몰랐다. 징병적령자연성소에서는 연성시간 600시간 중 400시간을 일본어 강습에 할애했다.[151] 징병제 실시, 전국(戰局)의 악화, 연합국의 카이로선언 등에 영향을 받아 한국인의 참정권 문제도 검토되었다. 이 참정권은 군부와 조선총독부가 지지하고 추진했다.[152] 의무교육 실시에는 천황제 파시즘 이데올로기를 주입시켜 '황국신민'을 대량 주조해내려는 목적이 있었고, 참정권에는 천황제 파시즘체제 옹호에 한국인을 끌어넣겠다는 의도가 개재되어 있었음을 간과해서는 안 된다. 중국과 필리핀, 남양군도, 그 밖에 동남아 각지로 끌려간 한국인 군속과 군인은 포로수용소 감시원 등 악역을 많이 맡아 일제 패전 후 연합군에 의해 전범으로 처형되는 등, 역시 이 지역으로 끌려간 일본군 성노예, 노무자들과 마찬가지로 큰 희생을 치렀다.

### 황국신민화교육

황국신민화운동은 역시 교육에서 그 성격을 잘 드러냈다. 앞에서 언급한 대로 1938년 3월 일제는 조선교육령을 개정, 공포하여 '조선어'를 선택 과목으로 바꿈으로써 사실상 폐지하고 말았다. 이 교육령에 의해 보통학교가 소학교로, 고등보통학교와 여자고등보통학교가 중학교와 고등여학교로 각각 명칭이 바뀌었고, 새로 설치한 공립학교는 한국인과 일본인을 구별하지 말고 받아들이게 했다.[153] 이 시기에 마련된 소학교 교육방침 1항은 "국민도덕 함양, 국체의 본의(本義)를 명징(明徵)하여 황국신민으로서 자각, 진기(振起)하여 황운부익(皇運扶翼)의 길에 철저하도록 한다"라고 규정돼 있다.[154]

1938년 3월 공포된 소학교 규정은 "'국사'(國史)는 조국(肇國)의 유래와 국운 진전의 대요(大要)를 교수하여 국체의 존엄한 소이(所以)를 알게 하여 황국신민된 정신을 함양하는 것을 요지로 한다"고 명시했는데, 황민화교육으로서의 '국사'교육이 전형적으로 실시된 곳이 '한국'이었다. 일제가 국체명징(國體明徵) 등을 분명히 하기 위해 역사교과서도서조사위원회를 설치하여 개정, 발행한 것이 『초등국사』였다(1937년 권1, 1939년 권2 발행). 이 교과서는 목록만 보아서는 한국사 관련 항목이 완전히 자취를 감추고, 목차가 일본 국정교과서와 거의 구별이 안 될 정도였지만, 한국사 관련 사항이 군데군데 들어가 있었다. 『초등국사』가 한국과 일본에서 공통으로 사용된 시기는 그것이 개정된 1940년이었다. '철저한' 황국신민을 만들기 위해 일본인 학생들이 배우는 것과 같은 교과서가 제작된 것이다. 1941년에 개정된 『초등국사』 6학년용은 맨 앞에 '제1황국의 목표', '팔굉일우(八紘一宇)의 이상' 등이 실려 있다. 1944년에 나온 조선총독부의 『초등국사』 제6학년 재개정판은 머리 부분에 '황국의 목표'를 초등학교 역사책인데도 무려 4면에 걸쳐 실었다. 거기에는 1943년 11월 일본 동경에서 중화민국, 만주, 필리핀 등 6개국 대표가 모여 대동아회의를 열어 대동아공영의 결의를 다지고 천황의 궁중 초대에 감격하여 동아시아가 일체임을 다짐했다는 내용이 들어가 있다. 5면에는 '팔굉일우의 이상'이라는 제목 아래 역시 '대동아' 침략전쟁을 미화하여 기술하였다. 광적으로 침략전쟁을 찬양하고 미화한 시국선전문을 초등학교에서 역사교육으로 그것도 맨 첫머리에서 가르치도록 한 것이다.[155]

# II
# 독립운동과 새나라 구상

## 1  들어가며

　독립운동을 타국 영토에서 한다는 것은 국내 독립운동의 일환으로 전개한 것을 제외한다면 특수한 경우에 속한다고 할 수 있다. 인도나 동남아처럼 독립운동은 대개 주민들이 사는 국내에서 하기 마련이다. 베트남은 중국 화남지방 등 국외에서 민족해방운동을 전개하기도 했지만, 일시적이었다. 그렇지만 일제강점기 한국의 경우는 달랐다. 일본제국주의자들은 한국의 독립은 절대로 있을 수 없다고 생각했기 때문에 가혹한 관헌통치 하에서 독립운동은 철저한 탄압의 대상이었을 뿐이고, 이 때문에 독립운동과 연관된 정치활동이 국내에서는 지극히 제한되어 있었다. 국내에서는 어떤 경우도 '불법'일 수밖에 없는 시위투쟁·지하투쟁 형태로 독립운동이 펼쳐졌고, 지속적이고 조직적인 독립운동은 대부분 국외에서 전개되었는데, 민중과 결합되지 못한 경우가 상당히 많았다. 국외 독립운동이 국내와 연결된 경우가 적지 않았지만 그렇지 않은 경우도 많았다. 또한 연결되었다 하더라도 공산주의자들의 지하투쟁을 제외한다면 거의 모든 운동의 중심이 국외에 있었으며, 그것도 일시적인 경우가 많았다. 또한 국내에서 인도의 국민회의처럼 정치활동이나 독립운동을 전개하지 못함으로써 정치

활동 경험의 결핍을 초래했고, 리더십 형성에 많은 문제를 일으켰다. 지하투쟁은 민중과의 결합에 한계가 있었고 관헌의 단속과 체포로 대개 한시적으로 이루어졌다. 이 점도 해방 후 정치활동에 부정적인 영향을 미쳤다.

일제의 지배정책으로 인하여 지속적이고 조직적인 독립운동, 특히 무장투쟁은 주로 국외에서 전개되었다. 뿐만 아니라 한 지역이 아니고 국가와 사회체제를 달리하는 여러 지역에서 전개되었다. 중국, 러시아, 일본, 미주(멕시코 포함) 등지에서 전개되었고, 중국의 경우 동북지방 곧 만주와 산해관 안쪽인 관내(關內)에서 독립운동을 펼쳤으며, 1930년대 말 이후에는 중국공산당과 관계를 맺으며 화북·연안 지방에서도 독립운동이 전개되었다. 이와 같이 국가와 사회체제를 달리하는 여러 지역에서 독립운동을 한 세력들은 상호 연락을 취하기도 했지만, 독자적으로 활동한 경우가 훨씬 더 많았다. 이처럼 일제의 가혹한 탄압 때문에 우리의 독립운동은 국외에서 많이 전개되었고, 국내와는 부분적·일시적으로 연결되었으며, 국외의 민족해방운동단체 간에 밀접한 관계를 맺지 못했다. 이것은 다른 나라 민족해방운동에서 보기 어려운 한국 독립운동의 특징으로, 해방 후 민족국가를 건설하는 데 어려움을 초래한 기본적인 한 요인이 되었다. 우파의 경우 주요 지도자들이 주로 해외파였는데, 이것 또한 많은 문제점을 내포하고 있었다.

국외에서의 독립운동은 지리적 위치나 여건, 한국인 거주자의 많고 적음에 영향을 받았다. 이 점에서 만주는 중요한 위치에 있었다. 만주는 압록강과 두만강의 대안(對岸)에 위치하고 있었고, 한 통계에 따르면 이미 1910년 이전에 20만 명 이상의 한국인이 살고 있었다.[156] 만주 이주민·망명자들은 일제의 강점 이후 계속 늘어나, 한 통계에 의하면 1921년에 48만 8,656명에 이르렀는데, 이중 63%인 30만 7,806명이 북간도지방에 거주하고 있는 것으로 나타나 있다.[157] 한국인 이주민은 만주에서도 중국인의 땅을 빌려 농사짓는 소작인들이 대부분이었던바, 이들이 독립군이나 빨치산의 주요 구성원이었고, 이들의 활동을 뒷받침해준 기반이었다. 1920년대 초까지 만주지방 다음으로 독립운동이 왕성히 전개된 러시아에도 연해주를 중심으로 하여 한국인이 1908년 현재 6만여 명,[158] 1921년의 경우 자료에 따라 차이가 있는데, 9만 4,000여 명 또는 약 15만 명이 거주했다.[159]

독립운동을 하는 데 지리적 여건이나 한국인 이주민의 다과는 중요하지만, 그 점 못지않게 중요한 것이 이주민·망명자들이 살고 있는 지역의 정치적 조건이다. 일본의 경우 한국인이 만주지방 못지않게 많이 살고 있었지만, 독립운동이 활기 있게 일어나지 않은 이유는 정치적 조건 때문이었다. 이 지역에서는 주로 노동운동과 연결된 항일·반일 운동이 일어났다. 미주의 경우 한국인 이주민·망명자가 1만 명 내외였는데, 주로 독립운동을 지원하는 활동을 벌였다. 미주도 하와이의 경우가 말해주듯 그 지역의 정치 상황이 독립운동에 영향을 미쳤다. 중국 상해 거주민은 소수였는데도 대한민국임시정부가 이곳에서 오랫동안 활동하였고, 의열단 활동도 활발하였으며, 아나키스트들의 활동 등 여러 갈래 독립운동이 전개되었다. 여기에는 상해가 교통이 편리하여 국내와 만주 등 각지에 왕래하기 편리하다는 점도 작용했지만, 프랑스조계에 일제 관헌이 출입하기 어려웠던 것도 중요 요인이었다. 1930년대 초중반 이후 중화민국정부는 독립운동을 지원했고, 1940년대에는 중국공산당도 민족해방운동을 지원했다.

정치적 조건이 독립운동에 중요한 영향을 미친다는 것은 러시아의 예를 통해서도 알 수 있다. 러시아에서 한족회가 조직된 것은 혁명으로 시베리아가 격동에 휩싸인 1905년 연말이었다. 2월혁명이 일어난 지 얼마 안 된 1917년 6월에는 니콜스크(우수리스크)에서 전러한족대표자회가 열려 고려족중앙총회가 조직되었다.[160] 모두 혁명기에 활발한 활동을 한 것이다. 1923년 상해에서 열린 국민대표회에서 김규식 등 창조파는 대한민국임시정부를 부인하고 새 정부를 구성했던바, 러시아의 지원 약속을 믿고 러시아에 갔으나, 1924년 2월 퇴거명령을 받았다. 1923년 9월 이후 진행된 소·일 국교교섭 때문이었다. 1925년 1월 북경에서 소·일기본조약이 조인되어 두 나라 사이에 국교가 수립됨에 따라 러시아에서의 독립운동은 어렵게 되었다.

중국 만주에서 독립운동이 활발하게 전개된 것은 지리적으로 한국에 인접해 있고, 이 지역에 한국인이 다수 이주한 것이 기본 요인이지만 정치정세도 중요하게 작용했다. 압록강, 두만강 대안에 한국인이 농사를 지을 수 있었다는 것 자체가 청의 지배력이 이완되었다는 것을 말해주지만, 1911년 신해혁명은 이 지역에서 중국 당국이 한국인을 통제하는 데 더 큰 어려움을 안겨주었다. 1914년 북간도의 간민회가 그 지역 일본 영사관의 압력으로 해체되기는 했지만, 서간도에서 주민자치가 활성화되고 신흥무관학교가 계속해서 인재를 길러낼 수 있었던 것이나, 1920년대 중반에 정의부·참의부·신민부 등의 3부가 조직되어 군사·교육 활동과 자치를 할 수 있었던 것은 일제 침투의 강도를 포함한 지역의 정치상황과 관련이 있다. 그렇지만 1925년 6월 미쓰야협정이 중국 봉천성 경무처장 우진(于珍)과 조선총독부 경무국장 미쓰야 미야쇼(三矢宮松) 사이에 맺어짐으로써 독립군은 적지 않은 압박을 받았다. 1931년 9월 일제의 만주침략은 한국인의 항일무장투쟁을 빨치산 중심으로 전환하게 했다. 변화된 정치정세하에서 일부 독립군은 1932~1933년경 관내로 넘어갔고, 조선혁명군은 남만주를 중심으로 빨치산과 비슷한 형태로 전투를 벌였다.

독립운동의 변화는 일제의 통치 변화와 약간 차이가 있다. 가장 큰 차이는 황국신민화운동이 중일전쟁 이후 본격적으로 전개된 것에 비해 민족해방운동은 1931년 일제의 만주침공이 중요한 변화의 계기가 되었다는 점이다. 만주를 관동군이 직접 장악했다는 것은 정의부·참의부·신민부의

3부병립시기와 같은 형태의 독립군 활동이 어려워졌다는 것을 의미했다. 이제 만주에서는 빨치산 형태의 투쟁이 주류가 되었다. 또한 일제의 만주 침공은 중국정부와 중국인으로 하여금 일제 침략에 더욱 경각심을 갖게 했으며, 윤봉길의 폭탄 투척이 중요한 계기가 되어 중국정부는 한국의 독립운동을 지원하게 되었다. 또한 독립운동자들은 독립운동 기지건설운동을 구체적으로 구상하던 1908년 전후로 일제를 물리치려면 일제가 중국이나 러시아, 미국 등과 전쟁하는 기회를 활용하는 것이 중요하다고 생각했다. 일제의 만주침략으로 일제와 중국 간에 전쟁이 계속될 수밖에 없었던 상황은 독립운동자들을 고무시켰다. 독립운동자들은 중일전쟁과 제2차 세계대전으로 인한 정세변화에 더욱 고무되어 민족해방운동을 치열하게 벌였으며, 동시에 국내외에서 건국준비 활동을 전개했다. 한편 1940년을 전후하여 일제의 중국침략이 광범위한 전선에서 교착상태에 빠졌을 때 중국의 화북·연안 지방에서 대일전쟁이 활기를 띠는 등 연합국과 보조를 맞추어 무장활동이 전개되었다. 이러한 점들을 염두에 두고 독립운동을 일제의 강점에서 3·1운동까지의 시기, 3·1운동 이후부터 일제의 만주침략에 이르는 시기, 일제의 만주침략에서부터 패망하기까지의 시기로 나누어 살펴보고자 한다.

## 2  3·1운동 이전 독립운동 기지건설운동

1910년 일제가 한국을 강점했을 때, 1907년 이래 일제의 대공세로 국내 의병세력은 상당히 쇠약해져 있었다. 1910년대 중반에는 채응언 부대가 활약한 정도였고, 그 외에 몇몇 의병부대가 산발적으로 싸웠다.

3·1운동 이전 국내 독립운동단체로는 대한광복회가 주목된다. 의병

관계 인사를 주축으로 하여 풍기광복단 및 국권회복단의 일부 적극적인 항일 인사가 1915년에 결성한 대한광복회(총사령 박상진)는 관찰사를 지낸 친일 부호 장승원 처단이 말해주듯, 일제 통치에 저항하지 않거나 협력하는 부호를 응징하여 민족적 각성을 촉구하면서 강제로 군자금을 모으는 활동, 일제 세금의 압수 활동 등을 전개하였다. 대한광복회는 대구, 영주, 삼척, 광주, 예산, 연기, 인천, 용천, 안동(만주), 장춘(만주) 등에 거점을 두었다. 그리고 서간도의 신흥무관학교 관계자들과 교류하는 등 만주의 독립운동세력과 연계를 모색하는 한편 부사령 이석대를 만주에 보내 독립군 양성을 도모하였고, 이석대가 전사한 1917년 이후에는 김좌진을 부사령으로 임명하여 만주에 보냈다.[161]

 1910년대 국외 독립운동으로는 독립운동 및 독립군 기지건설운동이 크게 호응을 받았다. 이 운동은 독립운동 및 독립군의 기본 역량 또는 토대를 조성하고 배양하기 위한 기지나 기반을 건설, 구축하는 활동을 가리킨다. 이 운동의 추진세력은 즉각적인 무력항쟁은 현실적으로 어렵다고 판단하고, 독립운동 및 독립군 기지를 건설하여 중일전쟁, 러일전쟁, 미일전쟁같이 유리한 기회가 오면 일제와 독립전쟁을 벌이고자 했다. 이처럼 직접적인 무력 양성을 목표로 했으며, 일제와 전쟁을 벌여 독립을 쟁취하려 한 점에서 이 운동은 경제적 실력 양성에 주안점을 둔 실력양성운동 또는 준비론과는 성격을 달리한다.

 독립운동 및 독립군 기지건설운동은 1908년 미주와 연해주, 국내 등에서 제기되어 1910년 일제의 한국 강점 전후에 구체화되었다. 이상설과 이승희 등은 미주에서 보내온 자금 등으로 중·러 국경지대에 위치한 흥개호 부근 봉밀산(중국령) 일대에 한흥동을 건설하고 한민학교를 세웠다. 1914년 이동휘 등은 동북만 왕청현(汪淸縣) 수분대전자(綏芬大甸子) 라자구에 비밀사관학교를 세웠다(교장 이동휘). 학생은 80명 이상 또는 100명

이상으로 알려졌는데, 간도 주재 일본 영사의 압력으로 1915년 말경 폐쇄되었다. 박용만 등은 미국에서 독립군 양성에 힘써 하와이에서 1914년 300명에 달하는 국민군단을 편성했고, 네브라스카 주에서 소년병학교를 운영했다. 멕시코에는 숭무학교가 있었다.

독립운동 및 독립군 기지건설운동에서 빼놓을 수 없는 것이 서간도지방의 신흥무관학교이다. 신흥강습소(중국 당국에 제출한 정식 명칭), 신흥학교, 신흥중학교로도 불린 신흥무관학교는 1911년 6월에 세워진 이래 1920년까지 계속 학생을 배출했으며, 대한제국무관학교 출신들이 중심이 된 군사교육과 중등과정 교육을 실시했다. 3·1운동 이후에는 지원자가 부쩍 늘어 무관학교가 세 군데로 늘어났다. 이같이 신흥무관학교가 독립군 요원들을 다수 배출할 수 있었던 까닭은 서울·안동·선산 등 각지에서 온 망명자들의 노력과 이회영 형제의 자금력, 경학사(耕學社)-부민단(扶民團)-한족회 등의 주민자치가 잘 어우러졌고, 서간도의 정치상황이 유리했기 때문이다. 신흥무관학교 출신들은 신흥학우단을 만들었고, 1915년에는 제2군영으로 백서(白西) 농장을 설치하여 고된 훈련을 실시했다.[162]

1910년대 중반에는 임시정부와 비슷한 독립운동단체가 만들어지기도 했다. 1914년 이상설, 이동휘, 이동녕 등은 연해주에서 윤병석이 최초의 임시정부로 평가한 바 있는 대한광복군정부(정통령 이상설, 후임 정통령 이동휘)를 조직했으나 세계대전이 발발하자 활동이 금지되었다. 다음 해인 1915년에는 상해에서 이상설, 박은식, 신규식 등이 신한혁명단(본부장 이상설)을 조직하여 광무제를 망명시킬 계획을 세웠다. 미국이 독일에 선전포고를 한 지 약 3개월 후인 1917년 7월 신규식, 조소앙, 박용만 등이 중심이 되어 발표한 '대동단결선언'은 국민주권을 주장하고 임시정부 수립을 도모했으며 독립의 절대성을 고창했다는 점에서 의미가 있다. 이 선언에서는 주권이란 민족 고유의 것인데, 융희(隆熙) 황제가 주권을 포기한 것은 국민에게 양여한 것으로 보아야 하며, 따라서 주권행사의 의무와 권리가 국민에게 있지만, 국내 동포는 일제한테 구속되어 있으니 그 책임을 해외 동지가 감당해야 한다고 주장했다. 그리고 해외 각지에 있는 단체를 규합, 통일하여 유일무이의 최고기관을 조직할 것을 역설했다. 이 선언에서는 "독립 평등의 성권(聖權)을 주장하야 동화의 마력(魔力)과 자치의 열근(劣根)을 방제(防除)할 것"임을 천명하였다.[163]

국외 망명자들이 독립운동과 직결시켜 벌인 중요한 사업이 교육이었다. 일제의 한 기록에는 1916년 12월 현재 도문강 대안 지방에 163개교에 학생 4,094명, 압록강 대안 지방에 76개교에 학생 2,177명, 노령 및 미주 지방에 41개교에 학생 2,102명이 있다고 소개했다.[164] 신흥학우단은 이주민이 50호 이상 살고 있는 지역에 소학교를 설치했다는 기록이 있는가 하면, 서간도에서는 20호 또는 몇십 호만 거주해도 소학교를 세워 의무교육이나 다름없이 교육을 시켰다는 기록도 있다.[165] 일제 기록에 의하면 한국인 적령 아동의 보통학교 취학률과 학생 수는 1911년 1.7%에 2만 4,537명, 1919년 3.9%에 8만 9,278명이었고, 중등과정에 해당하는 고등보통학교와 여자고등보통학교 학생 수가 1922년에 모두 합해 7,691명이었다.[166] 1916년 현재 일제의 만주지방 교육기관과 학생 수 조사에는 누락된 것이 적지 않으리라고 본다면, 시설 등에 차이가 있기 때문에 일률적으로 비교하긴 어렵지만, 이주민사회에서 행해진 초·중등교육은 조선총독부에 의해서 행해진 것보다 인구 1,000명당 학생 수에서 월등히 높은 비율을 보여준다. 망명자·이주민들이 교육을 중시한 것은 민족의식을 고취해 독립운동에 힘쓰게 하려는 점도 있었지만, 근대문화를 섭취하여 근대사회·근대국가를 이루어내야 한다는 의지가 강했기 때문이다. 이러한 점은 식민지교육과 자주적 교육과의 차이를 극명하게 보여준다. 그것은 식민지 근대화와 자주적 근대화 문제와도 긴밀한 연관이 있다.

1910년대에 독립운동을 이끌어간 사람들은 유인석 계열의 의병같이 군주제를 지지하는 사람들도 있었지만, 조동걸이 명명한 혁신유림이나 근대적 지성을 가진 지사(선각자)들이 대부분이었다.¹⁶⁷ 군주제를 지지한 복벽(復辟)주의자들이 소수인 데에서도 짐작할 수 있듯 1910년대 독립운동자들은 대부분 공화제를 지지했다. 조동걸은 광복회 지도자들을 혁신유림으로 분류했는데,¹⁶⁸ 유가의 체취가 물씬 나는 박상진, 김한종 등은 일제 경찰 취조에서 광복회의 목적은 "국권을 회복하여 공화정치를 실현하는 데 있다"라고 진술했다.¹⁶⁹ 왜 이미 1910년대에 공화주의자가 대세를 이루었는가는 그것대로 검토할 필요가 있다.

망명자들은 상당수가 사회진화론적 세계관을 가지고 있었고, 명문가 출신도 적지 않았다. 그렇지만 서간도의 부민단과 한족회 같은 망명자·이주민 사회는 지역과 신분이 각기 다른 사람들이 함께 모여 자치를 했고, 공동으로 교육운동을 벌였기 때문에 민주주의 방식을 따를 수밖에 없었으며 평등과 자유를 중시했다. 1911년 경학사를 조직할 때 이미 대중들의 노천 회의를 통해 의견을 수렴했다. 신흥무관학교에 원로로 참여한 68세의 김대락은 부민단이 조직되기 전 일종의 자치단체로 만들어진 '공리회취지서'(1913)에서 "평등의 권리는 천한 사람에게까지 미치고 자유의 종소리는 부인과 어린이에까지 미치었다"라고 설파했다.¹⁷⁰ 님 웨일즈의 『아리랑』에 나오는 김산(본명 장지락)은 3·1운동 직후 신흥무관학교에서 군사훈련을 받았다. 그는 서간도 독립운동의 중심지 삼원포를 진정한 자치제가 실시된 조그마한 민주주의 도시로 묘사하고, "모든 한국인들은 단 두 가지만을 열망하고 있었다. 독립과 민주주의. 실제로는 오직 한 가지만을 원했다. 자유"라고 말했다. 신흥무관학교 학생들은 자유를 위해서는 무슨 일인들 못할쏘냐는 격정에 싸여 있었다.¹⁷¹ 망명자들은 민권에도 관심을 보였다.

## 3  근대의 새로운 출발 3·1운동

3·1운동은 단지 무단통치에 조종을 고한 것만이 아니었다. 일제의 지배를 총체적으로 부정했을 뿐만 아니라, 한국인이 개인으로서뿐만 아니라, 계층·계급으로서, 민족으로서 자각하는 데 전환점이 되었다. 3·1운동을 통해 한국인은 새롭게 태어난 것이다. 한국근대사에서 1860~1870년대부터 1910년대까지를 전기 근대로 본다면, 3·1운동은 근대적 성격이 크게 확충되는 분수령이 되었으며, 따라서 그 이후를 후기 근대라고 부를 수 있을 것이다. 일제의 식민주의 근대와 차별성을 갖는 한국인 스스로에 의한 근대, 곧 자주적 근대가 3·1운동을 분수령으로 하여 폭넓게 자리를 잡아간 것이다.

3·1운동은 제1차 세계대전 종전을 전후하여 형성된 세계사적 전환기라는 상황에 영향을 받으며, 국내에서의 일제 지배에 대한 총체적 부정이 독립에의 갈구로 표출된 독립시위운동이었다. 3·1운동을 계기로 자주적 근대가 폭넓게 자리를 잡아간 데에는 일제도 변화하지 않을 수 없게 한, 제1차 세계대전 종전을 전후하여 있었던 세계사적 전환기의 상황이 영향을 미쳤다. 이 시기 일제의 지배정책의 변화는 3·1운동과 제1차 세계대전 종전 전후에 일어난 일본의 변화에 영향을 받은 것이라고 볼 수 있다. 한국인은 3·1운동을 겪으면서, 또 세계적 조류에 영향을 받아 형성된 민족의식에 의해, 한동안 좌절되었던 근대적 민족 형성이 급속히 촉진되었고, 그리하여 민족주의가 강력한 기반을 갖게 되었다. 그것은 동화정책과 황국신민화정책으로 대변되는 일제에 의한 대일본제국으로의 '신민(국민)만들기'와 대립, 갈등을 빚게 되었다. 그 속에서 한국인은 때로는 심각한 자아분열을 일으켰다.

3·1운동이 일제의 지배에 대한 총체적 부정이었다는 것은 여러 가지

종로에서의 3·1만세시위.

로 살필 수 있다. 3·1운동은 일부 특정 지역에서만 일어난 것이 아니었다. 3·1운동 직후에 쓰여진 박은식의 『한국독립운동지혈사』에 따르면 1919년 3월 1일부터 5월 말까지 집회 또는 시위는 전국 211개 부(府)·군(郡), 그리고 서·북간도와 사할린 등지에서 1,542회 일어났다. 국내의 경우 평안남북도가 34개 지역에서 315회, 서울을 포함한 경기도가 25개 지역에서 297회 일어나 가장 횟수가 많고, 인구는 적고 산간지대가 많은 강원도가 13개 지역에서 57회 일어나 가장 적지만,[172] 전국 거의 대부분 지역에서 일어났다. 3·1운동은 3월 1일 서울과 평북, 평남, 황해, 함남의 주요 도시에서 일어나 3월 중순까지 13도 전체에 파급되었고, 주요 도시로부터 군청·면사무소 소재지로 확대되었으며, 리·동에서도 일어났다. 서간도와 북간도의 여러 지역에서도 이미 3월 초중순부터 독립선언식과 축하회·시위가 벌어졌고, 그것은 중국과 러시아·사할린·미주로까지 확대되었다.[173]

3·1만세시위 때 동대문 성곽 위에 모인 민중들.

3·1운동이 일제 지배에 대한 총체적 부정이었다는 것은, 지역적으로 한국인 거주지 거의 모든 곳에서 펼쳐졌으며, 특정 세력이나 계층뿐만 아니라, 일부 관공리나 지주를 포함하여 각계각층이 골고루 시위운동에 참여하였다는 점에서도 확인된다. "독립운동은 일부 종교 교단 및 학생들만의 사업이 아니다. 관공리도 상인도 농부도 거사해야 한다. 우리가 목숨을 버리고 운동을 하고 있는데 편안하게 생업에 종사하는 자는 국민이 아니다"라는 주장은[174] 전국 여기저기에서 들려왔다. 한 자료에는 3월 1일부터 6월 30일까지 3·1운동으로 인한 전체 입감자 8,767명 가운데 교사 277명(전체 입감자의 3.15%), 학생 972명(11.06%), 종교인 279명(3.18%), 공무자유인 313명(3.56%), 농(임·어)업 5,209명(59.28%), 광업 10명(0.11%), 공업 276명(3.14%), 상업(교통업 포함) 823명(9.37%), 노동자 326명(3.71%), 무직 302명(3.44%)으로 나와 있다.[175] 각계각층이 참여했음을 알 수 있다. 입

감자가 이와 같이 구성되어 있다는 것은 다른 자료에서도 확인된다. 1919년 3월 1일부터 5월 31일까지의 입감자 8,511명의 구성을 보면 교사·학생 14.4%, 종교인 3.1%, 기타 공무자유업자 3.3%, 농민(일부 지주 포함) 58.4%, 상인 8.4%, 공업 종사자 3.3%, 기타 자영업 종사자 2.0%, 무직 3.1%로,[176] 앞의 자료와 비슷한 비율을 보이고 있음을 알 수 있다. 이러한 비율은 같은 해 직업 구성에서 농(임·어)업 86.22%, 공업 2.06%, 상업(교통업 포함) 5.87%, 공무자유업 1.52%, 기타 유업자 1.40%, 무직 1.40%[177]와 차이가 있지만, 농민 중에는 산간벽지에 사는 사람들이 많고 또 시위군중에 비해 상대적으로 입감자가 적을 것이라는 점, 학생·교사·종교인 등의 위치를 감안하면 대체로 당시 한국인의 계층 또는 직업의 비중과 입감자의 비중이 맞아떨어진다고 평가할 수 있다. 3·1운동에는 또한 의병들이 적극 참여했으며,[178] 국외로 간 의병들은 독립군을 조직하여 활동했는데 이것은 의병들의 성격을 볼 때 당연한 귀결이었다.

학생과 교사들은 예리한 비판력을 갖고 일제 지배를 바라보았고 민족자결주의의 조류에 예민하게 호응했기 때문에 독립시위운동에서 선도역을 맡았다. 종교인이 3·1운동에서 중요한 역할을 했는데, 이는 종교계가 일제의 종교정책에 대해 불만을 가지고 있었고, 학생사회를 제외하면 무단통치기에 유일하게 교당 등을 통해 집단적 활동이 가능했던 곳이었다는 점을 고려해야 한다. 종교인이 다수 포함된 상인, 공업 종사자 등 부르주아층은 상대적으로 세계 조류에 예민했지만, 무단통치기에 계급적 발전이 저지당했다.[179] 노동자들은 소수였고 노동자의식도 아직 미숙한 편이었지만, 3월 2일 서울 시내에서 만세시위를 벌인 이래 3·1운동에 적극 참여하여 3월 22일에는 노동자대회를 열었고, 그 뒤에도 파업 등의 투쟁을 벌였다.[180]

민족의식이 상대적으로 뒤처져 있었고 세계 조류를 받아들이는 데도 느릴 수밖에 없는 농민들이 전국 각지에서 일어났고 일제의 관공서를 습격하는 등 폭력투쟁을 주도해나간 것은 일제 지배의 성격과 관련해서 주목할 바가 적지 않다. 강원도의 경우 헌병대장의 보고에서처럼 농민들은 공동묘지제, 화전 경작 제한, 임산물 채취의 부자유, 주세와 연초세 때문에 불만을 품었고, 일본인의 어업 침투, 도로(신작로)공사에서의 저임금과 부역 등도 불만의 요인이었다.[181] 한국이 독립하면 재산을 평등하게 나눠갖고 국유지는 소작인 소유가 되니 만세를 불러야 한다는 선동에는 농민의 염원이 깃들어 있었다.[182]

3·1운동에 참가한 사람들은 광무제의 죽음에 망곡례(望哭禮)를 올린 사람들을 포함하여 독립을 바랐고 획득하고자 하였다. 그렇지만 "만세", "독립만세"를 외쳤다고 해서 독립의 상이 모두 명료했다고 보기는 어렵다. "독립만세"를 외친 경우 그것이 무엇을 의미하는가도 차이가 있었다. 평안도 어느 지역에서처럼 이미 독립되었다는 생각에서 독립만세를 외치기도 했고, 우리 지역만 독립만세시위를 벌이지 않으면 독립 실현 후 책임을 면할 수 없으리라는 생각에서 참여하기도 했으며, 독립만세를 절규하면 독립할 수 있을 것이라는 생각에서 참여한 경우도 있었다.[183]

3·1운동에서 드러난 독립에의 갈구나 독립을 위한 투쟁에는 자유·정의·인도 사상이 큰 영향을 미쳤다. '3·1독립선언서'에 쓰여 있는 바 "위력의 시대가 거(去)하고 정의의 시대가 래(來)하도다"라는 인식은 특히 교사, 학생, 종교인들이 많이 가졌지만, 3·1운동에서 일반적으로 나타난 현상이라고 볼 수 있다.[184] 이러한 자유·인도·정의의 사상은 대체로 막연하고 추상적이었다 하더라도,[185] 제국주의 지배를 합리화할 수 있는 약육강식의 사회진화론과 큰 차이가 있다는 점에서 의미가 있다.

위에서 농민들의 균산주의적(均産主義的) 지향을 보았지만, 3·1운동을 전후한 시기에는 평등의식도 고조되었다. 만주에서 나온 '대한독립선언서'는 특히 평등과 평화, 자유를 강조하여, 민족 평등을 전 지구에 전파하는 것을 한국 독립의 제1의로 삼았고, 모든 동포한테 동권동부(同權同富)를 실현시킬 것을 다짐했다.[186] 이 선언서가 각별히 평등을 강조한 이유는 1910년대 이 지역에서의 독립운동 이념을 이어받았기 때문이다. 이 같은 평등의식은 민족의식 함양에 중요한 역할을 했다. 그것은 3·1운동 이후 독립운동에서 대단히 중요한 정치이념이 되었다.

3·1운동은 "아는 것이 힘이다", "배워야 당하지 않는다"는 각성을 광범위하게 유포시켰다. 교육열이 각지에서 열화같이 일어났고, 그에 따라 야학이 생겨났으며, 나아가 노동야학까지 생겼다. 팽창한 교육열로 공립보통학교는 학령기 아동 중 지원자의 30%조차도 수용하지 못했다. 이상재 등이 주도한 조선교육협회는 총독부에 의무교육의 조속한 실시와 한글교육 강화 등을 촉구하였고, 조선여자교육회에서는 문맹퇴치를 위한 다양한 활동을 벌였다. 청년단체의 활동으로 야학 등 사설강습소(회)는 예컨대 경기도에서 1922년 4월부터 1924년 8월 말까지 346개소가 설립되었다.[187]

3·1운동은 개인의 각성을 촉진시켰고, 3·1운동 이후부터 소작쟁의와 노동쟁의, 노농운동이 본격적으로 일어난 것이 의미하듯 농민과 노동자의 각성을 촉진시켰다. 또한 이 시기에 여성 자신에 의한 여성운동도 나타났으며, 약간 늦지만 차별받던 백정들의 해방운동인 형평운동도 일어났다. 3·1운동과 민족의식, 민족의 형성, 민족주의와의 관계는 앞에서 강조한 바 있다. 그와 함께 민족해방운동, 항일무장투쟁이 그 이전과는 달리 민중을 기반으로, 또 훨씬 더 큰 규모로 조직적·지속적으로 전개되었다는 점은 각별히 주목할 필요가 있다. 3·1운동은 일제의 정책을 무단통치에서 문화통치로 전환시키는 데 기축적 힘으로 작용했다.

## 4  3·1운동 이후 독립운동과 국가 건설 구상

**해외의 독립운동**

3·1운동과 3·1운동을 전후한 시기의 정세 및 신조류는 독립운동을 크게 고양시켜 독립군의 활동이 활발해졌고, 여러 곳에서 임시정부 및 독립운동단체가 조직되었다. 임시정부는 대한국민의회(노령, 1919년 3월), 대한민국임시정부(상해, 1919년 4월), 한성정부(서울, 1919년 4월) 등 각처에서 1919년 3~4월에 조직되었다. 상해 임시정부는 국내와 노령, 만주에서 온 대표와 중국 관내에 있던 인사들이 1919년 3월 12일 상해 프랑스조계에 모여 임시정부 수립 문제를 논의하기 시작하여 임시의정원(의장 이동녕)을 구성하고 국호를 대한민국으로 정했으며 국무총리제를 채택하여(국무총리 이승만) 4월 11일 수립되었다. 상해 임시정부는 미주에서 안창호가 상해로 건너오면서 통합정부 수립을 모색하여, 9월에 한성정부의 '법통'을 이어받고 대한국민의회와 합쳐 통합된 대한민국임시정부를 수립했다. 그렇지만 대한국민의회의 문창범 등이 상해 임시정부 측에서 통합의 원칙을 어겼다고 주장하면서 1920년 2월 해체했던 국민의회를 다시 설립함으로써, 국민의회 내에서 이동휘가 이끄는 한인사회당 등 일부만이 상해 임시정부에 합류하여 결국 독립운동세력의 부분 통합에 머무르고 말았다.[188]

대한민국임시정부는 교통국 연통제 등을 통해 국내 민중과 연결되어 있었고, 국외 동포가 거주하는 지역에는 거류민단을 두었다.[189] 미주의 동포들은 해방될 때까지 대한민국임시정부를 재정적으로 지원했다. 서간도의 서로군정서와 북간도의 북로군정서는 대한민국임시정부를 받들었고, 그뒤 참의부의 독립군도 대한민국임시정부를 받들었다.

다른 임시정부에서도 민주공화제를 채택했지만 대한민국임시정부는 임시헌장 제1조에서 "대한민국은 민주공화제로 함"이라고 명시했다. 또한 대한민국의 인민은 남녀귀천 및 빈부의 계급이 무(無)하고 일체 평등하다고 규정했고(제3조), 대한민국의 인민은 신교(信敎)·언론·저작·출판·결사·집회·서신·주소 이전·신체 및 소유의 자유를 향유(享有)한다고 하였으며(제4조), 대한민국의 인민으로 공민 자격이 있는 자는 선거권 및 피선거권을 유(有)한다고 하였다(제5조). 제5조는 명시하지는 않았지만 보통선거제 채택을 밝힌 것으로 볼 수 있으며, 제3조·제4조·제5조는 제1차 세계대전을 전후하여 일부 민주주의국가에서 실현된 자유민주주의를 수용한 것으로 해석할 수 있다. 이것은 일본제국의 헌법이나 정치현실, 특히 한국에서의 정치현실과는 대단히 큰 차이가 있다. 보통선거제를 기초로 한 민주주의는 1920년 이후 일부 사회주의자들의 급진적인 주장을 제외하면 독립운동단체들이 일반적으로 받아들였고, 그것은 해방 후 각 정당 사회단체에 의해 한층 구체적으로 제시되었다.[190]

    대한민국임시정부는 한국인이 소수밖에 살고 있지 않은 국제도시 상해에 위치했다. 그래서 국무총리 이동휘나 만주에서 온 의정원 의원들이 무력투쟁을 강력히 주장했고 임시정부에서도 독립전쟁론을 채택하긴 했지만, 아무래도 외교 중심의 활동을 펼쳤다. 그렇지만 1921년 11월부터 그 다음 해 2월까지 워싱턴에서 미국, 영국, 프랑스, 일본 등 9개국이 참여하여 열린 워싱턴회의(일명 태평양회의)에서 한국의 독립 문제가 도외시되고 일본의 국제적 지위가 확인되자 제국주의 열강의 도움을 받자는 주장(외교론)은 곤경에 처했으며, 이는 상해 임시정부와 부르주아·지주층의 동향에 영향을 미쳤다. 상해 임시정부가 이승만의 위임통치 청원 등의 문제로 내분에 휩싸였을 때, 국내외 민족해방운동세력을 새로이 단합시키고 민족해방운동의 노선과 방책을 정립하기 위해 1921년부터 제기되어온 국민대표회가 1923년 1월 상해에서 열렸다. 국내와 세계 각지의 독립운동단체 대표들이 집결하여 독립운동의 전반적인 방략을 숙의했는데, 결국 상해 임시정부를 개조하자는 개조파와 상해 임시정부 대신 새 정부를 세워야 한다는 창조파가 맞서 소기의 성과를 거두지 못했다.

### 봉오동전투와 청산리전쟁

서간도에서는 1919년 3월 12일 유하현 삼원포에서 200여 명이 모여 독립 축하 집회를 열고 만세시위운동을 전개한 이래 독립운동의 열기가 고조되었다. 이러한 분위기 속에서 4월에 삼원포에서 부민단과 다른 자치단체를 통합하여 이주민 자치단체인 한족회가 만들어졌고, 한족회에서는 바로 군사단체로 군정부(軍政府)를 조직했다. 같은 시기에 유인석 계열의 의병이 중심이 되어 삼원포 부근에서 대한독립단이 결성되었다. 대한독립단원들과 군정부의 의용대원들은 국내 주재소 등을 습격했으며, 국내외에서 친일파를 처단하고 부호들로부터 독립운동 자금을 거둬들였다.[191] 홍범도가 이끈 북간도의 대한독립군은 1919년 8~9월에 두만강과 압록강을 건너 국내진입작전을 전개했다. 홍범도부대는 10월에 만포진(滿浦鎭)에 진입했고 자성(慈城)에서 일본군과 격전을 벌였다. 이와 같은 독립군의 활동은 1920년에도 계속되어 일제 자료에 의하면 1월부터 3월까지 독립군 부대들의 국내 진입 작전이 24회에 달한 것으로 나타나 있다.[192] 독립군의 활동을 구실로 일제가 '간섭'하지 않을까 불안해했던 중국 당국은 1920년 1월 한족회와 독립단의 해산을 명하는 등 탄압을 가했다. 일제는 이에 만족하지 않고 그해 5월에서 8월까지 중일합동수색이라는 것을 벌였던바, 우에다대(上田隊), 사카모토대(坂本隊)는 서간도 각지에서 독립운동자 수백 명을 체포하고 살해했다.

독립군과 일본군과의 대규모 전투는 북간도에서 벌어졌다. 북간도의 독립군은 1920년 5월 더욱 강화되어 대한독립군과 다른 독립군이 연합하여 대한군북로독군부(大韓軍北路督軍府)가 탄생했다. 이 독립군에 소속된 소부대가 6월 4일 두만강을 건너 헌병순찰소대를 격파한 뒤 귀환했고, 이것에 대한 보복으로 일본군 남양(南陽)수비대 1개 중대와 헌병경찰중대가 두만강을 건너 추격하다가 매복했던 독립군에 의해 삼둔자(三屯子)에서 패배했다. 이렇게 되자 나남(羅南)의 19사단은 야스카와(安川) 소좌로 하여금 월강(越江) 추격대대를 편성하여 독립군을 공격케 했으나, 6월 7일 봉오동(鳳梧洞)에서 3시간에 걸친 격전 끝에 지형지물을 잘 이용한 홍범도부대한테 크게 패했다.[193] 나라를 강점당한 뒤 거둔 첫번째 중요한 승리였다. 독립운동자들은 이 전투를 '독립전쟁의 개전', '독립전쟁의 제1회 회전' 등으로 불렀다.[194]

신용하가 여러 논문에서 '청산리독립전쟁'이라고 부른 청산리전쟁은 봉오동전투보다 훨씬 규모가 컸다. 일제는 중국 동북지방의 독립군을 섬멸하기 위해 10월 초 혼춘(琿春)사건을 조작하여[195] 이 지방에 군대를 보낼 구실을 만들어 제19사단과 시베리아에 '출병'했던 포조군(浦潮軍), 그리고 관동군 등으로 독립군 공격부대를 편성했다. 그중 김좌진의 대한군정서(북로군정서), 홍범도의 연합부대와 싸운 일본군 주력부대는 아즈마 마사히코(東正彦) 소장이 이끈 아즈마지대로, 기병과 포병을 포함하여 5,000명 내외였다. 청산리전쟁은 같은 시기 청산리와 그 부근의 여러 곳에서 벌어진 전투를 지칭한다. 특히 맨 첫번째 전투로 김좌진부대가 싸운 10월 21일의 백운평(白雲坪)전투, 홍범도부대가 싸운 완루구(完樓溝)전투(10월 22일), 김좌진부대와 홍범도부대가 함께 싸운 어랑촌(漁郎村)전투(10월 22일), 최후의 전투로 홍범도부대가 10월 25일부터 26일까지 전투를 벌인 고동하곡(古洞河谷)전투가 규모가 컸다.[196] 청산리전쟁은 제2차 세계대전 종전까지 베트남 등 반제투쟁이 활발했던 지역에서도 그 예를 찾아보기 쉽지 않은, 침략자들에 대한 큰 승리였다.

봉오동전투에 이어 청산리전쟁에서 패배한 일본군은 그해 10월부터 11월에 걸쳐 북간도, 서간도 도처에서 '경신참변', '경신학살' 등으로 알려진 민간인 집단학살을 자행하고, 부녀를 강간했으며, 민가와 교회 등을 방화했다. 이른바 초토화작전을 편 것이다. 중국 당국이나 한국인들의 조사, 기독교 선교사들의 기록에 의해서 북간도의 경우 백운평에서 50여 명, 장암동에서 30여 명이 학살당하는 등 민간인 집단학살의 일부 진상이 알려졌다. 서간도에서의 학살은 관동군 소속 19연대와 20연대에 의해 저질러졌다. 북간도 서간도에서 희생당한 피해자는 수천 명에 이르는 것으로 나와 있지만, 자료에 따라 차이가 있다.[197] 조선총독부의 '간곡한 위촉'과 자금지원으로 일본 기병 중위였던 나카노(中野淸助)가 이끈 살인기계부대(장강호 마적떼 포함)는 1920년 10월 중순부터 장백현 직동(直洞) 등 도처에서 수백 명의 주민을 학살하였다.[198]

독립군 활동 지역에 대한 일제 만행과, 3·1운동 이후 즉각적인 독립이 어렵다는 인식이 점차 커감에 따라 만주에서의 무장항일투쟁은 소강상태로 들어갔다. 이에 따라 서간도 독립운동단체의 통합으로 출현한 통의부로부터 1923년 일부가 떨어져나가 조직한 참의부를 제외하고는, 군사활동 중심에서 군사활동과 행정·생계·교육 등의 자치활동을 병행하는 활동이 중심을 이루었다. 1924년 통의부가 중심이 되어 조직한, 독립운동단체이자 주민자치단체인 정의부 그리고 북만지방을 주요 근거지로 1925년 조직된, 역시 독립운동단체이자 주민자치단체인 신민부는 더욱 그러한 경향이 강했다. 1925년 11월을 전후하여 남만주와 만주 중부지방에 1만 7,135호, 8만 7,003명 이상의 한국인을 끼고 있었던 정의부는 자치행정의 주요 목표로 교육과 산업의 향상을 내세우고 화흥중학교(홍경현 왕청문), 동명중학교(유하현 삼원포) 등 중등학교를 건립했으며, 촌마다 소학교를 세워 초등교육을 의무화했다.[199]

1919년 11월 중국 동북지방 길림에서 만들어진 의열단(의백 또는 단장 김원봉)은 독립운동에서 이채로운 존재다. 의열단원들은 조선총독부 건물, 일본천황궁 앞 이중교, 식산은행·동양척식회사, 부산·밀양 경찰서 폭탄 투척과 서울 시내에서의 총격전, 상해에서의 일본군 다나카(田中) 대장의 저격 등과 밀정·친일파 처단 등으로 국내외 민심에 영향을 주었다. 그러나 의열단의 주력은 노선을 바꾸어 1926년부터 100명 내외가 중국 광주의 황포군관학교(교장 장개석)에 입교하여 군사교육을 받았으며[200] 국민당의 북벌전쟁에 가담했다. 의열단은 폭탄으로만 자신들의 노선을 밝힌 것이 아니었다. 처음에는 '공약 10조'를 작성하여 행동의 준칙으로 삼았고, 1923년에는 유명한 '조선혁명선언'을 채택했다. 신채호가 작성한 이 글은 일제의 수탈과 침략정책을 예리하게 비판하고 민중혁명을 제시했으며, 고유적 조선과 자유적 조선을 이루어내고 민중적 경제·사회·문화를 건설하자고 제창했다.

### 1920년대 국내 민족운동

3·1운동 이후 부르주아층은, 일제에 대해 비타협적 성격이 강한 민족주의 좌파, 그리고 경제적 실력양성운동을 중시하면서 개량주의 노선을 걸은 민족주의 우파(개량주의자)로 분화되어갔다. 그러나 1920년대 전반기의 경우 양자는 확연히 구별되지 않았고, 어느 쪽으로 분류해야 할지 애매한 인사가 많았다. 양자는 물산장려운동과 민립대학기성운동 등에 함께 참여했으나, 물산장려운동에도 부르주아 상층은 주로 초기에 참여하는 등 양자는 얼마간 차별성을 보였다. 양자는 1920년대 중반 조선사정연구회 등에서의 활동도 함께 했다. 그렇지만 자치운동 문제, 신간회 조직 문제 등을 둘러싸고 전보다 분명한 차이를 보였다.

3·1운동 이후에는 한국인이 운영하는 한국어로 쓰인 신문과 잡지가 민족운동에 많은 영향을 미쳤다. 이러한 신문·잡지의 경영진은 민족주의자, 사회주의자도 있었지만, 개량주의자, 예속자본가·동화주의자들도 있었다. 그렇지만 신문화와 사회개조·사회주의사상의 유입과 확대 속에 사회운동이 진전되고 기본적 민주주의에 대한 열망이 커지는 상황에서 민족주의적·급진적인 성향을 가진 독자들, 특히 신학문을 접한 지식인층을 만족시켜야 했기 때문에 압수나 삭제를 두려워하지 않고 기사를 실었다. 1920년대 중후반 신문과 잡지 기자들 가운데는 사회주의자들이 많았다.

　3·1운동 이후 결사의 자유가 일정하게 허용됨에 따라 청년단체가 급속히 조직되었고, 1920년경부터 노농단체가 각지에 조직되었다. 사회운동, 신지식·신문화 운동을 이끌었던 청년단체와 노농단체는 1922년을 전후하여 분화되기 시작하여 개량주의자들이 배척당하고 사회주의 성향의 활동가들이 점차 주도권을 쥐었다. 사회주의는 특히 학생·청년 등 젊은 층에게 참신한 자극을 주었다. 사회운동이 치열해지자 조선총독부는 민족분열정책의 일환으로 자치운동을 부추겼고, 민족주의자들은 정치활동 방안을 모색했다. 1923년 가을부터 나돌던 자치운동론은 「민족개조론」을 『개벽』에 발표하여 논란을 빚었던 이광수가 집필한 「민족적 경륜」이 1924년 정초에 5일간에 걸쳐 『동아일보』 사설로 실림으로써 표면화되기 시작했다. 1월 중순 조선총독부와 기맥을 통하던 개량주의자들이 명망 있는 민족주의자들과 함께 연정회 조직을 협의했으나, 동경유학생들과 갓 출범한 조선노농총동맹 등의 맹렬한 반대에 부딪쳐 이광수는 『동아일보』를 물러났고, 『동아일보』 진용이 대폭 바뀌었다.

　한국사회는 1920년대 중반부터 활기를 띠었다. 1924년 4월 창립대회를 연 조선노농총동맹은 역사상 최초의 대규모 전국적 노농단체였다. 같은 시기에 조선청년총동맹이 결성되었다. 이 두 전국 단체가 만들어진 지

1년이 된 1925년 4월 비밀리에 조직된 조선공산당은 일제통치의 완전한 타도, 조선의 완전한 독립을 첫번째 목표로 내세웠고, 그와 함께 부르주아 민주주의 실현을 강조했다.[201] 한편 1923~1924년경부터 논의된 민족주의자와 사회주의자들의 협동전선 문제는 1925년에 활발히 논의되다가 1926년에 들어와 점차 구체화되었다. 민족주의자들의 동정을 탐색하던 제2차 조선공산당 간부들은 1926년 3월에 만주에서 비타협 민족대회를 열어 중국의 국공합작처럼 국민당을 조직하여 공산당원이 그 속에 들어가는 방안을 논의했다.[202]

안재홍, 권동진 등의 민주주의자들과 조선공산당 책임비서 강달영 등의 논의는 일제와 기맥을 통하던 천도교 신파 지도자 최린의 타협노선 때문에 중지 상태에 있었는데, 순종의 사거로 민족협동전선 모색은 새로운 단계에 들어갔다.[203] 고종의 사거가 3·1운동을 일으키는 데 중요한 역할을 했던 사실을 잘 기억하고 있었던 사회주의자와 민족주의자들은 순종이 사거하자 독립운동을 활성화하고자 했다. 조선공산당에서는 사회주의자, 민족주의자, 종교계, 청년계, 학생계 인사들로 대독립당 조직을 구상하였으나 서울파 공산주의자들이 반대하여 차질을 빚었다.[204] 그렇지만 천도교 구파와 사회주의자들이 연합해, 노동단체·소작인 조합·천도교 교구 등을 이용하여 전국 58개 도시를 아우르는 연결망을 만들었다. 그런데 일제 관헌 또한 3·1운동 때와는 달리 서울과 지방의 요시찰자 등을 엄중히 감시하고 활동에 제한을 가했다. 여관, 기차역, 버스정류장 부근에 사복형사를 배치하여 수색했으며 조금이라도 의심이 가면 구속을 했다.[205] 6월 6일 천도교 중앙총무부에서 격문이 발견되어 조선공산당 중앙집행위원회 위원이자 고려공산청년회 책임비서로 6·10운동 투쟁지도특별위원회 책임자인 권오설 등이 체포됨으로써 대규모 시위운동은 실패로 돌아갔다. 6월 10일 서울에서의 시위는 일제 경찰이 미처 파악하지 못했던 조선공산당 산하

1927년 2월 15일 조선기독교청년회(YMCA) 회관에서 열린 신간회 창립총회.

조선학생과학연구회 학생들과 민족주의자 학생들이 주도했고, 지방에서는 고창, 인천, 순창, 평양, 원산, 개성, 전주, 마산, 공주 등 여러 지역에서 시위가 일어났다.[206]

　6·10만세운동에서 준비된 전단 등에는 "조선은 조선인의 조선이다!", "횡포한 총독정치의 속박으로부터 벗어나자!", "보통교육을 의무교육으로! 보통학교 용어를 조선어로! 보통학교장을 조선인으로!", "동양척식회사를 철폐하라" 등의 구호가 들어 있었다.[207] 대한독립당 명의의 격고문은 민족해방이 곧 계급해방이고 정치해방이 곧 경제해방이라고 규정하고 식민지 민족은 뭐라고 해도 무산자라는 총체적 무산자론을 폈던바,[208] 이는 대독립당 결성의 논리 곧 민족협동전선의 논리로 주목된다. 6·10만세운동은 민족주의자와 사회주의자의 공동투쟁이었고, 목적의식이 뚜렷했으며, 각계각층의 당면한 절실한 요구를 제시했다는 점에서 의의가 있다.

### 국내외에서의 민족유일당운동

3·1운동 이후 국내에서의 독립운동은 한동안 주춤했지만, 6·10만세운동으로 다시 분위기가 고조되었다. 이 시기 사회주의자들은 민족유일당 결성에 적극적이었고, 민족주의자들도 민족운동에 조직적으로 적극 대응할 필요성을 절감했다. 이와 함께 최남선 등 중견 개량주의자들을 중심으로 1926년 가을에 일제와 연결된 자치운동이 되살아나자 위기감을 갖게 된 민족주의자들과 사회주의자들은 신간회를 조직했다. 1927년 1월 20일 신간회 창립 발기인으로 발표된 27명은 신채호 같은 국외 인사도 있었지만 대부분은 서울에 거주했고 조선일보계가 많았다. 신간회는 강령으로 ① 우리는 정치적·경제적 각성을 촉진함 ② 우리는 단결을 공고히 함 ③ 우리는 기회주의를 일체 부인함 등을 내세웠다. 기회주의란 자치운동을 가리킨다. 2월 15일 창립대회에서 조선일보사장 이상재가 회장으로 선출되었고, 부회장은 홍명희가 고사하여 천도교 구파의 권동진이 맡았다.

신간회는 1927년 12월 27일에 지회 100개소 돌파 기념식을 열었고, 창립 1주년인 1928년 2월 15일에는 백수십 지회에 2만 명이 넘는 회원을 자랑했다. 본부는 주로 명망이 높은 민족주의자들로 구성되었지만, 활동은 사회주의자들이 많은 지회가 중심이었고, 특히 본부에 비판적인 동경지회가 적극적으로 활동했다.[209] 1927년 5월에는 신간회 자매단체로 여성들이 만든 근우회가 조직되었다. 1927년에는 또한 조선노농총동맹도 조선노동총동맹과 조선농민총동맹으로 분립되어 조선청년총동맹과 함께 3총 시대를 열어 민족해방운동과 사회운동이 어느 때보다도 광범위하고 굳건하게 펼쳐졌다. 그러자 일제는 신간회와 3총의 전국집회를 허가해주지 않아, 신간회는 할 수 없이 1929년에 복(複)대표대회의 형식으로 허헌 집행부를 출범시켰다. 허헌 집행부는 광주학생운동이 일어나자 조사반을 파견했고, 그해 12월 10일에는 서울 거리에서 광주학생사건진상발표대연설회 곧 민중대회를 13일에 개최하기로 계획했다. 경찰의 경고에도 불구하고 대회를 실행하려 하자 일제는 허헌, 홍명희, 조병옥 등 신간회 회원 44명, 조선청년총동맹, 조선노동총동맹, 근우회 등의 관계자 47명을 구속하여[210] 허헌 등은 실형을 선고받았다. 민중대회 사건으로 허헌 집행부가 붕괴되고 새로 등장한 김병로 집행부가 타협노선으로 기움으로써 신간회는 위기를 맞았다.

신간회가 조직될 무렵 중국 관내와 만주에서도 유일당운동이 일어났다. 6·10만세운동을 지원했고 이 운동에 고무된 중국 관내의 사회주의자들과 민족주의자들은 1926년 10월에 대독립당조직북경촉성회를 비롯하여 상해, 남경, 광주 등지에 유일당촉성회를 잇달아 조직하였다. 북경, 상해, 광동, 무한, 남경 등지의 유일당촉성회는 1927년 11월 연석회의를 열었으나 그뒤 별다른 진전을 보지 못했다.

만주에서의 유일당운동은 1927년 초부터 정의부 및 조선공산당 만주총국이 앞장섰다. 정의부, 신민부, 참의부 및 여러 사회주의단체 등을 대상으로 전개된 유일당운동은 1928년 5월에 열린 회의에서 구체화되었으나, 단체 본위 또는 단체 중심의 조직을 주장하는 협의회와 기성 단체의 해체와 개인 본위의 조직을 주장하는 촉성회로 갈라졌다. 정의부의 다수파를 중심으로 한 협의회는 1929년 4월 국민부를 조직하여 자치정부 발족으로 나아갔고, 이어서 유일당으로 조선혁명당을, 여기에 소속된 군대로 조선혁명군을 편성했다. 촉성회 측은 민족운동 단체로 혁신의회를 조직하고 유일당 결성을 위해 민족유일당 재만책진회(在滿策進會)를 조직했다. 부진함을 면치 못했던 재만책진회의 김좌진 등은 신민부를 기반으로 한족총연합회를 조직했다.[211]

### 원산총파업과 광주학생운동

1929년 1월 하순에서 4월 초까지 75일간 벌어진 원산총파업은 노동자 총파업이었지만, 강한 사회의식과 민족의식을 가지고 원산상업회의소와 일제의 무장 경찰대, 무장 기마헌병대, 반동 어용단체 등과 한판 판가리싸움을 벌였다는 점에서 의미가 있다.

3·1운동 이후 최대의 항일 시위인 광주학생운동은 1929년 11월부터 1930년 4월까지 참여 학교 194개교, 참가 학생 수 약 6만 명, 퇴학 처분 받은 학생 582명, 무기정학당한 학생 2,330명, 검거된 학생 1,642명이나 되는 거국적인 학생운동이었다.[212] 11월 3일 광주고등보통학교 학생들이 한일 학생 충돌에 관해 편파보도를 한 광주일보사를 습격하고 일본인 학교인 광주중학교 학생들과 몸싸움을 벌이면서 시작된 광주학생운동은, 독서회의 장재성 등에 의해 항일 학생운동으로 발전했다.[213] 11월 12일의 제2차 투쟁에는 광주고보생 외에도 광주에 있는 여러 학교 학생들이 참여했다.

광주에서의 학생 시위는 조선학생전위동맹, 근우회, 조선청년총동맹 등에 의해 바로 서울에서의 시위로 이어졌고, 급기야 전국 각 학교로 확대되었다. 가장 큰 규모로 시위를 벌인 서울의 경우 12월 2일부터 13일까지의 시위와 동맹휴학 투쟁에 1만 200여 명의 학생들이 참가하여 1,400여 명이 검거되었다. 서울 학생들의 시위는 1월 15일부터 다시 격렬히 전개되었다.[214] 서울에서의 시위가 격렬해지자 신간회는 앞에서 언급했듯이 12월 13일에 민중대회를 개최하려고 했다. 광주학생운동에서 나온 구호는 일제 지배정책에 대한 당시 학생, 청년들의 반응을 잘 보여준다. 12월 3일 서울에서 살포된 6개 격문 중 한 격문의 표어는 다음과 같다.

1. 식민지 노예교육 제도에 절대 반대하라!
1. 구금된 광주 학생의 무조건 즉시 석방을 요구하라!

1. 대중적 시위운동을 조직하라!
1. 치안유지법 그 밖에 제 악법의 철회를 요구하라!
1. 일본제국주의의 둔병(屯兵) 일본 이주민의 둔거(屯居)에 절대 반대하라!
1. 군사경찰정치에 절대 반대하라!
1. 총독정치 절대 반대!
1. 타도 일본제국주의!²¹⁵

광주학생운동을 통해 전국 각지의 학생들은 일제의 교육동화정책을 식민지 노예교육으로 단정하고 반대하면서 일제통치를 거부하였다. 일제의 식민지 노예교육에 대한 반대는 1920~1930년대 학생운동에서 끊임없이 제기되었다.

### 1920년대의 국가 건설 구상

6·10만세운동의 전단, 광주학생운동의 격문을 보면 왜 투쟁대열에 나서야 하는가가 선명히 드러나 있지만, 1920년대 후반에는 민족해방운동전선에서 이전보다 구체적인 강령 정책 등이 제시되었다는 점이 주목된다. 이러한 강령 정책은 일제의 지배정책에 대한 총체적인 부정이자, 그것에 대한 대안으로서 일제 타도 후, 곧 건국 후의 강령 정책으로 제시된 것이다. 각별히 주목할 것은 이러한 강령 정책이 국내의 것과 국외의 것이 상당히 유사하고 상당 부분 1930년대와 그 이후로 이어져간다는 점이다. 이것은 독립운동이 국내와 국외 여러 곳에서 전개되었는데도 목표가 비슷하며, 그것이 계승되고 있다는 것을 말해준다. 앞에서 상해 대한민국임시정부의 헌장 일부를 살펴보았지만, 1920년대 국외 민족해방운동단체인 의열

단의 강령과 국내 공산당의 강령을 비교해보기로 하자.

의열단 강령은 1928년경 정해진 것으로 보인다.[216] 조선공산당 강령은 조선공산당 기관지 『불꽃』 제7호 '조선공산당선언'에 실려 있는 것을 대본으로 하였다.[217] 『불꽃』 제7호는 1926년 9월 1일자로 되어 있어, 6·10만세운동과 신간회 결성 사이에 작성되었음을 알 수 있다.

의열단 강령은 첫번째로 "조선민족의 생존 적(生存敵)인 일본제국주의의 통치를 근본적으로 타도하고 조선민족의 자유독립을 완성할 것"이라고 밝혔다. 공산당 강령은 전문(前文)에서 "당면한 투쟁의 목적은 일본제국주의의 압박에서 조선을 절대로 해방함"에 있다고 명시하였다. 정치체제·정치제도·기본권과 관련해서 의열단은 "2. 봉건제도 및 일체 반혁명세력을 잔제(剗除)하고 진정한 민주국을 건립할 것, 6. 인민은 언론·출판·집회·결사·거주에 절대 자유권이 있을 것, 7. 인민은 무제한의 선거 및(及) 피선거권이 있을 것, 8. 일군(一郡)을 단위로 하여 지방자치를 실시할 것" 등을 제시했다. 공산당은 "민주공화국을 건설하되 국가의 최고 및 일체 권력은 국민으로부터 조직한 직접·비밀(무기명투표)·보통 및 평등의 선거로 성립한 입법부에 있을 일, 2. 직접·비밀·보통 및 평등의 선거로 광대한 지방자치를 건설할 일, 5. 인민의 신체 혹 가택을 침범하지 못할 일, 6. 무제한의 양심·언론·출판·집회·결사 및 동맹파공(同盟罷工)의 자유를 가질 일" 등을 제시했던바, 공산당의 것이 약간 상세할 뿐 양자에는 별다른 차이가 없다. 경제 문제, 노농 문제, 사회 문제, 교육 문제와 관련해서 의열단은 "3. 소수인이 다수인을 박삭(剝削)하는 경제제도를 소멸시키고 조선인 각개의 생활상 평등의 경제조직을 건립할 것, 9. 여자의 권리를 정치·경제·교육 사회상에서 남자와 동등으로 할 것, 10. 의무교육과 직업교육을 국가의 경비로 실시할 것, 13. 농민운동의 자유를 보장하고 빈고(貧苦) 농민에게 토지, 가옥, 기구(器具) 등을 공급할 것, 14. 공인(工人)운동의 자유를 보장하고,

노동 평민에게 가옥을 공급할 것, 15. 양노, 육영(育嬰) 구제 등 공공기관을 건설할 것, 16. 대기관의 생산기관 및 독점 성질의 기업(철도, 광산, 윤선輪船 전기, 수리水利, 은행 등속等屬)은 국가에서 경영할 것, 17. 소득세는 누진율로 징수할 것, 19. 해외 거류 동포의 생명과 재산을 안전하게 보장하고 귀국 동포에게 생활상 안전 지위를 부여할 것" 등을 제시하였다. 공산당은 "7. 문벌을 타파하고 전 인민이 절대 평등의 권리를 가질 일, 8. 여자를 모든 압박에서 해탈할 일, 9. 공사(公私) 각 기관에서 조선어를 국어로 할 일, 각종 학교에서 조선어로써 교수할 일, 10. 학교의 자유를 보장하고 무료 또는 의무의 보통 및 직업교육을 남녀 18세까지 실시할 일, 빈민 학령 자녀의 의식과 교육용품을 국가의 경비로 공급할 일, 11. 각종 간접세를 폐지하고 소득세 및 상속세를 누진율로 할 것" 등을 주장하여 국외·국내 주민과 관련된 부분을 제외한다면 역시 양자 간에 별 차이가 없음을 알 수 있다. 의열단이 주장한 '착취'의 철폐와 중요 기업의 국영은 공산당에서도 반대하지 않았을 것이다. 그런데 의열단 강령과 관련해서 『조선민족운동연감』에는 13항이 "대지주의 토지를 몰수함"으로 되어 있는데,[218] 1935년 9월 간행된 조선총독부 고등법원 검사국 사상부 편 『사상휘보』(思想彙報) 4와 그 이후에 나온 자료집에는 13항이 "조선 인민의 생활을 침해할 외국인의 일체의 재산 소유권을 박탈함"으로 되어 있고,[219] 박태원의 저서에는 13항이 아예 빠져 있는 것이 관심을 끈다. 1928년 시점에서는 대지주 소유 토지의 몰수를 결정했지만, 1930년대 전반기 또는 중반기에는 우익 독립운동단체와의 제휴를 모색하는 상황이라 그것을 조선 인민 생활을 침해할 외국인 재산 몰수로 바꾸었다가 이후에는 그것이 어색했기 때문에 아예 뺀 것이다. 공산당 강령에 토지 문제가 빠진 것은(강령에 이어 '농민들을 해방시키기 위한 주장', '우선 농민에게 절대로 필요한 주장' 등을 제시했음) 1926년 9월을 전후해서 민족주의세력과의 협동전선을 모색하고 있었기 때문이 아닐까. 의열단은 앞서 제시한 것 이외에도 "5. 민중의 무장을 실시할 것, 11. 조선 내 일본인의 각종 단체(동척, 흥업, 조은 등) 및 개인(이민 등)의 소유한 일체 재산을 몰수할 것, 12. 매국적, 정탐노(偵探奴) 등 반도(叛徒)의 일체 재산을 몰수할 것" 등이 들어 있다. 민중 무장을 중시하고 있고, 적산과 매국노 친일파 재산의 처리 문제를 명시했다. 공산당 강령은 "3. 전 국민의 무장을 실시하고 국민경찰을 조직할 일, 4. 일본의 군대, 헌병 및 경찰을 조선에서 철수할 일"만 제시해 적산과 매국노 재산 문제는 언급하지 않았다. 공산당이 마지막 강령으로 "쏘베트사회주의연방공화국과 우의적 연맹을 체결할 일"을 넣은 것은 공산당으로서는 자연스러운 주장이었다. 이 부분과 관련해서 의열단에는 "4. 세계상 반제국주의의 민족과 연합하여 일체 침략주의를 타도할 것"이 들어가 있다.[220]

의열단은 급진 민족주의단체 또는 중도좌파단체로 볼 수 있는데 공산당 강령 정책과 양자가 비슷한 까닭은 상해를 중심으로 공산주의자들과 민족주의자들의 교류가 있었고, 공산당의 경우 1926년에 민족협동전선을 추구하고 있었기 때문이기도 하지만, 민주공화국과 평등이라는 양대 목표를 지향하는 경우에는 위와 같은 강령 정책으로 수렴될 수 있다는 점을 생각해볼 수 있다.[221] 이후 그것이 일부 급진세력을 제외하고는 대체로 독립운동계에서 수용된 까닭도 민주공화국과 평등을 지향했던 민족해방운동 세력의 입장을 잘 담고 있어서였다. 다시 말하면 1920년대 후반기와 그 이후 독립운동세력은 활동 시기와 지역은 다르다 하더라도 지향하는 바가 상당 부분 일치하였으며, 이는 독립운동자들이 건설하려는 한국 민족국가의 기본 골격으로 이해된다.

## 5  일제의 만주침략 이후 독립운동

**1930년대 중국 관내의 독립운동과 조선의용대**

일제의 만주침략은 국외 독립운동에 전환점이 되었다. 독립운동세력은 일제의 만주침략으로 큰 자극을 받았다. 일제가 드디어 끝이 보이지 않는 전쟁의 수렁에 빠져들었고, 독립운동세력은 통일전선을 발전시키며 역량을 강화하였다. 중국정부도 독립운동을 지원하였다.

한인애국단의 김구와 밀접한 관계를 맺고 있던 이봉창이 1932년 1월 일본 왕궁 서편에 있는 사쿠라다문(櫻田門) 밖에서 일본 천황의 공식 행렬에 수류탄을 던져 독립운동세력 및 중국인한테 영향을 미쳤다. 역시 김구와 밀접하게 연계된 윤봉길은 4월 29일 상해 홍구(虹口) 공원에서 열린 일본군 열병식장에 폭탄을 던져 상해 파견 군사령관 시라카와 요시노리(白川義則) 대장, 일본 주중 공사 시게미쓰 마모루(重光葵), 제3함대사령관 노무라 기치사부로(野村吉三郎) 중장, 9사단장 우에다 겐키치(植田謙吉) 중장, 상해 일본 거류민단장 가와바타 데이지(河端貞次), 상해 총영사 무라이 구라마쓰(村井倉松) 등에 중상을 입혀 시라카와와 가와바타는 사망하고, 시게미쓰는 오른발을 잃었으며, 노무라는 한 눈이 멀었다. 이 사건은 한국인한테 1909년 10월 안중근이 이토 히로부미(伊藤博文)을 사살한 사건 못지않게 커다란 자극을 주었고, 특히 상해사변 직후에 있었던 일이라 중국 관민에게도 다대한 영향을 주었다.[222]

일제의 만주침공에 의한 중국과 일본의 전쟁, 윤봉길의 폭탄 투척, 만주에서의 독립운동자 일부의 관내로의 이동 등에 영향을 받으면서 관내의 독립운동자들은 민족해방운동단체를 단결시키는 작업에 나섰다. 1932년 10월 한국광복동지회 대표 김규식, 조선혁명당 최동오, 한국독립당 김두봉, 한국혁명당 신익희, 조선의열단 박건웅 등이 모여 한국대일전선통일

윤봉길 의사가 폭탄을 투척한 직후의 일본군 열병식장.

동맹의 조직에 합의하고 11월 10일 이를 발표하였다. 같은 시기에 독립운동자들은 대일전선통일동맹을 주축으로 하여 항일단체인 중국 동북의용군후원회 위원인 오산 등과 함께 중한민중대동맹을 결성했다. 김규식은 두 단체의 대표 격으로 1933년에 미국 각지를 순방하였던바, 대한독립당·뉴욕대한인교민단·하와이대한인국민회 등이 잇달아 가맹했다.[223]

    그러나 대일전선통일동맹은 협의체 성격을 벗어나기 어려워 통일된 행동을 강력히 추진하기가 어려웠다. 이 때문에 독립운동세력은 1920년대에 유일당운동 등을 통해 실현하려 했던 대독립당 건설의 필요성을 절감하고 1934년부터 대일전선통일동맹에 가담한 정당과 그 밖의 정치단체를 민족 대당(大党)으로 통합하는 작업에 나섰다. 통합 신당 작업은 한국독립당의 일부 간부가 반대하여 어려움을 겪었으나, 1935년 7월 남경에서 드디어 통합 신당 건설에 합의하여 민족혁명당을 발족시켰다. 민족혁명당에는 한국독립당, 조선의열단, 조선혁명당, 신한독립당,[224] 대한독립당 등이 해체하고 들어왔다. 그러나 송병조 등의 대한민국임시정부 잔류세력, 한인애국단의 김구 등은 들어오지 않았다.

민족혁명당에는 여러 정치세력들이 결집되어 있었지만, 의열단과 한국독립당이 가장 중요한 정치세력이라고 볼 수 있다. 정강 정책 또한 이 두 단체의 것을 기본으로 하였다. 곧 당의(党義)는 한독당의 삼균주의에 의거하였고, 당강(党綱)은 의열단의 강령과 비슷하다. 이와 같이 당의와 당강이 성격이 다른 단체의 것으로 되어 있다는 것은 당의 통일적 정치이념에 의문을 제기하게 한다. 하지만 조소앙의 삼균주의는 폭넓게 해석할 수 있는 소지가 있어서 경우에 따라서는 중도좌파에서도 수용할 수 있었고, 의열단의 강령도 상당 부분 우파가 수용할 수 있었기 때문에 두 유력한 단체의 정강 정책이 통합 정당의 당의와 당강으로 나뉘어 들어갔다고 볼 수 있다. 이처럼 독립운동세력은 어떠한 국가를 세울 것인지에 대하여 좌우를 떠나 대체로 합의가 이루어져 있었다. 민주주의 사회는 의당 그렇게 되어야 하는 것이라고 믿었기 때문이었다.

민혁당 당의는 "본당은 혁명적 수단으로서 구적(仇敵) 일본의 침략세력을 박멸하여 5,000년 이래 독립 자주해온 국토와 주권을 회복하고, 정치·경제·교육의 평등을 기초로 한 진정한 민주공화국을 건설하여 국민 전체의 생활의 평등을 확보하고 나아가서 세계 인류의 평등과 행복을 촉진한다"라고 되어 있는데,[225] 이는 1930년에 조직된 한독당 당의에 신민주국을 건설한다고 되어 있던 것이[226] 의열단 강령 제2항에 있는 '진정한 민주국'과 유사한 형태로 바뀌었을 뿐이고 나머지는 한독당 당의와 대동소이하다.

민혁당 당강의 3대 원칙은 의열단 강령의 제1항, 제2항, 제3항과 표현만 약간 다를 뿐 거의 동일하다.[227] 당강의 나머지 14개 조항의 경우 토지문제에 대해 "9. 토지는 국유로 하여 농민에게 분급한다"고 규정했고, 12항으로 "국민 일체의 경제적 활동은 국가의 계획하에 통제한다"는 내용이 새로 들어가 있으며, 의열단 강령 "4. 세계상 반제국주의의 민족과 연합하여 일체 침략주의를 타도할 것"이 민혁당 당강에서는 "17. 자유·평등·호조(互助)의 원칙에 기초한 전 세계 피압박 민족해방운동과 연결 협조한다"로 바뀌었을 뿐 나머지는 동일하다. 토지 국유는 한독당 당강 제5항 토지와 대생산기관을 국유로 한다는 것을[228] 수용한 것이고, 경제적 활동의 계획과 통제는 의열단 강령을 제정할 때 미처 포함하지 못했던 부분이라고 판단된다.[229]

민족혁명당은 중국 관내의 주요 지역에 지부를, 주요 도시에 구(區)를 두었고, 군사부와 특무대를 설치하였으며, 기관지 등을 발행하여 선전하는 등 적극적으로 활동했다. 그렇지만 내부 통합력이 약했고, 물적·인적으로 유력한 단체였던 의열단의 헤게모니에 한국독립당, 조선혁명당 계열 등이 반발하여 분열을 겪었다. 1937년 의열단계와 다른 단체의 잔류세력은 조선민족혁명당으로 재출발했다.

1933년 대한민국임시정부 국무위원에서 물러나 한인애국단을 중심으로 활동하던 김구는 임시정부 국무위원 대다수가 민혁당으로 합류하자 1935년 11월 임시정부에 다시 참여했다. 김구는 애국단을 중심으로 한국국민당을 조직해 임시정부를 적극 옹호했다.

1937년 중일전쟁의 발발은 중국 관내의 독립운동에 큰 영향을 미쳤다. 독립운동세력은 다시 통일전선체를 모색했다. 1937년 8월 한국국민당과 민혁당에서 이탈한 한국독립당, 조선혁명당 및 미주의 독립운동단체 등은 한국광복운동단체협의회를 조직했고, 조선민족혁명당과 조선민족해방동맹, 조선청년전위동맹, 조선혁명자동맹은 같은 해 11월에 조선민족전선연맹을 조직하여 대체로 우파적 단체와 좌파적 단체가 정리되었다. 두 단체는 중국 국민당정부로부터 대동단결을 종용받으며, 1939년 5월 영도자인 김구와 김원봉 명의로 '동지 동포에게 보내는 공개 통신'을 발표했다. 이 통신은 다음과 같이 민족협동전선의 필요성을 역설했다.

> 주의 사상이 상이하다는 이유로 절대적으로 동일 정치조직 결성은 불가능하다고 하는 원리는 있을 수 없다. 가령 주의 사상을 달리하여도 동일 대적(對敵)의 앞에 동일한 정치강령 아래 일조직(一組織)의 구성 분자가 되는 것은 가능하다. (……) 우리들은 이미 소단체의 분립적 투쟁으로 인한 민족적 손해를 경험하여 통일단체에 의한 광명을 발견한 이상 일제히 단합하여야 한다. (……) 해외에 있는 다수 동지 동포와 함께 먼저 관내 운동조직의 계획적 변혁과 광명을 갖는 신국면의 창조를 향해 절대한 자신과 용기로 전진해 나가자.[230]

중국 관내에서 1930년대에 무장력을 강화시킨 것도 주목할 만하다. 김구, 이청천, 김원봉 등은 1930년대 전반기에 청년들에게 군사훈련을 시켰다. 1933년 김구는 중국 국민당의 진과부(陳果夫) 등과 협의하여 중국중앙육군군관학교 낙양분교 내에 한인특별반을 설립키로 합의하였다. 만주에서 활약하던 한국독립군의 이청천, 오광선 등을 교관으로 초빙했으며, 1934년 2월 김구, 김원봉, 이청천 계열의 입교생과 그 밖에 무정부주의단체 등에서 파견한 입교생 도합 92명으로 한인특별반을 편성해 훈련에 들어가 1935년 4월 졸업생 62명을 배출했다.[231]

1938년 10월 10일 무한에서 발족한 조선의용대는 조선민족전선연맹의 군대이자 중국군사위원회 휘하 부대였다. 제1구대 43명은 조선민족혁명당원들이었고(구대장 박효삼), 41명으로 구성된 제2구대는 사회주의자들로 구성된 조선전위동맹원이었다(구대장 이익성). 대장은 김원봉으로, 본부 인원까지 합하면 대원은 97명이었다.[232] 조선의용대는 전원 무한으로 쳐들어오는 일본군에 맞선 무한방위전에 참전하였던바, 곳곳에서 무한 주민들에게 항일투쟁에 궐기할 것을 촉구하는 등 선전 고무 사업과 특무활동을 벌였다. 이때부터 1940년 하반기까지 조선의용대는 주로 특무활동에 참여했다. 적진 바로 앞까지 가 염전·반전 정서 공작 및 철도와 통신 파괴공작을 벌이고, 한국문·일본문·중국문으로 책자와 전단을 만들어 뿌렸다. 또한 일본군 통행증을 위조하여 살포하고, 포로를 심문하고 의용대에 끌어들였다.[233]

### 만주의 항일유격대와 김일성

1931년 9월 일제의 만주침공은 만주에서의 항일 무장투쟁의 성격을 바꾸어놓았다. 한국인 독립운동세력과 중국인 반일세력은 연합하여 활동하는 경우가 많아졌다. 전투 방식도 소규모 유격전을 병행하거나 유격전 중심의 전투를 벌이게 되었다. 또한 이 시기부터 중국공산당이 이끄는 유격전에 한국인 빨치산도 가담하였던바, 민족주의 계열의 독립군과 사회주의 계열의 빨치산이 연합하여 공동으로 항일 전투를 벌이기도 했다.

민족주의 계열의 독립군으로는 한국독립군의 활동도 있었으나, 얼마 후 주력이 중국 관내로 이동하였고, 국민부와 조선혁명당 산하의 무장 대오인 조선혁명군이 가장 오랫동안 싸웠고 혁혁한 전공을 세웠다. 총사령 양세봉이 이끈 조선혁명군은 1932년 4월 신빈현 영릉가(永陵街)를 공격하여 80여 명의 일·만군을 섬멸했고, 5월에는 여섯 차례의 전투에서 적 1,000여 명을 살상·포로·실종케 하는 전과를 거두었다. 이때에는 대개 반일 중국군과 연합했다. 7월에는 조선혁명군 단독으로 통화현 쾌대무자(通化縣 快大茂子)에서 일·만군 80여 명을 살상했다. 일제 자료에 의하면 이해에 조선혁명군은 열여섯 차례에 걸쳐 101명의 대원을 국내에 침투시켜 군

자금을 모집하고 일제 기관을 습격하였으며, 친일파를 처단했다. 1934년에는 압록강 대안의 동변도(東邊道) 지방에서 출몰 횟수 730여 건, 연인원 2만 3,000여 명으로 집계되는 활동을 전개했다. 일제는 1934년 6월에서 8월에 걸쳐 5,000여 명의 만주군을 동원하여 중국 왕봉각(王鳳閣) 부대와 조선혁명군 등에 대해 '제4차 동변도 대토벌'을 감행했고, 9월 하순부터 다음 달까지는 6,000여 명을 동원해 제5차 공격을 가했다. 양세봉은 9월 중순에 희생되었다.234 조선혁명군은 1934년 8월 동북인민혁명군 제1독립사의 이홍광 부대와 연합하여 싸우는 등 양세봉 사후에도 끈질기게 유격전을 계속하다가 1938년 초 약 60여 명이 동북항일연군 제1로군에 정식으로 가입했다.235

중국 동북지방 항일유격대에서는 지도자로 활동한 한국인이 적지 않았다. 1933년에 요하공농병(饒河工農兵) 반일유격대를 발족시킨 최용건은 중국인들의 견제를 받으면서 제7군 군장대리, 제2로군 참모장 등의 중책을 맡았다. 1932년 빈현(賓縣) 특별당부 서기로 임명된 김책과 선전위원으로 임명된 허형식은 동북인민혁명군 제3군 제1독립사 제1단 정치부 주임(김책), 제2단장(허형식), 북만임시성위원회 서기(김책), 동북항일연군 제3로군 총참모장 겸 제3군장(허형식) 등을 맡으면서 북만지방에서 유격전을 지휘했다. 이홍광은 동북인민혁명군 제1군 독립사 참모장 등을 맡으면서 남만지방에서 혁혁한 전과를 올렸다. 최현 등은 동만지방에서 유격전을 벌였다. 이 밖에도 항일유격대에서 활약한 한국인 지도자가 적지 않다.

김일성이 최용건 등 다른 유격대 지도자들보다 국내와 만주의 한국인 사이에 명성이 높았던 것은 그가 활동한 지역이 북간도, 백두산 일대, 한중 국경지대 등 한국인이 많이 거주한 지역이라는 점도 작용했지만, 민족해방운동과 직접 연결되는 활동을 많이 벌였고, 많은 전과를 올렸다는 점이 주요하게 작용했다. 1932년부터 항일유격대에 참여한 김일성은 1933년

9월 중소 국경지역인 동녕현성전투로 명성을 얻었다. 이청천의 한국독립군도 가담한 오의성군 등 반일 구국군과 김일성 등이 이끈 왕청·혼춘에서 온 유격대가 동녕현성에 있는 일본군·만주군을 공격했으나 성공하지 못했다. 그렇지만 이 전투는 중국군과 한국군의 합작이자 구국군과 유격대의 합작, 독립군과 빨치산의 합작이라는 점에서 의의가 컸다.

1935년 코민테른 제7회 대회에서의 인민전선테제 채택, 중국공산당의 8·1선언 등으로 만주에서 동북항일연군이 성립하고 한국인이 독자적으로 민족해방운동을 벌이게 되면서 김일성의 명성은 한층 높아졌다. 한국인의 독자적인 민족해방운동과 직결돼 있는, 1936년 6월 10일자로 되어 있는 '재만 한인 조국광복회 선언'과 '재만 한인 조국광복회 목전(目前) 10대 강령(초안)',[236] 그리고 '재만 한인 조국광복회 10대 강령'[237]은 이 시기 민족해방운동의 기본 방향을 밝힌 문서로서 중요한 의미를 갖는다. 그런데 세 문건은 중국 인민과의 연합을 강조한 것을 제외한다면, 1920년대에서 40년대에 걸친 여러 지역에서의 민족해방운동 강령과 대체로 성격을 같이 할 뿐만 아니라, 민족적 단결을 그전에 나온 문건보다 상세히 언급하고 있다는 점에서 중요하다. 위의 선언은 공동강령의 첫째에서 "전 민족의 계급·성별·지위·당파·연령·종교 등의 차별을 불문하고 백의동포는 반드시 일치단결, 궐기하여 원수인 일본놈들과 싸워 조국을 광복할 것"을 제시했다. 이 선언은 공동강령 제5항에서 국내외 반일세력을 총집중하여 민족해방운동의 통일적 총영도기관인 조국광복회를 건립할 것을 주장했다.

압록강 상류의 중요 국경도시인 혜산진에서 20km 떨어진 보천보를 김일성의 6사가 강타한 사건은 국내외에 충격을 주었다. 김일성은 1937년 6월 90명의 대원을 인솔하고 압록강을 건너 현지에 집결한 80여 명의 조국광복회 청년들과 함께 일본인 50명을 포함하여 1,383명이 거주하는 보천보의 주재소를 습격해 경기관총 1정, 소총 6정, 권총 2정, 탄약 수백 발을 빼앗았고, 농사시험장·면사무소·우편소 등을 습격해 건물·장부·우편물에 불을 지르고 점포와 주택에서 현금과 물자를 빼앗은 뒤 삐라를 살포하고 철수했다.[238] 김일성의 활동은 1936년경부터 국내 신문에 보도되었는데, 특히 보천보전투는 국내에 비중 있게 보도되었다. 국내 진공작전은 1937년 5월에도 최현부대에 의해 실행되었지만, 보천보전투는 한층 더 규모가 큰 승리였고, 그 시기에는 민족해방운동이 잘 알려지지 않은 암울한 때인 데다 국내 신문에 상당히 크게 보도되었기에 그것이 국내에 미친 영향은 클 수밖에 없었다.

그렇지만 보천보전투는 대가를 치렀다고 볼 수 있다. 일제는 1937년 10월, 그리고 1938년 8월 두 차례에 걸쳐 조국광복회 관련자 739명을 체포했고, 이들 중 권영벽 등 6명이 사형선고를 받아 병으로 집행이 연기된 박달을 제외하고 5명이 처형되었다. 일제에 의해 발각된 조국광복회는 중국 통화현 장백현을 중심으로 한 조직과 국내 함남 갑산군을 중심으로 한 조직으로 나누어 볼 수 있다. 전자는 동북항일연군 제1로군 제6사(사장 김일성)의 지도를 받았는데, 산하에 구회 3개, 지회 11개, 분조 41개, 반 6개, 생산유격대 6개 등이 있었다. 후자 또한 6사의 지도를 받았는데, 6사가 간접 관리한 한인민족해방동맹에는 반일청년동맹, 반일회, 반일정우회 등 9개 단체가 있었다. 6사는 이 밖에도 갑산군과 삼수군 홍남 등에 조직된 여러 지회와 위원회 등을 직접 관리했고, 원산 등에 여러 조직 결성을 추진하고 있었다. 조국광복회 국내 조직에는 갑산군, 삼수군, 풍산군 일대의 천도교 청년들이 가입했다.[239]

### 국내 공산주의자들의 좌경화

1931년을 전후해서 국내의 민족운동은 많은 변화를 보였다. 1928년 7~8월에 열린 코민테른 제6차 대회에서 민족부르주아지를 타도 대상으로 설정하고, 그해 12월에 코민테른 정치서기국 동양부의 사노 마나부(佐野學), 구추백(瞿秋白), 월터넨, 미프 등이 작성한 '12월테제'에서 프롤레타리아 헤게모니하에서 토지혁명을 주 내용으로 한 부르주아민주주의혁명을 현 단계 혁명으로 제시하고, 부르주아 또는 민족주의자들을 배격할 것을 한국 공산주의자들에게 요구했지만, 1928~1929년까지 민족협동전선의 활동은 순조로웠다. 그러나 1929년 12월 민중대회 사건으로 신간회 지도부가 검거된 이후 새로 들어선 신간회 지도부가 개량주의노선으로 기울고, 청년총동맹 등도 그러한 방향으로 선회했다. 게다가 세계 대공황, 그에 따른 일본과 한국에서의 공황과 일제의 사회주의운동 탄압 등에 영향을 받으며 사회주의자들은 '12월테제'의 계급노선을 적극 수용하였다. 그리하여 1931년 5월 사회주의자들이 주도해 신간회가 해산되었고, 혁명적 노동운동·농민운동이 거세게 일어났다.

1930년대에 들어와 공산당 재건 운동과 혁명적 노·농운동으로 사회주의자들은 잇달아 체포되었지만, 이들의 조직적 활동은 계속되었다. 1930년대 중반에는 이재유 등 500여 명이 연루된 조선공산당 재건 경성준비그룹 사건이 발생했다. 이재유는 1933년 경성트로이카를 조직하고, 노동자가 비교적 많은 서울의 용산과 영등포 등에 하위 트로이카를 조직하여 활동하던 중 1934년 1월 체포되었다. 그러나 극적으로 서대문경찰서에서 탈출하여 경성제국대학 교수 미야케 시카노스케의 관사에 숨었다가 빠져나와 조선공산당 재건 경성준비그룹을 조직하여 2년 동안 활동하다가 1936년 12월에 체포되었던바, 오랫동안 언론에서 크게 다루었다.[240] 1937년에는 이주하 등이 원산에서 노동조합 원산좌익위원회 및 그 하부 기관으로 원

1936년 12월 25일 서대문경찰서에서 도주한 지 2년 8개월 만에 붙잡힌 이재유의 사진. 『조선일보』 1937년 5월 1일자 호외에 실린 사진이다.

산철도위원회·화학위원회·금속위원회 등을 조직하고 노동자신문을 발행했다. 그리고 최용달, 정진태 등은 이주하와 연락하면서 경성제국대학 내에 독서회 등을 조직하는 등의 활동을 하다가 1938년 10월 110명이 일제히 검거되었다. 마지막으로 큰 사회주의자들의 조직 사건은 1940년에 일어났다. 1939년 출옥한 박헌영은 이재유사건에서 체포되지 않은 이관술, 김삼룡 등과 함께 공산당 재건을 위한, 일명 경성콩그룹으로 알려진 코뮤니스트그룹을 조직했다. 이들은 박헌영을 지도자로 하여 조직부·인민전선부·학생부 등을 두고 금속·섬유·전기·출판 노조에 파고들었고, 함남북 등지의 주요 지도자들과도 연결했다. 경성콩그룹은 화요파, 이재유계, 조선공산당(ML)계 등 여러 계열이 함께 일했다는 점에서도 의미가 있다. 이들은 1940년 12월부터 체포되기 시작하였다. 박헌영은 광주로 내려가 벽돌 공장에 은신해 있다가 해방을 맞았다.[241]

사회주의자들은 끊임없는 투옥을 불사하고 치열하게 항일투쟁을 전개했다. 그렇지만 1930년대에는 좌경노선에 기울어져 있었다. 이들은 1935년 코민테른 제7회대회에서 파시즘에 대항하기 위해서는 사회민주주의자들과 연합전선이 필요하다는 인민전선테제가 채택되었다는 사실을 옥중이나 그 밖의 장소에서 알고 있었다. 경성제대를 졸업하고 독일에 유학중이던 이강국은 7회테제 독일어본을 역시 경성제대 동기생으로 동지였던 최용달 등에게 전달했지만, 원산그룹사건 관계자들조차도 형식적으로만 인민전선이론을 들먹였을 뿐 여전히 '12월테제'의 논리에 사로잡혀 있었다. 이와 같이 해방될 때까지, 그리고 해방 이후에도 좌경노선을 교조적으로 견지하고 있었던 이유는 일제 지배의 특성 때문이었다. 이들은 일제 관헌의 추격과 감시 때문에 대중 속에서 실천 활동을 제대로 할 수 없었고, 감옥 그것도 독방에서 훨씬 긴 세월을 보냈기 때문에 사회와 고립되었을 뿐 아니라 사고가 단선적이었다. 또한 일제의 황국신민화운동, 천황제 파시즘, 끊임없는 침략전쟁에 강렬한 적개심과 증오감을 갖고 있었다. 사회 저명인사들이 일제 파시즘에 굴복하여 황국신민화운동, 파시스트 침략전쟁을 옹호한 것도 이들이 경직된 사고를 고수하는 데 일조했다. 이들은 전향의 강요, 보호관찰소 등에 감금·감시하는 등의 탄압으로 사상의 굴절을 겪기도 했다.

1930년대 후반기 특히 1940년을 전후한 시기에는 학생운동이나 일반인의 항일운동에서 민족주의자들의 활동이 많아지는 현상을 볼 수 있다. 비밀단체의 목적이나 활동에서도 그러한 경향을 읽을 수 있다. 일어 상용과 창씨개명 등의 황국신민화운동에 반대하는 학생들의 비밀단체인 명랑클럽·한글연구회·철혈단·윤독회나, 신사참배를 반대하는 움직임 또는 종교활동과 관계있는 비밀단체로 생각되는 일편단심회·열혈회·동광사 등의 단체 등은 대체로 민족주의와 관련이 있었을 것이다. 이 가운데에는 윤독회(1939년 결성)에서 다혁당(茶革党, 1940년 결성)에 이르기까지 300명이 관련된 대구사범학교 비밀단체처럼 규모가 큰 것도 있고, 함흥학교의 철혈단, 춘천고보의 상록회처럼 비교적 큰 비밀단체도 있지만, 대개는 10명 내외의 작은 규모였다.[242]

## 6  일제 말 건국 활동

### 국외에서의 건국준비 활동

1940년대에 들어오면서 국내외 독립운동자들은 조직을 재정비하거나 새로 만들면서 무장력을 강화했고, 일제의 패망에 대비하여 건국준비 활동에 들어갔다.

대한민국임시정부는 1940년대에 들어서면서 많은 변화를 겪었다. 1940년 5월에는 대한민국임시정부를 이끌어갈 통합 한독당이 발족했다. 한국광복운동단체연합회의 주축인 한국국민당, 한국독립당, 조선혁명당이 통합하여 민주주의 중앙집권제를 조직 원칙으로 한 한국독립당을 조직했다(중앙집행위원장 김구). 한독당은 우파 성향이었지만, 당강을 보면 4항에 "토지와 대생산기관을 국유화하여 국민의 생활권을 균등화할 것"이라고 천명하여 사회주의적 요소를 포함하고 있었다.

임시정부·한독당은 1940년 9월에 광복군을 창설했다. 한독당은 당책에서 "장교 및 무장 대오를 통일 훈련하여 광복군을 편성함"이라고 명시했는데 그것이 4개월 만에 이루어진 것이다. 이로써 중경 임시정부는 만주의 국민부처럼 당(한독당)·정(政, 임시정부)·군(광복군)체제를 갖추게 되었다. 광복군은 초모공작으로 대원을 계속 늘려 1940년 말에는 그 수효가 100명이 넘었다.[243]

일제가 미국 하와이 진주만을 기습한 다음 날인 1941년 12월 9일 임시정부 주석 김구와 외무부장 조소앙 명의로 '대한민국임시정부 대일 선전 성명서'를 발표하여 일제에 선전포고를 했다. 그런데 이미 그전에 건국의 방략을 밝힌 '대한민국 건국강령'이 채택되었다는 것은 주목할 만하다. 한독당의 국가 건설론이기도 한 '건국강령'은 임시정부에 의해 1941년 11월 28일 발표되었다. '건국강령'은 총강(總綱), 복국(復國), 건국의 3장으로 되어 있다. 총강에서는 예로부터 이어진 건국정신과 대한민국임시정부의 건국원칙이 삼균제도에 있음을 밝혔다. 복국에서는 주권을 완전히 회복할 때까지의 과정을 적에 대한 혈전을 계속하는 제1기, 일부 국토를 회복한 제2기, 국토와 인민 등을 완전히 탈환하고 평등 지위와 자유의지로 각국과 조약을 체결하게 될 완성기 등 3단계로 나누고, 복국기에는 임시의정원의 선거로 조직된 국무위원회가 공무를 집행할 것임을 밝혔다. 건국에서는 삼균주의에 의거해서 국가를 건설하고 발전시킬 계획을 구체적으로 제시했다.[244]

중경의 독립운동자들은 일제의 침략전쟁 확대에 고무되는 한편 좌우합작을 이룩하여 임시정부를 강화하고자 했다. 통합은 먼저 군대에서 이루어졌다. 조선의용대 주력이 화북으로 북상함으로써 대장 김원봉이 곤경에 처했는데, 1942년 5월 중경 잔류 부대원은 광복군에 합류했다. 이해 10월에는 조선민족혁명당을 비롯하여 조선혁명자연맹, 조선민족해방동맹 관계자들이 임시의정원 의원으로 선임되었다. 통합정부 성격은 1944년에 한층 강화되었다. 이해 4월에 임시헌법을 개정해 부주석제를 신설하고 국무위원 수를 늘렸던바, 이로써 좌파 측이 부주석(주석 김구, 부주석 김규식)과 국무위원 5석을 맡게 되었다.[245] 또한 임시정부는 중국과 미국에 대해 정부 승인을 요구했으나 뜻대로 되지 못했다.

광복군의 활동은 일제 패망을 앞두고 활발해졌다. 이미 광복군은 1943년

광복군 사열 모습.

8월부터 구(舊)조선의용대원을 선발대로 한 심리·선전전 특수요원을 인도·버마전선에 파견해 영국군과 공동작전을 펴고 있었다. 그리고 중국 주둔 미국 전략첩보기관인 OSS(Office of Strategic Services)와 합작하여 국내 진입작전을 추진했다. 광복군과 OSS 사이에 "광복군 대원들을 선발하여 첩보훈련을 실시하고 이들을 한반도에 침투시켜 적 후방 공작을 전개한다"는 내용의 독수리작전(Eagle Project)을 매개로 하여 1945년 5월부터 3개월 과정으로 훈련이 실시되었던바, 서안에 있던 제2지대와 부양(阜陽)에 있던 제3지대가 훈련을 받아 제1기생 훈련이 8월 4일 완료되었다. 그러나 뜻밖에도 일제가 일찍 항복하여 국내진입작전이 좌절되자 김구는 정진대(挺進隊)를 국내에 파견하고자 했다. 일제가 항복한 다음 날인 8월 16일 광복군 지대장 이범석 등 한국인 4명, OSS 측 책임자 버드 대령 등이 서안을 출발했으나 상황이 여의치 않아 다시 돌아와 18일 다시 서안을 출발, 서울 여의도비행장에 착륙했다. 그러나 일본군의 차단으로 되돌아왔다.[246]

1945년 9월 3일 국무위원회 주석 김구는 대한민국임시정부 포고를 발표하여, 전국적 본선(本選)에 의한 정식 정권이 수립되기까지의 국내 과도정책을 수립하기 위하여 국내외 각층, 각 혁명 당파, 각 종교집단, 각 지방 대표와 저명한 각 민주영수회의를 소집하도록 적극 노력할 것을 밝히고, 국내에 과도정권이 성립되기 전에는 국내 일체 질서와 대외 일체 관계를 본 정부가 책임지고 유지하겠다고 선언했다.[247]

대한민국임시정부는 장개석정부와 긴밀한 관계를 맺어 활동하였는데, 1940년대 화북에서는 중국공산당 및 8로군과 밀접한 관계를 맺고 독립동맹과 조선의용군이 활동하였다. 앞에서 언급한 조선의용대 주력은 1941년 6월 화북으로 북상하여 국민당 지구에서 활동하다가, 장개석정부 군사위원회의 동의 없이 팔로군 근거지로 이동하여 그곳에서 항일운동을 전개하고 있던 화북조선청년연합회 청년들과 함께 1941년 7월 7일 조선의용대 화북지대를 창설하여(지대장 박효삼, 부지대장 이익성, 정치지도원 김학무), 독립적인 국제 지원부대로 활약했다. 화북지대는 주로 선전활동을 전개했는데, 일본인뿐만 아니라 중국인과 한국인도 중요 대상이었다. 이와 함께 간부 양성, 적구(敵區) 조직 공작도 중요 임무였다. 화북지대는 전투도 몇 차례 치렀다. 1941년 12월에는 일본군 300여 명이 제2대가 숙영하고 있는 호가장을 습격하여 치열한 전투가 벌어졌고, 1942년 5월 팔로군과 함께 치른 반소탕전(反掃蕩戰)에서는 주요 지도자 윤세주, 진광화가 전사했다.

1942년 7월 10일에는 화북조선청년연합회 제2차 대회가 열려 청년연합회를 화북독립동맹으로, 조선의용대 화북지대를 조선의용군으로 개칭했다. 독립동맹 주석은 중경에서 모셔온 조선민족혁명당의 김두봉이었다. 독립동맹은 사회주의자들이 이끈 단체인데도 온건한 노선을 제시했다. 보통선거에 의해 독립·자유의 민주공화국을 건설하겠다는 것도 그렇지만, 토지 문제와 관련해서도 "조선에서의 일본제국주의자의 일체 자산 및 토지, 일본제국주의자와 밀접한 관계가 있는 대기업을 몰수하여 국영으로 돌리고 토지분배를 실행한다"라고 했을 뿐 지주의 토지를 몰수한다는 주장은 찾아볼 수 없다. 다른 강령은 중경 임시정부·한독당의 그것과 비슷하다.[248] 독립동맹은 화북의 각 지역에서 분맹활동에 힘을 쏟아 진동남(晉東南)분맹(101명), 섬감녕(陝甘寧)분맹(34명) 등 9개 분맹을 만들었고(1943년 12월 말 현재), 1943년 10월에는 하얼빈에 북만특별위원회를 조직했다. 이 밖에도 일제가 지배하는 천진, 북경 등에도 분맹을 만들었고, 1944년에는 국내의 여운형 등과도 접촉했다. 1943년 12월까지 조선의용군 대원은 150~200명 정도였는데 그 가운데 3분의 2는 학생 출신이었다. 그뒤 일본군 부대에서 탈출한 한국인 청년들이 가입하여 일제 패망 직전에는 850명 내외가 조선의용군이 설치한 군정학교에서 교육받았고, 해방 당시에는 의용군이 1,000명 내외가 되었다. 그뒤 조선의용군 병력은 일제 패망으로 급속히 증가하였다.[249]

중국 동북지방의 빨치산은 특히 1930년대 말부터 생사의 기로에 놓였다. 관동군이 1939년 10월 노조에 쇼토쿠(野副昌德) 소장을 대장으로 하여 일본군과 만주군 그리고 경찰대 7만 5,000명의 병력으로 동남부 치안 숙정공작을 개시했다. 양정우, 김일성, 최현 등에게는 현상금이 각각 1만 원이나 걸렸다. 1940년 3월 김일성부대가 백두산 부근 화룡현 홍기하에 있는 일본인 목재소를 습격하자 화룡현 경방대 마에다 다케치(前田武市) 중대가 공격에 나섰지만, 김일성부대에게 전멸당하다시피 했다.[250] 그러나 일본군의 대규모 공격에 살아남기 위해 만주의 빨치산부대원들은 소만국경을 넘어 하바로프스크 지방으로 들어갔다. 김일성부대도 1940년 10월 소련으로 들어갔다.[251] 소련에 들어온 항일연군부대는 처음에는 두 개의 영(營)에서 활동하였는데, 1942년 8월에는 동북항일연군 교도려(敎導旅)로 편성되었다. 1945년 7월 말 소련의 대일전 참전을 며칠 앞두고 건국준비 활동의 일환으로 조선공작단이 결성되었다. 구성원은 김일성, 최용건, 김책, 안길, 서철, 김일, 최현 등이었다.[252]

### 국내에서의 건국준비 활동

앞에서 1930년대 후반으로 갈수록 국내 반일운동에서 민족주의자들의 비중이 커간다고 기술했지만, 그러한 현상은 1940년대에도 나타났다. 사상범 검거 상황을 보면 1941년의 경우 공산주의자들이 전년의 668명에서 대폭 줄어 158명인데, 민족주의자는 72명에서 176명으로 늘었다. 1942~1944년에는 민족주의자와 공산주의자들이 각각 237명과 141명, 204명과 151명, 140명과 12명으로, 민족주의자들이 월등히 많다. 또 주목되는 것은 1940년대에 치안유지법 위반자 가운데는 관공리나 은행 등의 사무원, 종교인, 학교 교직원이 많다는 점이다.[253] 1940년대에는 '결전기'였는데도 유언비어 유포, 태업, 공출 기피, 징용·징병·학병 기피 등의 소극적인 반일 움직임이 곳곳에서 펼쳐졌다.

국외에서의 건국준비는 너무 멀리 떨어져 있는 데다 일제가 패망할 경우 바로 입국할 수 없다는 문제도 있기 때문에 한국인 대다수가 거주하는 국내의 상황이 더 중요했다. 이 점에서 건국동맹은 역사적 의의가 있다.

여운형은 중일전쟁 발발 이후 일본을 내왕하며 정세를 관찰하고 동지들을 규합했으며, 1942년 초부터 치안대 조직에 착수하고 식량 문제 등에 대비했다. 그해 말 투옥되었다가 6개월 후 석방된 여운형은 한층 동지 규합에 힘을 쏟아 1944년 8월 건국동맹을 조직했다. 건국동맹의 강령은 간략했다. 첫째 각인각파를 대동단결하여 거국일치로 일제를 구축하고 한민족의 자유와 독립을 회복하고, 둘째 연합국과 연합전선을 형성하고 일체 독립을 저해하는 반동세력을 박멸하고, 셋째 민주주의적 건설과 노농대중해방에 치중하겠다는 것이었다. 건국동맹은 독립동맹과 다르게 좌우파가 골고루 참여했다.

중앙조직과 지방조직을 세우면서 건국동맹은 치안대와 군사단체 조직, 국외 독립운동단체와의 제휴 활동을 벌였다. 조동호 등으로 군사위원회를 조직하여 후방 교란 활동을 벌이게 하였고, 박승환 등 만주군관학교 장교들을 규합했으며, 북경을 거점으로 하여 독립동맹과 연결했고, 중경 임시정부와도 연락하고자 했다. 1944년 10월 조직된 농민동맹은 건국동맹의 우군이었다. 여운형은 학생·교사·철도원·여성 등도 조직하였고, 징용·징병·학병 거부자들의 조직에 관여하였으며, 공산주의자들과도 연결되어 있었다.

8월 11일경 일제의 포츠담선언 수락에 즈음하여 여운형은 국호와 국기 제작, 독립선언서 작성 등을 맡았다. 8월 15일 아침 조선총독부 요청에 따라 엔도 류사쿠(遠藤柳作) 정무총감을 만난 여운형은 '1. 전 조선의 정치범과 경제범을 즉시 석방하라. 2. 집단생활지인 경성의 식량을 3개월분을 확보하라. 3. 치안유지와 건설사업에 아무 간섭을 말라. 4. 조선에 있어서 지도력이 되는 학생의 훈련과 청년의 조직에 간섭을 말라. 5. 전 조선에 있는 각 사업장의 노동자들을 우리 건설사업에 협력시키며 아무런 괴로움을 주지 말라'고 요구했다. 일본인의 생명과 재산 보호를 위해 단지 치안 협조를 부탁하려던 엔도는 상황이 상황인지라 여운형의 요구를 들어주지 않을 수 없었다. 다음 날부터 전국의 옥문이 열렸다.[254]

여운형 등은 8월 15일 아침 일찍부터 건국활동에 들어갔다. 건국준비위원회 부위원장 안재홍(위원장 여운형)이 경성방송을 통해 8월 16일 오후 3·6·9시 등 3회에 걸쳐 경위대 신설, 정규병 편성, 식량 확보, 물자 배급 유지, 통화 안정 등이 포함된 방송 연설을 한 것은[255] 전국에 큰 영향을 미쳤다. 건준 지부는 8월 말까지 145곳에 결성되어 조선총독부, 일본인 기업 등이 가지고 있는 현존 시설, 기계, 기구, 자재, 자본 등을 보존·관리하면서 건국준비에 매진했다. 8월 16일부터 활동을 개시한 중앙건국치안대는 전국의 지방 치안대, 학도대, 청년대 등을 통제하며 이들 단체와 함께 일제를 대신해서 치안을 맡았다. 전국 각지의 건준 지부와 치안대의 활동은 민중들에게 나라를 되찾았고 우리 스스로 주체가 되어 자율적으로 건국을 준비한다는 감격을 맛보게 했다.[256]

## 7 맺으며

일제의 한국 지배정책은 백인 제국주의의 지배를 받은 다른 지역에서 유례를 찾기가 어려울 정도로 극단적이었다. 한국인은 반일감정이 강했고 독립을 희구했다. 하지만 일본 자체가 민주주의와 기본권 보장 수준이 현저히 낮은 천황제 국가였고, 중일전쟁 이후에는 천황제 파시즘 체제가 들어섰다. 그러한 상태에서 일제는 한국이 대륙 침략에 필수 불가분의 지역이므로 절대로 일본제국으로부터 분리될 수 없다고 생각했다. 이 때문에 무단통치시기, 황국신민화시기가 아니더라도 집회·결사·언론·출판 등의 기본권이나 인권이 크게 제약을 받았다. 한국에는 정치적 자유가 없었고, 일본 천황에 직례한 조선총독을 견제할 의회나 자문기관이 존재하지 않았다. 네루는 상당 부분 영국인들로부터, 또 영국의 교육과 문화를 통해 자유·평등의 이념과 인간의 존엄성을 배웠는데, 한국인은 부분적으로 교육을 통해 그것을 배웠으나, 역설적으로 일제의 억압과 차별, 인권유린에 고통받으면서 그것의 소중함을 배웠다.

한국에 대한 일제의 기본적인 지배정책인 동화정책은 프랑스의 초기 식민지 지배정책이었던 동화정책과 성격이 달랐다. 그것은 처음부터 차별을 전제로 한 것이었고, 한국인을 일제에 순응하고 복종하는 인간으로 만들어 독립 의지를 말살하려는 것이 주요 목적이었다. 한국인의 독자성은 인정되지 않았고, 한국인은 대일본제국의 융성을 위해 종속적 역할을 맡도록 강요당했다. 한국인은 일본 천황의 2등신민으로 존재해야 했다. 그래서 일제는 한국인의 열등감을 조장하고 독립 불능의 사고를 주입하기 위해 식민사관이나 저열한 민족성론을 유포시켰다. 한국인에 대한 차별이나 한국인을 열등시하는 사고는 일본제국주의자들만이 아니라, 일본인 대다수가 당연시했다는 점에서 특징이 있었다. 일본인은 한국인과 일본인의 결혼을 못마땅하게 생각했을 뿐만 아니라―그 점은 한국인도 비슷했다―심지어 한국인이 '황국신민'이 되고 징병의 대상이 되는 것도 싫어했다. 한국인이 참정권을 요구하는 등 일본인과 대등한 대우를 해달라고 요구할까 두려웠던 것이다.

한국인의 민족의식을 말살하거나 변질시켜 일본 천황의 '충량한' 신민을 만드는 도구가 동화교육이었다. 동화교육은 1910년 일제가 한국을 강점해서 1945년 패망할 때까지 계속되었다. 무단통치기에 있었던 일이지만, 초등학교 학생들에게 칼 차고 제복 입고 일본어로 교수한 것은 인성교육에 반하는 것으로, 헌병과 경찰이 주민들에게 위압적으로 군림했던 행위를 상기시키는 짓이었다. '국사', '국어' 교육과 수신교육은 동화교육의 진면목을 보여주었다. 학생들은 노예교육에 불만이었고, 노예교육을 가르치는 교원에게도 불만을 품었다. 한국인 학생들과 일본인 학생들은 각각 다른 학교에서 공부했고 학교 명칭도 달랐다. 한국인 학생들은 1911년에 적령 아동의 1.7%만이 초등학교에 들어갔고, 1929년에도 18.6%만이 취학했다. 침략전쟁의 확대로 병력 인원이 딸린 1942년에야 취학률이 54.5%에 이르렀다. 중등교육은 초등학교보다 훨씬 더 문이 좁았다. 2,000만 명 이상이 거주하고 일본과 비슷한 수준의 문화를 가졌으며 교육열이 강했던 한국에 대학은 하나밖에 없었고 그나마 학생 대다수는 거주자 중 극소수에 불과한 일본인이었다. 해방이 되자마자 학생들은 한국어로 교육받았고, 그것도 한글 교과서로 공부했다. 한국은 참혹한 전쟁이 끝나갈 무렵인 1953년부터 의무교육을 본격적으로 실시해 취학률이 1953년 72.9%에서 1955년 89.5%, 1960년 95.3%로 높아졌다. 중등교육과 고등교육의 기회는 일제 강점기와는 비교도 안 되게 많아졌다.

서유럽·미국의 지배를 받은 인도나 동남아시아는 1910년대보다 1920년대에, 1920년대보다 그 이후에 더 많은 자유를 누렸고 지역 주민들의 독자성이 확대되었다. 그런데 한국은 그렇지 않았다. 중일전쟁이 시작되면서부터 강행된 황국신민화운동은 극단적인 억압과 수탈 속에 전체주의적 방식, 즉 총력전 형태로 한국인의 민족의식을 말살하고 천황제 파시즘에 순응하는 인간형을 만들어내려는 군국주의 파시즘 운동이었는데, 이는 침략전쟁의 확대와 관계가 깊었다. 이 시기에 한국인은 징용·징병·학병 등으로 끌려갔고, 일본군 성노예로 끌려갔으며, 각종 공출을 강요당했다. 일제 지배정책, 그중에서도 황국신민화운동은 한국사회에 심대한 영향을 미쳤다. 그것은 민주주의나 시민 의식을 갖고 다원적으로 사고하는 데 어려움을 초래했다. 종교인과 교육자 등이 포함된 한국의 유지·명사가 민족의식 말살 운동, 군국주의 침략전쟁 찬양에 동원되었고, 사회주의자들은 장기간에 걸쳐 투옥되고 전향을 강요받았다. 두 경우 모두 그들의 해방 후 행태에 영향을 미쳤다.

정치활동에 대한 일제의 억압과 탄압으로 민족운동은 제약받았고, 한국인은 지하나 국외에서 독립운동을 전개해야 했다. 국외 독립운동은 만주, 중국 관내, 러시아, 일본, 미주 등지에서 전개되었다. 만주의 경우 남만·동만·북만 지방으로, 중국 관내의 경우 국민당정부 지역과 공산당 지배 지역으로 나뉘기도 했다. 국외 각지에서 분리되어 전개된 독립운동은 그 지역의 정치체제에 영향을 받지 않을 수 없었다. 독립운동세력이 대다수 한국인이 살고 있는 지역과 떨어져 있었고, 분산되어 있었으며, 정치적 배경이 달랐던 것은 해방 후 정치정세에 영향을 미쳤다.

1910년대 독립운동은 의병 또는 비밀결사 형태로 전개되기도 했지만, 독립운동 및 독립군 기지건설운동이 주로 호응을 받았다. 이 시기 독립운동자들은 어느 곳에서건 대체로 공화국을 건설하고자 했다. 망명자·이주민들은 자치를 하면서 자유·평등을 갈구했다. 한말의 계몽주의는 국내에서 무단통치가 자행되는 가운데 부분적으로나마 망명자·이주민 사회에서 꽃을 피웠다. 망명자·이주민 사회는 각별히 교육에 심혈을 기울였다. 애국독립사상으로 무장하기 위해서였을 뿐만 아니라, 근대문화와 근대문명을 섭취하기 위해서였다.

1919년 3·1운동은 전국 방방곡곡에서 일어났을 뿐 아니라, 거의 모든 계층에서 들고 일어났다는 점에서도 일제 지배에 대한 총체적 부정이었다. 일제의 잔혹한 지배를 받은 한국인은 국내에서건 국외에서건 독자적 국가를 갖는 것이 얼마나 소중한가를 뼈저리게 느꼈다. 3·1운동을 통해 평등사상, 정의와 인도주의가 확산되었으며, 한국인은 인간으로서, 계층·계급으로서 각성했고, 무단통치에 의해 좌절되었던 근대적 민족의식을 광범위하게 갖게 되었다. 한국인은 만세 시위를 통하여 '근대인'으로 탄생한 것이다. 또한 민족해방운동이 과거와는 다른 규모로, 그리고 근대적 이념으로 무장되어, 어느 정도 민중을 기반으로 하여 전개되었다. 3·1운동은 특히 교육의 소중함을 절실히 느끼게 했다. 3·1운동은 일제의 통치를 변화시키는 데 기축적 역할을 했다.

3·1운동에서 발현된 독립 의지는 임시정부 수립과 무장투쟁으로 구체화되었다. 여러 곳에 세워진 임시정부는 일단 상해에 위치한 대한민국임시정부로 통합되어 상해 임시정부는 일정하게 독립운동의 사령탑 역할을

했다. 독립운동의 열기는 무장투쟁으로 이어져 서간도 신흥무관학교가 확대되었고, 무장력의 급속한 강화로 독립군은 봉오동전투와 청산리전쟁에서 승리하였다. 무장투쟁과 함께 의열투쟁도 전개되었다. 국내에서는 청년운동, 노농운동, 여성운동, 형평운동이 교육운동과 함께 활발히 일어나 1924년에는 노농총동맹과 청년총동맹이 조직되었다. 또한 민족주의자와 사회주의자들이 일제가 배후에서 부추기는 자치운동을 배격하고 민족협동전선을 모색하던 중 6·10만세운동이 전개되었다. 6·10만세운동은 규모는 작았으나 조직적 투쟁적이었고, 각계 각층의 절실한 요구를 담았으며 일제 타도라는 목표가 뚜렷하였다. 민족협동전선의 추진은 일단 신간회로 결실을 맺었다. 1920년대는 일제의 노예교육에 반대하는 학생운동이 끊임없이 전개되었는데, 학생들은 1929년 11월부터 그 다음 해 3월까지 전국 각지에서 시위를 벌이며, 노예교육 반대와 일제 타도를 외쳤다. 상해 임시정부는 민주공화국 건설을 제시하고 보통선거제 실시를 시사했는데, 독립운동단체들은 1920년대 후반에 일제를 타도하고 어떠한 사회를 세울 것인지에 대해 한층 구체적인 정책을 제시했다.

　1931년 일제의 만주침략 이후 독립운동은 다시 활발해졌고, 국내외 투쟁 양상이 크게 변했다. 중국 관내에서는 1932년 윤봉길의 폭탄 투척 이후 독립운동단체의 대동단결, 그것의 구체적 형태로 당적 투쟁체의 건설을 모색하여 민족혁명당이 조직되었고, 김구 주도하에 대한민국임시정부가 재정비되었으며, 무장투쟁이 중시되어 1938년에 조선의용대가, 1940년에 광복군이 조직되었다. 만주에서는 1920년대 후반기에 상대적으로 무장투쟁이 침체했는데, 일제의 만주침략 이후 중국군과 연합하여 적극적으로 항일무장투쟁을 전개했다. 이 시기 항일투쟁은 대개가 유격전 형태로 전개되었다. 김일성은 조국광복회 조직에 중요한 역할을 했고, 보천보전투는 국내외에 충격을 주었다. 조국광복회는 '광복'이라는 말이 시사하듯 보수적인 민족주의자들과도 제휴할 것임을 천명했다. 민족혁명당 강령과 조국광복회 강령은 유사성이 많은데, 지역적으로 멀리 떨어져 있고 정치이념이 다른 단체들 사이에 민주공화국 건설, 봉건적 요소의 철폐, 수탈·착취의 반대, 보통선거 실시, 기본권 보장, 남녀평등 실현, 의무교육 실시 등의 강령 또는 정책 제시는 대체로 1920년대부터 많이 나타난 현상이었다. 1930년대에 중국 관내의 우파 민족주의자들이 채택한 삼균주의도 독립운동자들의 정치적 지향을 세 가지로 요약한 것이다. 어느 것이나 일제 지배하의 암담한 현실과 대비되는 정책으로, 그러한 현실에 대한 독립운동자들의 대안이자 자신들이 세우려는 국가의 밑그림이었다. 이들은 민주주의 사회에서는 국가의 모습이 마땅히 그러해야 한다는 신념을 굳게 견지했다.

　일제의 황국신민화정책이 한층 더 심하게 강요되고 강제연행이 강화되고 징병제 실시가 구체화된 1940년대 들어, 국내외 독립운동단체들은 일제를 타도하기 위한 민족해방운동을 벌이면서 건국준비에 매진했다. 중경 임시정부는 1941년에 '건국강령'을 채택했고, 그해 12월에 일제에 선전포고를 했다. 1942년에는 좌파를 받아들여 좌우연합정부를 구성했다. 해방되었을 때 임시정부는 과도정부의 역할을 맡을 것임을 천명했다. 중국공산당의 팔로군이 지배한 화북지방에서는 조선독립동맹이 조직되어 산하에 조선의용군을 두었다. 1945년 7월 말 김일성, 최용건을 중심으로 만들어진 조선공작단은 일제 패망 이후를 대비하기 위한 조직이었다. 일제 말 국내에서 조직된 건국동맹은 1945년 8월 15일 아침, 조선총독부 정무총감에게 치안 등 건국사업을 자신들이 맡을 것임을 밝히고 건국준비위원회를 발족시켜 자주적으로 건국준비 활동에 들어갔다. 남북 각지에 조직된 건국준비위원회 지부 및 그 밖의 정치단체, 각종 치안대는 자기 지방의 치안을 맡으며 건국준비 활동을 전개했다.

# 1장
## 주

1 하세가와 요시미치(長谷川好道) 조선총독은 1919년 6월 사직하면서 조선은 우리 대륙 발전의 근거지이기 때문에 동화정책을 계속 견지해야 한다고 피력했다(최석영, 『일제의 동화이데올로기의 창출』, 서경, 1997, 42쪽).
2 1942년에 조선총독부 정무총감으로 취임했던 다나카 다케오(田中武雄)는 독립을 허락하지 않는다는 전제 아래 마지막까지 한국을 통치했다고 말하면서 그것을 '국시'로도 표현했다(조선총독부 고위 관리의 육성 증언, 『식민통치의 허상과 실상』, 정재정 역, 혜안, 2002, 176, 252쪽).
3 서유럽·미국은 인도나 필리핀 등이 언젠가 독립할 것이라고 생각했다. 인도 국민의회는 1929년 영국에 완전 독립을 제의했고, 1930년 1월 26일을 독립기념일로 선포했던바, 전국에서 수백만 명이 참여하여 기념식을 열었다. 1935년에 공포된 인도통치법에는 인도를 독립국으로 이끌어가는 방향이 뚜렷이 설정되어 있었다(조길태, 『인도사』, 민음사, 2000, 497~499, 519쪽). 필리핀의 경우 이미 1916년의 존스법안으로 입법상의 자치권을 부여했고, 장차 안정된 정권이 수립되면 독립을 부여한다고 약속했으며, 1934년 미국 의회를 통과한 타이딩스맥더피법에 의해 자치정부가 세워져 케존이 1935년 11월 초대 대통령에 취임했다(김홍철, 「1919년 전후 愛蘭·比·印의 민족운동」, 『3·1운동 50주년 紀念論集』, 동아일보사, 1969, 999쪽).
4 마크 피티, 『식민지』, 1996(淺野豊美 역, 讀賣新聞社, 1996, 162쪽) 참조.
5 같은 책, 1996, 248쪽.
6 베트남의 경우 1933년 사이공시의회 선거에서 인도차이나공산주의 등 연합세력은 두 사람을 당선시켰고, 그 이듬해 선거에서는 베트남인에게 할당된 6석 중 4석을 차지했다. 베트남에서는 두 차례 선거로 신문을 통해서나 공개적인 장소에서 공개적으로 제국주의를 공격하는 새로운 유형의 반식민지운동이 가능해졌다. 프랑스 총선에서 인민전선이 1936년에 승리한 이후에는 공산주의자들이 주도권을 쥐고 있었던 베트남 민족주의운동에 새 국면이 열렸다. 각종 신문과 팸플릿이 간행되었고, 인도차이나회의와 행동위원회가 조직되었다. 특히 북부지방은 공산주의자들의 독무대였다. 그렇지만 프랑스에서 1939년 8월 인민전선이 붕괴하자 공산주의자들은 탄압을 받았고, 1940년 6월 일본군이 들어옴으로써 암흑기를 맞았다(유인선, 『새로 쓴 베트남의 역사』, 이산, 2002, 350~353쪽).
7 주 1과 같음.
8 서울에서는 골목에서 세 사람만 모여서 얘기를 해도 잡아갔다(이희승, 「상투를 잘라 초립에 담고」, 『털어놓고 하는 말』, 뿌리깊은나무, 1978, 71쪽).
9 『동아일보』의 경우 창간 이래 10년간 3회 발행정지 처분을 받아 280여 일 신문이 나오지 못했고, 299회 압수와 발매·반포 금지되었으며, 이 밖에 경고·견책·기사삭제 등 유형무형의 압박을 셀 수 없이 받았다. 『조선일보』는 1920년에서 1929년 5월까지 318회의 압수 처분을 받았고, 4회 발행정지 처분을 받았으며, 1926년에 53회, 1927년에 55회에 이르는 압수·발매 금지 처분을 받았다(김규환, 『일제의 對韓 언론·선전정책』, 이우출판사, 1982, 166, 228, 234쪽).
10 김세정, 「판례를 통해 본 보안법과 制令 제7호」, 『비판』 1931년 5월호, 97쪽.
11 사공표, 「조선의 정세와 조선공산주의자의 임무」, 1928(박경식 편, 『조선문제자료총서』 7, 아시아문제연구소, 1983, 50쪽).
12 1922년 호구조사규정에 의하면 외근순사는 3개월에 1회 이상 호구조사를 하게 돼 있었는데, 그중 성

행(性行)·사상·당파 및 경력 등 6항목을 조사해야 했고, 요시찰인·유학생·신문 잡지 기자 및 통신원·정치 및 시사 논평자·과격 조폭(粗暴) 언동을 하는 자, 그 밖에 고등경찰상 주의해야 할 자 등 6종류의 사람들을 호구조사 때 특히 주의(注意) 사찰하게 했다(糟谷憲一,「조선총독부의 문화정치」,『근대일본과 식민지 2—제국통치의 구조』, 岩波書店, 1992, 132쪽).

13 鈴木武雄,「朝鮮統治의 性格과 實績」, 일본 大藏省管理局,『日本人의 海外活動에 關한 歷史的 調査』 11, 1947, 13쪽(韓國 高麗書店에서 1985년에 영인).
14 1919년 이전에는 총독이 육해군 지휘권을 가지고 있었다(糟谷憲一, 앞의 글, 126~129쪽).
15 細川嘉六,『植民史』, 理論社, 1972, 312~313쪽.
16 矢內原忠雄,『植民及植民政策』, 有斐閣, 1941, 331~332쪽; 조길태, 앞의 책, 495~499쪽. 필리핀·인도네시아·인도차이나의 입법의회 또는 자문의회 등에 대해서는 김홍철, 앞의 글, 999쪽; 김장환,「比律賓은 독립되는가」,『비판』, 1931년 5월호, 10~11쪽; 矢內原忠雄, 앞의 책, 339쪽; 벨,『蘭·佛印 植民司政』, 羽俁郁 譯, 伊藤書店, 1942; 板垣與一,『아시아의 민족주의와 경제발전』, 김영 역, 汎潮社, 1986, 25~27, 33~34쪽; 차석기,『식민지교육정책비교연구』, 集文堂, 1989, 296쪽; 고병익,「세계사적으로 본 일제의 식민통치」,『한민족독립운동사 5—일제의 식민통치』, 국사편찬위원회, 1989, 747~748쪽 참조. 프랑스는 코친차이나를 직할지로 직접통치했는데, 안남에는 황제가, 캄보디아와 라오스에는 왕이 있어 각기 궁정과 재래식 관리들이 프랑스 행정체계와 병립한 구조로서 일단 국가 자체가 없어지지 않는 형태를 취했다(고병익, 앞의 글, 747~748쪽).
17 중추원은 3·1운동 때까지 회의가 한 번도 소집된 적이 없었다(김운태, 1989,「조선총독부의 구조와 특질」,『한민족독립운동사 5—일제의 식민통치』, 1989, 112쪽). 중추원은 주로 관습이나 신앙에 관한 문제에 대해 자순(諮詢)을 받았고 중요한 사항은 그곳에 문의하지 않았다(A. J. 그라즈단제브,『한국현대사론』, 이기백 역, 一潮閣, 1973, 42, 248쪽).
18 矢內原忠雄,「朝鮮統治의 方針」, 李種植 編,『朝鮮統治問題論文集』, 1929, 118쪽.
19 일본 대장성 관리국, 앞의 책 3, 101~102쪽.
20 岡本眞希子,「總督政治와 政黨政治—二大政黨期의 總督人事와 總督府官制·豫算」,『朝鮮史研究會 論文集』 38, 綠陰書房, 2000, 48~52쪽.
21 1919년 개편 당시 헌병 8,179명, 경찰 6,322명으로 합계 1만 4,501명이었는데, 보통경찰로 개편된 같은 해 연말에는 경찰이 2만 648명이었다(金大商,『일제하 강제人力收奪史』, 正音社, 1975, 46쪽).
22 鈴木武雄, 앞의 글, 6쪽.
23 김운태, 앞의 글, 106~107쪽.
24 일본 대장성 관리국, 앞의 책 3, 126~127쪽.
25 糟谷憲一, 앞의 글, 128쪽.
26 김운태, 앞의 글, 1989, 107~108쪽.
27 분할통치정책에 대해서는 板垣與一, 앞의 책, 14~17쪽 참조.
28 강동진,『日本의 朝鮮支配政策史硏究』, 東京大學出版會, 1979, 395쪽.
29 강동진, 앞의 책; 박경식,『日本帝國主義의 朝鮮支配』 上, 靑木書店, 1973, 218~219쪽 참조.
30 강동진, 앞의 책, 321~327, 331~356, 366~403쪽.
31 富田晶子,「농촌진흥운동하의 중견인물의 양성」, 최원규 편,『일제말기 파시즘과 한국사회』, 청아출판사, 1988 참조.
32 矢內原忠雄, 앞의 글; 鈴木武雄, 앞의 글 등 참조.
33 矢內原忠雄, 앞의 책, 304쪽.
34 板垣與一, 앞의 책, 20쪽.

35 村上勝彥,「矢內原忠雄의 植民論과 植民政策」,『近代日本과 植民地 4―統合과 支配의 論理』, 岩波書店, 1993, 220쪽 참조.
36 板垣與一, 앞의 책, 20쪽.
37 고병익, 앞의 글, 752~753쪽.
38 조선총독부,『조선총독부시정연보』, 1912, 부록 20쪽 훈령.
39 糟谷憲一, 앞의 글, 124쪽에서 재인용.
40 일본 대장성 관리국, 앞의 책 3, 9쪽.
41 문필가 도쿠토미 소호(德富蘇峰)나 경성제국대학 총장 야마다 사부로(山田三良)의 글 참조(강동진,『일제언론계의 한국관』, 一志社, 1982, 161~163쪽; 이진희,「일제의 식민지통치와 일본학계」,『한민족독립운동사 5―일제의 식민통치』, 1989, 694~695쪽).
42 최석영, 앞의 책, 36쪽.
43 宮田節子,『조선민중과 '황민화'정책』, 李熒娘 역, 일조각, 1997, 165, 185쪽 참조.
44 糟谷憲一, 앞의 글, 125쪽.
45 宮田節子, 앞의 책, 176쪽.
46 고병익, 앞의 글, 754쪽; 宮田節子, 앞의 책, 184쪽 참조.
47 마크 피티, 앞의 책, 222쪽 참조.
48 일본 대장성 관리국, 앞의 책 3, 5~6, 104~105쪽.
49 한국인 고등관 및 고등관 대우자는 군수가 190명(일본인 26명), 중추원 70명으로 이들이 전체 한국인의 71.9%를 차지했다(糟谷憲一, 앞의 글, 129쪽). 한국인 칙임관은 일부 도지사 및 도(道)참여관이었는데, 한국인 도지사는 도내무부장이 견제 감시했고, 도참여관은 1920년대까지는 도장관의 자문에 응하는 이름뿐인 자리였다. 군수는 일본인 내무계 주임의 감시와 견제를 받았고, 지정면(指定面)이 있는 군은 일본인이 군수였다(이기동,「일제하의 한국인 관리들」,『신동아』, 1985년 3월호, 460쪽). 중추원 참의는 명예직이었다.
50 糟谷憲一, 앞의 글, 129쪽.
51 그라즈단제브, 앞의 책, 246, 254~266쪽.
52 조선총독부 고위 관리 육성증언, 앞의 책, 345쪽.
53 村上勝彥, 앞의 글, 226쪽.
54 宮田節子, 앞의 책, 77쪽.
55 프랑스인은 영국인과는 달리 유색인종과의 혼혈을 주저하지 않아 아프리카 흑인들이 자연스럽게 동화되도록 했다. 인도네시아에서는 유색인종에 대한 차별이 약했고 네덜란드인과 자바인이 결혼하여 낳은 아이에게는 완전한 네덜란드 공민권을 부여했으며 유럽인으로 분류했다(차석기, 앞의 책, 296, 303쪽).
56 宮田節子, 앞의 책, 206쪽에서 재인용.
57 고병익, 앞의 글, 752~755쪽.
58 宮田節子, 앞의 책, 177쪽.
59 마크 피티, 앞의 책, 142, 162, 169, 170, 177, 222쪽 참조.
60 矢內原忠雄, 앞의 책, 302~304쪽.
61 마크 피티, 앞의 책, 134쪽.
62 村上勝彥, 앞의 글, 219~220쪽.
63 강동진, 앞의 책, 144쪽.
64 矢內原忠雄, 앞의 글, 109~110쪽.

65 板垣與一, 앞의 책, 20~21쪽.
66 고병익, 앞의 글, 757~758쪽.
67 마크 피티, 앞의 책, 142쪽.
68 프랑스령 식민지에서는 문민정치가 이루어졌다(차석기, 앞의 책, 193쪽).
69 마크 피티, 앞의 책, 169쪽.
70 일본 대장성 관리국, 앞의 책 4, 30~31쪽. 프랑스는 안남인의 종교·관습·전통을 존중하고, 그들의 기질에 걸맞은 전통적 지방행정조직을 활용함으로써 현지인의 관습과 자주성을 파괴하는 동화정책의 폐해를 고치려고 노력했다(板垣與一, 앞의 책, 21쪽). 1924년 및 1936년에 인도차이나에서 현지어가 공용어로 정해지고부터는 현지어 시험에 합격하지 못한 프랑스인은 관리에 임명되거나 승진하지 못했다(차석기, 앞의 책, 184쪽).
71 최석영, 앞의 책, 187, 272, 283쪽.
72 경성제국대학 총장 야마다 사부로(山田三郎)는 1930년대 중반 경성제대에 '국사(國史)상 조선에 관한 사항을 조사하는 위원회'를 설치하고, 한국 중등학교 교원이 한일병합이 설명하기가 가장 어렵다고 호소하고 있는데, 그것을 설명하는 데는 먼저 한국이 한 번도 독립국가였던 사실이 없다는 것을 가르쳐야 한다고 주장했다(이진희, 앞의 글, 694~695쪽).
73 磯田一雄, 「황국의 모습을 좇아」, 『교과서로 본 식민지교육문화사』, 晧星社, 1999, 169~175쪽.
74 旗田巍, 『일본인의 한국관』, 이기동 역, 一潮閣, 1983, 171쪽.
75 김용섭, 「일본·한국에 있어서의 한국사서술」, 『역사학보』 31, 1966; 이기백, 『민족과 역사』, 일조각, 1974; 이기백, 『한국사학의 방향』, 일조각, 1978; 이만열, 『한국근대역사학의 이해』, 문학과지성사, 1981; 조동걸, 『한국민족주의의 발전과 독립운동사연구』, 지식산업사, 1993 등 참조.
76 강동진, 『일본의 조선지배정책사연구』 42쪽.
77 독립운동사편찬위원회 편, 『독립운동사자료집』 13, 고려서림, 1977, 359~393쪽.
78 같은 책, 610, 922~923쪽.
79 喜田貞吉, 「庚申(1920)鮮滿旅行日誌」, 『민족과 역사』 제6권 제1호, 259~260쪽.
80 『조선일보』 1931. 6. 5.
81 旗田巍, 앞의 책, 6쪽.
82 손인수, 『한국교육사』 2, 文音社, 1995, 629쪽.
83 磯田一雄, 「皇民化敎育과 植民地의 國史敎科書」, 『近代日本과 植民地―統合과 支配의 論理』 4, 岩波書店, 1993, 122쪽.
84 인도의 경우 1854년 교육법에서 고등교육기관에서는 영어를 강의 용어로 사용하게 했지만, 국민 대중에게는 현지어로 가르치게 했다(조길태, 앞의 책, 373쪽). 인도차이나에서 프랑스 총독은 1917년에 교수 용어로 프랑스어를 사용하는 것을 지방공공단체에서는 강요하지 않음으로써 현지어에 의한 교육이 자유롭게 이루어졌다. 1924년에 총독은 실제적인 이유에서 초등학교 3년간은 현지어로 교수해야 한다고 훈령을 내렸다(차석기, 앞의 책, 183~184쪽). 인도네시아의 경우 현지어를 사용하는 공립 보통학교가 네덜란드어를 사용하는 공립 보통학교보다 월등 많았다(같은 책, 296쪽).
85 『동아일보』 1920년 4월 13일자 사설, 「조선인의 교육용어를 일본어로 강제함을 폐지하라」.
86 한성고등학교에 다녔던 한글학자 이희승은 합병되면서 갑자기 일본어로 배우게 되어 성적이 나빠졌고, 그래서 선생한테 미움을 받아 얼마 후 자퇴했다고 회고했다(이희승, 앞의 글, 69~70쪽).
87 일본 대장성 관리국, 앞의 책 4, 42~43쪽.
88 같은 책, 42~43쪽.
89 유봉호, 『韓國敎育課程史硏究』, 敎學硏究社, 1992, 134~195, 274쪽.

90 정재철,『일제의 對한국식민지 교육정책사』, 일지사, 1985, 362쪽.
91 유봉호, 앞의 책, 174~175, 195쪽.
92 일본 대장성 관리국, 앞의 책 4, 42~43쪽.
93 그라즈단제브, 앞의 책, 270쪽
94 권태억,「1910년대 일제의 '조선'동화정책」, 서울대학교한국문화연구소 2002년 11월 1일 발표, 12쪽.
95 손인수, 앞의 책, 636쪽.
96 오천석,『韓國新敎育史』, 현대교육총서출판사, 1964, 282쪽.
97 정재철, 앞의 책, 126쪽.
98 그라즈단제브, 앞의 책, 270쪽.
99 森山茂德,「일본의 조선 통치 정책(1910~1945)의 정치사적 연구」,『法政理論』23-3·4, 1991, 72~73쪽.
100 권태억, 앞의 글, 9쪽.
101 정재철, 앞의 책, 326, 335~337쪽.
102 손인수, 앞의 책, 622쪽.
103 정재철, 앞의 책, 396~397, 459쪽.
104 그라즈단제브, 앞의 책, 268쪽.
105 한기언,「일제의 동화정책과 한민족의 교육적 저항」,『일제의 문화침탈사』, 民音社, 1982, 9~10, 18쪽; 손인수, 앞의 책, 632쪽.
106 일본 대장성 관리국, 앞의 책 4, 13쪽.
107 서중석,『한국현대민족운동연구』, 역사비평사, 1991, 78~79쪽.
108 정재철, 앞의 책, 133쪽.
109 중등과정(중학교, 고등보통학교, 여자고등보통학교) 학생 수는 한국인과 일본인이 1911년에 각각 830명, 864명, 1922년에 7,691명, 6,446명, 1938년에 2만 4,473명, 2만 10명, 1943년에 4만 4,448명, 2만 8,643명이었다(일본 대장성 관리국, 앞의 책 4, 39쪽). 재한 일본인은 1910년에 한국인의 1.3%, 1940년에 3.0%였다(서중석, 앞의 책, 79쪽).
110 조선총독부 정무총감이었던 다나카 다케오(田中武雄)는 "조선인이 조선 통치에서 가장 요망한 것 중 하나가 교육을 좀더 보급시켜달라, 교육보급이라고 하는 것은 조선인의 근본적인 요망이다. (……) 그것이 안 되면 아무것도 할 수 없다는 것은 이미 조선 인텔리 민족주의자들의 철저한 사고방식 (……) (일부 일본인은) 독립사상을 양성하게 되는 것이 아닌가 해서 경성제국대학을 창설할 때에도 심한 반대가 있었습니다"라고 회고했다(조선총독부 고위관리의 육성증언, 앞의 책, 152쪽).
111 오천석, 앞의 책, 261~262쪽.
112 같은 책, 261~262쪽; 정재철, 앞의 책, 350~351쪽.
113 정재철, 앞의 책, 350~351쪽;『동아일보』1920년 4월 21일자 사설,「조선교육에 대하여」, 독립운동사편찬위원회 편,『독립운동사자료집』12, 622쪽.
114 정재철, 앞의 책, 350~351쪽.
115 독립운동사편찬위원회 편,『독립운동사자료집』13, 422~423쪽.
116 조선총독부 중추원에서 1915년에 주도한『半島史』의 편찬 목적도 "민심 훈육(薰育)을 통하여 조선인을 충량한 제국신민으로 만들어 조선인 동화의 목적을 달성하기 위함"이었다(조동걸,「식민사학의 성립과 심화」,『한국독립운동사 5—일제의 식민통치』, 1989, 347쪽).
117 磯田一雄,「황민화교육과 식민지의 국사교과서」, 1993, 116쪽. 이 시기에는 고등보통학교, 여자고등보통학교에서도 한국의 역사지리를 가르치지 않았다(유봉호, 앞의 책, 136~142쪽).

118 '국사'란 명칭도 일본보다 한국에서 약간 빨리 사용했다(磯田一雄,「황국의 모습을 좇아」1999, 197~198쪽). 1922년 대만 초등학교 교육에 일본역사와 지리가 도입되었을 때 그 교과서는 조선총독부의 국사(곧 일본사)와 큰 차이가 있었다. 문제도 평이한 경어체였다(磯田一雄,「황민화교육과 식민지의 국사교과서」, 1993, 123쪽).

119 『동아일보』 1920년 4월 22일자 사설,「조선교육에 대하여」3; 1920년 7월 14일자. 사설,「보통학교는 무엇을 하는 것이냐」; 1921년 3월 3일자 사설,「역사교육에 대하여」(속) 등 참조(독립운동사편찬위원회 편, 『독립운동사자료집』12, 627, 653, 674~675쪽). 한국인 어린이에게는 정서에 영향력이 큰 한국 창가도 가르치지 않았다. 1922년에 전남 영암보통학교 학생들은 한국의 창가와 역사를 가르치지 않는 것에 항의하여 동맹휴학에 들어갔다(『동아일보』, 1922. 9. 20. 독립운동사편찬위원회 편, 『독립운동사자료집』12, 966쪽).

120 宮田節子, 앞의 책, 161쪽.

121 정재철, 앞의 책, 400쪽 참조. 일제 관학자 스즈키 다케오(鈴木武雄)는 대륙병참기지론은 내선일체론과 같은 것이며, 내선일체론이 특히 정신적 측면을 강조한 것이라고 한다면 대륙병참기지론은 특히 물적, 경제적 측면을 강조하는 것으로 해석할 수 있다고 설명했다(宮田節子, 앞의 책, 161쪽).

122 1936년 8월 신사 증설 방침을 세운 이후 1944년 5월 현재 주요 도시에 60여 개의 정규 신사(神社)가 건립되고, 939개소에 일반 경배의 신사(神祠)가 세워졌으며, 학교와 관공서 등에는 아마테라스 오오미카미를 모시는 구내 타이마뎅(大麻殿)을 설립케 하고 각 가정에는 카미다나(神棚)를 모셔놓고 조석으로 경배하게 했다(김대상, 『일제하 강제인력수탈사』, 正音社, 1975, 30쪽).

123 君島和彦,「조선에 있어서 전쟁동원체제의 전개과정」, 『일제말기 파시즘과 한국사회』, 청아출판사, 1988, 173~175쪽.

124 국민총력조선연맹의 지방조직은 지방행정과 표리일체를 이루었다. 회사, 은행, 공장, 광산, 큰 상점, 그 밖에 관공서와 학교 등에 빠짐없이 국민총력직역연맹이 만들어졌고, 도의 앙양, 황민 연성(鍊成), 결전 생활 확립, 필승 생산력의 확충(공출, 식량증산, 상공광업봉사대 결성, 농촌 중견 청년으로 농보農報청년대 조직), 징병제도 실시의 준비, 총후봉공(銃後奉公) 맹세 등의 활동을 했다(일본 대장성 관리국, 앞의 책 3, 118~122쪽). 1945년 6월 조선총독부와 제17방면군사령부는 의용(義勇)병역법에 의거하여 국민총력조선연맹을 폐지하고 15~60세의 남자, 17~40세의 여자로서 국민의용대를 조직하여 '국민항전'을 꾀했다(정하명,「일제의 군사정책」, 『한민족독립운동사 5—일제의 식민통치』, 1989, 170~172쪽).

125 조선총독부 고위 관리 육성증언, 앞의 책, 276쪽(조선총독부 총무국 문서과장 山名酒喜夫 증언).

126 연극배우 백성희는 무대 맨 앞자리에는 일본도를 찬 순사들이 앉아 검열을 하여 빼라고 한 부분이 들어가면 상연을 중지시켰는데, 나중에는 숫제 우리말로 연극을 못 하게 했다고 회고했다(백성희,「국립극장의 귀신이 되려나」, 『털어놓고 하는 말』, 1978, 138~139쪽). 이화여전 학생들도 부민관에서 졸업반 연극을 일본어로 해야 했다(이희승,「불우한 시절의 우정」, 『나의 交友錄』, 중앙일보 동양방송, 1977, 250쪽).

127 일본 대장성 관리국, 앞의 책 4, 48~49쪽.

128 정재철, 앞의 책, 132쪽.

129 일제 말에는 한국인 가정에서도 일본어 상용을 강요했지만 제대로 되지 않았다. 어린이들은 학교와 가정에서 다른 언어를 사용하는 이중의 세계에 살고 있었다.

130 細川嘉六, 앞의 책, 330쪽.

131 조선총독부 경무국 보안과, 『高等外事月報』, 제2호(1939년 8월분), 1939, 86쪽.

132 海野福壽,「조선의 노무동원」, 『근대일본과 식민지 5—팽창하는 帝國의 人流』, 岩波書店, 1993, 104

~109쪽.

133 한국인은 위험한 갱내 작업에 많이 배정되어 한 통계에는 부상자가 일본인보다 3.6배 많은 것으로 집계돼 있다(이균영, 「일제종말기(1937~1945)의 병참기지정책」, 『한민족독립운동사 5-일제의 식민통치』, 1989, 148~149쪽).

134 강경구, 「전시하 일제의 농촌노동력 수탈정책」, 『일제말기 파시즘과 한국사회』, 청아출판사, 1988, 88쪽. 일본에 끌려간 노동자의 숫자에 대한 자료의 차이에 대해서는 박경식, 『일본제국주의의 조선지배』 하, 青木書店, 1973, 33쪽; 海野福壽, 앞의 글, 108~122쪽 참조. 일제 말 한국인은 유대인을 제외하면 인력 국외유출 비율이 세계에서 가장 높은 민족에 속했다.

135 제1차 세계대전에 84만 5,000명의 프랑스 식민지 출신 병사가 연합군의 일원으로 참전했다. 1934년 프랑스 군대의 3분의 2는 식민지 출신 병사였다. 이들 병사들은 프랑스에 충성을 다했고, 연합군의 참전 대의에 동조했다(차석기, 앞의 책, 193쪽).

136 1945년 3월 일제 내무성의 한 극비문서에는 대동아공영권에서 대륙을 향한 교두보인 조선의 지리적 위치, 그리고 원료공급지로서의 경제적 역할도 중요하지만, 근간은 풍부하고도 증식력이 큰 인구라고 쓰여 있다(宮田節子, 앞의 책, 183쪽). 1945년이어서 더욱 인력의 중요성을 생각했을 것이다.

137 宮田節子, 앞의 책, 164쪽.
138 조선총독부 고위 관리 육성증언, 앞의 책, 284쪽(山名酒喜夫 증언).
139 宮田節子, 앞의 책, 130, 164쪽.
140 같은 책, 133~134쪽.
141 같은 책, 38쪽.
142 박경식, 「태평양전쟁기 한국인 강제연행」, 『일제말기 파시즘과 한국사회』, 청아출판사, 1988, 65쪽.
143 宮田節子, 「조선에서의 지원병제도의 전개와 그 의의」, 『조선역사논집』 하, 龍溪書舍, 1979, 421~432쪽.
144 이상우, 「건군 40년, 한국의 군부」 상, 『신동아』 1988년 10월호, 355쪽.
145 박경식, 앞의 책, 하, 27쪽.
146 조선총독부 고위 관리 육성증언, 앞의 책, 199쪽(田中武雄 증언).
147 박경식, 앞의 글, 65쪽. 전체 인원은 자료에 따라 근소한 차이가 있다(이상우, 앞의 글, 355쪽 참조).
148 일본 대장성 관리국, 앞의 책 4, 23~25쪽.
149 조선총독부 고위 관리의 육성증언, 앞의 책, 151, 214쪽(田中武雄 및 조선총독부학무국 학무과장 本多武夫 증언).
150 일본 대장성 관리국, 앞의 책 4, 46쪽.
151 宮田節子, 앞의 책, 140, 145쪽.
152 조선총독부 고위 관리의 육성증언, 앞의 책, 154~155, 229, 235쪽(田中武雄 등 증언). 1945년 4월 중의원의원선거법 중 개정법률 및 귀족원령 중 개정이 공포되어 귀족원 의원으로는 윤치호 등 7명(대만인 3명)이 칙임되었고, 중의원 의원은 제한선거로 처리지게 되어 있었는데, 한국인 23명, 대만인 5명을 배정하였다(같은 책, 222쪽).
153 磯田一雄, 「皇國의 모습을 좇아」, 208쪽.
154 유봉호, 앞의 책, 212쪽.
155 磯田一雄, 앞의 글, 203~208, 222~223, 234~236쪽.
156 김철, 「식민지시기의 인구와 경제」, 『일제말기 파시즘과 한국사회』, 청아출판사, 1988, 118쪽.
157 신주백, 『만주지역 한인의 민족운동사(1920~45)』, 아세아문화사, 1999, 28~29쪽.
158 윤병석, 「연해주 한인사회와 한국민족운동」, 『국외한인사회와 민족운동』, 일조각, 1990, 173~174쪽.

159 김준엽·김창순, 『한국공산주의운동사』 1, 고려대학교출판부, 1967, 30~31쪽.
160 반병률, 『誠齋 李東輝일대기』, 범우사, 1998, 138~140쪽.
161 조동걸, 「대한광복회의 결성과 그 선행조직」, 『한국민족주의의 성립과 독립운동사연구』, 지식산업사, 1989, 269~277쪽; 「대한광복연구」, 『한국민족주의의 성립과 독립운동사연구』, 1989 참조
162 서중석, 『신흥무관학교와 망명자들』, 역사비평사, 2001 참조
163 조동걸, 「임시정부 수립을 위한 1917년의 대동단결선언」, 『한국민족주의의 성립과 독립운동사연구』, 1989, 316~319쪽.
164 조선주차헌병대사령부, 「재외조선인경영 각 학교 서당 일람표」(1916년 12월 조사), 『현대사자료』 27, 미스주書房, 1970, 161~163쪽.
165 서중석, 앞의 책, 128~129쪽.
166 일본 대장성 관리국, 앞의 책 4, 35~39쪽.
167 조동걸은 ① 전통적 척사유림의 경력이 있으면서, ② 사상이 일변하여 자주적 민족주의 사상의 정립을 모색하고, ③ 봉건주의·복벽주의를 극복한 근대국가의 이념을 가지면서도, ④ 유가의 생활윤리를 고수한 유림을 혁신유림으로 규정했다(조동걸, 「대한광복회연구」, 1989, 302~313쪽).
168 같은 글 등 참조.
169 같은 글, 304쪽.
170 서중석, 앞의 책, 261~272쪽.
171 님 웨일즈, 『아리랑』, 조우화 역, 동녘, 1984, 113쪽.
172 박은식, 『한국독립운동지혈사』, 서울신문사출판국, 1946, 77~96쪽.
173 국사편찬위원회 편, 『한국독립운동사』 2, 국사편찬위원회, 1968, 194~196쪽.
174 이윤상, 「평안도지방의 3·1운동」, 『3·1민족해방운동연구』, 청년사, 1989, 298쪽.
175 신용하, 「3·1독립운동의 사회사」, 『한국민족독립운동사연구』, 을유문화사, 1985, 331쪽.
176 정연태·이지원·이윤상, 「3·1운동의 전개양상과 참가계층」, 『3·1민족해방운동연구』, 1989, 238쪽.
177 신용하, 앞의 글, 332쪽.
178 조동걸, 「의병전쟁과 3·1운동의 관계」, 『한국민족주의의 성립과 독립운동사연구』, 1989; 「3·1운동의 지방사적 성격」, 『한국민족주의의 성립과 독립운동사연구』, 1989, 430쪽 참조
179 신용하, 앞의 글; 정연태·이지원·이윤상, 앞의 글.
180 정연태·이지원·이윤상, 앞의 글, 241, 248쪽.
181 조동걸, 「3·1운동의 지방사적 성격」, 1989, 424쪽.
182 박찬승, 「3·1운동의 사상적 기반」, 『3·1민족해방운동연구』, 1989, 413쪽.
183 이윤상, 앞의 글, 299쪽.
184 조동걸, 「3·1운동의 이념과 사상」, 『한국민족주의의 성립과 독립운동사연구』, 1989, 400~401쪽.
185 정연태, 「경남지방의 3·1운동」, 『3·1민족해방운동연구』, 1989, 382쪽 참조.
186 「대한독립선언서」 전문은 『신동아』 1972년 1월호 별책부록 『한국현대명논설집』 12~13쪽 참조.
187 김형목, 「1920년대 전반기 경기도 야학운동의 실태와 기능」, 『한국독립운동사연구』 13, 1989, 105~111쪽. 이 글에서는 3·1운동 이후 야학이 6만여 개 이상이 설립, 운영되어 야학운동의 '전성시대'를 맞았다고 기술했다(같은 글, 102쪽).
188 반병률, 「대한국민의회와 상해임시정부의 통합정부수립운동」, 『한국민족운동사연구』 1, 1986 참조.
189 윤대원, 「대한민국임시정부의 조직운영과 독립방략의 분화(1919~1930)」, 서울대 국사학과 박사학위논문, 1999, 74~91쪽.
190 서중석, 『한국현대민족운동연구』 2, 역사비평사, 1996, 30~33쪽.

191 김승학 편저, 『韓國獨立史』, 독립문화사, 1965, 328, 332쪽.
192 윤병석, 「연해주독립군과 국내 진입작전」, 『재발굴 한국독립운동사』, 한국일보사출판국, 1987, 173~175쪽.
193 봉오동전투에서 일본군을 얼마나 사살했는가는 자료에 따라 다르다. 상해임시정부 군무부(軍務部)에서는 157명 사살로, 중국 신문인 『上海新聞』에서는 일본군 전사자 150명, 북간도 국민회 통고문에는 적의 대대장, 중대장, 준사관 각 1명, 병졸 49명 즉사 등으로 되어 있고, 일본군 전투보고에는 아군 전사 병졸 1명, 적군(독립군) 33명으로 되어 있다(윤병석, 「독립군의 봉오동승첩」, 『국외 한인사회와 민족운동』, 일조각, 1990, 58~62쪽). 중국 연변대학 교수 김춘선은 약 150명의 일본군을 살상한 것으로 추정했다(김춘선, 「발로 쓴 청산리전쟁의 역사적 진실」, 『역사비평』, 2000년 가을호 263쪽).
194 신용하, 「홍범도의 대한독립군의 항일무장투쟁」, 『한국근대민족운동사연구』, 일조각, 1988, 302~306쪽; 윤병석, 「봉오동 승첩」, 『獨立軍史』, 지식산업사, 1990, 141~157쪽.
195 박창욱, 「혼춘사건과 '장강호' 마적단」, 『역사비평』 2000년 여름호.
196 신용하, 「독립군의 봉오동전투와 청산리독립전쟁」, 『한국근대민족운동사연구』, 1988, 262~291쪽; 윤병석, 「청산리대첩」, 『독립군사』, 1990, 165~194쪽. 청산리전쟁에서의 일군 사살에 대해 상해임시정부 군무부는 연대장 1인 포함 1,254명으로, 중국 신문인 『遼東日日新聞』은 2,000명으로, 이 전쟁에 참여했던 이범석은 약 3,300명으로 기술했으며, 일본군 측은 백운평전투 전사자 4명, 어랑골전투 1명, 고동하곡전투 피해 없음 등으로 기록했다. 윤병석은 전과는 자그만치 1,000명 이상 단위였다고 평가했다(윤병석, 「독립군의 청산리대첩의 의의」, 『국외한인사회와 민족운동』, 1990, 93~96쪽). 김춘선은 목격자 증언 등을 참고하여 백운평전투 일본군 100여 명 소멸, 완루구전투 일본군 약 400여 명 섬멸, 어랑촌전투 일본군 약 500여 명 소멸 등으로 추정했다(김춘선, 앞의 글, 271, 275, 277쪽).
197 경신년 대학살에서 학살당한 한국인 수는 자료에 따라 차이가 적지 않다. 『독립신문』 87호(1920년 12월 18일자)에는 임시정부 간도통신원이 쓴 10월 9일부터 11월 30일까지의 참상이 실려 있다. 이 보고에 따르면 확인된 피학살자가 혼춘현 249명, 왕청현 336명, 화룡현 613명, 연길 428명, 완루구 451명(이상 북간도), 유하현 삼원포 43명, 홍경현(興京縣) 왕청문(旺清門) 305명, 관전현(寬甸縣) 495명, 철령(鐵嶺) 및 관전 사이 지역 주민 피살 480명 등으로 되어 있으며, 미상(未詳)으로 나와 있는 지역이 많다. 『독립신문』 92호(1921년 1월 27일자)에는 간도 참상 후보(後報)가 실려 있다. 박은식의 『한국독립운동지혈사』에는 1920년 10월 5일부터 11월 23일까지 조사한 것이 실려 있는데, 훈춘현 242명, 연길현 1,124명, 화룡현 572명, 왕청현 나자구 대전자 870명, 서대포(西大浦) 등 그 밖의 왕청현 각지 307명, 영안현(寧安縣) 해림(海林) 17명, 홍경현 왕청문 305명, 유하현 13명, 관전현 및 부근 480명 등으로 나와 있다(209~216쪽). 중국 신문인 『吉長日報』 1920년 11월 7일자에는 3주 사이에 연변 일대에서 조선인이 2,000여 명 살해되었다고 기록되어 있으며, 일제 측 자료에는 아즈마(東)지대에 의해 222명이 사살되는 등 494명이 '토벌'에 의해 사살된 것으로 나와 있다(김춘선, 「경신참변연구」, 『한국사연구』 111, 2000, 152~168쪽 참조).
198 서중석, 『신흥무관학교와 망명자들』, 2001, 205~212쪽.
199 윤병석, 「1920년대 만주에서의 민족운동과 군정부」, 『국외 한인사회와 민족운동』, 일조각, 1990, 141~145쪽.
200 1926년 1월에 개교한 황포군관학교 4기에 의열단 핵심 단원 약 15명(4기 전체 한적韓籍 학생 24명), 3월에 입교가 시작된 5기에 의열단원 약 80명(한인 전체 입교생 100여 명)이 있었다(김영범, 『한국근대민족운동과 의열단』, 창작과비평사, 1997, 161~162쪽).

201 서중석, 『한국현대민족운동연구』, 역사비평사, 1991, 98~100쪽.
202 서중석, 「일제시기 사회주의자들의 민족관과 계급관」, 『한국근현대의 민족문제연구』, 지식산업사, 1989, 36~37쪽.
203 조선총독부 고등법원 검사국 사상부 편, 『조선사상운동조사자료』 1, 1932, 6쪽; 梶村秀樹·강덕상 편, 『현대사자료』 29, 미스즈書房, 1972, 42~43쪽.
204 장석흥, 「조선학생과학연구회의 초기 조직과 6·10만세운동」, 『한국독립운동사연구』 8, 1994, 222쪽.
205 梶村秀樹·강덕상 편, 앞의 책, 29, 425쪽.
206 독립운동사편찬위원회 편, 『독립운동사자료집』 13, 1977, 167~231쪽; 윤석수, 「조선공산당과 6·10항일시위운동」, 『역사비평』 1989년 봄호, 114~116쪽.
207 장석흥, 「6·10만세운동의 격문과 이념」, 『한국독립운동사연구』 12, 1998, 160~161쪽.
208 조선총독부 고등법원 검사국 사상부 편, 앞의 책, 1, 52~53쪽.
209 梶村秀樹, 「신간회연구를 위한 노트」, 『신간회연구』, 동녘, 1983; 水野直樹, 「신간회 東京지회의 활동에 대하여」, 『신간회연구』, 1983.
210 이균영, 『신간회연구』, 역사비평사, 1993, 208~212쪽.
211 윤병석, 「1920년대 만주에서의 민족운동과 군정부」, 『국외 한인사회와 민족운동』, 1990, 153~161쪽; 신주백, 『만주지역 한인의 민족운동사(1920~45)』, 아세아문화사, 1999, 160~180쪽.
212 박경식, 『일본제국주의의 조선지배』, 청아출판사, 1986, 312쪽.
213 김정화, 「1920년대 중반 이후 학생운동 연구」, 『한국독립운동사연구』 13, 1999, 156쪽.
214 강재언, 「광주항일학생사건자료해설」, 『광주항일학생사건자료』, 風媒社, 1979, 30~36쪽; 김정화, 앞의 글, 160~162쪽.
215 梶村秀樹·강덕상 편, 『현대사자료』 29, 1972, 384쪽. 이 구호는 한국어로 되어 있는 것을 일본어로 옮긴 것을 다시 번역한 것이기 때문에 표현상 차이가 있을 수 있다.
216 의열단 강령이 나온 시기와 관련해서 가지무라 히데키(梶村秀樹)는 1928~1930년 사이에 작성된 것으로 보았고(梶村秀樹, 『조선사의 構組와 사상』, 硏文出版, 1982, 226쪽), 염인호는 1928년 10월 의열단 제3차 전국대표대회에서 발표한 것으로 기술했으며(염인호, 『김원봉연구』, 창작과비평사, 1993, 124쪽), 김영범은 1926년으로 추정했다(김영범, 앞의 책, 191~192쪽). 의열단의 강령은 박태원의 저서(박태원, 『若山과 의열단』, 白楊堂, 1947) 외에도 여러 곳에 실려 있으나, 이 글에서는 박태원의 저서를 대본으로 했다. 의열단 강령이 수록된 자료집 또는 저서에 따라 표현이 어떻게 차이가 있는가는 김영범, 앞의 책, 192~193쪽 참조.
217 『불꽃』제7호에 실려 있는 '조선공산당선언'은 『역사비평』 1992년 겨울호에 수록되어 있다. 이 글에서는 이것을 참조했다.
218 염인호, 앞의 책, 124쪽; 김영범, 앞의 책, 193쪽.
219 조선총독부 고등법원 검사국 사상부 편, 『사상휘보』 4, 1935, 146쪽; 『사상정세시찰보고집』 2, 1936.(1976년에 일본 교토 사회문제자료연구회 편집, 동양문화사 발행, 서울 고려도서무역 영인). 188~189쪽; 『사상정세시찰보고집』 7, 1936, 32쪽.
220 박태원, 앞의 책, 29~31쪽; 『역사비평』 1992년 가을호, 353~354쪽 참조. 김영범이 의열단 강령과 『불꽃』 제7호에 실린 공산당의 강령을 비교한 것에 대해서는 김영범, 앞의 책, 195~200쪽 참조
221 정의부의 다수파가 중심이 된 협의회 측에 의해 조직된 국민부의 강령도 "3. 노동자·농민의 소비에트정부를 건설하자"를 제외하면 의열단 강령과 비슷하다. 1929년 9월 국민부 제1회 중앙의회에서 채택된 '조선政勢에 대한 결정서'의 강령은 다음과 같다.
1. 일본제국주의를 근본적으로 박멸하고 조선의 독립을 완성하자.

2. 전 민족의 혁명 역량을 총집중하여 민족유일당을 급속하게 완성하자.
3. 노동자·농민의 소비에트정부를 건설하자.
4. 공장·철도·광산 등의 대생산기관을 몰수하고 국유로 하자.
5. 대지주의 토지를 몰수하고 농민에게 무상대여하자.
6. 부녀의 정치적·경제적·사회적 지위를 평등하게 하자.
7. 국가의 경영에 의한 의무교육제를 실시하자.
8. 일체 잡세를 폐지하고 단일누진세를 설치하자.
9. 자치운동을 박멸하자.
10. 세계 피압박민족과 견고하게 단결하여 공동투쟁을 전개하자.
(이상 신주백, 앞의 책, 209쪽에서 재인용)

222 이정식, 『한국민족주의의 운동사』, 미래사, 1982, 236~240쪽.
223 강만길, 『조선민족혁명당과 통일전선』, 和平社, 1991, 46~47쪽; 김영범, 앞의 책, 358~361쪽 참조.
224 신한독립당은 만주에 있었던 한국독립당과 한국혁명당 등에 의해 1934년 2월 창립되었다(김영범, 앞의 책, 371쪽 참조).
225 강만길, 앞의 책, 82쪽.
226 노경채, 『한국독립당연구』, 신서원, 1996, 83쪽.
227 김영범, 앞의 책, 393쪽 참조. 그러나 강만길, 앞의 책, 365쪽에는 제2항의 '진정한 민주국'이 '민주집권의 정권'으로 되어 있다.
228 노경채, 앞의 책, 87쪽.
229 앞절 말미에서 국민부의 강령이 의열단 강령과 유사한 부분이 많다는 점을 지적했지만, 민혁당의 당의와 당강은 국민부를 지도하고 혁명 임무를 수행하게 되어 있는 조선혁명당의 당의, 당강과 표현만 다르고 거의 똑같다(조선혁명당의 당의와 당강은 신주백, 앞의 책, 209~210쪽 참조). 조선혁명당 당의와 당강을 적어놓은 일제 관헌 자료가 만주의 조선혁명당의 것이라면, 민혁당이 조선혁명당의 것을 수용한 것이 아니고, 조선혁명당이 민혁당의 것을 수용했다고 판단된다. 민혁당의 당의와 당강은 한독당과 의열단의 합작품이기 때문이다.
230 통신 전문은 조선총독부 고등법원 검사국 사상부 편, 『사상휘보』 20, 1939년 9월호, 244~251쪽 참조.
231 한상도, 「김구의 중국육군군관학교 한인특별반 운영과 청년투사 양성」, 『백범과 민족운동연구』 1, 백범학술원, 2003, 114~120쪽.
232 염인호, 『조선의용군의 독립운동』, 나남출판, 2001, 70~74쪽.
233 염인호, 『김원봉연구』, 1993, 221~223쪽.
234 장세윤, 「재만 조선혁명당의 민족해방운동연구」, 성균관대 사학과 박사학위논문, 1996, 198~208쪽.
235 같은 글, 216쪽; 신주백, 앞의 책, 416쪽.
236 이 두 문건은 조선총독부 고등법원 검사국 사상부 편, 앞의 책 14, 60~64쪽에 수록돼 있다.
237 이종석, 「북한지도집단의 항일무장투쟁의 '역사적 경험'에 대한 연구」, 성균관대 정치외교학과 석사학위논문, 1988, 111~112쪽.
238 와다 하루키, 『김일성과 만주항일전쟁』, 이종석 역, 창작과비평사, 1992, 156~163쪽.
239 이종석, 앞의 글, 117~124쪽.
240 김경일, 『이재유연구』, 창작과비평사, 1993 참조.
241 서중석, 『한국현대민족운동연구』, 1991, 152~157쪽.
242 조동걸, 「한국근대학생운동조직의 성격변화」, 『한국민족주의의 발전과 독립운동사연구』, 지식산업사, 1993, 261~263쪽. 1930년대 후반 1940년대 초 민족주의 성향이 강한 학생들의 비밀단체 목

록은 조동걸, 위의 글, 264~271쪽; 변은진, 「일제전시파시즘기(1937~45) 조선민중의 현실인식과 저항」, 고려대학교 사학과 박사학위논문, 1999, 344~352쪽 참조.
243 김영범, 「중경임시정부하 1942년의 군사통일」, 『백범과 민족운동연구』, 2003, 176쪽.
244 삼균학회 편, 『소앙선생문집』 상, 횃불사, 1979, 148~153쪽.
245 한시준, 「백범 김구와 중경임시정부」, 『백범과 민족운동연구』, 2003, 146~148쪽.
246 같은 글, 152~161쪽.
247 송남헌, 『해방3년사』, 까치, 1985, 241~243쪽.
248 스즈키 마사유키, 「잊혀진 공산주의자들」, 『항전별곡』, 거름, 1986, 79쪽.
249 염인호, 『조선의용군의 독립운동』, 2001, 제3장 이하 참조.
250 빨치산 관계자는 마에다 중대가 단 한 사람만 살았다고 증언했고, 마에다 측에서는 경찰대 145명 중 살아남은 자가 20여 명이라고 기술했다(와다 하루키, 앞의 책, 224~233쪽).
251 신주백, 앞의 책, 432쪽.
252 조선공작단 간부에 대해 교도려장 주보중(周保中)은 김일성이 군사정치 책임, 최용건이 당의 영도 책임을 맡았다고 기술했고, 와다 하루키는 단장 김일성, 당위원회 서기 최용건으로, 신주백은 서기 최용건, 위원 김일성 등으로 기술했다(와다 하루키, 앞의 책, 284쪽; 신주백, 앞의 책, 490쪽). 김일성이 조선공작단 영도 책임을 맡았을 것이다.
253 서중석, 앞의 책, 150~152쪽.
254 이만규, 『여운형투쟁사』, 叢文閣, 1946, 168~191쪽; 정병준, 『몽양 여운형 평전』, 한울, 1995, 75~115쪽.
255 森田芳夫, 『조선종전의 기록』, 巖南堂書店, 1964, 80~81쪽.
256 U. S. Army, History of the United States Armed Forces in Korea 1(돌베개, 1988 영인), p.429 참조.

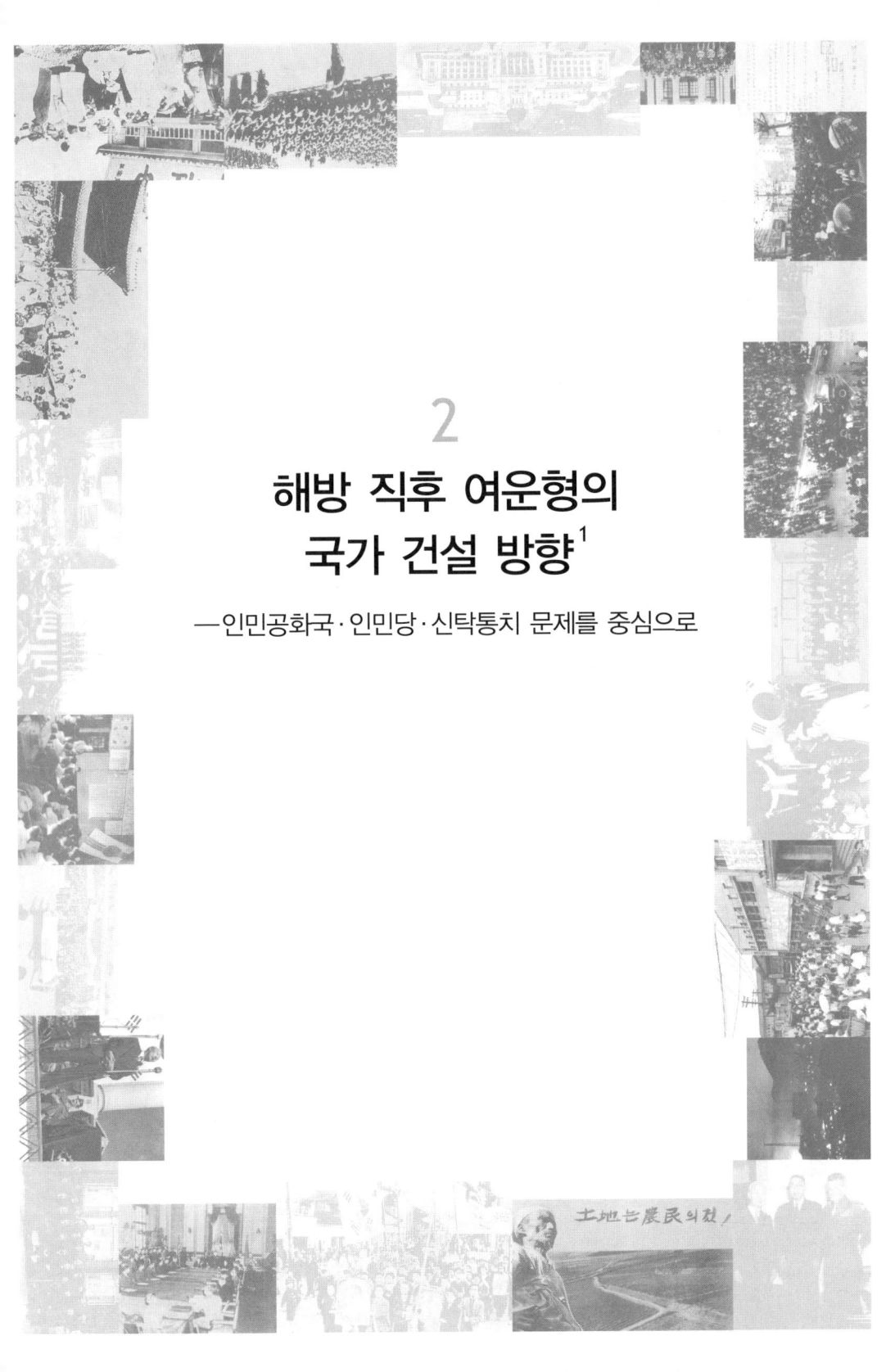

# 2
# 해방 직후 여운형의 국가 건설 방향[1]

―인민공화국·인민당·신탁통치 문제를 중심으로

## 1  들어가며

한국인은 일제가 패망한 바로 그 시각부터 여운형의 건국준비위원회(이하 건준)를 중심으로 민족국가 건설 활동을 펼쳐나갔다. 그리하여 능동적이고 자주적으로 새 국가를 건설할 수 있는 능력을 세계에 보여주었다.

한국인의 민족해방운동은 국외에서 끊임없이 전개되었으나 일제가 패망했을 때 국외 독립운동세력은 한반도에서 너무나 멀리 떨어져 있었다. 이 때문에 해방과 함께 즉각적으로 우리 스스로 치안을 맡고 민족국가를 건설하는 활동은 국내 독립운동세력이 하지 않으면 안 되었다. 일제 패망 직전 국내에서 활동한 대표적인 독립운동단체는 여운형이 조직한 건국동맹이었다. 여운형은 건국동맹을 모체로 하여 1945년 8월 15일부터 건국준비에 나섰다.

여운형·건준 중심으로 이끌어온 38선 이남의 남한 정국은 8월 말, 9월 초 미군 상륙설이 유포되면서 급격한 변화를 맞게 되었다. 지주·부르주아 세력을 대표하는 동아일보계의 송진우 등이 중국 중경에 있는 대한민국임시정부를 봉대(이하에서는 봉대라는 말이 너무 위압적이므로 추대로 쓸 것임)하는 운동을 벌였고, 건준 부위원장 안재홍도 여기에 가세하여 우익은 중경 임시정부 추대운동을 펼쳤다. 반면에 여운형과 박헌영 중심의 재건파 공산당은 조선인민공화국(이하 인공으로 줄임)을 조직하여 좌익은 인공 지지 활동을 벌였다.

이 논문은 9월 6일 인공이 발족되어 1946년 2월 민주주의민족전선(이하 민전으로 줄임)이 조직됨으로써 사실상 인공이 해체되기까지의 시기에 여운형이 구상했고 실행했던 국가 건설의 방향을 여운형노선과 인공 성립과의 관계, 여운형과 인공과의 갈등관계, 인민당 발당 시 여운형의 국가 건설 방향 및 여운형의 신탁통치 문제에 대한 입장을 중심으로 고찰하였다(신탁통치 문제는 좌우합작운동과 결부해 그 이후까지 살펴보았다). 이것은 이 시기 여운형노선과 조선공산당(이하 조공으로 줄임)노선의 차이를 여운형을 중심으로 고찰한 연구이기도 하다.

인공에 대한 연구는 최상룡, 김남식, 브루스 커밍스(Bruce Cumings)의 연구에[2] 이어 여러 형태의 연구가 적지 않지만, 여운형과 인공과의 관계는 일반적인 서술에 머물러 있고, 양자의 갈등관계에 대해서는 거의 주목하지 않았다. 필자는 박사학위논문을 출판한 저서 『한국 현대 민족운동 연구』(역사비평사, 1991)에서 여운형노선과 조공노선의 갈등이 민족국가 건설에 심대한 영향을 미쳤다고 주장하면서 양자의 차이와 대립을 기술했지만, 여운형과 조공이 중심인 인공의 관계에 대해서는 정부부서의 발표와 인민당 발당 과정을 서술하면서 언급했을 뿐이다.

인공 조직과 건준 해체에 대해서는 건준 내부에서도 반발이 있었고,[3] 인공에 대해 한민당 등 우익은 물론이고, 장안파 공산당도 강도 높게 비판했다.[4] 여운형은 인공이 결성된 이후부터 들을 소리 못 들을 소리를 다 들었고, 인공 결성에서 과오가 있다는 지적은 이미 그 당시부터 있었다.[5] 여운형의 동생 여운홍은 인공 결성이 여운형의 정치역정 중 가장 큰 실책이라고 지적했고,[6] 이동화는 공산주의자들의 책략으로 인공이 많은 물의를 일으켰다고 주장했다.[7] 그렇지만 이 논문에서는 여운형노선과 인공 성립과의 관계, 여운형과 인공과의 갈등관계를 서술하는 데 초점을 맞추었다.

인민당에 관해서도 심지연과 정병준의 저서[8]를 포함해 꽤 많은 연구가 있으나 대개 인민당이 표방한 바를 분석하는 수준에 머물렀다. 이 논문에서는 인공 문제와 관련해서 인민당 발당을 살펴보고, 이 시기 여운형이 인공 지지파와 중경 임정 추대파의 대립·갈등에 대해 어떠한 대안을 가지고 있었는지를 함께 살펴볼 것이다. 또한 인민당 발당 시 여운형의 국가 건설 방향이 어떠하였으며, 왜 그러한 국가 건설이 당시의 '현 단계'가 요구하는 바라고 생각했는지를 그의 대중관과 연결지어 고찰하려고 한다. 이 부분은 대부분의 연구자가 그다지 관심을 많이 기울이지 않았다.

신탁통치 문제는 미소공동위원회(이하 미소공위로 줄임)의 임시정부 수립 사업을 좌절시켜 분단으로 치닫게 하는 데 핵심 요인이 될 만큼 중요한 사안인데도 불구하고, 놀랍게도 여운형 측근이 여운형의 생애를 기술한 저서에서 그가 이 문제에 어떠한 태도를 보였는지에 대해 언급하는 것을 회피하였다. 이만규의 『여운형투쟁사』는 1946년 5월에 출판되었으므로 의향만 있었으면 약간이나마 언급할 수 있었다. 여운홍의 『몽양 여운형』은 여운형이 사거하기까지를 쓰고 있으면서도 이 문제는 거의 언급하고 있지 않다. 이동화의 「8·15를 전후한 여운형의 정치활동」도 비슷하다. 이기형의 『여운형』(창작사, 1988)도 여운형이 신탁통치에 대해 직접 무어라고 말했는지는 별반 언급하고 있지 않다. 이 점은 일부 연구는 그렇지 않지만 적지 않은 연구자들한테서도 나타난다. 모스크바 삼상회의(이하 삼상회의로 줄임) 결정과정과 그것의 의미, 우익과 좌익의 신탁통치 문제에 대한 태도는 많은 연구자들이 설명하고 분석했지만, 신탁통치에 대한 여운형의 입장은 대부분 자세하게 다루지 않았다.

신탁통치 문제에 대한 여운형의 입장이 치밀하게 검토되지 않은 이유는 사료 때문은 아니다. 그가 삼상회의 결정을 대단히 중시하고 그 때문에 미소공위와의 협력을 역설하면서 신탁통치라는 말에 너무 구애되지 말라고 강조한 것은 자칫하면 오해를 불러일으킬 수 있었다. 여운형의 진의는 삼상회의 결정이 갖는 의미 및 하지(John Reed Hodge) 사령관 등이 신탁통치에 대해 발언한 것들을 자세히 검토해야 정확히 설명할 수 있다. 또 이만규가 그의 저서에서 언급하지 않은 것은 그 부분 서술이 좌익 단결에 문제를 야기할 수 있다는 점을 고려한 것으로 보인다. 여운홍, 이동화의 경우 여운형이 삼상회의 결정을 중시하면서 반탁투쟁을 비판했기 때문에, 그 부분을 서술하면 반탁투쟁이 절대적으로 올바른 애국운동이라는 주장이 아주 강했던 1950~1970년대에 여운형 이미지에 손상을 초래할지도 모른다는 점이 작용했을 것이다. 연구자들은 대개 반탁세력과 삼상회의 결정 지지세력에 초점을 맞추어 연구하고 있어서 여운형 관련 부분은 간과하거나 소홀히 취급했다. 이 점은 많은 연구자들이 똑같이 반탁을 외쳤으면서도 신탁통치 문제 처리에 대해서는 김구의 주장, 이승만의 주장, 한민당의 주장과 1946년 1월 이후 (특히 미소공위 활동기의) 김규식·김병로·안재홍 등의 주장이 크게 다른데도 그 차이점을 설명하거나 분석하지 않는 경우가 많다는 것과 흡사하다. 그렇지만 여운형, 김규식 등 중도파의 신탁통치 문제에 대한 관점은 통일민족국가 건설과 관련해 중요한 위치에 있기 때문에 극우, 극좌의 주장과 구별해서 보거나 좌우합작과 연관지어 고찰하는 것은 의미가 없을 수 없다. 이 연구에서는 지면관계상 신탁통치에 대한 여운형의 입장을 검토하는 것으로 마무리지으려 한다.

  여운형과 인공·인민당·신탁통치 문제에 관한 일반적인 연구로는 필자의 저서와 논문을 포함해 다수 있지만, 이 연구는 평양에서의 발표를 염두에 두고 기획된 것이어서 여운형과 인공·인민당·신탁통치 문제 중 여운형과 인공과의 갈등 등 특정한 주제들을 선택했다. 이 연구에서 필자가 중

1945년 8월 하순 건국준비위원회 집회에서 연설중인 여운형.

시한 주제들이 북의 학자들에게 해방 직후 문제 또는 그 이후 문제와 관련해 성찰 또는 논의의 한 계기가 되었으면 하는 바람을 가지고 이 논문을 썼다. 덧붙인다면 이 연구에서 다루는 주제들은 중요한데도 불구하고 지금까지 간과해왔거나 기존 연구에서 논란의 여지가 있다고 생각한 것들이어서 기회가 있으면 고찰하고 싶었다.

이 연구에서는 원칙적으로 1945~1946년에 나온 문서에 의존했다. 다른 연구자들의 설명이나 분석을 이용할 경우에도 그러한 원칙을 존중했다.

## 2  여운형과 인민공화국

여운형이 인공 결성에 대해 언제 동의했는가는 그가 어떠한 상황에서

동의했는가를 이해하는 데 도움을 준다. 필자는 여운형과 박헌영 등이 회동하여 1945년 9월 6일 저녁에 전국인민대표회의[9]를 열어 인민공화국을 발족하기로 합의를 본 것을 9월 4일경으로 본다.[10] 인공 발족은 미군의 진주와 관련이 있는데, 미군 상륙설은 8월 하순경부터 돌았지만, 그에 대한 구체적인 정보를 얻어 건준위원장 여운형 명의의 환영 메시지를 갖고 여운홍 등 3인이 서울을 떠나 인천에 간 것은 9월 2일이었다.[11] 인공이 발족한 또 하나의 중요한 이유는 임정추대운동에 대항하기 위해서였는데, 정안립 등의 발기로 대한민국임시정부환국준비회가 발족한 것 또한 9월 2일이었다. 그렇지만 박헌영 등 인공 추진 인사들한테 훨씬 큰 영향을 미친 것은 9월 4일 조병옥과 송진우 중심으로 발족한 대한민국임시정부 및 연합군환영준비회였다. 임정추대운동에는 일제 말에 아무 일도 하지 않고 침묵을 지켰거나 친일행위를 한 자들이 다수 참여했다. 미군 상륙설과 임정추대운동은 건준에 들어와 있던 우익의 다수를 빠져나가게 했고, 이 때문에 안재홍이 동요하다가 건준 부위원장직을 사퇴한 것도[12] 인공 결성에 영향을 미쳤을 것이다. 그러나 9월 4일 이전에는 인공 발족이 구체적으로 논의되지 않았다고 보는 이유는 9월 4일 건준이 큰 폭으로 조직 개편을 했기 때문이다. 여운형이 인공을 결성할 의사가 확고했다면 그와 같이 큰 폭으로 조직 개편을 하지는 않았을 것이 분명하다. 그리고 인민대표회의 참석자들한테 연락하는 데는 1일 이상이 소요되었을 것이기 때문에 9월 4일경 인공 결성을 구체적으로 논의했다고 판단된다.

　　여운형과 박헌영 중 어느 쪽이 인공 결성을 주도하였는가도 여운형과 인공과의 관계를 이해하는 데 중요하다. 인공 결성에 대해 김남식은 박헌영 측의 공작으로 파악했고,[13] 이동화는 박헌영 측의 정치극이라고 기술했다.[14] 그렇지만 최상룡은 미군 자료, 박헌영의 발언 등 여러 자료로 보아 박헌영이 주도했지만, 기본적으로는 박헌영과 여운형의 합작으로 보아야 한다고 주장했다.[15] 필자도 박헌영이 주도했지만, 여운형도 상당히 적극적으로 호응했다고 본다. 여운형이 9월 6일 저녁에 열린 인민대표회의에서 임시의장이었다는 점, 10월 1일 기자회견에서 비록 개인 자격이라는 단서를 달았지만 인공의 탄생 경위를 인공을 옹호하는 입장에서 자세히 설명했다는 점에서도 그것이 간취되지만, 그가 건준의 존속을 바랐으면서도 인공 성립으로 건준이 그 사명을 다했다고 밝히면서 건준 사업을 인공으로 넘기고, 일부의 반대를 무릅쓰고 10월 7일 건준을 해산시킨 점에서도[16] 그렇게 볼 수 있다. 건준은 치안을 유지하고 현존 시설·기계·기구·자재·자본 등을 보존하고 관리하는 임무를 가졌으나, 선언에서 밝힌 바와 같이 "진정한 민주주의적 정권에로 재조직하기 위한 새 국가 건설의 준비기관"이어서 전국적 인민대표회의를 열어 민주주의 정권을 수립해야 했다.[17] 그러므로 건준과 대립관계에 있는 중경 임정이 환국하기 전에 인민대표회의를 여는 것은 여운형으로서는 마땅한 수순을 밟는 것이라고 볼 수 있었다. 여운형은 임정이 그동안 한 일이 별로 없다고 생각했고, 임정추대운동세력을 불순한 집단으로 보고 있었으며,[18] 연합군에 대해서는 주인으로서 주체적으로 맞이해야 한다는 신념을 갖고 있었다.[19] 그렇지만 급속히 인민대표회의를 열다 보니 여운형도 9월 6일 인민대표회의와 10월 1일 기자회견에서 인정한 바와 같이 대표성이 약한 사람들이 참석하게 되었다.[20] 그리고 인민대표회의 소집 측은 우익과 상의하지 않았고, 인민대표회의에서 선출한 인민위원 55명, 후보위원 20명, 고문 12명 가운데 우익 인사가 소수 포함되었지만, 그들의 동의를 받지 않았다.[21] 이러한 여러 문제는 인공 성립의 정당성을 크게 훼손했다.

  인공의 출현이 박헌영과 여운형의 타협의 산물이라는 것은 인공의 정강과 선언, 시정 방침에서도 확인된다. 인공의 첫번째, 두번째, 세번째 정강은 건준의 첫번째, 두번째, 세번째 강령과 대응관계에 있어, 건준의 강령을 구체적이고 약간 강한 톤으로 이어받는 형식을 취하고 있다. 인공의 첫 번째 정강 "우리는 정치적, 경제적으로 완전한 자주적 독립국가의 건설을 기함"은 건준의 첫번째 강령 "우리는 완전한 독립국가의 건설을 기함"과 거의 같고, 인공의 두번째 정강 "우리는 일본제국주의의 봉건적 잔재세력을 일소하고 전 민족의 정치적, 경제적, 사회적 기본 요구를 실현할 수 있는 진정한 민주주의에 충실하기를 기함"은 건준의 두번째 강령 "우리는 전 민족의 정치적, 경제적, 사회적 기본 요구를 실현할 수 있는 민주주의적 정권의 수립을 기함"과 핵심 부분이 유사하다. 그리고 인공의 세번째 정강 "우리는 노동자 농민 및(及) 기타 일체 대중생활의 급진적 향상을 기함"은 건준의 세번째 강령 "우리는 일시적 과도기에 있어서 국내 질서를 자주적으로 유지하며 대중생활의 확보를 기함"의 후반부와 (해석에 따라서 다르게 볼 수도 있지만) 당시 분위기에서는 별 차이가 없다고 생각할 수도 있다. 인공 선언의 골격도 건준 선언과 유사하고 중요한 대목은 문장까지 같은 곳이 몇 군데 있다. 톤도 비슷하다. 인공의 시정 방침 27개항도 토지 문제를 포함해 모두 온건하다.[22] 인민공화국이라는 국호나 조공이 중앙위원회에서 9월 20일 채택한 정치노선에 대한 결정인 '현 정세와 우리의 임무', 일명 '8월테제'와 비교해볼 때 급진성에서 현격히 차이가 있다.[23]

    정강, 선언, 시정 방침 등 인공의 노선에서 박헌영 등 재건파가 여운형 노선을 수용한 것은 여운형의 영향력과 건준의 위상이 중요했기 때문이다. 박헌영 등 재건파는 인공이 지지를 받는 데, 곧 정당성과 일종의 정통성을 얻는 데 여운형과 건준이 얼마나 중요한 위치에 있는지를 잘 알고 있었다. 또 여운형·건준과의 긴밀한 관계 속에서 인공을 결성하는 것은 9월 8일 열리는 열성자대회에서 장안파 공산당을 제압하는 데도, 9월 11일 조선공산당 재건을 선언하는 데도 힘이 될 수 있었다. 이 시기 재건파는 장안파와 비슷하게 상층만 있었고 대중의 지지도 산하단체도 불투명한 상태에 있었다는 점을 유의해야 한다. 그리하여 9월 8일 열린 제1회 인공 중앙인민위원회 회의를 건준 본부에서 열었고,[24] 인공 중앙인민위원회에서 결정한 선언, 정강, 시정 방침도 건준에서 발표하는 형식을 빌렸다.[25]

인공은 박헌영이 주도했지만, 그와 여운형의 타협의 산물이었고, 여운형은 인공 결성에 수동적이었던 것만은 아니었고 상당히 적극적으로 호응했다. 여운형은 점차 좌익의 주력으로 커가고 있는 조공을 경계하면서도 좌익 대단결과 민족통일전선을 위해 조공과의 갈등을 노출하지 않으려고 노력했다. 그러나 시간이 지날수록 여운형은 인공과 거리를 두었다.

여운형은 인민의 지지와 절차의 정당성을 중시하였기 때문에 9월 6일 열린 인민대표회의의 대표성 문제는 부담이 될 수밖에 없었다. 그로서는 인민대표회의에서 중앙인민위원회를 구성할 인민위원에 공산주의자가 지나치게 많이 선정된 것도[26] 불만이었을 것이다. 특히 이날 회의에서 국호 문제를 논의할 때 건국동맹안으로 제출된 조선공화국[27]이 다수결로 결정되었다고는 하지만 조선인민공화국으로 바뀐 것은 여운형 측으로서는 석연치 않게 받아들일 수 있었다. 인민공화국이라는 명칭 때문에 인공이나 여운형은 갖가지 비난에 직면했다. 10월 1일 여운형이 기자회견을 연 것도 그에 대한 대응이었다. 이 기자회견의 앞부분에서 "어째서 인민공화국이라고 했는가"라는 질문이 나온 것은 기자들로서는 자연스러웠을 것이다. 그리고 뒷부분에서 "인민공화국정부는 붉다고 보는 사람도 있는데 여하(如何)"라는 질문이 나왔다. 전자에 대해 여운형은 두루뭉술하게 넘어갔고, 후자에 대해서는 적색(赤色)이 어데 있느냐, 대체 공산주의자를 배격할 필요가 어데 있느냐고 답변하면서 붉지 않다고 강조했다. 그리고 자신은 급진적 좌익 이론이 정당치 않다고 생각한다고 말했다.[28]

인공에서 9월 14일 정부부서를 발표하자 여운형은 당황했고 이로 인해 박헌영·조공에 대한 신뢰에 금이 가게 되었다. 여운형은 9월 7일 건준 발족 이후 당한 두번째 테러로 중상을 입어 9월 7일과 14일 회의에 참석하지 못했다. 14일 회의 사회를 맡은 이만규는 부서 발표에 대해 여운형의 의견을 들어야 한다고 고집하고 휴회를 하였다. 그런데 그날 다시 속개된 회의에서 여운형한테 승낙을 받았다는 말을 듣고 이만규는 의문이 많아 퇴장했다. 그리고 정부부서가 발표되었다. 여운형한테 승낙을 받았다는 것은 거짓이었다. 여운형이 부서 발표를 보류하려고 한 것은 ① 정부를 조직하는 데 군정 당국의 양해를 고려했고, ② 정부 체면을 유지할 만한 청사도 없었고, ③ 정부 주석은 대통령과 같은데 주석 체면을 유지할 준비도 못했기 때문이었다.²⁹ 그는 우리가 주인 또는 주체로서 연합군을 맞이해야 하고, 그러기 위해서는 건준보다 한 단계 높은 조직을 혁명적 비상수단으로 만들 수 있다고 생각했지만, 주석(대통령) 등과 같은 정부부서까지 두는 것은 반대한 것이다. 여운형은 1919년 상해에서도 과대한 명칭인 정부조직을 반대하고 당조직을 주장했다. 그는 이 문제와 '대한'이라는 국호, 황실우대정책에 반대해 상해 대한민국임시정부와 거리를 두었다.³⁰

주한미군사령부는 여운형의 우려대로 인공 해체를 주장했다. 미군사령관 하지 중장 등은 극우적 성향을 지니고 있어 한반도에서 소련·좌익을 몹시 경계했다.³¹ 그런데 9월 8일 인천에 상륙하여 서울에 온 지 며칠 되지도 않았는데, 점령군인 자기들과 아무런 상의도 없이 14일에 정부부서를 발표한 것을 용납할 리 없었다.

14일 발표한 정부부서는 그 자체도 논란이 될 수 있었다. 이승만을 주석으로 선출한 것은 미군한테 잘 보이기 위한 면도 있었겠지만, 중경 임정을 격하시키려는 의도도 있었다. 그렇지만 이승만은 미국에서 독선적으로 행동했고 극단적인 반공주의자로 명성이 높았다. 일반 대중이 잘 몰랐던 이승만은 인공 주석이 됨으로써 정치적 성가(聲價)가 높아지게 되었다. 여운형을 부주석, 허헌을 국무총리에 안배하고 중경 임정 주석 김구를 내정부장에, 부주석 김규식을 외교부장에 배치한 것은 '법통' 의식 또는 헤게모니 의식이 강했고 그것에 직결되어 있지만, 국내에 들어와 과도정부의 임무를 맡으려 했던 김구 등 중경 임정 국무위원 및 중경 임정 추대론자들을 격분케 하기에 충분했다. 조공은 '8월테제'에서 한민당을 격렬히 비난하고 자신들과 대립 관계로 설정했는데, 한민당 간부인 김병로는 사법부장에, 김성수는 문교부장에 앉혔다.[32] 조공의 14일 정부부서 발표는 중경 임정과 임정추대운동에 대한 헤게모니 의식에서 나온 것이지만, 인공이라는 명칭과 함께 미군정과의 대립을 조장했고 우익을 분노케 했다. 또한 여운형의 좌우연합에 의한 민족 문제 해결 노력을 어렵게 한 반면, 실제로는 아무런 기능도 할 수 없어 백지 정부에 불과했다. 비단 민족 문제뿐만 아니라 일상생활 등 각종 문제에서 미군정과 협력할 것은 협력하고, 미군정에 요구할 것은 요구해야 할 시기에 인공 결성에 이어 정부부서까지 발표한 것은 여운형과 좌익의 발을 묶어버렸고, 여운형·좌익은 미군정과 인공 해체 문제로 장시간 힘겨운 씨름을 하게 되었다.

여운형은 미군정장관 아놀드(A.V. Arnold) 소장을 10월 5일 이전에 한 번 만났을 뿐이고, 10월 5일에 아놀드의 안내로 하지를 처음 만났는데, 그것도 이 날짜로 그를 우익인사 10명과 함께 군정장관 고문관으로 임명하는 자리에서였다.[33] 그는 하지로부터 상식을 초월한 심한 모욕을 받았다.[34] 그는 그날 고문회의에 갔다가 자신을 제외한 참석자 9인(다른 한 사람은 평양에 있는 조만식임)이 모두 한민당원이거나 한민당과 가까운 사이인 것을 알고 퇴장하고는 며칠 뒤 정식으로 사퇴했다.[35] 10월 10일 아놀드는 기자단회견 석상에서 발표한 성명서에서 군정부 외에 어떠한 정부도 있을 수 없다는 견해를 표명하는 데 그치지 않고, 인공과 관련해 "고관대작을 참칭하는 자들이 흥행적 가치조차 의심할 만한 괴뢰극을 하는 배우", "괴뢰극의 막후에 그 연극을 조종하는 사기한" 등 입에 담기 어려운 저열한 언사로 인공 관계자들을 비난했는데,[36] 그것은 고문직을 거부한 여운형에 대한 비난이기도 했다. '사기한'은 『매일신보』 지적대로 여운형을 가리킨 것이었다.[37]

여운형은 인공 해체 문제로 미군정한테 시달림을 받았다. 그는 10월 28일 통치권은 군정에 있으니 인공 명칭을 취소하라는 아놀드의 공문을 미군정청에서 가지고 나왔다. 다음 날 그는 군정청에 가서 인공이 미군정과 양립할 수 있음을 주장했으나 허사였다. 11월 9일 여운형은 인공 해산 문제와 관련해 미군정장관과 마지막 교섭을 했다. 이날 군정장관은 여운형을 통해 허헌을 보자고 했다.[38] 그때부터 인공 문제는 여운형 대신 허헌이 맡게 되었다. 여운형은 이미 이전부터 11월 12일에 인민당을 결성하기 위해 활발히 활동하고 있었다. 그것은 여운형이 인공에 거리를 두려는 것임을 의미했다. 미군정·여운형 문제로 상황이 복잡하게 되자 11월 14일 인공 중앙인민위원회는 11월 20일에 전국인민위원회대표자대회를 개최하겠다고 발표했다.

11월 20일부터 22일까지 3일간 열린 인민위원회대표자대회는 여운형·인민당의 인공에 대한 거리감을 잘 보여준다. 여운형은 물론이고 인민당 간부들도 이 회의에 거의 참석하지 않았다. 우선 이 대회에 참석할 대표들의 자격을 심사한 자격심사위원회는 조동호, 김계림 등 6명으로 구성되어 있는데, 이들 중 인민당 간부들은 한 명도 없는 것으로 보아, 인공의 그때까지의 활동, 인민공화국 명칭 문제 및 앞으로의 진로를 다룰 이 대회는 인민당의 협조를 얻지 못한 채 조공 중심으로 열린 게 분명하다. 3일 동안 열린 이 대회에 여운형은 한 번도 얼굴을 내밀지 않았을 뿐만 아니라, 첫날 여운형이 인공 탄생 경과보고를 하기로 했다는데, 급작스러운 병환으로 참석하지 못했다는 설명은 그렇다 치더라도, 여운형의 보고를 인민당 측에서 하지 않고 조공의 조두원이 했고, 그 내용도 인민당 측이 기초한 것

같지 않다는 점에서 그 시기 여운형의 조공에 대한 시각을 엿볼 수 있다. 20일 회의에서는 의장으로 여운형과 허헌 등 9명이 선출되었는데, 인민당 간부는 여운형 외에 이만규가 있지만, 그도 참석치 않은 것으로 보인다. 3일 간에 걸친 이 대회에서 김오성이 축사를 한 것을 제외하면 인민당 간부는 발언한 바 없는데, 김오성은 나중에 여운형과 결별하고 남로당 창당에 참여했다. 그해 11월 24일과 25일에는 인민위원회대표자대회의 위임을 받아 확대집행위원회가 열렸던바, 역시 이틀간의 이 회의에서도 개회사를 하거나 사회를 맡거나 발언을 한 대표 가운데 인민당 간부는 없었다. 다만 중앙 인민위원 가운데 17명이 참석하였는데, 그 명단에 이여성이 들어 있을 뿐이다.[39]

## 3  인민당 발당 시 여운형의 국가 건설 방향

여운형의 국가 건설 방향은 건맹 중앙의 간부 진용과 강령, 건준 중앙의 간부 그것도 초기의 간부 진용과 강령 선언, 인공의 정강 선언·시정 방침에서도 알 수 있고, 인공과의 거리두기에서도 간취할 수 있지만, 11월 12일 결성된 인민당이 표방한 바에서 더 분명히 파악할 수 있다.

여운형이 인민당을 결성한 것은 건준이 해체된 상태에서 드러난 건맹의 한계가 직접적인 이유였다. 일제 말기에 조직된 건맹은 해방과 함께 건준 조직의 모체가 되었고, 건준의 여당 격으로 활동했다. 여운형은 경우에 따라 건준 대표이자 상징이었지만, 때로는 건맹 대표로 활동했다. 그런데 건준이 모체가 되어 인공이 탄생하고 10월 7일 잔존한 건준마저 해체되자 3일 후인 10월 10일 건맹은 정당으로 출발해[40] 각종 정당회의에 참석했다.[41] 그러나 건맹은 정당과 같은 조직이 아니었다. 정치이념이나 정책 등도 갖추지 않았고, 정당과 같은 중앙·지방 조직도 없었다.

인민당이 발당한 것은 인공과 거리를 둠으로써 조공의 좌경화를 견제하고 조공 또는 인공이 좌우연합에 적극적으로 나서도록 유도하기 위해서였지만, 극우세력의 여운형 공격에 대한 대응이기도 했다. 극우는 조공보다도 대중한테 영향력이 큰 여운형과 건준·인공을 주로 공격했다. 한민당 발기인은 9월 8일에 발표한 성명서에서 여운형이 4~5인으로 건준을 조직해 경찰서·은행·회사 등을 접수하려다 실패했다고 비난했고,[42] 11월에 한민당은 "당초 건준은 여운형 등 소수의 친일파들로서 조직되고 일본인의 자금과 약탈·횡령한 물자로서 노동자·농민을 선동"했다고 비난했다.[43] 한민당은 미군정, 중경 임정과 여운형을 이간시키기 위해 중상모략했다.[44] 또 극우세력은 여운형이 공산주의를 실현하여 조선을 적화시키고 '쏘연방화'하려고 한다거나 공산당 지배 밑에서 건국운동을 한다고 선전했다.[45] 특히 여운형을 과격분자나 공산주의자로 몰아 여운형이 좌우합작운동을 펴는 데 어려움을 조성했다.

인민당이 세 가지 강령의 하나로 진보적 문화의 건설을 표방한 것은[46] 김규식·안재홍·백남운·조소앙 등 중도파 민족주의자나 합작론자들이 우리 문화를 강조한 바와 맥을 같이한다고 봐야겠지만, 여운형이 11월 12일 인민당결당식에서 문화를 중시하면서 앞으로 건설할 조선사회의 오륜으로 국민개로(皆勞), 국민개병, 상호신양(信讓), 공동협력, 일치단결을 자세히 설명하면서 제시한 까닭은[47] 인민당의 온건성을 부각하기 위해서였다.

여운형은 인민당을 결성해 인민당 노선과 성격을 밝힘으로써 공산당과의 차이점을 명백히 하고 민족통일전선의 중요성을 역설했다. 인민당의 노선과 성격에 대해 여운형은 다음과 같이 말했다.

"우리 인민당은 전 근로대중을 중심으로 하는 것은 물론이요, 진보적이요 양심적인 자본가나 지주까지도 포섭하고 제휴해서 광범한 혁명적 민족전선을 지어 현 단계에 적응한 가장 대중적인 정당으로서 긴급한 국내 문제를 현실적으로 해결하려는 것입니다."⁴⁸

여운형이 밝힌 바대로 인민당은 노동자, 농민을 대변할 뿐 아니라 자본가와 지주까지 망라했다. 좌파 인사와 우파 인사가 함께 당을 차린 것이다. 또한 인민당은 민족통일전선 형성으로 민족 문제를 해결코자 했는데, 그 전선에는 전 근로대중은 물론이고 자본가나 지주도 포함되어야 했다. 여운형은 이러한 전선만이 '현실적'으로 긴급한 국내 문제, 곧 민족 문제를 해결할 수 있다고 확신했다. 그는 공산당과 관련해서는 공산당이 가려는 길이 공식적이고 소아병적일 때에 이것을 교정하고 거부하고, 공산당을 맹목적으로 배제하려는 완고파로 인하여 통일전선에 분열이 생길 때에는 이를 조정하고 거부하는 것을 자신의 사명으로 삼았다.⁴⁹ 공산당의 급진좌경화를 견제하고 비판함과 동시에 민족통일전선에 공산당 참여를 배격하는 것을 반대하고 공산당을 옹호하겠다는 점에서 조공에 불리한 것만은 아니었다. 조공은 건준과 인공·인민위원회를 통해 여운형의 영향하에 있는 조직에 파고들어 자신의 힘을 급속히 신장시켰다. 그렇지만 일반대중, 특히 농민들한테 침투하고 그들을 끌어들이는 데 여운형과의 결부(結付)는 대단히 중요했다.⁵⁰ 무엇보다도 여운형과 박헌영·조공은 좌익연합에서 대중성과 조직 면에서 상호보완적인 성격을 갖고 있다는 점, 미군정·우익과 대항하는 데 공조해야만 한다는 점을 상호 인식하고 있었다는 것이 중요하다.

이만규는 그의 저서 중 인민당의 성격 첫머리에서 "인민당은 몽양의 정치이념을 실천하는 대정당을 만들려고 출발한 것이다"라고 명시했는데,⁵¹ 인민당은 조봉암의 진보당과 비슷하게 여운형을 유일 지도자로 한 단핵원심(單核圓心) 정당이었다. 다른 말로 표현하면 인민당은 일부 공산주의자들의 위장 입당을 제외한다면, 여운형의 좌우합작에 의한 민족국가 건설과 중도적 노선에 동조하여 태어난 정당이었다. 해방 후의 특수 상황에서 출현할 수 있는 좌우합작 정당이자 좌우합작을 위한 정당이었다.

여운형은 어떠한 세상을 건설하려고 했는가. 그는 해방 후 첫번째로 대중 앞에서 한, 8월 16일 휘문중학 운동장 연설에서 합리적인 이상적 낙원을 건설하자고 외쳤다.[52] 그는 또 11월 12일 인민당결당식 연설에서 우리의 큰길은 민주주의이겠고, 우리의 최고 이념은 우리 민족의 완전 해방에 있다고 하면서, 완전 해방이 되려면 사람이 사람을 부리고 사람이 사람을 속이며 착취하는 비인도적인 모든 기구가 없어져야 한다고 말했다.[53] 그러나 이러한 주장은 당시에 우익도 하고 있었다.

여운형의 합리적인 이상적 낙원의 건설 방안은 10월 1일 인공을 둘러싼 갖가지 '오해'에 대해 해명한 기자회견에서, 민주주의 조선을 건설하는 데 공산주의자가 정부에 많이 들어오고 적게 들어오는 것은 결국 인민투표로 결정될 것[54]이라는 말에 시사되어 있다. 여운형은 10월 8일 학병(學兵)연설에서 낙원은 노동자·자본가·민주당·공산당 등 각계각파가 모여서 인민의 총의에 의하여 처음으로 될 것이라고 말했는데, 이 학병연설에는 여운형이 당시의 단계에서 어떠한 국가를 건설하려 했는가가 잘 나타나 있다. 그는 조선의 현 단계는 부르주아민주주의혁명이고,[55] 큰 혁명 곧 사회주의혁명은 장래에 있다고 피력하면서 다음과 같이 말했다.

저 노서아를 보십시오. 무산자독재이던 나라가 되었으나 문화·경제 시행에 들어가 수습할 수 없었던 것이 저 '스탈린헌법'입니다. 그러나 이번 전쟁을 통하여 10여 민족이 조국을 위하여 싸워 완전히 통일됨으로 인하여 노농독재는 해소되고 완전히 민주주의화하였으며, 자본주의민주주의 본산인 영국에서도 (……) 인민의 총의에 의하여 노동당의 애틀리가 정권을 잡게 되었습니다. 그러나 그것은 노동당 독재정치가 아니라 의회를 통하여 순(純)민주적인 입장에서 개혁하는 것입니다. 그것은 공산당원은 각료에 세 사람밖에 끼지 않았다는 것을 보아도 알 것입니다. 지금이야말로 세상의 온갖 정세가 민주주의로 화하여 갑니다. (……) 조선에 적합한 정치도 당연히 새로운 민주주의로 나가지 않으면 안 됩니다[56]

여운형은 소련의 상황을 곡해하면서까지 프롤레타리아독재는 안 된다고 역설했고, 선거와 의회를 통해 진보세력이 집권하는 민주주의를 강조했다. 주지하다시피 그는 1920년대 초부터 국내외 공산주의운동에 가담했고, 마르크스의 『공산당선언』 등을 최초로 번역했지만, 일제시기에도 계급투쟁보다 민족적 단결을 중시하고 마르크스 이론에는 찬성하지만 그 실행은 불가능하다고 주장했다.[57] 이와 같은 판단에는 그가 일제의 검찰신문에 "조선을 우선 자본주의로 발전시키고 그후 공산주의를 실행해야 한다"고 피력한 바와[58] 함께, 이와 직결되는 대중관이 작용했다.

여운형은 일제시기건 해방 후건 봉건세력 또는 봉건잔재나 봉건적 인습·사고와 싸워야 한다는 점을 자주 강조했는데, 그와 관련되겠지만 한국인의 일반적 정치의식 수준이 낮다고 생각했다.[59] 그는 지도자건 대중이건 민주주의국가 생활의 경험이 없는 점을 중시했다.[60] 그는 일제강점기에 공산주의자들은 계급적 투쟁보다 일제에 대해 더 강력히 투쟁했다고 주장하면서, "이러한 조선의 역사적 특수성으로 노동자 농민은 프롤레타리아적 정치의식이 박약하다. 전 농민의 7~8할을 점하고 있는 빈농의 대부분은 금일 공산당의 전략과는 거리가 있다"고 설명한 것은[61] 그의 '새로운 민주주의'나 좌우합작운동을 이해하는 데, 곧 그의 국가 건설 방향을 이해하는 데 중요하다. 해방 후 정국에서 프롤레타리아를 어떻게 평가하느냐는 진보세력의 노선에 지대한 영향을 미쳤다.[62] 그렇지만 여운형이 민중을 역사의 주요 동력에서 소외시킨 것은 아니었다. 그는 민중이 주인이고[63] 조선혁명의 주력은 어디까지나 노동하는 대중임을 강조했다.[64] 그는 또 정치적 의식 수준이 높은 층은 공산당 산하로 집결할 것이고 그 이외의 층은 '우리' 산하로 모이게 될 것이라고 내다보았다.[65] 김남천이 여운형에게 좌우에서 다 찢기고 인민당에 갈 사람이 있겠느냐고 묻자 그는 그런 중간층이 아직 조선에서 제일 많을 것이라고 답변했다.[66] 두 사람의 의견 차이는 대중정치가와 지식인의 차이를 반영한 것이기도 했다.

그런데 인민당의 당면 임무는, 여운형이 인민당은 민족통일전선 형성을 위해 만들어진 당이라고 역설한 바대로 좌우합작 실현에 있었다. 여운형은 10월 8일 학병연설에서 민족통일전선에는 노동자·자본가·민주당·공산당 등 각계각파가 참여해야 한다고 시사했는데, 그것은 건맹을 조직했을 때부터 그가 피력한 일관된 주장이었다. 그렇다면 민족통일전선 또는 좌우합작에서 배제해야 할 대상은 없는가. 여운형은 배제 대상을 극도로 축소하고 있는 것이 특징이다. 그가 이 부분을 말할 때에는 '일부', '악랄한', '불순한' 등의 제한적인 수식어가 붙어 있는 경우가 많다. 그것과 관련해 건맹의 두번째 강령에는 일체 독립을 저해하는 반동세력을 박멸하겠다고 되어 있다. 그는 12월 7일 방송에서 과거 일제와 봉건세력의 잔재인 일부 반동분자 등의 불순세력의 발호를 배격해야 한다고 주장했다.[67] 그는 또 비슷한 시기에 쓴 글에서 인민전선을 반대하는 모든 불순한 정치브로커와 민족반역자를 제거해야 한다고 역설했다.[68] 그렇다면 친일행위자 또는 친일파는 어떠한가. 건맹 강령에 친일파라는 말 대신 일부 반동분자라는 말을 쓴 데서 짐작할 수 있듯이, 여운형은 두드러진 지위에 있었거나 두드러진 친일행위를 한 친일파 이외에는 모두 포용하고자 했다. 여운형은 1946년 4월 초에 발표한 담화에서 "악랄한 비민주적 요소, 팟쇼적 요소, 친일파 요소"라는 말을 쓰고 있는데,[69] "악랄한"이라는 말은 세 가지 모두를 수식하고 있는 것으로 보아야 할 것이다. "요소"라는 말도 그가 얼마나

신탁통치를 반대하는 집회(위).
모스크바 삼상회의 결정을 지지하는 집회(아래).

표현에 신경을 쓰고 있는가를 잘 보여준다.[70]

인민당이 11월 12일 결성되고 그달 23일에 중국에서 김구 등 대한민국임시정부 요인들이 귀국하자 민족통일전선을 이루어내라 또는 좌우합작을 하라는 여론은 높았지만 성사되지 못했다. 인공 측은 자신들의 대중적 기반이 강하기 때문에 임정 측과 대등한 관계에서 일해야 한다고 주장했지만, 김구와 한민당 등 임정추대세력은 임정 법통을 굳게 견지하여 인공을 대화 상대로 인정하려 들지 않았고, 기껏해야 인공이 임정 산하에 들어와야 한다고 주장했기 때문이다.[71]

여운형은 12월 7일 방송에서 약 6개월 내에 인민대표회의로 국민대헌장회의를 소집해 국호와 국기 등 국가의 중요 사항을 포함한 헌법을 제정하고, 인공과 임정 문제도 이 회의에서 총선거를 통해 해결하자고 제의했다. 그는 인민대표회의 소집 방법으로 ① 각 정당 대표로 소집위원회 구성, ② 인공과 임정의 타협에 의한 공동 주최도 좋지만, 가장 좋은 방법은 인공과 임정을 떠나고 정당을 초월해 소집위원회를 구성하는 것이라고 주장했다.[72] 이 제의는 인공 지지파와 임정 추대파가 뒷전으로 물러나야만 좌우합작이 된다는 주장이었다. 그렇지만 양쪽 모두 뒷전으로 물러날 생각이 없었다는 점에서 여운형의 주장은 비현실적이었다.

11월의 인민당 결성, 임정 요인 귀국 국면에서 12월 말에 반탁투쟁이 거세게 일어날 때까지 임정 추대파와 인공 지지파의 대립으로 좌우합작은 성사되기 어려웠다. 여운형은 인공 중앙인민위원회에 인공부서를 해산하여 임정에게 겸양한 태도를 보이고 세평을 들어 합작에 힘쓰자고 제의했으나, 인공 해소는 보류되었다.[73] 그는 앞에서 언급한 바와 같이 상해에서 조직될 때부터 임정을 비판적으로 보았고, 중경 임정도 여러 독립운동단체 중 하나일 뿐이며, 임정추대운동은 혁명 공적이 없는 사람의 호가호위(狐假虎威)로서 건준의 정권수립권을 방해하는 수단으로 파악했다.[74] 하지만 현실적으로 중경 임정은 좌우합작에서 중요한 위치에 있었기 때문에 경교장으로 김구 일행을 방문했으나 수위대(守衛隊)한테 쫓겨나오는 수모를 겪었다. 그뒤 김구를 만나 인사를 했으나 김구의 태도는 냉담했다.[75] 중경 임정 법통론자들은 인공을 결정한 여운형을 결코 용납할 수 없었다.

### 4 여운형과 신탁통치 문제

1945년 12월까지 좌우합작은 초보적인 단계에서조차 잘 풀리지 않았는데, 연합국의 한국 문제에 대한 결정에 의해서 돌파구가 열릴 수 있었다. 미·소·영 외상은 일제가 패망한 지 4개월이 지나서야 모스크바에 모여 한국 문제를 논의해 12월 27일 4개항에 합의했다. 연합국 결정은 한국 문제에 대한 연합국의 유일한 합의였기 때문에, 미군과 소련군이 한반도를 점령하고 있는 상태에서 민족 문제는 이것이 어떻게 실행되느냐에 의해 좌우될 수밖에 없었다. 그러나 삼상회의 결정이 국내에 정확히 전달되기 이전에 반탁투쟁이 격렬히 일어났고, 우와 좌는 이전보다 훨씬 심각한 대립상을 보였다.

연합국 결정을 둘러싸고 좌우대립이 심각해진 것은 그 결정에 문제가 있기 때문만은 아니었다. 결정은 제1항에서 임시정부를 수립해준다고 했고, 제2항에서 그러기 위해 미소공위가 한국의 정당·사회단체와 협의한다고 했다. 문제는 5년 이내의 신탁통치를 실시한다고 한 제3항에 있었다. 그런데 미·소·영 외상의 결정에 따르면 신탁통치의 구체적 내용은 임시정부와 협의하도록 되어 있어, 김규식 등이 주장한 것처럼 먼저 임시정부를 수립하고 그다음에 신탁통치를 반대하면 된다는 논리가 성립될 수 있었다. 또한 신탁통치의 구체적 방안은 결정된 바가 없으므로,[76] 너무 신탁통치에 구애되어 임시정부 수립이라는 큰 것을 놓치면 안 된다는 여운형의 논리는 설득력이 있었다. 나아가 좌익은 이 결정에서 신탁통치(trusteeship)가 러시아어로는 '오뻬까'로 되어 있는 것을 중시하고 신탁통치 대신 후견 또는 후견제(후원, 원조라는 말도 썼음)라는 용어를 선호했고, 그것을 제3항의 앞부분과 결부시켜 연합국의 공동 원조로 해석했다. 또 5년 이내이기 때문에 경우에 따라서 단축될 수도 있다고 주장했다. 연합국의 유일한 결정이 좌우대립을 격화시킨 것은 소박한 민족감정과 함께 정치세력의 이해관계가 결정적 역할을 했다.

한민당을 대변했던 『동아일보』는 연합국 회의가 열리던 12월 24일경부터 반소 기사를 내보냈고, 이승만은 방송에서 26일 소련이 신탁통치를 주장하는 것처럼 왜곡하여 연설했다. 27일에는 미국은 즉시 독립을 주장하는데 소련이 신탁통치를 주장한다는 훨씬 자극적인 허위기사가 대대적으로 보도되었던바, 그것은 반탁투쟁의 기폭제가 되었다.[77] 1945년 12월 말~1946년 1월 초 반탁투쟁은 실행 방법이나 요구사항, 구호 등을 볼 때 중경 임정을 추대하는 운동이자 반소·반공운동이었다. 반탁투쟁은 정국에 지대한 영향을 미쳤다. 김구의 위신이 한층 높아졌고, 우익은 반탁투쟁을 계기로 좌익에 대해 총공세로 나왔으며 그때까지의 열세를 상당 부분 만회했다. 조공으로부터 매도당했던 친일파는 반탁투쟁을 통해 애국자로 변신했고, 반탁투쟁에 협력치 않는 자는 민족반역자로 규탄받았다.[78] 조공 등 좌익은 당황하지 않을 수 없었다.

인민당의 현우현, 공산당의 정태식, 그리고 백남운 등은 12월 27일 아직 확실한 발표가 없어서 판단하기 어렵다고 밝혔다.[79] 28일 여운형은 중대한 문제인 만큼 확실한 정보를 알기 전에는 무엇이라고 경솔히 말할 수 없다는 태도를 보였다. 여운형 측근인 이여성은 보도가 사실이라면 투쟁하겠다고 말했다. 인민당 김오성은 신탁통치에 반대를 표명했다.[80] 29일 인공 중앙인민위원회, 조공의 정태식, 인민당의 이여성은 공식 발표를 기다려보아야 하겠지만, 신탁통치는 반대한다고 표명했다.[81] 『동아일보』가 한 귀퉁이에 삼상회의 결정 전문을 최초로 보도한 30일에 인민당은 신탁통치 반대를 밝혔다.[82] 이날까지 인민당과 공산당 관계자들이 언급한 신탁통치 반대는 삼상회의 결정을 정확히 알지 못한 채 나온 것이었다. 30일경부터 좌익은 미묘한 변화를 보였다. 30일, 조공과 인민당 등이 결성한 반파쇼공동투쟁위원회는 명칭 자체가 우익에 대해 공세적인데, 신탁통치를 반대한다고 하면서도 반동분자들이 신탁통치에 영합했다고 주장하고 민족통일전선을 공고히 결성하자고 제창했다.[83] 31일에 나온 조공의 전단도 대동소이한 논리를 폈다.[84] 하지만 1946년 1월 2일 조공 중앙위원회와 인공 중앙인민위원회는 삼상회의 결정을 지지한다는 성명서 또는 결정서를 발표했다.[85] 이 유명한 지지 성명에 대해 많은 연구자들이 좌익이 찬탁으로 돌아섰다고 기술했지만, 신탁통치의 인정 또는 지지는 삼상회의 결정 지지에 종속되는 것이므로 삼상회의 결정 지지라고 표현하는 것이 정확하다. 또 이 지지 발표는 조공과 조공 지배하의 인공이 한 것이므로 좌익 전체의 입장을 대변한다고 주장하는 것은 문제가 있다. 여운형 등 적지 않은 좌익세력이 신탁통치 문제에서 조공과 견해를 같이하지 않았다.

우익이 신탁통치 문제가 좌우합작, 나아가 통일정부 수립에 결정적인 걸림돌은 아니라는 점을 모르고 있었던 것은 아니다. 1946년 1월 7일 인민당 주선으로[86] 한민당, 국민당, 인민당, 조공 등 4당 대표가 모여 이 문제에 합의했는데, 핵심은 삼상회의 결정에서 자주독립을 보장한다는 것은 전면적으로 지지하지만, 신탁은 장래 수립될 우리 정부로 하여금 자주독립의 정신에 기(基)하여 해결케 한다는 것이었다.[87] 이 '4당 공동 코뮤니케'는 해방되고 분단정부가 들어설 때까지 좌우의 주요 정당이 유일하게 합의한 사항이라는 점에서 큰 의의를 갖지만, 삼상회의 결정에 대해 좌우가 적절하게 합의했다는 점에서도 중요하다. 그렇지만 이 합의는 중경 임정 지지파 및 한민당 보수파의 반발로 하루도 못 가 휴짓조각이 되었다.

　　삼상회의 결정을 어느 정도 정확히 파악한 뒤[88] 인민당은 신탁통치 문제에 대해 어떠한 입장을 가졌나. 여운형·인민당은 김구 등의 반탁투쟁이 연합국의 유일한 합의인 삼상회의 결정 실행을 방해하고 파탄에 이르게 해 민족분열의 해악을 끼치게 될 것이라고 강도 높게 비판했다. 그렇지만 신탁통치 반대 의사는—신탁통치 반대와 반탁투쟁은 엄밀히 구별해서 사용할 필요가 있다—조공과의 행동통일 문제 때문에 신중히 표출했다. 1945년 12월 말~1946년 1월 초 반탁투쟁의 격랑에서, 12월 28일 여운형이 경솔히 말할 수 없다고 말한 것을 제외한다면, 그와 이승만은 오랫동안 침묵을 지켰다. 여운형이 장고를 거듭한 것은 삼상회의 결정은 연합국의 유일한 합의이기 때문에 이 결정을 무시하고는 통일독립국가가 실현될 수 없는데, 그 결정에 들어 있는 신탁통치는 받아들일 수 없었고, 그와 함께 격렬한 반탁투쟁의 소용돌이 속에서 좌우합작을 이루어낼 수 있는 방안을 찾아내야 했기 때문이었다. 삼상회의 결정은 미소의 타협과 절충의 산물이어서 일방적으로 좌나 우에 기울어진 정권은 들어설 수 없기 때문에 좌우합작이 성공해야 독립국가가 수립될 수 있었다.

　　여운형이 신탁통치 문제에 대해서 비교적 자세히 견해를 밝힌 것은 1946년 1월 14일 기자회견에서였다. 이 자리에서 그는 조선의 지도자를 신랄히 비난하고, 삼상회의 결정은 지지할 점도 있고 배척할 점도 있는데도 불구하고 덮어놓고 지지한다는 것은 너무 지나치다고 조공을 비판했다. 그리고 자신이 하지와 회견했을 때 하지가 조선 사람은 신탁통치를 좋아하지 않는다, 나는 금일이라도 속히 완전한 독립을 요망한다고 말하였음을 밝혔다. 그는 하지의 신탁통치에 대한 설명이 있은 뒤 하지에게 신탁이 없도록 노력해주기를 바란다고 말했다고 덧붙였다. 하지는 여운형에게 신탁통치는 결정된 게 아니고 제의된 것일 뿐이므로, 앞으로 실현되지 않도록 노력하겠고, 만약 실시된다면 그 기간이 짧게 되기를 바란다고 말했는데, 이러한 발언은 미소공위와의 협력을 중시하는 좌우 정치세력을 고무시켰다. 여운형은 이 기자회견에서 신탁통치 문제를 정확히 파악치 못하고 대중을 어지럽게 하고 신탁통치를 이용해 민족을 재분열시킨 것은 중대한 과오라고 반탁투쟁을 비판했다.[89] 사실 1월 14일 이전인 1월 7일 4당회의를 앞두고 나온 이여성의 담화도 여운형의 의사를 전달한 것이다. 이여성은 이날 삼상회의 의도는 감사하지만 신탁통치라는 용어는 절대 찬성할 수 없다고 주장하고, 좌우가 공동 코뮤니케를 발표하자고 역설했다.[90] 삼상회의 결정에서 이여성이 주장한 대로 신탁통치라는 용어를 바꾸면 그것은 신탁통치가 아닐 것이다. 1월 11일 인민당 선전부 발표에서도 신탁이라는 말 한마디 때문에 삼상회의 결정 전부를 반대하는 듯한 반탁투쟁은 독립운동에 방해만 된다고 지적했다.[91] 인민당 총무국은 1월 22일 신탁통치는 인민당 강령과 배치된다고 지적하고는 임정의 반탁투쟁에 화살을 돌렸다.[92] 인민당의 이정구 또한 1월 29일 방송에서 "유일한 갈 길은 전 민족의 역량을 민주주의적 방법으로 민족통일전선 결성에 집중해서 우리의 실력으로써 신탁통치를 배제하기에 노력하는 것뿐"이라고 강조해[93] 여운형의 생각을 잘 전달했다. 여운형은 2월 16일 민전결성대회 종료에 맞춰 한 연설에서 삼상회의 결정은 신탁통치도 아니고 위임통치도 아니며 조선의 독립—반탁투쟁세력, 특히 단정세력이 주장한 '독립'과 비교해 고찰할 필요가 있다—은 이 길을 통해야만 가능하다고 설파했다.[94] 최상룡은 삼상회의에서 결정한 신탁통치는 국제연합하의 신탁통치가 아니라고 지적하고,[95] 커밍스는 삼상회의 결정은 신탁통치에 관한 협정이 거의 아니라고 단정할 수 있다고 기술했는데,[96] 여운형은 하지 등의 설명을 원용해 '자주적'(강조는 필자의 것)으로 삼상회의 결정을 존중하는 길만이 통일독립정부에 이를 수 있다고 주장한 것이다.⁹⁷ 그것은 반탁투쟁은 반드시 분단으로 귀결되어, 한국이 강대국에 종속될 수밖에 없다는 주장이기도 했다.

여운형은 1946년 3월부터 시작된 미소공위 활동이 반탁투쟁 문제를 둘러싸고 5월 초 결국 휴회에 들어가자 미소공위를 다시 열 수 있게 하려고 김규식과 함께 좌우합작운동을 전개했다. 이때 삼상회의에서 결정한 신탁통치 문제를 정확히 이해하는 속에서 민족자주의 정신에 의해 해결해 나가도록 하자고 촉구하고, 중요한 것은 자주독립정부를 하루 빨리 수립하는 것이므로 신탁통치라는 말에 너무 구애되지 말고 미소공위가 다시 열리도록 좌우합작을 이루어내자고 역설했다. 미소공위 재개에 협력하도록 하기 위해 그는 조공과 달리 반탁세력을 합리적 논거로 설득시키고자 고심에 고심을 거듭했다. 6월 11일 기자단과의 회견에서 좌우합작을 지지하면서 우익의 신탁통치 반대는 샌프란시스코회의에서 신탁통치를 할 지역에 대해 규정한 것을 잘못 이해한 결과라고 주장했다. 그는 그 규정은 ① 구(舊)위임통치 지역 ② 패전국에 속한 식민지 ③ 자립할 수 없는 약소국 등인데, 우익의 반대운동은 한국이 제2항에 속한다고 오신(誤信)하는 데에서 나온 것이지만,⁹⁸ 자신은 삼상회의 결정은 우리 주권과 내정을 침범하지 않는 것으로 믿는다고 밝혔다.⁹⁹ 7월 1일 좌우합작에 대한 관점을 밝힌 담화에서는 삼상회의 결정은 샌프란시스코에서 제정된 국제헌장의 약소민족 조항에 비하면 민족적 권리를 인정하는 데 일단의 전진을 보인 것으로 인정되고, 더욱이 민주주의적 조선 자주독립정부 수립과 미·소·영·중 4국의 공동원조 표시는 국제헌장에 규정된 신탁통치의 지배적 특질을 거세했다고 지적했다. 그러나 4국 원조의 요항(要項)과 방법, 기한은 우리 (임시)정부의 자주적 의사와 요구에 의거하도록 해야 한다고 강조했다.¹⁰⁰ 그리고 좌우합작운동이 고비에 이르렀을 때, 『조선인민보』 1946년 9월 11~12일자에 기고한 장문의 「민주정당활동의 노선」이라는 글에서 연합국의 정치적·경제적·군사적 공세, 지배·구속·간섭·국제기지화 등은 연합국의 공동 원조 결의에 위반되므로 그러한 기도에는 거부·항쟁하여야 하며, 조선민족의 자주권을 인정한 독립 보장과 원조에 위배되는 모든 기도와 실천에 단호히 항쟁해야 할 것이라고 강경한 톤으로 주장했다.

## 5 맺으며

건맹은 강령의 첫번째로 각인각파를 대동단결하여 거국일치로 일본제국주의 제 세력을 구축하고 조선민족의 자유와 독립을 회복할 것을 내세웠다. 여운형은 해방정국에서 좌와 우가 정치세력으로 엄연히 존재하고 미군과 소련군이 들어와 있기 때문에, 좌우합작이 이루어지지 않으면 통일국가가 수립될 수 없다고 판단하여 노동자·자본가·민주당·공산당 등이 참여하는 좌우합작을 성사시키기 위해 혼신의 노력을 기울였다. 더욱이 한국은 유라시아대륙의 동방에서 북방세력과 남방세력이 접합하는 위치에 있고 세계 최강국의 이해가 걸려 있어 그런 측면에서라도 자주국가 건설과 유지 발전은 좌우의 협력으로만 가능하다고 판단했다.[101] 뿐만 아니라 조선민족의 이러한 국제적 제약성을 십분 인식해 자주적 노력을 기울이는 능력에 따라 지정학적인 약점은 강점으로 전화되어 세계정치에서 발언권을 확보할 수 있고 연합국 원조도 적극적으로 활용할 수 있다고 주장했다.[102] 여운형은 또한 연합국은 우리가 주인으로서 맞이해야 하며, 그러기 위해서는 좌우합작의 민족적 기구가 있어야 한다고 생각했다.

해방을 맞으면서 여운형이 건맹을 모체로 건준을 조직한 데에는 주체적으로 치안 등을 맡고 각종 기구와 시설 및 자재를 접수·보호하고, 인민대표회의를 소집해 건국 사업에 박차를 가하기 위해서였지만, 8월 11일경

이만규에게 말한 바와 같이 연합국을 자주적으로 맞이해야 한다는 의도가 깃들어 있었다. 건준 중앙조직을 보면 그가 얼마나 균형 있는 좌우연합에 심혈을 기울였는가를 알 수 있다. 그렇지만 8월 말, 9월 초 미군 상륙이 임박하면서 건준에서 우익이 대거 빠져나가고 일제 말에 시국을 방관하던 세력이 중심이 되어 임정추대운동을 벌이자 여운형은 박헌영의 인공 결성 제안에 동의했다. 여운형이 동의한 데에는 필자가 분석한 바와 같이 박헌영이 인공 결성에서 그의 온건 노선을 수용한 것이 작용했다. 또한 인공을 결성한 이유로 연합국을 주인으로서 맞이해야 한다는 점을 제시했지만, 이는 중경 임정 추대에 대한 대응이기도 했다. 인공은 급조되었고, 정부부서까지 발표함으로써 미군정·우익의 심한 반대와 반발을 샀다. 여운형과 조공 주도의 인공 또한 상호 갈등이 커졌고, 여운형·인민당은 필자가 구체적 사례를 들어 제시한 대로 11월 20일 열린 전국인민위원회대표자대회를 외면했다.

여운형은 조공과의 차별성을 분명히 하면서 좌우합작에 돌파구를 마련하기 위해 11월 12일 인민당을 조직했다. 필자는 인민당 발당 시 여운형의 국가 건설 방향에서 그가 어떠한 국가상을 생각하면서 좌우합작을 추진했는가를 밝혀내는 데 치중했다. 여운형은 프롤레타리아독재를 반대했고, 영국의 노동당 집권처럼 선거와 의회를 통해 진보세력이 집권하는 '새로운 민주주의'를 선호했다. 그는 한국인의 일반적 정치의식 수준이 낮다고 생각했고, 지도자건 대중이건 민주주의국가 생활 경험이 없는 점을 중시했다. 이러한 인식 아래 그는 일부 반동분자를 제외하고 노동자, 자본가, 민주당, 공산당이 모두 참여하는 좌우합작을 성사시키고자 했다. 좌우합작은 10월 16일 이승만이 귀국하고, 11월 23일에 중국에서 김구 등 임정요인들이 환국함으로써 활기를 띠는 듯했다. 그러나 중경 임정 추대 측과 인공 지지 측의 대립은 약화되지 않았고, 기대를 걸었던 김구 등의 임정 요인

여운형 사망 후 해체 무렵의 좌우합작위원회.

은 법통을 강하게 고수하여 좌우간의 협력은 좀처럼 진전되지 못했다.

　1945년 12월 하순 모스크바에서 미·소·영 외상이 한국 문제에 대해 합의한 사항은 연합국의 유일한 결정이어서 여운형은 이것을 대단히 중시했고, 이에 신중히 대응해야 한다고 생각했다. 그러나 서울에서 반탁투쟁이 격렬하게 일어나고, 며칠 후 조공이 삼상회의 결정을 지지함으로써 좌우대립은 더욱 첨예해졌다. 그러한 와중에서 인민당, 조공, 국민당, 한민당은 1946년 1월 7일 연합국의 자주독립 보장은 전면적으로 지지하되 신탁통치는 자주독립 정신에 의해 해결한다는 '4당 공동 코뮤니케'를 발표하기에 이르렀다. 대단히 중요한 4당 합의였다. 그렇지만 이 합의는 바로 파기되었다. 여운형은 반탁 정국에서 신탁통치는 반대하지만 반탁투쟁을 제지해야 했고, 신탁통치를 지지하는 조공과 협력해 좌우합작을 이룩해야 하는 지난한 과제에 직면했다. 필자는 이 글에서 여운형의 신탁통치 반대와 김구·이승만·한민당의 반탁투쟁이 '독립'과 '자주성' 등에서 어떻게 다른가, 여운형이 좌우합작운동에서 신탁통치를 어떠한 문제의식을 갖고 해결하려 했나를 부각하고자 했다.

여운형은 좌우합작에 의해서만 통일국가 건설이 가능하다고 확신했고, 좌우합작으로 삼상회의 결정에 주체적으로 대응해 반드시 임시정부 수립이 성사되도록 해야 한다고 판단했지만, 그것은 거의 불가능한 작업이었다. 여운형이 지적한바, 대부분의 지도자들이 정치훈련이나 정치적 견식을 갖지 못했다는 점도 작용했겠지만, 대국적 견지에서 풀어나가려는 의지를 보이지 않았고 계급적 이해관계와 주도권 의식이 아주 강했다. 그리고 미국과 소련은 이들 정치세력과 결합하여 자신의 국가이익을 관철하고자 했다. 그러나 여운형은 암살당할 때까지 난관을 헤쳐나가면서 김규식 등과 함께 좌우합작운동을 전개했다.

## 2장
## 주

1 2006년도 국사편찬위원회의 한국사 남북협력사업 기초조사·연구 지원비를 받아 집필한 논문임.
2 최상룡, 『미군정과 한국민족주의』, 나남, 1988(1971년 일본 동경대학 대학원 박사학위논문을 국내에서 출판한 것임); 김남식, 『남로당연구』, 돌베개, 1984(1975년에 펴낸 『실록 남로당』을 개제한 것임); 커밍스, 『한국전쟁의 기원』, Princeton University Press, 1981.
3 심지연, 『이강국연구』, 백산서당, 2006, 50쪽.
4 최상룡, 앞의 책, 85~86쪽.
5 박달환, 「여운형론」, 『인물』 1946. 4, 68쪽(김남식·이정식·한홍구 편, 『한국현대사자료총서』 8, 돌베개, 1986에 수록. 이 자료총서는 『총서』로 약칭할 것임).
6 여운홍, 『몽양 여운형』, 청하각, 1967, 159쪽.
7 이동화, 「8·15를 전후한 여운형의 정치활동」, 『여운형전집』 2, 한울, 1993, 150쪽(『창작과비평』 1978년 여름·가을호에 실린 것을 전재한 것임).
8 심지연, 『인민당연구』, 경남대학교극동문제연구소, 1991; 정병준, 『몽양 여운형 평전』, 한울, 1995.
9 인공 선언에는 전국인민대표회의라고 쓰여 있고(민전 편, 앞의 책, 87쪽), 『전국인민위원회대표자대회의사록』에는 전국인민대표대회, 전국인민위원대표대회로(전국인민위원회 편, 『전국인민위원회대표자대회의사록』, 조선정판사, 1946, 28~29쪽(『총서』 12), 이만규의 저서에는 전국인민대표대회라고 쓰여 있다(이만규, 『여운형투쟁사』, 민주문화사, 1946, 259쪽).
10 이동화는 박헌영이 여운형의 집을 찾아가 밀의를 한 것은 전국인민대표자대회가 열리기 불과 수일 전이었다고 기술했다(이동화, 앞의 글, 152쪽). 박일원은 9월 4일 허헌 병실에서 박헌영, 여운형, 정백, 허헌 등 4인이 밀회하여 인공 창립과 그 구성인물을 협의 결정했다고 기술했다(박일원, 『남로당총비판』 1948(김남식편, 『남로당연구자료집』 2, 고려대학교출판부, 1974, 335쪽). 그러나 이처럼 구체적인 사실을 다른 기록에서는 발견할 수 없는 것으로 보아 박일원의 주장은 신빙성이 약하다.
11 여운홍, 앞의 책, 162쪽.
12 안재홍의 건준 이탈 과정에 대해서는 윤민재, 「한국의 현대 국가형성과정에서 중도파의 위상에 관한 연구, 1945~1950」, 서울대 사회학과 박사학위논문, 1999, 76~78쪽 참조.
13 김남식, 앞의 책, 46쪽.
14 이동화, 앞의 글, 151쪽.
15 최상룡, 앞의 책, 86~88쪽.
16 이만규, 앞의 책, 223쪽.
17 건준 선언은 『매일신보』 1945년 9월 3일자 보도(국사편찬위원회편, 『자료 대한민국사』 1, 1968, 44쪽. 이 자료집은 『자료』로 약칭할 것임)에 따랐다.
18 이만규, 앞의 책, 225~226쪽.
19 이만규는 8월 11일경 여운형이 연합군이 들어오면 우리의 투쟁을 인식시켜 우리의 권리를 주장하고, 조선 정권 수립에 간섭하지 말 것 등 4개항을 제시하겠다고 자신에게 말했다고 기술했다(앞의 책, 186쪽).
20 9월 6일 회의에 참석한 사람들의 숫자도 자료에 따라 차이가 많다. 이강국은 1945년 12월에 쓴 글에서 1500명에 달했다고 기술했으나(이강국, 『민주주의 조선의 건설』, 조선인민보사후생부, 1946, 3

21 쪽. 『총서』 11), 인공 선언에는 1,000여 명으로 쓰여 있고(민전 편, 앞의 책, 87쪽) 조공 측에서는 대개 1,000여 명으로 주장하였다. 그러나 이만규의 저서 259쪽에는 근 1,000명으로, 김남식의 저서 46쪽과 이기형의 저서 210쪽에는 약 500~600명으로 쓰여 있는데, 1,000명을 안 넘은 것은 분명하다.
21 인민위원 55명에 포함되어 있는 김병로, 김성수 등의 경우 연락이 가능했는데도 인민대표회의 소집을 이들에게 알리지 않았다고 한다(최상룡, 앞의 책, 86쪽).
22 인공의 정강, 선언, 시정 방침은 민전에서 편집한『조선해방연보』, 87~88쪽에 의거했고, 건준의 강령 선언은 『매일신보』 1945년 9월 3일자에 의거했다.
23 이동화는 허헌과 최용달이 기초하여 통과된 조선인민공화국임시조직법(일종의 헌법)은 결코 인민공화국헌법의 유형에 속하는 것이 아니라 자본주의국가의 민주주의헌법을 본뜬 것이라고 기술했다(이동화, 앞의 글, 152쪽).
24 전국인민위원회 편, 앞의 책, 29쪽
25 『매일신보』 1945. 9. 19(『자료』 1, 99쪽).
26 김남식은 인민위원 54명 가운데 38명(72%)이 공산당원이었다고 기술했는데(1명 미상. 김남식, 앞의 책, 47쪽) 정확성에 논란의 여지가 있지만 대략의 면모는 가늠할 수 있다고 하겠다. 한 기록에는 9월 6일 열린 인민대표회의가 4시간 동안 진행되었다고 기술했는데(『백민』 1945. 12, 17쪽. 『총서』 7), 이 회의에서는 임시국가조직법안 국호 인민위원·후보위원·고문의 선정 문제를 다루었던바, 미리 계획한 대로 통과시킨 것이 아니라 각각의 사항에 대해 토론을 한 것으로 보인다. 참석자 다수는 박헌영 측에서 연락해 모였을 것이다.
27 이만규, 앞의 책, 260쪽. 이기형은 앞의 저서에(211쪽), 이동화는 앞의 글에(152쪽) 원래 주최측의 복안은 조선민주공화국이었다고 기술했다.
28 『매일신보』 1945. 10. 2(『자료』 1, 175~177쪽).
29 이만규, 앞의 책, 263~265쪽. 이와 함께 여운홍, 앞의 책, 160쪽 참조.
30 이만규, 앞의 책, 28~31쪽.
31 서중석, 앞의 책, 254~264쪽 참조.
32 인공의 정부부서는 『매일신보』 1945년 10월 15일자 참조(『자료』 1, 100~101쪽).
33 이만규, 앞의 책, 239~242쪽.
34 여운형은 좌우인사들이 한자리에 모인 자리에서 어제 하지가 다른 말을 다 제쳐놓고 "당신 일본 사람한테 얼마나 받았느냐"고 물었다고 전했다. 있을 수 없는 면박에 여운형은 "하도 어이가 없어"라고 이어서 말했다(「신조선 건설의 大道―민족 통일전선을 염원 각 정당 수뇌간담회」, 『조선주보』 1945. 10. 15, 7면. 『총서』 9). 이 좌담회는 10월 5일 열렸다고 되어 있는데, 그것이 정확하다면 '어제'가 오기일 것이다.
35 이만규, 앞의 책, 241~242쪽.
36 아놀드 성명과 인공 중앙인민위원회의 성명, 그리고 아놀드 성명에 대한 각계 인사의 반응은 『매일신보』 1945. 10. 11~14 및 『자유신문』 1945. 10. 13 참조(『자료』 1, 226~235쪽).
37 이만규, 앞의 책, 242~246쪽.
38 전국인민위원회 편, 앞의 책, 78~79쪽.
39 전국인민위원회 편, 앞의 책에 수록된 전국인민위원회대표자대회의사록과 확대집행위원회 회록(會錄)에 의거했음.
40 『자유신문』 1945. 11. 7(『자료』 1, 349쪽).
41 예컨대 『매일신보』는 1945년 10월 13일자 보도에서 각당대표협의회에 건맹, 조공, 한민당, 국민당 등 4개 정당 대표가 참석했다고 보도했다(『자료』 1, 245쪽). 건맹은 10월 26일 열린 각정당행동통일

위원회에도 참가했다(『매일신보』 1945. 10. 29. 『자료』 1, 313~314쪽).
42 『자료』 1, 60~61쪽.
43 심지연, 『한국현대정당론』, 창작과비평사, 1984, 자료 287~288쪽 수록.
44 한민당 발기인인 조병옥과 원세훈은 9월 14일 중경에 있는 김구 등에게 "일본 총독은 여운형을 통해 친일정부를 세우려고 시도했었습니다" 등의 내용이 담긴 서한을 보냈다(『동아일보』 1982. 12. 17. '비화 미군정 3년'에 인용된 미 제24군단 서류 목록).
45 이만규, 앞의 책, 228쪽.
46 같은 책, 275쪽.
47 조선인민당 편, 『인민당의 노선』, 신문화연구소출판부, 1946, 3~10쪽(『총서』 11). 이 연설은 꽤 긴데도 불구하고 어디에서도 사회주의 색채를 찾아보기 어렵다.
48 같은 책, 13쪽.
49 이만규, 앞의 책, 230쪽.
50 『동아일보』는 1946년 1월 인공 측에서 농민들한테 여운형이 대통령감이고 김구, 이승만, 송진우 등은 문제가 있다는 풍설을 유포시키고 있다고 보도하면서 그러한 예들을 소개했다(『동아일보』 1946. 1. 14. 『자료』 1, 837~838쪽).
51 이만규, 앞의 책, 272쪽.
52 『매일신보』 1945. 8. 17(『자료』 1, 11쪽).
53 조선인민당 편, 앞의 책, 4~5쪽.
54 이 부분에 대한 『매일신보』 보도는 일부가 잘 보이지 않기 때문에 이만규, 앞의 책, 268쪽을 참조했음.
55 해방 후 부르주아민주주의혁명은 여러 가지 의미로 사용되었다. 원로 공산당원인 조동호는 여운형과 비슷한 의미로 사용했는데(조동호, 「조선혁명의 현단계」, 『혁명』 1946. 1), 인민당 간부인 김오성은 조공의 '8월테제'에 가까운 논리를 폈다(김오성, 「민주주의와 인민전선」, 『개벽』 1946. 4). 해방정국의 상황을 읽게 해주는 대목이다.
56 여운형, 「우리나라의 정치적 진로」, 『학병』 1946. 1, 5쪽(『총서』 9).
57 일제의 여운형 경찰신문조서 검찰신문조서 공판조서(이상은 『여운형전집』 1, 한울, 1991, 391~648쪽에 수록) 및 이만규, 앞의 책, 98~99쪽 등 참조.
58 『전집』 1, 544쪽.
59 여운형, 「인민을 토대로 하는 정치」, 『혁진』 1946. 1(『전집』 1, 260쪽).
60 여운형, 「민주주의국가 건설의 先務」, 『인민과학』 1946. 3(『전집』 1, 282쪽).
61 여운형, 「통일전선 낙관」, 『조선인민보』 1945. 12. 7(『전집』 1, 251쪽).
62 백남운은 『조선민족의 진로』, 신건사, 1946, 10~11쪽에서 한국의 무산대중은 역사적으로 혁명성을 내포한 것이지만 아직 자기 본위의 민주주의를 실현할 정도로는 발전되지 못해서 연합성 민주주의를 실현하지 않을 수 없다고 지적했는데, 그의 연합성 민주주의는 여운형의 좌우합작론과 취지가 비슷하다.
63 『자유신문』 1945. 12. 8(『자료』 1, 536쪽).
64 여운형, 「민주주의국가건설의 先務」, 『인민과학』 1946. 3, 53쪽(『총서』 8).
65 여운형, 「통일전선 낙관」, 『조선인민보』 1945. 12. 7(『전집』 1, 251쪽). 여운형의 다른 발언도 그러한 점이 있지만, 이 발언에는 다소간 조공에 대한 정치적 배려가 개입돼 있다고 보아야 할 것이다.
66 김남천, 「여운형」, 『신천지』 1946. 2, 27쪽(『총서』 8).
67 조선인민당 편, 앞의 책, 16쪽.
68 여운형, 「피문은 筆鋒에 기대가 크다」, 『혁명』 1946. 1(『전집』 1, 262쪽).

69 여운형, 「편향과 의존은 禁物」, 『조선인민보』 1946. 4. 6(『전집』 1, 284쪽).
70 여운형은 거의 같은 시기에 쓴 「정국과 우리의 임무」에서 '불순한 친일파'라는 말을 사용했다(여운형, 「政局과 우리의 임무」, 『인민평론』 1946. 7(『전집』 1, 286쪽).
71 서중석, 앞의 책, 275~281쪽.
72 조선인민당 편, 앞의 책, 16~17쪽.
73 이만규, 앞의 책, 270~271쪽.
74 같은 책, 225~226쪽.
75 같은 책, 256~258쪽.
76 이 점에 대해 하지는 여운형에게 신탁통치가 결정된 것도 아니고 다만 제의된 것이라고 말했다(조선인민당 편, 앞의 책, 40쪽).
77 이 기사는 출처가 워싱턴 모 통신사로 되어 있다. 국제통신기관의 모략 또는 국제적 모략이라는 이 기사와 관련해서는 정용욱, 「1945년 말 1946년 초 신탁통치파동과 미군정 – 미군정의 여론공작을 중심으로」, 『역사비평』 2003 봄호 참조.
78 서중석, 앞의 책, 305~317쪽.
79 『동아일보』 1945. 12. 28(『자료』 1, 679~680쪽).
80 심지연, 『인민당연구』, 59쪽. 1945년 12월 이전 신탁통치에 대한 여운형의 입장은 김원덕, 「여운형의 민족통일전선연구」, 건국대학교 정치학과 박사학위논문, 1995, 148쪽 참조.
81 『서울신문』 1945. 12. 29(『자료』 1, 695~698쪽). 출처가 29일자 신문이므로 28일 발표한 것을 『자료』 1 편집자가 29일로 처리했을 수도 있음.
82 『자유신문』 1945. 12. 30(『자료』 1, 710~711쪽). 출처가 30일자 신문이므로 29일 발표한 것을 『자료』 1 편집자가 30일로 처리했을 수도 있음. 『동아일보』 1945년 12월 30일자 보도는 미육군성에서 발표한 코뮤니케로 되어 있어 삼상회의 결정인지 알기 어렵게 되어 있다.
83 『서울신문』 1946. 1. 1(『자료』 1, 724~726쪽).
84 『중앙신문』 1946. 1. 1(『자료』 1, 726쪽).
85 『중앙일보』 1946. 1. 3; 『조선일보』 1946. 1. 4(『자료』 1, 747~749쪽).
86 조선인민당 편, 앞의 책, 64쪽.
87 『조선일보』 1946. 1. 9(『자료』 1, 783~784쪽).
88 좌익이 삼상회의 결정 러시아어본에 신탁통치가 오뻬까로 되어 있다는 것을 안 것은 1월 초쯤으로 보인다. 신탁통치는 미국이 주장했고, 임시정부 수립을 소련이 주장했다는 사실을 명확히 안 것은 1월 24일 소련 타스통신에서 삼상회의 결정 과정을 자세히 보도한 이후였다(서중석, 앞의 책, 321, 324쪽).
89 조선인민당 편, 앞의 책, 39~41쪽.
90 같은 책, 34~36쪽.
91 같은 책, 36~37쪽.
92 같은 책, 42~43쪽.
93 같은 책, 49쪽.
94 민주주의민족전선선전부 편, 『민주주의민족전선결성대회의사록』, 조선정판사, 1946, 108쪽(『총서』 12).
95 최상룡, 앞의 책, 203쪽.
96 커밍스, 앞의 책, 217쪽.
97 우익도 미소공위와의 협력이 필요하다고 판단될 때에는 여운형과 비슷한 논지를 폈다. 제1차 미소

공위가 휴회되기 직전 『동아일보』 주간 설의식은 삼상회의에서 신탁통치를 결정한 일이 없다고 지적하면서 삼상회의 자체를 전적으로 반대할 하등의 이유와 명분이 없다고 주장했다(설의식, 「'삼상'과 '반탁'은 별개」, 『동아일보』 1946. 5. 4). 이 논설은 설의식이 반탁 진영의 미소공위 참가 근거를 마련해주기 위해 썼다. 이미 안재홍은 4월 8일 방송에서 설의식과 맥이 통하는 논리로 반탁진영의 공위 참가를 촉구한 바 있었다(안재홍, 「자력건설과 자주건국—미소공위협의참가와 탁치반대」, 『민세 안재홍전집』 2, 지식산업사, 1983, 112~116쪽).

98 『중외신보』 1946. 6. 12(『전집』 1, 296쪽).
99 『독립신보』 1946. 6. 12(『전집』 1, 299쪽). 미군사령부가 최초로 삼상회의 결정 텍스트를 받은 1945년 12월 29일 정오에 하지는 주요 정당 영수를 초청해 그 내용을 설명했는데, 그때 이미 신탁통치제는 주권의 침해가 아니라고 말했다(미군사고문단정보일지 약칭 G—2보고 1, 1945. 12. 30. 497쪽. 『한림대학교 아시아문화연구소 자료총서』 2, 1988~1989 영인). 그런데 삼상회의 결정 제1항의 임시정부 위상은 신탁통치 내용과 비슷하게 애매한 점이 있다.
100 여운형, 「통일공작에 대한 관점」, 『현대일보』 1946. 7. 2(『전집』 1, 302~304쪽).
101 『독립신보』 1946. 5. 26.
102 여운형, 「건국과업에 대한 사견」 상, 『독립신보』 1946. 10. 18.

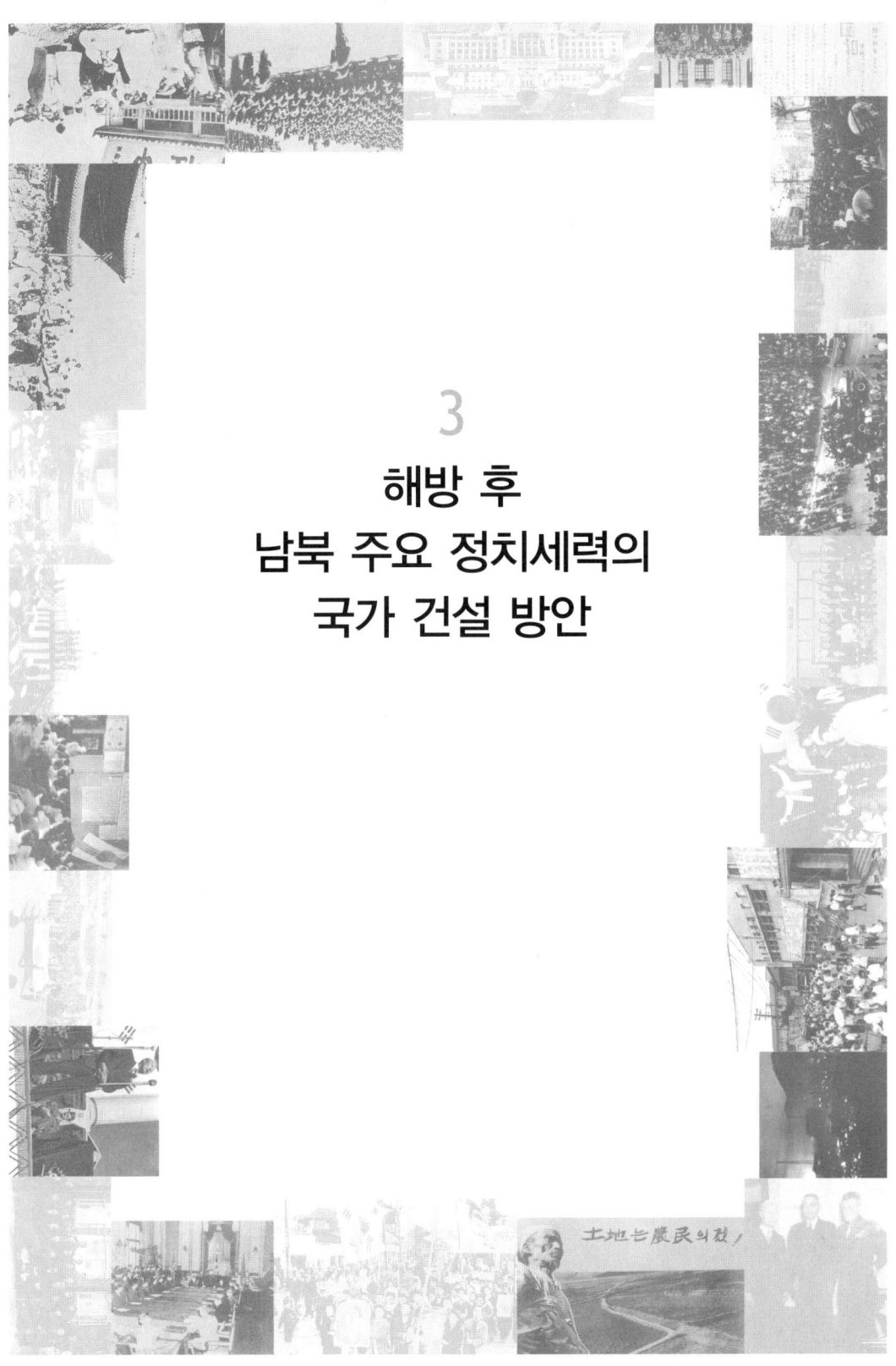

# 3

# 해방 후
# 남북 주요 정치세력의
# 국가 건설 방안

## 1  들어가며

한국은 1,000년 이상이나 단일민족국가를 중앙집권적 형태로 발전시켜왔으나, 정작 근대적인 민족국가(nation state)는 아직까지도 건설하지 못했다.[1] 따라서 근대민족국가의 건설은 한국사 최대 과업이었다. 19세기 후반에는 자본주의 열강 또는 제국주의의 침략 속에 자주적 근대화를 이루지 못했고, 20세기에 들어오면서 반식민지 상태에 빠졌다. 그리고 근대민족국가를 건설하여 근대사회를 발전시키는 데 가장 중요한 시기였던 20세기 전반기는 한국 역사상 처음으로 외국의 식민지, 그것도 전근대적인 요소가 많았던 일본의 식민지가 되었다. 한국인은 1945년 8월 해방됨으로써 민족국가를 건설할 계기를 맞이하였으나, 미소의 압도적 규정력 아래 한국 역사상 최초로 국토가 분단되어, 한반도에는 상호 대립되는 두 국가가 출현하였다.

반(半)식민지·식민지라는 상황 때문에 한국에서의 국가 건설은, 서유럽에서처럼 초기 부르주아국가를 거쳐 부르주아지와 사회주의자가 국가권력을 장악하기 위한 경쟁을 벌이는 형태로 '순차적'인 과정을 밟으면서 진행되었다고 보기 어렵다. 한말의 과제는 근대국가의 형성과 함께 반제

투쟁에 두어졌다. 이어 일제에 의한 식민지 지배를 받게 되었던바, 제1차 세계대전 종전, 3·1운동의 발발과 함께 임시정부가 만들어지고 사회주의가 급속히 퍼져가면서 국내외에서 국가권력 형태를 둘러싼 체제경쟁이 벌어진다. 하지만 사회주의자도 민족주의자도 반봉건투쟁을 수반한 항일 반제 민족해방투쟁에 치중하여 싸웠다. 그러므로 국가권력 형태를 둘러싼 본격적인 체제경쟁은 해방이 되면서 나타났고, 그것은 대단히 치열한 양상으로 전개되었다. 해방정국을 특징짓는 좌우대립이란 바로 그러한 체제경쟁을 가리키는 것이다.

해방정국의 체제경쟁은 몇 가지 특징이 있었다. 첫째 방금 지적한 바와 같이 한국은 초기 부르주아국가도 제대로 형성하지 못한 채 식민지가 되었고, 식민 상태에서 벗어나자마자 심한 체제경쟁에 즉각 돌입하였다는 점이다. 근대적 민족국가를 세우지 못한 채 자본주의와 사회주의의 체제경쟁에 들어간 것이다. 둘째, 한국에서의 자본주의의 발전은 식민지 이식형이어서 한국인 자신에 의한 자본주의 발전은 낮은 수준에 머무른 데다 그것도 식민체제 안에서의 발전이었다. 요컨대 반봉건적인 식민지 지주제가 당시 한국인의 다수를 규제한 주된 생산양식이었다. 해방정국에서의 좌우대립은 이와 같은 물적 조건 아래에서 전개되었다. 셋째 한국은 오랫동안 일제의 침략과 지배를 받았기 때문에 민족 문제가 민족국가 건설에 중요한 해결 과제로 제기되었다. 그런데 친일파, 반민족행위자 숙청으로 대표되는 민족 문제는 좌우대립과 직접 맞물려 있었다. 마지막으로, 이 점이 실질적으로는 가장 결정적으로 작용했는데, 해방정국에서의 국가권력을 둘러싼 체제경쟁은 자본주의를 대표하는 미국과 사회주의를 대표하는 소련의 한반도 분할 점령, 그리고 양국의 정책과 깊이 연관되어 진행되었다는 점을 지적해야겠다.

해방 직후 대체로 우익은 부르주아민주공화국과 혼합경제 또는 사회

1946년 3월 20일 덕수궁 석조전에서 열린 미소공동위원회.

민주주의적 경제를 지향했고, 좌익은 인민위원회체제와 사회주의적 경제를 지향했다고 볼 수 있지만, 국가 건설 방안이 구체화되고 고정되는 데는 어느 쪽이든 시일을 필요로 했다. 당시 좌우대립이 정책대결로 나타나지 못한 점이 작용하였기 때문이기도 하지만, 상황에 따라 정책이 바뀌어갔고, 초기에는 주요 정치세력이 연합 형태로 정책을 발표한 경우가 많았기 때문이다. 또 기본적으로 목표가 뚜렷했다 하더라도 그것을 대외적으로는 감추어야 할 필요도 있었으며, 시간이 흐름에 따라 정책이 구체성을 띠기도 했음을 지적할 수 있다.

중요 정치세력의 국가 건설 방안이 구체적이면서도 상당히 분명하게 틀지워 나타난 것은 1947년 6~7월경이었다. 1차 미소공동위원회와는 달리 처음 출발할 때에는 협조가 잘되는 듯했던 2차 미소공동위원회에서는

1947년 5월 29일 민주주의조선임시정부의 구조와 원칙에 관해 합의를 보았고(공동성명서 제10호), 이어 공동결의 제5호와 6호를 작성하였다. 공동결의 제5호에서는 민권, 임시정부의 형태, 중앙정부, 지방정권 기구, 사법기관 등에 대하여 남북조선의 민주 제 정당 및 사회단체에 질문서를 보냈으며, 공동결의 제6호에서는 일제 잔재의 청산 문제, 경제정책, 산업조직, 노동, 임금, 사회보험 등에 관해 자문을 구했다. 그러므로 공동결의 5호 및 6호에 대한 답신안은 구체적일 수밖에 없어 각 정치세력의 국가 건설 방향을 잘 알아볼 수 있도록 되어 있다. 또한 이 시기에 이르러서는 각 정치세력이 꽤 확연히 분화되었기 때문에, 노선이나 입장이 분명해졌고 그것을 분명히 밝힐 수 있게 되었다는 점도 유의할 필요가 있다.

그래서 이 글에서는 주요 정치세력의 국가 건설 방향이 어떠한 역사적 과정을 거쳐 공동결의 5호와 6호에 대한 답신으로 나타나게 되었는가, 그것이 의미하는 바는 무엇인가에 초점을 맞춰 검토하였다.[2]

미소공위와의 협의에 참가 신청을 한 정당과 사회단체는 463개로 집계되었고, 이 가운데 435개 단체가 답신안을 제출했다.[3] 그러나 이 글에서는 남한 극우세력의 국가 건설 방안으로 임정수립대책협의회안(임협안)을,[4] 남한 중도우파세력의 것으로 시국대책협의회안(시협안)을,[5] 북한 측 안으로 북조선노동당안(북로당안)을,[6] 남한 극좌세력의 것으로 남조선노동당안(남로당안)과 민주주의민족전선안(민전안)을,[7] 남한 중도좌파세력의 것으로 근로인민당안(근민당안)을 검토 대상으로 삼았다. 당시의 주요 정치세력 가운데 이승만, 김구 세력의 건국 방안이 빠져 있으나, 당시 이들의 정치적 성격으로 보아 이들의 국가 건설 방안은 임협안과 큰 차이가 없었을 것으로 판단된다.[8]

이 글에서는 먼저 국가권력과 기구에 대한 좌우 정치세력의 견해 차이를 일별한 다음, 그것이 좌익 내, 우익 내에서는 또 어떠한 차이를 보이는

가를 살펴볼 것이다. 이 절에서는 특히 인민공화국의 성격과 관련된 부분을 논의해보고자 한다. 국가를 건설하는 데 정체(政體)나 국가기구가 외형적인 건조물이라면, 그 국가를 어떠한 사회경제적 정책으로 축조할 것인가가 중요할 터인데, 다음 절에서는 이 부분을 논의할 것이다. 여기에서는 토지 문제, 산업 국유화 문제 및 친일파 문제를 다루고자 한다. 결론에서는 중요 정치세력이 (분단된) 국가 건설에 정향되어 있었는지 (통일된) 민족국가 건설에 정향되어 있었는지를 간략히 살펴보려고 한다.

## 2 국가권력 및 기구의 구성

### 좌익과 우익의 상반된 주장

국가권력의 형태에 대해 임협과 시협은 같은 의견을 제시하였다. 시협에서는 정권 형태는 전 국민을 대표하는 민주공화정체라야 하며, 여하한 이유라도 일부 계급만의 공화정체, 곧 프롤레타리아독재 또는 인민민주독재를 용허하지 못한다고 못을 박아, 부르주아민주공화국을 건설할 것을 명백히 천명하였다. 이 점은 대한민국의 주권은 국민 전체에 속한다는 등 표현은 약간 다르지만 임협에서도 똑같이 표명하였다. 뿐만 아니라 두 단체 모두 3권분립제를 주장하면서 대통령책임제를 명시하였던바, 우익은 미국식 민주주의를 본받으려 했음을 알 수 있다. 이것은 남한 제헌국회 헌법 초안에서는 내각책임제가 채택되었고, 이승만정권하에서 많은 정치인이 내각책임제를 선호한 것과 대비된다.

좌익의 경우 남로당안이나 북로당안 모두 주로 임시정부의 일반 형태에 관해 언급했을 뿐 그것의 구체적인 형태에 대해서는 자세히 견해를 표명하지 않아 중앙정부 성격에 대해서 논의하기 어려운 점이 있다. 그러나 북로당과 남로당은 1947년 시점에서 사회주의에 이르는 과도권력의 형태를 약간은 다르게 표현하였다. 북로당에서는 인민 자신이 국가의 모든 주권을 장악한 민주주의인민공화국을 수립해야 한다고 못 박고, 임시정부는 인민 자신이 국가정책을 결정하며, 또 그것을 능히 실행할 수 있는 인민정권의 최고 기관이어야 한다고 명시하여, 인민정권 또는 인민독재공화국을 제시하였다. 그러나 남로당에서는 인민적·민주주의적 공화체로 정체를 규정하고, 군주국도 중국식의 민국 형태도 반대하며, 조선 인민의 창의와 민주주의 연합국이 규정한 형태만이 가장 적당하다고 천명하여 북로당과는 다르게 표현하고 있다. 특히 남로당안에서는 임시정부 이후 세워질 정식정부의 국가원수를 대통령으로 상정한 것이 유의된다. 양자 간에 이러한 차이가 나타나는 이유는 뒤에서 논의하겠다.

한편 중도좌파인 근로인민당은 '민주주의적 인민성격' 정부를 제시하고 최고 행정기관은 대통령 1인, 부대통령 2인, 국무총리 1인, 부총리 1인, 최고 정무체는 국무총리 이하로 구성되는 국무위원회라고 천명하였는데,[9] 이는 남로당안과도 다르다. 근민당의 정권 구상은 자세히 보도되지 않아 잘 알 수 없으나,[10] 인민대중의 의사가 반영될 수 있는 민주공화제로서, 제2차 미소공위가 개막될 때에 이여성이 제시한 인민전선적 성격의 정부가 아닌가 생각된다.[11]

지방정권이 인민위원회여야 한다는 점에 대해 남로당과 북로당, 근민당은 의견을 같이하였다. 다만 구성 방법에 대해 남로당에서는, 선거하기까지 잠정 조치로 우선 내각에서 친일 분자를 제외한 인민 가운데서 도인민위원을 선임하고, 도인민위원회에서는 같은 방법으로 하급 인민위원을 선임하고 내각의 승인을 받도록 하는 안을 제시했다. 그러나 북로당에서는 '현존하는 인민위원회'를 제외하고 나머지 지역의 지방정권체만 선거할 것을 주장하였다. 각자 당파적 입장을 분명히 견지하고 있었는데, 남로당의 방안은 남한의 현실에서 지방인민위원회 선거를 실시할 경우 여러 가지 문제로 남로당 측이 불리하게 될 것이라는 판단이 반영된 것이다.[12] 지방정권의 형태에 대해서 임협과 시협은 똑같이 도, 부(府)·시, 군, 읍·면, 리는 국가 행정구역으로, 도, 부·시, 읍·면은 지방자치단체의 단위로 삼으려 했다.

사법재판제도에 대해서도 우익과 좌익은 방안을 크게 달리하였다. 임협과 시협에서는 사법권의 독립과 3심제도, 법관의 신분보장을 주장하는 점에서 일치하였다. 특이한 점은 두 단체 모두 검찰청을 법원에 두자는 견해를 제시했다는 점이다. 남로당과 북로당은 사법기관의 골격에 대해서 대체로 비슷한 의견을 표명하였다. 두 정당 모두 3심제를 배격하고 2심제를 주장하였으며, 판사 외에 참심원이 판사와 동일한 자격으로 재판에 참석하고, 또 판사와 참심원은 선거로 뽑아야 한다는 견해를 제시하였다.

### 인민공화국과 '인민적 민주주의적 성격'에 대하여

지금까지 미소공위의 질의에 대한 답신서를 통해 주요 정치세력의 국가권력과 기구에 대한 구상과 견해를 살펴보았는데, 1947년 6~7월에 국가권력과 기구에 대해 위에서 서술한 바와 같은 방안을 제시하게 된 이유나 배경을 분석해볼 필요가 있다. 우익의 경우 지면 제약도 있고 해서 생략하려고 한다. 일제시기 국내 우익의 주류는 민족개량주의자나 친일파여서 국가 건설을 먼 후일로 미루거나 포기했고, 비타협적 민족주의자들도 국가 건설에 대해 단체 또는 조직을 만들어 지속적으로 논의하지는 못했다. 해방 후 안재홍은 신민주주의·신민족주의를 통해 국가 건설의 방향을 모색했지만, 대부분의 우익 정당과 단체는 정강이나 정책을 소극적으로 제시하는 데 머물렀다. 미국식 민주주의 또는 부르주아민주주의를 염두에 두었기 때문에 국가 형태를 심각하게 고민할 필요가 없었던 점도 작용했을 것이다.

좌익은 소련 또는 코민테른으로부터 많은 영향을 받았지만, 정치적 상황과 사회발전의 수준에 맞추어 변혁의 과제를 제시해야 했기 때문에 조직적으로 많은 논의를 할 수밖에 없었다. 해방 후 북한에는 소련군이 들어오고 남한에는 미국군이 들어온 데다가, 남한에는 국내 공산주의자들이 변혁세력의 주류를 이룬 데 반하여, 북한에서는 국외 무장투쟁 세력이 변혁을 주도하였던바, 남한과 북한의 사회주의세력은 과거의 역사나 당면 정책에서 차이가 날 수밖에 없었다.

북로당과 남로당의 답신안을 보면 우선 양자는 인민공화국과 인민위원회에 대해 그 기원이나 정통성을 달리 파악하고 있는 점이 주목된다. 남로당의 경우 인민적 민주주의적 공화체는 조선 인민이 그들의 손으로 그들의 창의에 의하여 만들어낸 정권 형태와 민주주의 연합국이 규정한 형태라고 정의했는데, 인민의 창의로 만들어낸 정권 형태는 해방 직후인 1945년 9월 6일 남한에서 만들어진 인민공화국과 그 이후 건준 지부 등을 개편한 지방인민위원회를 가리키는 것이다. 즉 남로당 답신안에서 밝힌 바대로, 해방 직후 조선 인민이 그들의 손으로 창설하여 그후 2년간 결사적으로 지지해왔다는 조선인민공화국이었다. 그러나 북조선공산당은 남한에서 만들어진 조선인민공화국을 초기부터 부정하였다. 예컨대 북조선분국을 창설한 북조선 5도 당책임자·열성자대회에서는 1945년 10월 13일 '정치노선과 조직 확대 강화에 관한 결정서'를 채택하였던바, 이 결정서에서는 "앞으로 수립되어야 할 정권은 친일 반동 분자를 제외한 모든 계층을 망라한 정권"이어야 하고, "통일된 유일한 인민의 의지를 대표하는 조선인민공화국을 수립함으로써 우리의 과제는 완전히 해결될 수 있다"라고 천명하여 서울의 기존 인민공화국을 부정하였다.[13]

북한에서 임시인민위원회가 조직된 것은 1946년 2월 8일이었다. 2월 초 북조선공산당을 비롯한 민주주의 정당, 사회단체 대표들이 임시인민위원회 발기위원회를 조직하고, 2월 8일 평양에서 북조선 민주주의 각 정당 사회단체, 행정국, 도·시·군 인민위원회 대표가 확대협의회를 소집하여 임시인민위원회를 조직하였는데,[14] 이로써 북한에는 행정상, 경제·생활상 요구되는 제 문제를 해결하기 위한 사실상의 정부기구가 출범하였다.[15] 그후 북한에서는 남한에서의 남조선과도입법의원 의원 선거보다 약간 늦게 1947년 11월 3일 도·시·군 인민위원회 의원 선거가 실시되었고, 1947년 2월 17일부터 20일까지 도·시·군 인민위원회 대회가 소집되어 북조선인민회의 대의원을 선출하였다. 그리고 북조선인민회의에서는 북조선인민위원회를 창설했다. 북로당 답신안에 나와 있는 인민 자신이 국가의 모든 주권을 장악한 민주주의인민공화국이란 어떠한 정체를 가리키는 것일까. 조선민주주의인민공화국에 대해 북로당안에서는 8·15 해방 직후 미·소 양군이 들어오기 전에 조직된 인민위원회를 발전시킨 것이라고 주장했는데, 직접적으로는 1947년 2월에 발족된 북조선인민회의와 북조선인민위원회를 모델로 한 것이었다.

북조선인민위원회의 성격은 어떠한가. 북조선임시인민위원회의 경우 창립 1주년을 맞았을 때 김일성은 그것을 북조선의 최고정권기관이라고만 설명했다.[16] 그러나 그뒤에는 민주주의민족통일전선에 입각한 인민정권으로서 인민민주주의독재의 기능을 수행하는 정권으로 평가했다.[17] 토지개혁과 민주기지노선의 공식화, 노동입법 등의 제 개혁이 이루어진 뒤 발족된 북조선인민위원회에 대해서도 당시에는 '인민들의 유일한 정권 형식'[18] 또는 '북조선의 최고정권기관'[19] 정도로만 언급했다. 그러나 뒤에 북한에서는 "북조선 인민들은 프롤레타리아독재의 기능을 수행하는 북조선인민위원회 지도하에 혁명적 민주기지를 일층 강화하기 위해서 사회주의로 이

1946년 11월 3일 북한 도·시·군 인민위원회 선거 경축 행렬.

행하는 길에 들어섰다"고 기술하거나,[20] 북조선인민위원회는 우리나라에서의 첫 프롤레타리아독재정권이라고 규정하였다.[21] 북한에서의 정치 변화를 볼 때 북조선임시인민위원회는 일정하게 인민민주주의독재의 성격을 지닌 정권이고,[22] 북조선인민위원회는 한층 강화된 인민민주주의독재정권으로서 사회주의로 이행하는 과도권력 형태라고 규정할 수 있을 것이다.

앞에서 권력의 형태를 남로당에서는 인민적 민주주의적 공화체로, 근민당에서는 민주주의적 인민성격 정부로 표현하여, 그 표현만 가지고는 성격이 명확하지 않다고 지적한 바 있지만, 이것은 남한이 미군정하에 놓여 있고, 정치 상황이 유동적·과도기적이며, 남로당의 경우 자신의 정치적 목표를 직설적으로 표현할 수 없다는 점이 작용했다.

그런데 정체로서 인민공화국에 대한 성격 규정은 일제시기에도 해방 직후에도 고정된 것은 아니었다.

인민공화국에 대한 언급은 1926년 7월 조선공산당 중앙집행위원회에서 작성한 '조선공산당선언'에 나온다. 이 선언의 본문에서는 민주공화국을 건설하되 국가의 최고 및 일체 권력은 국민의 보통선거로 성립한 입법부에 있다고 천명하여, 입법부 우위의 민주공화국을 구상하였으면서도 구호에는 "민주공화국 만세"가 빠지고 본문에는 없는 "인민공화국 만세"가 들어가 있다.[23] 따라서 이것만 가지고는 민주공화국과 인민공화국의 차이를 알기가 어렵다. 그런데 이 선언에 대한 해설 중 "민주공화국 중에도 제일 좋은 인민공화국을 요구"하였다는 말이 나오는 것이 주목된다.[24] 그러므로 이 선언에서 사용된 인민공화국이란 부르주아지가 중심이 된 서유럽의 민주공화국이 아니라 인민적인 성격이 강한 민주공화국을 가리킨다고 봐야 할 것이다. 1928년 2월 조선공산당 3차대회에서 작성한 '국제공산당에 보고하기 위한 국내 정세'와 1928년 3월 조선공산당 중앙위원회에서 토의 가결한 '민족해방운동에 관한 논강'에서는 각각 소비에트공화국 건설과 시민적 공화국 건설을 부정하고 인민공화국 건설을 제시하였다. 그러나 이 경우 인민공화국의 성격이 자세히 설명되어 있지는 않다. 다만 보통선거에 의해 국민회의-도인민회의-농민소비에트의 실현을 주장한 것으로 보아, 중앙정부 형태는 부르주아민주공화국에 가깝고, 지방정권은 인민위원회 또는 소비에트에 가까운 것으로 판단된다.[25] 이 시기 인민공화국에 대한 사회주의자들의 인식이 절충적인 성격을 띠고 있는 이유는 한국의 경우 아직 부르주아민주공화국도 세워보지 못했고, 사회경제적 수준이 낮은 데다가, 민족주의자와의 연합정권을 구상할 수도 있었으며, 소련과 같은 정체의 전 단계로 설정될 수 있는 수준의 인민공화국 수립의 선례를 찾기가 어려웠기 때문이었다. 그런데 코민테른에서 1928년에 조선 공산주의자의 임무를 규정한 '12월테제'를 작성한 이후에는 국내 공산주의자들 대부분은 일제시기 내내 이 테제의 영향을 받았기 때문에 부분적으로 인민전선을 주장하면서도 인민전선에 알맞은 정부 형태는 충분히 고려하지 않았던 것으로 보인다.

해방 직후인 1945년 9월 6일 서울에서 만들어진 인민공화국의 정체도 절충적인 성격을 띠었다. 인민공화국이란 명칭 자체도 원래는 조선민주공화국 또는 조선공화국으로 제출 또는 합의되었던 것이라고 전하며, 9월 6일 인민대표회의에서 통과된 임시조직법은 자본주의적 국가의 민주주의 헌법을 본뜬 것으로 알려져 있다. 실제로 인민공화국의 선언과 강령, 시정방침은 인민공화국이란 이름에 걸맞지 않게 온건했으며, 주석, 부주석, 국무총리, 각부 부장 등으로 구성된 정부부서도 부르주아민주공화국의 그것과 비슷하다.[26] 인민공화국이 위와 같은 성격을 띤 까닭은 그것이 여운형(건준)과 박헌영(재건파 공산당)의 합작품이었고, 미군정의 승인을 얻어보려 했으며, 이승만·김구·김성수 등의 우익까지 끌어넣으려고 계획했기 때문이었다.

1946년 4월 18일 미소공위에서 '공동성명' 5호가 발표된 직후인 4월 20일 열린 민전 중앙위원회 제2차 회의와 4월 23일에 열린 제2회 인민위원회대표자대회에서는 정부 구성에 관해 구체적인 방안들을 토의·가결했다. 이것은 미소공위의 임시정부 수립에 대한 대비였다. 그런데 이 두 중요한 회의에서도 인민공화국 문제는 분명히 결정되지 않았다. 민전에서는 국가의 전 권력은 인민에 속하고 잠정 인민대표대회를 국가의 최고권력기관으로 삼는다고 천명하면서, 동시에 대통령은 국가 행정을 총람하며 대통령과 부통령은 합의하여 중앙인민위원회(정무위원회)의 결의사항을 결재한다고 규정하였다.[27] 한편 전국인민위원회대표자대회에서는 인민위원회가 인민의 유일한 정권 형태라고 결의하면서 임시정부는 민주공화제를 실시한다고 보고하였다.[28]

1946년 4월 민전 중앙위원회에서나 인민위원회대표자대회에서 중앙

권력 형태를 절충적으로 제시한 이유는, 공산당이 주도한 이 두 회의가 인민당과 신민당의 입장도 고려해야 하는 좌익 각파의 연합 성격을 띠고 있었고, 미소공위에서 탄생될 임시정부의 형태와 관련해서도 여러 가지를 고려해야 했기 때문일 테지만, 조선공산당이 동유럽의 '인민(적) 민주주의'로부터 영향을 받았다는 점도 고려해야 할 것이다. 박헌영은 민전 보고에서 세계 민주주의를 영·미의 부르주아민주주의와, 파쇼로부터 해방된 동유럽에서 발전되고 있는 민주주의의 특별 형태, 즉 인민적 민주주의, 그리고 소련에서 행해지는 가장 진보적인 프롤레타리아 민주주의적·사회주의적 민주주의로 대별하고, 일제로부터 해방된 우리 조선에서는 둘째 형식인 인민적 민주주의의 방향으로 나아가야 한다고 천명하였다.[29] 당시 동유럽에서는 공산당과 사회당의 연합 등 좌익의 주도하에 좌우익의 연립정부, 심지어 입헌군주제도 들어섰는데, 거의 다 외형상으로는 부르주아적 민주공화제 형태를 띠고 있었다.

 그런데 박헌영의 인민적 민주주의나 남로당안에서 제시된 인민적 민주주의적 공화체는 임시정부 이후의 정식 정부가 가져야 할 정치체제가 아니겠느냐고 생각할 수도 있지만, 실제 내용상으로는 그러하지 않다는 점에 주목할 필요가 있다. 해방 직후 좌익은 연합체나 블록을 형성하거나 우당(友黨) 같은 관계를 맺고 있었으나, 공산당노선과 인민당노선은 명확히 구별되고 있었다. 박헌영이 1945년 8월 20일 작성한 것으로 알려져 있고, 그것을 보완하여 9월 20일 조선공산당 중앙위원회에서 잠정 테제로 채택한 정치노선에 대한 결정인 '현 정세와 우리의 임무', 일명 '8월테제'는 '12월테제'와 기조가 비슷하다. 이 테제에서는 같은 시기에 만들어진 인민공화국과는 크게 다르게 부르주아지와 지주의 역할을 부정적으로 보고, 사회민주주의자나 민족급진파도 배격하면서 프롤레타리아 헤게모니의 확립과 노동자·농민의 동맹을 중요 해결 과제로 제시했으며, "진보적 민주주의" 정치를 "철저히" 실시할 인민대표회의의 소집을 주장하였다. 이후 조선공산당은 북한의 영향 등을 받으며 민족통일전선의 형성에 관심을 보였지만, 1946년 2월 민전이 결성된 이후에는 우익을 반민주주의세력으로 규정하고 좌우익 사이를 매개하려는 중간파를 배격했으며, 임시정부에 민주의원 등이 참여하는 것을 반대하여 은연중 남북의 좌익세력 중심으로 임시정부를 구성할 것임을 시사했다.30 조선공산당·남로당은 신전술을 채택한 이후 우익에 대해 더욱 경직된 태도를 보였다. 1947년 5~6월 2차 미소공위가 열렸을 때에도 임시정부에서 한민당과 한독당 등 우익을 제거해야 한다고 주장했고,31 중도파를 우익의 앞잡이라고 비난하였다.32 이런 점들을 볼 때 남로당안의 인민적 민주주의적 공화체는 임시정부가 갖는 과도기적 정체라는 점과 관련지어 생각해볼 수는 있다. 그러나 기본적으로는 그것의 역사적 전통을 달리하고 있지만, 북한의 민주주의 인민공화국과 실제 권력 구성에서 큰 차이가 없으며, 동유럽의 인민민주주의 행로(行路)와 비슷하게 혁명적 성격 또는 '인민민주독재'의 성격을 띠는, 사회주의로의 이행을 위한 과도기적 권력체로 이해해야 할 것이다. 그것은 후술할 토지 문제, 산업의 국유화 문제 등에서도 드러난다.33

### 우익 내부의 차이

중도우파와 극우세력은 국가권력 및 국가기구에 대해 큰 테두리에서는 합의를 보고 있었지만, 그것을 구성하는 구체적인 방법에서는 차이를 보였다.

임시정부의 구성 방안에 대해서 시협안과 임협안이 크게 다른 것은 후술하겠다. 또한 임협과 시협은 지방정권체의 각급 행정 책임자를 정하는 방법에서 다른 견해를 제시하였다. 임협안은 도장(道長) 및 특별시장은 내무총장의 추천으로 국무총장이 임명하고, 부·시 군장은 도장의 추천으로 내무총장이 임명하고, (읍)면장은 군장의 추천으로 도장이 임명하게 되어 있다. 그러나 시협안에서는 도장은 도의회에서 선거한 2인의 후보자 중에서 대통령이, 부(시)장은 부(시)의회에서 선거한 3인의 후보자 중에서 도장이, 군(자치제가 아님)장은 도장의 추천에 의하여 내무부장이, (읍)면장은 (읍)면의회에서 선거한 3인의 후보자 중에서 군장이 임명하도록 규정했다.

사법관의 임명에 대해서도 시협안은 민주성이 강화되어 있다. 내용이 애매하지만 시협에서는 인민재판도 배심제를 채택해야 한다고 제안하여 인민재판과 배심제를 인정하는 면이 있는데, 특히 법관의 임명에서 임협과 견해를 달리하였다. 임협안에는 최고법원의 장 및 법관은 대통령이 임명하되 국회의 인준을 받게 되어 있다. 그러나 시협안에서는 대통령이 임명하되 국민의 심사에 부친다고 규정하였다. 그리고 기타 법관은 임협에서는 최고법원장과 사법총장의 의견을 징(徵)하여 대통령이 임명한다고 규정했으나, 시협안은 최고법원의 지명에 의하여 대통령이 임명하게 되어 있다. 시협은 국민의 의사가 법관 임명에 반영되어야 한다고 강조했다. 이는 기본권 보장을 훨씬 자세히 규정하고, 재산권에 대해 사회 이익과 조화되도록 할 것을 요구하고 노동자의 권리와 복지정책을 중시한 시협안과도 맥락을 같이한다.

## 3  국가 건설의 방향
―사회경제적 성격 및 친일파 문제를 중심으로

**토지개혁 및 산업의 국유화 문제**

일제 때 국내 부르주아세력 또는 우익은 토지개혁은 거의 고려하지 않았고, 소작료 인하를 그들이 소유한 신문지상을 통해 언급했다. 그렇지만 그것조차 조직적이고 지속적인 운동의 형태로 전개하지는 않았다.[34]

소작농의 참담한 현실에 자극받아 사회운동에 뛰어든 사회운동자들은 일찍부터 소작료 문제를 들고 나와 1924년 전국노농총동맹이 결성되었을 때에는 소작료를 3할로 인하할 것을 요구하였다. 조선공산당은 소작 문제에 깊은 관심을 보여, 1926년 7월 중앙집행위원회 명의의 '조선공산당선언'에서는 대토지의 몰수와 함께 소작료를 폐지할 것을 주장하고, 이 궁극적인 목표를 실현하기 위해 일본 이민을 폐지하고 동척 등의 토지 매수를 폐지하며 소작료를 3할 이내로 할 것을 요구하였다.[35] 앞서 언급한 1928년 2월에 가결한 '국제공산당에 보고하기 위한 국내 정세'와 1928년 3월에 가결한 '민족해방운동에 대한 논강'에서는 일정한 범위 내에서의 토지개혁을 주장했다. 앞의 '정세'에서는 일본인 회사와 은행의 소유지를 농민에게 반환하고, 귀족 소유 토지를 무배상으로 농민에게 반환하며, 소작인은 그 경작권을 무기한으로 취득하고 지주는 소작료를 포기할 것을 제의했다.

토지 문제는 '12월테제'에서 질적 비약을 보였다. 이 테제에서는 "조선에서의 혁명은 토지혁명 이외에 있을 수 없다", "조선에서의 토지 문제는 대지주로부터 토지를 탈취하는 것에 의해서 (……) 해결할 수가 있다"고 못을 박았다. 1930년대 이후 국내 공산주의자들은 대개 '12월테제'의 이러한 규정을 따랐다.

해방되었을 때 남한과 북한에서 공산주의자들은 서로 다른 주장을 하

북한의 토지개혁 포스터.

였다. 소련군사령부의 영향 아래에서 열린 1945년 9월의 조선공산당 평남 확대위원회에서는 민족적 대동단결을 이루기 위하여 비친일가(非親日家)의 사유재산과 사유 토지를 인정하고, 대지주 토지의 제한 몰수도 취소할 것을 표명하였다. 토지 문제에 대한 이러한 유연한 입장은 1945년 10월 10~13일에 열린 북조선 5도 당책임자·열성자대회에서도 확인되었다. 이 대회에서는 민족해방 없이는 토지혁명도 없다고 역설하였다. 그러나 인민민주주의독재 성격을 지닌 북조선임시인민위원회가 성립된 전후부터 북한 공산주의자들은 사실상 토지 문제를 혁명적으로 해결코자 했고 그것은 1946년 3월의 토지개혁으로 구체화되었다. 이후 북한에서는 북로당안의 무상몰수 무상분배안에 이르기까지 똑같은 개혁을 남한에서도 실시할 것을 지속적으로 요구하였다.

주지하다시피 조선공산당의 '8월테제'는 '12월테제'와 같이 부르주아 민주주의혁명을 제시하고, 여기에서 토지 문제의 혁명적 해결이 가장 중요하고 중심되는 과업으로 서 있다고 천명하였다. 그러나 건준이나 인민공화국은 토지개혁을 구체적으로 언급하기를 회피했다. 그리고 인공에서는 '시정방침' 제2항에서 일제와 민족반역자들의 토지를 몰수하여 농민에게 무상으로 분배하고, 지주의 토지는 소작료를 3·7제로 한다고 제시하여 농민들한테 큰 환영을 받았다.[36]

1946년 3월 북한에서의 토지개혁은 즉각 남한에 영향을 미쳤다. 인민당이나 민전이 비교적 온건한 방향에서 그것을 평가한 반면,[37] 공산당 측에서는 급진적으로 나와 북한과 같은 토지개혁을 단행할 것을 요구하였다.[38] 1946년 4월 민전 중앙위원회 제2차 회의에서는 토지개혁으로 농촌에서의 봉건적 토지소유 관계의 청소를 제시하여[39] 비교적 신축적인 입장을 보인 반면, 같은 시기에 열린 제2회 인민위원회대표자대회에서는 더욱 강경한 톤으로 무상몰수 무상분배안을 제시했다.[40] 무상몰수 무상분배안은 1946년 5월 초에 열린 전농 확대집행위원회에서 구체화되었고,[41] 그것이 1946년 7월 하순에는 신전술에 수용되어 민전 5원칙에 포함되었는데, 이는 미소공위에 제출한 남로당안으로 이어졌다. 근민당안에서도 과거의 인민당이나 여운형노선과는 다르게 무상몰수 무상분배를 주장하였다. 그렇지만 이 주장은 신축성 있게 운용될 수 있는 성질의 것이었다. 여운형의 기본 태도로 봐서도 그렇게 볼 수 있지만,[42] 이여성이 주창한 인민전선을 성사시키기 위해서도 그럴 수밖에 없었을 것이다.

남로당안에서는 무상몰수 무상분배를 요구하는 이유로 농업생산력의 급속한 발전과 농민생활의 향상 등을 제시했다. 그러나 봉건적 잔재를 청산하고 농업생산력을 높이기 위해서는 무상몰수 무상분배 방안만이 유일한 해법은 아니었다.[43] 남로당이나 북로당이 위와 같은 주장을 편 이유는, 두 당의 답신안에서도 명시되고, 북한에서 이미 실시된 바와 같이 '반민주주의 반동분자'의 경제적 지반을 제거하여 그들이 활동할 경제적 근거를 제거하기 위해서였다. 다시 말해 무상몰수 무상분배론은 '12월테제', '8월테제'에서의 부르주아민주주의혁명과 맥을 같이하는 것으로, 지주의 부르주아지로의 전환을 봉쇄하여 지주·부르주아지의 정치세력화를 차단함으로써 인민민주주의독재 또는 노농동맹을 실현하자는 데 기본 의도가 있었다.

해방 직후 우익은 중도우파조차 토지 문제에 대하여 경계를 하면서 신중한 태도를 보였다.[44] 그러다가 북한에서 토지개혁을 하자 이에 반발하면서 민주의원의 명의로 토지정책을 발표하였다. 1946년 3월에 발표된 민주의원의 임시정책 대강에서는 대지주의 토지는 적당히 보상하여 재분배한다고 천명한 바,[45] 중소지주에 대해서 언급이 없는 것이 주목된다. 우익에서는 이 시기에 부분적인 토지개혁만 실시하겠다고 나선 것이다.

그러나 1946년 5월 미소공위가 휴회되어 한독당을 제외한 극우세력은 단정 수립을 기도하고 중도우파는 좌우합작을 추진할 때, 중도우파세력은 농민적인 토지개혁안을 들고나와 그것을 좌우합작 7원칙으로 고정시켰고, 그 세부적인 실시 방안을 강구하여 시협의 토지개혁안으로 제시했다. 임협에서는 대토지는 보상액을 적게 하는 체감매상과 무상분배의 시협안에 대비되게 유상몰수 유상분배안을 들고 나왔다. 그러고는 미소공위에 참여하는 변명문을 동아일보에 게재하였던바, 「민족적 위기에 제(際)하여」라는 제하의 글에서 "이북 지주가 전부 토지를 몰수당했는데, 수천·수만 석의 소작료를 그대로 감취(甘取)하고 있는 대지주들은 이 민족 존망의 위기를 아는가 모르는가"라고 호소하여, 대지주들이 궐기할 것을 촉구하고 합작파들을 맹렬히 비난하는 것으로 끝맺어,[46] 한민당의 지주적 입장을 선명하게 피력하였다.

민족국가를 건설하는 데 산업의 국유화 문제는 토지 문제와는 달리 그다지 쟁점이 되지 않았다. 일제시기에 소부르주아적인 민족주의자들은 물론, 일부 부르주아지까지도 일제 침략하의 상황을 반영하여 자본주의적

착취 제도를 지양하여 광의의 의미지만 사회주의적 정책이 필요하다고 생각할 정도였기 때문이다. 게다가 해방 무렵의 자본주의는 일본제국주의에 의한 이식적 성격이 강했으며, 한국인 사이에는 아직 자본주의적 관계가 미숙한 상태였고, 기업의 거의 전부가 일인 소유여서 한국인 자본가층이란 무척 얇았을뿐더러 그들은 다수가 친일파란 비난을 받고 있었다. 그리하여 해방 이후 한동안은 극우세력까지도 주요 산업의 국유화에 동의했다. 그렇지만 국유화의 정도에 있어서는 주요 정치세력 간에 차이가 많았고, 시기에 따라 변화된 주장을 내놓았다.

1946년 4월에 열린 제2회 전국인민위원회대표자대회에서는 토지 문제에 관해 급진적 주장을 내놓았으나 대기업 운수기관은 국유를 '원칙'으로 하되 중소상공업은 자유 발전을 보호 장려한다고 약속하여, 사기업 운신의 폭을 꽤 열어놓았다. 그러나 남로당 답신안에서는 국유화의 폭이 커져 섬유 제화 등 중(中)산업까지도 국유 국영 또는 공영으로 경영하고 도매업도 국유 또는 공유로 경영하며 삼림도 대부분은 국유화해야 한다고 명시했다. 1946년 8월에 중요 산업 국유화 법령을 발포한 북한의 북로당에서도 비슷한 주장을 폈다. 근민당은 중요 산업은 원칙적으로 국영 형태를 취하지만, 중소자본의 자유로운 발전이 보장되어야 한다고 천명했다.

우익의 경우 시협에서는 계획생산·계획분배를 원칙으로 한다고 명시하여 사회(민주)주의체제를 지향하였고, 임협에서는 산업 전체에 대한 국가의 기획과 통제를 수립한다고 피력하여 수정자본주의적 또는 국가자본주의적 방향을 시사하였다. 국유화 문제에서는 임협에서는 대산업은 공유로 하되 국가 경영으로 하고, 중산업은 사유·사영을 주장하였으나, 시협에서는 중산업도 관민합변(官民合辦)으로 할 것을 주장하였다.

### 친일파 처리 문제

친일파 처리 문제만은 극우세력만이 입장을 달리하였다. 이것은 왜 극우세력이 분단 지향적인 정치활동을 하였는가를 설명하는 주요 근거가 된다. 중도우파에서 북로당에 이르기까지, 친일파 숙청에 대해서는 범위에 이견이 있었을 뿐 모두 동의한 까닭은, 토지개혁과 함께 친일파 숙청이 해방된 민족의 대의를 살리는 데 필수적으로 요청된다고 판단했기 때문이었다.

한민당은 1947년 7월에 친일파와 민족반역자의 숙청을 임정 수립 후 하자는 성명을 내[47] 임정에 친일파가 참여할 수 있게 했는데, 임협에서도 행정부나 국회 사법부를 구성하는 데 친일파를 배제하자는 제의를 하지 않았다. 또한 임협에서 반동분자, 반민주주의 분자의 여하는 총선거에 의해 규정되어야지 임시정부에서 판단할 일이 아니라고 주장한 것도 각별히 주목된다. 이것은 한민당 측에서 여러 번 피력한 주장인데, 실제로 남조선과도입법의원 의원선거와 같은 선거에서 친일파가 무제한 진출할 수 있었던 점에 유의해야 할 것이다. 경찰이나 지방기구의 장, 유지들 대다수가 친일파라는 당시 정황을 볼 때, 총선에 의해 면죄부를 부여하자는 주장은 친일파 처리를 유야무야하게 만들려는 의도에 다름 아니었다.

임협에서 친일파 문제가 계급투쟁, 정치투쟁의 대상이 되어서는 안 된다고 규정한 것은 해방 이후 공산당이 펴온 주장에 대한 반응임과 동시에 한민당을 미소공위 협의 대상에서 제외해야 한다는 논리에 대한 대응으로, 시협에서도 그와 비슷하게 주장했지만, 그 의도는 한민당과 크게 달랐다.

시협에서는 부일협력자와 친일파 간상배를 제외하고 진정한 애국적 혁명운동자 중심으로 임시정부를 조직할 것을 명시한 점에서 한민당·이승만과 노선을 달리했다. 그리고 처벌은 극악한 친일 분자에 한할 것을 제의했다. 근민당에서는 친일파를 일제에게 의식적으로 협력하여 조선 해방과 혁명세력을 방해하고 조선인에게 해독을 끼친 자로 정하되, 해방 이후 민주 과업에 충실한 자는 정상을 참작하고, 인적 자원을 고려하여 재교육하여 기술 방면에 등용하는 것도 고려하자고 제안했다.

남한에서 해방 직후부터 친일파 처단을 가장 강력하게 주장한 것은 조선공산당–남로당이었다. 공산당–남로당 측의 친일파와 민족반역자 규정은 1945년 11월 하순의 인민위원회 확대집행위원회에서의 규정,[48] 1946년 2월 중순 민전 결성 시의 규정[49]을 거쳐 남로당 답신안으로 나타났는데, 북로당안에도 명시되어 있고, 앞의 인민위원회·민전에서의 규정에도 나와 있는, 일제 군대에서 복무한 조선인 군인 처리 조항이 빠져 있는 것이 특색이다. 남로당안에서는 친일파를 개인별로 처벌하는 것을 넘어 친일파 집단이나 친일 분자들이 '우세한 집단'에 대해서도 제재를 가하고, 친일 분자들이 재기 불가능하도록 사회적·물질적 토대를 완성한다고 규정하여 당파적·계급적 목표를 명확히 천명하였다. 북로당안에서도 친일 분자들을 사회생활의 지도적 면에서도 반드시 배제하고, 그들의 재산을 몰수하여 반공적 활동의 물질적 기초를 소멸시킬 것을 주장하였다. 북로당의 민족반역자 규정에는 조선민족해방투쟁에 참가하였다가 변절하여 반일 애국투사를 모해한 자들이 들어 있어 유의할 만하다.

## 4 맺으며
―통일민족국가 건설의 가능성과 관련하여

주요 정치세력은 국가권력 형태나, 친일파, 토지 문제 등에서 방안 또는 입장을 크게 달리하고 있었다. 그런데 그러한 방안이나 입장을 관철시키는 데 얼마나 유연성 있게 대응하느냐에 따라 민족국가 건설의 가능성과 그 실제 모습은 큰 차이를 보일 수 있다. 해방 후 미소 양군이 남북에 주둔하고 있고, 혹독한 일제의 식민통치하에서 민족해방운동 세력이 분산되어 있었으며, 일제 통치의 악영향이 많이 남아 있는 상황에서는 '방안'보다 그것을 실현하는 과정에서 나타나는 태도가 더 중요할 수도 있었다.

좌우익은 국호 하나 가지고도 쉽게 타협을 보기가 어려웠을 것이다. 1920년대부터 대체로 보수적이고 나이가 든 층에서는 '한'(韓)이라는 국호를 선호했고, 진취적인 청년층에서는 '조선'을 선호하는 경향을 보여, 좌우합작 시에 이 문제로 다툰 바도 있었지만,[50] 미소공위에의 답신안에도 한민당 측은 한을, 남북 노동당에서는 조선을 내세웠다. 반면 근민당이나 미소공동위원회 각정당사회단체협의회(공협), 시협, 좌우합작위원회(합위) 등 중도파에서는 고려를 제의했는데,[51] 여기에는 절충해보자는 의도가 있었다.

미소공위에 대한 답신안을 보면 한민당 측과 남로당, 북로당에서는 당파성이나 계급성을 배타적으로 강하게 노출하였다. 한민당은 임시정부 구성 방법으로, 다른 정치세력과 달리 총선을 주장하였다. 시협에서 북로당에 이르는, 한민당을 제외한 주요 정치세력은 모두 다 임시정부는 미소공위의 협의 대상이 되는 각 정당·사회단체와 협의 등의 방법으로 조직할 것을 제의했다. 모스크바 삼상회의 결의에 그같이 적시되어 있을 뿐만 아니라, 총선은 집행 주체도 문제려니와, 남북의 당시 실정으로는 공정성을 보장하기 어려웠다.[52]

한민당 측은 총선에 의해 대통령과 부대통령을 뽑고 대통령이 내각을 조직하며 나아가 임시국회 의원까지도 선출할 수 있도록 하자고 제안했다. 이는 대통령한테 전권을 주어 임시정부의 앞날을 맡기자는 비합리적이고 독단적인 주장인데, 한민당이 이러한 주장을 편 까닭은 대통령에 이승만, 부대통령에 김구를 내세우기 위한 것이라는 분석도 있다. 그러나 한민당이 그러한 주장을 한 데에는 어쩔 수 없는 다른 이유가 있었다. 연립정부로서 임시정부가 구성되면 한민당 측이 설파한 그대로 한민당 측 세력이 대거 축출될 것이 예상되었다.[53] 그리고 1차 미소공위가 휴회될 무렵부터 임시정부 구성에서 이승만과 김구는 일단 제외할 것을 미국 측이 고려하고 있었고, 임정 수반에는 김규식이 될 것으로 예측되어 한민당에서는 총선을 주장한 것이다.[54] 또 한민당이 총선을 주장한 데에는 친일파가 다수 당선된 입법의원 의원선거 같은 행태나 방식을 염두에 두었을 수도 있다. 그런데 임협안에서 참으로 이상한 것은 다른 안에는 명시되어 있는 선거권자의 연령 자격 규정이 없다는 점이다. 이것은 부주의에서 온 누락이 아니었다. 같은 시기에 한민당 이승만세력 등 극우세력은, 과거 민주의원에서도 선거권을 20세 이상으로 규정했는데도 불구하고, 입법의원에서 보통선거법안을 만들 때 25세 이상으로 제한하려고 기도하여 김규식 등 중도우파와 충돌하고 있었다.[55]

앞에서 남로당과 북로당이 어떤 정권, 어떤 사회를 세우려고 구상했고 실제로 세웠나, 극우세력 또는 자산층을 정치적·경제적으로 어떻게 배제 또는 소멸시키려 했나를 살펴보았지만, 북로당에서는 북조선인민위원회를 그대로 존속시켜야 한다고 강조하였다. 북로당안에서는 임시정부를 구성하는 데, 북조선인민위원회 및 그 성원들이 전 북조선 인민의 총의로써 피선된 법적으로 권위 있는 정부기관 및 인민의 대표라는 것을 '공인'해야 할 것이며, 사법부 구성에서 이미 민주주의적 선거를 실시한 '지방'에서는 재판소 선거가 불필요하다고 주장했다.

중도좌파와 중도우파 등 민족통일전선 세력은 해방된 그날부터 민족국가 건설을 최우선 과제로 설정했다. 따라서 미소 두 나라 중 한 나라에 지나치게 기울거나 적대적인 태도를 보여서는 안 되며, 마찬가지 논리로 좌우의 어느 한쪽이 배제된 정권을 세우려는 것은 민족국가 건설을 불가능하게 하므로 연립정부를 세워야 하고, 그러기 위해서는 주체적으로 민족통일전선-좌우합작을 이뤄나가야 한다고 판단했다. 그리고 민족의 대의에 어긋나지 않게 친일파 문제와 토지 문제를 처리하고, 민주개혁을 점진적으로 실시하고자 했다. 이 점과 관련해서 중도우파의 경우 극우와 협력할 때에는 극우와의 합의를 중시했지만, 좌우합작운동에 가담한 이후에는 친일파 문제나 토지 문제에 전보다 훨씬 적극적인 자세를 보였을 뿐 아니라 극우세력을 비판함으로써, 1947년에 조성된 상황에서처럼 극우세력과 심하게 대립하게 되었다는 것에 주목해야 할 것이다.[56]

마지막으로 연방제 문제를 언급하자. 제1차 미소공위 때와도 달리 2차 미소공위가 열리는 시점에서는 남북한 간에 이질성이 어느 정도 심화되어 있었다. 따라서 남북의 현실을 어떻게 조정하여 통합하느냐를 심사숙고해야 했으며, 그 때문에 임시정부의 인적 구성이나 정책에서 남북이 서로 포용할 수 있는 체제를 찾아내는 데 노력을 기울여야 했다. 그 경우 북한의 인민위원회와 남한의 과도정부를[57] 어떻게 임시정부에서 접수하여 통일하느냐도 큰 문제였다.

연방제가 실시될지도 모른다는 추측은 미국과 소련의 이해관계 때문에도 생겨났다. 한 언론인은 미국과 소련이 각각 일방(一方)을 지키는 것이 유리하다고 판단하고, 또 질적으로 일체되기도 어려우면, 통일 정체(政体)의 명목하에 양양적(兩樣的) 이질로 나가는 길을 택할 수 있으며, 그것은 남북 자치를 전제로 한 연방정부적 체제가 아닐까 우려했다.[58]

우익은 답신안에서 연방안을 배격했다. 시협에서는 38선을 철폐하고, 미국식 또는 소련식 연방체를 채택하지 말고 확실한 단일국가 형태를 취할 것을 주장했다. 임협에서도 국체는 비연방국가인 민주공화의 단일국가여야 하고, 미국식 또는 소련식 연방체는 채택하지 않을 것임을 천명했다.

지금까지 해방 후 주요 정치세력의 국가 건설 방안을 미소공위에 대한 답신안을 중심으로 검토했지만, 미소공위나 주요 정치세력들이 각 정치세력의 방안을 협의하여 단일안으로 모아낸다는 것은 지난한 작업이었음에 틀림없다. 그러나 그러한 작업이 제대로 실행되기도 전에 미국의 대소 전략 변화에 따라 냉전이 본격화되어 한반도에 적용되었다. 그리하여 한국에는 연방제조차 논의해보지 못하고, 상대방을 괴뢰집단으로 몰아붙이며, 왕래는커녕 극단적으로 상대방을 적대시하는 두 국가가 세워졌다.

# 3장
# 주

1 근대 이전의 단일민족국가에서의 민족은 네이션(nation)과는 다른 것으로, 내셔널리티(nationality)에 해당되는 민족체 또는 준민족으로 봐야 할 것이다.
2 미소공동위원회 공동결의 5호와 6호의 질의에 대한 답신 내용에 대한 검토는 이미 심지연에 의해 이루어진 바 있다. 심교수는 「통치구조와 정책에 관한 국내 중요 정치세력의 구성」과 「남로당과 북로당의 정책구성 비교」에서 공동결의 5호와 6호의 질의 항목에 따라 주요 정치세력이 어떠한 견해를 표명했는가를 검토했다. 심지연, 『미소공동위원회연구』, 청계연구소, 1989에 수록.
3 심지연, 앞의 책, 84쪽. 단체 수는 기록에 따라 약간 차이가 있을 수 있으며(송남헌, 『해방3년사』 2, 까치, 1985, 485쪽 참조), 참가 단체의 소속 인원은 과장이 심했다. 463개 정당·사회단체는 남한 지역에 425개가, 북한 지역에 38개가 속해 있었으며, 이들 정당·단체에 의해 보고된 총 소속 인원은 7000만 명에 달했다.
4 임정수립대책협의회(임협)에서 제출한 답신안. 임협은 한민당이 주도하여 정당·노동·종교·청년·여성 단체 등 10여 단체의 대표들이 참석하여 1947년 6월 19일 결성되었는데(『한성일보』 1947. 6. 20), 7월 1일 한민당 회의실에서 답신안을 토의하여 통과시켰을 때에는 142단체가 참여했다고 한다(『한성일보』 1947. 7. 3). 이 밖에 심지연, 앞의 책, 85쪽 참조.
5 시국대책협의회(시협)에서 제출한 답신안. 시협은 1947년 6월 15일 김규식, 여운형, 안재홍, 홍명희, 최동오, 원세훈, 박건웅, 손두환, 김호, 엄우룡 등으로 발기인회가 구성되어 7월 3일 결성되었다. 김규식, 여운형을 임시주석, 윤기섭(합위), 이응진(李應辰, 청우), 손두환(근민), 정이형(합위), 서세충(을서) 등을 연락위원으로 정했는데, 중도우파적인 성향이 강했다. 시협이 만들어질 때 중도우파 중심으로 확충된 합작위원회(서중석, 『한국현대민족운동연구』, 역사비평사, 1991, 578쪽 참조)의 답신안(합위안)이나 또 하나의 중도우파 협의체였던 미소공동위원회 각정당사회단체협의회의 답신안(공협안)은 시협안과 비슷한 것으로 보인다.
6 이 안은 북로당 도·시·군당 열성자대회와 2만여 당세포회의에서 65만여 명의 당원이 토의하고, 485만여 명의 근로대중이 참여한 각종 회의에서 토의되었다고 한다. 이 안은 심지연, 앞의 책에 수록되어 있다.
7 민전이 1946년 2월에 결성되었을 때에는 조선공산당의 입김이 강했지만 인민당이나 신민당의 입장도 반영되어, 이 시기의 민전 정책은 비교적 온건했다. 그러나 남조선노동당이 결성된 이후 민전은 남로당의 외곽단체라는 느낌을 줄 만큼 남로당과 노선 차이가 없어져서 민전안은 남로당안과 거의 차이가 없다. 남로당안은 심지연, 앞의 책에, 민전안은 임협안, 시협안과 함께 새한민보사 발행의 『임시정부수립대강』에 수록되어 있다.
8 김구, 한독당의 건국 방안은 1945년 8월 28일 한독당 제5차 대표자대회에서 채택된 「선언」, 「당의」(黨義), 「당강」(黨綱), 「당책」(黨策)에 자세히 기술돼 있는 편이나, 해방 후의 상황에서 얼마나 그것들을 실현하려고 노력했는가는 분명치 않다. 김구나 이승만은 해방 후 정책이나 국가 건설 방향을 구체적으로 제시하지는 않았다. 김구는 1947년 말까지 중경 임정 추대 운동을 계속 벌였고, 이승만은 1946년부터 단정수립을 책동하였다.
9 『독립신보』 1947. 7. 9.
10 한 저서에서는 정체가 남로당은 3권귀일이고 근민당은 3권통일제라고 요약했는데(송남헌, 앞의 책,

484쪽), 이것의 의미도 분명치 않다.
11 상세한 것은 이여성,「인민전선적 정당의 성격」참조(심지연,『인민당연구』, 경남대학교 극동문제연구소, 1991, 334~340쪽에 수록).
12 박헌영은 1946년 6월 선거로 대의원을 선출, 정부를 조직하는 것에 이의를 제기하고, 아직 선거가 무엇인지 민주주의가 무엇인지 이해치 못하는 군중 또한 적지 않다면서, 조기선거는 반동분자에게 권력을 던져주는 것이라고 주장했던바, 인민위원회에 대해서 이 주장이 어떠한 의미를 갖는가도 음미해봐야 할 것이다. 박헌영,「자주독립 완성을 위하여」,『조선인민보』1946. 6. 17.
13 서중석, 앞의 책, 226쪽 참조.
14 과학원역사연구소,『조선통사』하(1958), 오월, 1989, 302쪽.
15 북조선임시위원회의 창설 배경에 대해서는 서중석, 앞의 책, 349쪽 참조.
16 김일성,「조선정치형세에 대한 보고」(1947. 2. 8), 김준엽 외 편,『북한연구자료집』1, 고려대학교 아세아문제연구소, 1969, 184쪽.
17 김한길,『현대조선역사』(1983), 일송정, 1988, 186쪽. 이와 함께 과학원역사연구소, 앞의 책, 1권, 303쪽 참조.
18 김일성,「북조선 도·시·군 인민위원회 대회를 결속하면서」(1947. 2. 20), 김준엽 외 편, 앞의 책, 218쪽.
19 김일성,「인민위원회의 선거 총결과 금후의 중심임무」(1947. 3. 22), 김준엽 외 편, 앞의 책, 237쪽.
20 과학원역사연구소, 앞의 책, 331쪽.
21 김한길, 앞의 책, 206쪽.
22 '인민민주주의독재의 성격을 지닌'이란 표현은 애매한 점이 있기 때문에 '혁명적 독재'라는 표현도 좋을 것이다.
23 조선공산당,「불꽃」제7호, 1926. 9. 1, 3~4쪽.
24 「조선공산당선언에 대하여」, 위의「불꽃」제7호, 6쪽.
25 서중석, 앞의 책, 104~106쪽 참조.
26 이상에 대해서는 서중석, 앞의 책, 217~224쪽 참조.
27 『해방일보』1946. 4. 22;『조선인민보』1946. 4. 21.
28 『조선인민보』1946. 4. 24~25.
29 『조선인민보』1946. 4. 25.
30 서중석, 앞의 책, 365쪽 참조.
31 이때의 한독당에는 안재홍 등 미소공위와 좌우합작을 지지하는 중도파가 다수 들어가 있었다는 점에 유의해야 할 것이다.
32 『독립신보』1947. 6. 10.
33 박헌영은 동유럽의 인민적 민주주의가 조선에서도 요구된다고 주장했지만, 박헌영이 구상한 민전 결성 이후의 인민적 민주주의는 동유럽에서 1940년대 중반에 나타난 정치 형태와는 구별된다. 후자는 이 시기에 때로는 '반동적' 우익을 포함하여 대부분 좌우연립정부를 구성하고 있었다. 1940년대 동유럽 각국의 정치 변화에 대해서는 시바타 마사요시,『동유럽 인민민주주의 혁명사』1·2, 사상과 정치경제연구소 역, 소나무, 1990 참조.
34 한독당의 토지 문제에 대한 애매한 처리 방안에 대해서는 서중석「일제시기·미군정기의 좌우대립과 토지문제」,『한국사연구』67, 117~121쪽 참조.
35 불꽃, 제7호 및 서중석, 앞의 책, 100쪽 참조.
36 憂國樵夫,「독립달성에 대한 일국민의 건의」,『개벽』1946. 1, 20쪽.

37 『조선인민보』 1946. 3. 19~20.
38 『해방일보』 1946. 3. 21.
39 『해방일보』 1946. 4. 22.
40 『조선인민보』 1946. 4. 25.
41 『조선인민보』 1946. 5. 13.
42 서중석, 앞의 책, 472쪽 참조.
43 남로당 쪽에서 한민당과 똑같이 중도우파의 체감매상 무상몰수 방안을 재정적 이유로 공박했는데 이것은 반드시 적절한 비판은 아니었다. 경우에 따라서는 무상몰수 무상분배 외의 방안으로도 지주제를 청산하고 농민생활을 향상시킬 수가 있었다. 이에 대해서는 서중석, 앞의 논문 136~142쪽 참조.
44 서중석, 「해방후 남한의 우익민족주의와 민족통일전선」, 『역사비평』 1992 봄, 371~372쪽 참조. 그러나 김병로 같은 사람은 처음부터 토지개혁에 적극적이었다.
45 『한성일보』 1946. 3. 19.
46 이 글은 심지연, 『한국민주당연구』 1, 풀빛, 1982, 241~246쪽에 수록되어 있다.
47 한민당, 「반탁진영 제외란 마샬씨 의사에 위반」, 심지연, 앞의 책, 277~278쪽 수록.
48 자세한 것은 전국인민위원회 서기부, 『전국인민위원회대표자대회의사록』, 조선정판사, 1946. 4, 124~125쪽 참조.
49 자세한 것은 민주주의민족전선선전부, 『민주주의민족전선결성대회의사록』, 조선정판사, 1946. 6, 90쪽 참조.
50 예컨대 1935년 중국 관내에서 민족대당인 민족혁명당을 만들 때 의열단 및 조선혁명당에서는 조선민족혁명당을, 한독당·대한독립·신한독립당에서는 한국민족혁명당을 고집하여 수일간 논쟁하다가 중국 관민에 대해서는 한국민족혁명당으로, 국내 민중에 대해서는 조선민족혁명당으로, 기타 해외에 대해서는 Korean Revolution Association으로 통일하기로 합의하고 자당에서는 그냥 민족혁명당으로 부르기로 결정했다고 한다. 고등법원 검사국 사상부, 『사상휘보』 5, 1935. 12, 92쪽.
51 송남헌, 앞의 책, 484쪽.
52 설의식, 「임정을 앞두고」, 『임시정부수립대강』, 새한민보사, 6쪽 참조.
53 함상훈(한민당 선전부장), 「민족적 위기에 제하여」, 심지연, 앞의 책, 245쪽 참조.
54 이에 대해서는 서중석, 앞의 책, 4장 「좌우합작운동과 좌경노선의 대두」 및 5장 4절 「중도파의 통일국가건설운동과 남북지도자회의」 참조.
55 서중석, 앞의 책, 584쪽.
56 서중석, 앞의 글, 「해방후 남한의 우익민족주의와 민족통일전선」 참조.
57 미군정에서는 1947년 5월 17일부로 재조선 미군정청 조선인 기관을 남조선 과도정부로 호칭하였다. 이것은 민정장관 안재홍이 건의하여 군정장관 러치가 인준하는 형식을 밟았다. 『한성일보』 1947. 6. 4 참조. 미소공위 재개 직전에 일어난 것에 주목할 필요가 있다.
58 설의식, 「남북의 질적 통합—연방적 체제는 실질적 양분」, 『한성일보』 1947. 7. 3.

# 4
# 이승만의 단정운동·
# 반공국가와 여순사건

## 1    당대 남한의 축소판이자 남한 현대사의 축소판, 여순사건

1948년 10월 19일 일어난 여순사건은 동족상잔을 가져올 제주도 출병을 거부한다고 하면서 여수 주둔 국방경비대인 14연대 병사들이 남로당 프락치인 연대 인사계 지창수 상사의 선동에 따라 일으킨 14연대 반란 사건으로부터 시작되었다. 남과 북의 두 (분단)정부가 수립된 직후에 일어난 이 사건은 5·10 선거 직전에 일어난 제주4·3사건과 같이 남한의 축소판이라고 할 수 있다.

제주4·3사건과 여순사건은 해방과 함께 시작된 민족혁명·민주주의혁명·사회혁명의 열기가 약화되는 국면에서, 특히 해방은 당연히 (통일)민족국가를 수립케 할 것이라는 민족혁명적 기대가 좌절되는 과정에서 일어났다. 또한 두 사건에는 체제 선택과 관련된 이데올로기 경쟁의 요소가 개입돼 있었다. 그렇지만 이데올로기 경쟁은 단지 자본주의와 사회주의의 경쟁으로만 일어난 것이 아니었다. 그것은 억압, 친일파 문제, 민생 문제, 토지 문제, 부패·부정 문제, 사회혼란 문제 등과 중첩되어 있었다.

제주4·3사건과 관련해서 조덕송은 『신천지』 1948년 7월호에서 "선동만으로 전 도민이 다 총대 앞에 가슴을 내어밀 것인가. 제주도 사건은 그대로 '조선의 축도(縮圖)'(강조는 필자의 것)라고 할 수 있다"라고 썼다. 문제는 그와 같이 전 도민이 총대 앞에 가슴을 내어밀게 한 것이 무엇이냐에 있다.

당시 미군정 검찰총장이었던 이인은 "고름이 제대로 든 것을 좌익계열에서 바늘로 이것을 터친 것이 제주도 사태의 진상"이라고 간결히 토로했다. 관공리, 경찰, 사설 청년단체의 폭력을 수반한 억압과 횡포, 부정·부패, 민생 문제, 친일파 문제 등이 4·3을 초래했다고 판단한 것이다. 검찰총장인데도 이데올로기 경쟁은 별것 아닌 것으로 제쳐두고 있다. 조덕송 또한 윗글에서 당국자가 주장하는 공산 계열의 선동, 모략은 근인의 하나일 뿐이라고 지적했다.

'남한의 축소판'이라는 점과 관련해서 전 도민이 총대 앞에 가슴을 내밀었다는 조덕송의 표현에 주목할 필요가 있다. 『신천지』 1948년 8월호에 실린 홍한표의 「동란의 제주도 이모저모」에도 "도민의 거의 전부가 참가할 것은 의심할 여지가 없다"라고 쓰여 있다. 여순사건은 어떠한가. 김득중은 박사학위논문 「여순사건과 이승만 반공체제의 구축」에서 봉기 주동자가 수십 명에 지나지 않는 소수였는데도 2,000명에 가까운 연대 병력이 일순간에 합류했다고 기술했다. 또한 14연대 병사들의 반란 다음 날인 10월 20일 오후에 열린 여수인민대회에 모인 군중이, 김남식의 『남로당 연구』에는 약 4만 명으로, 황남준의 「전남지방 정치와 여순사건」에는 3만 명으로 나와 있다. 당시 여수 인구로 보아 4만 명이나 3만 명은 과장된 숫자로 보이지만, 대회장은 열띤 분위기였다고 한다.[1]

남로당이 일으킨 제주4·3사건이나 여순사건에서 주민이 호응을 한 것은 당시 남한 각지에서 이승만 대통령과 미군정·이승만정부에 대한 불만이 있었기 때문이다. 단선단정은 이 시기에 두드러진 불만이나 반대, 비판의 대상이었다. 그런데 이승만은 단선단정의 상징이어서 단선단정에 대한 불만이나 반대, 비판은 이승만 대통령에 대한 불만이나 반대, 비판으로 이어질 수 있었다. 친일 경찰에 대한 불만, 분노도 컸는데, 그것 역시 이승만과 연결되어 있었다. 억압과 민생 문제, 부정부패, 사회혼란도 이 대통령과 관계있는 것처럼 인식되는 측면이 있었다.

제주4·3사건도 그러했지만, 여순사건이 일어난 데에는 남로당의 모험주의적 투쟁 행태가 선도적 역할을 했다. 이 글에서는 여순사건의 배경으로 단선단정 문제, 친일 경찰 문제, 민생 문제를 고찰하고, 그와 함께 남로당의 투쟁방식도 살펴볼 것이다.

여순사건의 발발은 당대 '남한의 축소판'으로서의 성격을 보여주고 있는데, 이 사건에 대한 이승만정부의 대응 과정에서 극우반공체제와 관련된 여러 현상이 나타난 것은 '현대사의 축소판'으로서 대단히 중요하다고 할 수 있다. 또한 현대사 최대의 비극인 민간인 집단학살이 여순사건에서부터 본격적으로 시작되어 제주도로 이어져 한국전쟁에서의 민간인 집단학살과 함께 극우반공체제 형성에 지대한 영향을 미쳤다. 이 글에서는 이러한 점들과 함께 어떤 상황에서 국가보안법이 제정되었는가를 중시하여, 여순사건이 극우반공체제와 어떤 관계를 갖는지를 고찰할 것이다.

이 글의 논지는 최근에 쟁점이 된 '이승만 건국론'을 이해하는 데 도움이 될 것이다. 이 글은 여순사건 60년을 맞이해 2008년 10월 17일에 있었던 학술토론회 '여순사건과 대한민국의 형성'에서 필자가 맡은 기조발제 「한국현대사와 여순사건」을 수정한 것이다.

## 2    이승만과 여순사건의 발발

**여순사건의 배경 1—이승만의 단정운동**

꿈같이 해방을 맞은 한국인은 곧 독립이 될 줄 알았고, 분단이 되리라고는 꿈에도 생각하지 않았다. 한국인은 분단되고 동족상잔의 전쟁을 겪은 이후에도 불원간에 통일이 될 것이라고 기대했다. 심지어 남북교류라는 말을 꺼내지도 못하게 했던 1960년대 하반기에도 거의 모든 국민이 통일되어야 한다고 생각했고, 머지않아 그렇게 되리라고 기대했다. 국토통일원이 발족된 직후인 1969년에 실시한 전국 여론조사 결과에 의하면 "통일이 꼭 이루어져야 한다"에 응답한 사람이 90.6%나 되었다. 더욱 놀라운 것은 10년 이내에 통일이 성취될 것이라고 응답한 사람이 39.5%로, 10년 내에는 안 된다고 말한 응답자 19.5%보다 두 배나 많았다. 나머지는 모르겠다고 응답했다. 10년 내에 통일이 성취될 것으로 본 사람들이 39.5%나 된다는 것은 지금 생각하면 상상하기조차 어렵다. 꼭 그렇게 되지 않으면 안 된다는 간절한 소망과 기대가 그런 식으로 표출된 게 아닐까.

분단을 눈앞에 둔 1948년에 단정수립을 반대하고 반드시 통일정부가 들어서야 한다고 생각한 데에는, 백남운이 마르크스주의 학자답지 않게 『조선민족의 진로』에서 "조선민족은 세계사상에 희귀한 단일민족"이라고 말한 바가 기본적으로 작용했다. 단일민족으로서 고려 이후 항상 하나의 국가를 세워 살아왔으므로, 해방되자 당연히 하나의 국가를 가질 것으로 알았고, 마땅히 그렇게 되어야 한다고 생각한 것이다. 북과는 달리 당시 남한 경제가 몹시 어려웠던 것이 영향을 미쳤지만, 지하자원의 분포, 공업의 분포로 볼 때 남과 북이 하나가 되어야만 경제가 좋아질 수 있다는 점도 분단을 반대한 이유였다.

이 시기에 분단되어서는 절대로 안 된다는 절박한 이유가 또 하나 있

하지 장군과 김구, 이승만.

었다. 해방 후 지도자들의 좌우대립을 지켜본 한국인은 분단되면 남북 간의 대립이 극단적으로 심해질 것이고, 뿐만 아니라 극좌극우가 각각 강대국을 등에 업고 전쟁을 일으킬 것이라고 두려워했다. 1948년에 남북협상을 촉구하거나 지지하는 성명서 등 각종 글에서 거의 빠지지 않고 나타나는 것이 전쟁에 대한 심각한 우려이다. 1948년 4월 문화인 108인은 자주 인용되는 「남·북협상을 성원함」이라는 글에서 국토 양단 이후 일어날 사태는 "저절로 민족 상호의 혈투가 있을 뿐이니, 내쟁(內爭) 같은 국제전쟁이요 외전(外戰) 같은 동족전쟁"이 필연이라고 지적했다. 이처럼 통일에 대한 열망과 전쟁에 대한 우려가 컸기 때문에, 그에 역비례해서 이승만·한민당·친일파를 주축으로 한 단정운동에 대한 비판이나 반감이 클 수밖에 없었다.

이승만 등 단정운동세력이 경원시된 데에는 단정운동에 대한 시선이

곱지 않았던 점이 작용했다. 이승만의 단정운동은 통일정부를 세우기 위해 노력하다가 불가피한 국내외정세로 어쩔 수 없이 분단정부를 세울 수밖에 없는 상황에 몰려서 나타난 것이 아니라는 점이 특색이다. 이승만의 입장은 상황이 어쩔 수 없으니, 우선 단독정부라도 세워놓고 그다음에 통일정부 수립에 매진하겠다는 태도와 거리가 멀었다. 이승만은 1946년 6월 3일에 처음으로 전북 정읍에서 남한에 단독정부를 수립하자고 한 것도 아니었다. 이러한 '정읍 발언'은 최초의 공식적인 주장이자 단정운동의 출발점이라는 점에서 의미가 있다. 그렇지만 그 이전부터 이승만은 통일정부 수립과는 거리가 먼 활동을 했고, 그 점은 미국도 잘 알고 있었다. 1948년 5·10 선거 참여자 중 유난히 이승만이 비난의 표적이 된 것은 그러한 점들과 무관하지 않다.

이승만한테는 파당성이 그림자처럼 따라다녀 미국에서의 독립운동자들 사이에서도 계속해서 분열을 일으켰다. 또한 이승만은 태평양전쟁 시기에도 내분을 일으켜 미국정부로부터 독립운동을 지원받는 데 어려움을 초래했다. 해방 후 미국무부는 이승만의 극단적인 반공주의와 파당성이 한국 문제를 풀어가는 데 도움이 안 될 것으로 판단해 그의 귀국을 억제하고자 했다. 그렇지만 좌익을 억누르고 정국의 헤게모니를 잡는 데 이승만이 필요하다고 본 맥아더사령부의 조치로 주한미군사령부의 환대를 받으며 귀국한 이승만은 독립촉성중앙협의회를 조직해 정국을 이끌어가려 했으나 곧 실패했다. 독촉중협 중앙위원을 선정하는 임무를 맡은 전형위원 7명 가운데 5명이 한민당원이어서 다른 정치세력으로부터 외면당한 것이다. 그의 거처는 비서진에 의해 인의 장막이 쳐져 국민당수인 안재홍조차 이승만을 만나기가 쉽지 않았다. 귀국하자마자 노골적인 편당 성향을 드러낸 것이다.

주한미군사령부는 모스크바 삼상회의 결정에 따라 (통일)임시정부를 수립하기 위한 미소공위가 열리자 이승만을 민주의원 의장직에서 물러나게 하지 않을 수 없었다. 그래서 미소공위가 열리기 전날인 1946년 3월 19일 이승만은 갑자기 '휴직'이라는 명목으로 민주의원 의장직을 떠났고, 김규식이 의장대리로 민주의원을 대표하게 되었다. 미국은 이승만을 (통일)임시정부를 수립하는 데 걸림돌로 파악하고 있었다. 이 무렵 이승만은, 미국이 배후에서 작용했겠지만, 폭로 사건으로 크게 망신을 당하고 있었다. 이승만이 해방되기 전인 1945년 3월 미국의 실업가 돌베어에게 자칭 주미전권공사 및 특명전권대사의 이름으로 광업권을 판 것이 말썽이 되어 언론으로부터 집중공격을 당한 것이다.[2]

그러나 미소공위가 잘 풀리지 않자 이승만이 돌연히 급부상하는 해프닝이 벌어졌다. 미국 샌프란시스코방송에서 남한단정설과 함께 이승만이 남한정부 주석이 될 것이라고 보도했는데, 이것이 샌프란시스코 4월 6일 발 AP 합동통신으로 국내에 들어온 것이다.[3] 이것은 미국이 소련과 협의해 통일정부를 수립할 경우 정부수반은 김규식이 될 수 있지만, 미소 대립으로 분단정부가 수립될 경우 정부수반은 이승만이 될 것이라는 점을 시사한 것이다.

### 이승만의 반탁투쟁은 어떻게 이루어졌나

이승만은 통일정부에 부적당한 인물이었지만, 정권을 잡기 위해서는 기회주의적인 태도를 마다하지 않았다. 1945년 연말 김구·중경 임시정부 중심으로 반탁투쟁이 치열하게 전개되었을 때 이승만은 침묵을 지키고 있다가 나중에 반탁 대열에 합류했다. 그리고 신탁통치 문제를 포함한 미소공위 활동에 협력한다고 서명하는 정당·사회단체는 미소공위의 협의 대상으로 하겠다는 '공동성명' 5호가 1946년 4월 18일 발표되자, 김구는 반탁

입장을 견지했으나, 이승만은 자신을 찾아온 미군정의 굿펠로우를 만나고 나서 4월 23일 '공동성명' 5호에 찬의를 표명했다. 그러고는 5월 8일 미소공위가 휴회하자, 5월 11일 이승만은 지방에서 "자율적 정부수립에 대한 민성이 높은 모양이며, 나도 이 점에 대해 생각한 적은 있으나 발표는 아직 못 하겠다"라고 피력했다.[4] 그리고 6월 3일 남한에 임시정부 같은 것을 수립하자는, 세상을 놀라게 한 '정읍 발언'을 한 것이다.[5] 이승만은 6월 4일 전주에서 기자들에게 정읍 발언을 인정하였고,[6] 6월 5일 이리(익산)에서는 "지금은 남조선만이라도 정부가 수립되기를 고대하며 혹은 선동중"이라고 말했다.[7] 고려의 후삼국 통일 이후 한국인 지도자로는 처음으로 한 발언이었다. 한독당, 인민당 등은 즉각 반대 담화를 발표했다.[8]

최근 일각에서는 건국절 운운하면서 이승만이 건국한 것처럼 주장하고 있다. '건국'이라는 말이 수천 년간 독립국가를 발전시켜온 우리한테 합당한가, 건국이 아니고 (분단)정부 수립이라고 하는 것이 합당하지 않겠는가 하는 논의는 일단 접어두더라도, 이승만 건국설은 역사적 사실과 거리가 먼, 한낱 신화일 뿐이다.

### 이승만 건국설의 오류

1948년 두 (분단)정부가 세워진 이래 대부분의 한국인은 분단은 미소의 냉전으로 말미암아 발생했다고 생각했다. 우리가 약하다 보니까 강대국의 힘의 논리에 의해 희생되었다는 것이다. 이승만 때문에 분단되었다고 주장한 사람이 없었던 것은 아니지만, 그것은 대개 이승만을 미워했기 때문에 나온 주장이었다. 이승만은 분단시킬 위치에 있지도 않았고, 그럴 힘도 없었다. 5·10 선거는 이승만 때문에 실시하게 된 것이 결코 아니었다. 5·10 선거에서 이승만은 제헌국회의원 후보자의 한 명일 뿐이었다.

유엔과 미국은 정부수립에 관계가 있지만, 정부수립의 주체라고 보기는 어렵다. 1947년 11월 14일 유엔총회와 1948년 2월 26일 유엔소총회는 정부수립을 위한 선거 실시를 결정했고, 유엔임시위원단과 주한미군사령부·미군정은 선거법을 확정하고 선거 날짜를 잡아 5월 10일 선거를 실시했다. 그렇지만 정부수립은 민주공화제의 주권재민 원리에 의해 이루어졌다. 보통선거에 의해 제헌국회가 구성되었고, 그 국회에 의해서 정부가 수립된 것이다.

정읍 발언을 할 무렵 이승만은, 미국은 소련에 대해서 선전포고를 하는 길밖에 없으며, 심지어 당장 그렇게 하지 않는 것은 지극히 어리석은 짓이라고 생각하고 있었다.[9] 그의 단정운동은 미소 대결을 넘어 미소전쟁이라는 대단히 위험한 사고와 직결되어 있었다. 이 시기 미국정부와 주한미군사령부는 이승만이 (통일)임시정부 수립에 걸림돌이 되고 있어서 배제해야 한다고 생각했다. 러치 군정장관은 6월 11일 정례 기자회견 석상에서 남조선 단독정부 수립을 단호히 반대했다. 하지와 러치는 이승만이 과대망상증에 사로잡혀 있다고 판단했다. 심지어 1946년 6월 초 하지는 정신과의사로 하여금 이승만과 면담하도록 추진했다.[10] 하지는 김규식과 여운형의 좌우합작운동을 지지, 지원했다.

좌우합작운동이 전개됨에 따라 뒷전으로 물러나게 된 이승만은 1946년 12월 도미하여 올리버 등과 함께 "한국은 내란의 위기 직전에 있다" "하지는 한국을 소련에 팔아넘기려 한다"라고 선동하며 단정수립 여론을 조성했다. 1947년 3월 12일 냉전이 가시화된 '트루먼독트린'이 발표되자, 이승만은 '트루먼독트린'이 모든 나라에 서광을 비추었다고 찬양하고, 그것을 자신의 공로로 선전했다. 그는 3월 22일 뉴욕에서 "미국은 30일 내지 60일 이내에 남조선 독립정부의 수립을 용허할 것"이라고 말해 파문을 일으켰다. 미국무부는 그의 발언이 광신적이며 언어도단이라고 반박했다.

1947년 5월 재개된 미소공위가 첨예한 미소 대립으로 실패하고 한국 문제가 유엔에서 토의중이던 10월 이승만은 유엔이 한국 문제를 푸는 데 실패할 것이기 때문에 총선거를 즉시 실시해야 한다고 주장했다. 미국정부는 유구한 역사를 가진 단일민족국가를 두 동강 내는 일에 직접 나서서는 안 된다고 판단해 유엔에서 한국 문제를 다루는 우회적 방식으로 나왔다. 또 분단 문제로 고민중이던 인도와 중국 대표의 의견이 반영되어 11월 14일 유엔총회에서 남북총선거안이 결의되었다. 그런데 이승만은 유엔결의를 기다릴 것 없이 분단정부를 세우자고 나선 것이다. 그의 지시에 의해 10월에 총선거촉진국민대회가 잇달아 열렸고, 그 다음 달에도 계속되었다. 이승만에 대한 비판과 반발이 거세질 수밖에 없었다.

1948년 5월 10일에 치러진 제헌국회의원 선거는 처음으로 치러진 보통선거라는 점에서 필자가 여러 글과 저서에서 주장한 바와 같이 획기적인 의의가 있었다. 그렇지만 (분단)정부 수립으로 귀결되는 것이어서 유권자의 마음을 몹시 무겁게 했다. 그것은 여론조사에서도 표출되었다. 자주 인용되는 것이지만, 한국여론협회가 4월 12일 서울에서 통행인 1,262명을 대상으로 조사한 바, 선거인 등록을 한 사람이 934명, 하지 않은 사람이 328명이었다. 등록한 사람도 84명만이 자발적이었고, 850명은 등록을 강요당했다고 답변했다.

### 이승만이 입후보한 선거구에서의 등록 방해

5·10 선거에는 이승만·한민당 등 단정운동세력도 참여했지만, 조봉암 등 통일운동세력도 참여했다. 현실적으로 분단을 막을 수 없는 시점에 왔으면, 5·10 선거에 참여해서 최선의 노력을 기울여 민주주의와 민족 대의에 부합하는 나라를 만들어야 한다고 판단한 것이다. 남북협상에 참여

했던 김구·김규식·조소앙 등과 5·10 선거에는 차마 입후보할 수 없었던 안재홍 등의 중도파 민족주의자들은 5·10 선거 이후 민족진영 단결을 모색하면서 1950년에 치러질 선거(5·30 선거)에 참여하게끔 되어 있었다(중도에 김구는 암살당함).

단정운동세력을 유권자들이 얼마나 미워했는지는 5·10 선거에서 드러났다. 민중의 지지를 받는 김구·김규식 등 중도파 민족주의자들이 참여하지 않았고, 한민당·이승만세력은 미군정하에서 막강한 위세를 자랑하던 터라 5·10 선거는 이들의 독천장이 될 것으로 예상됐다. 그런데 198명의 당선자 중 한민당으로 입후보하여 당선된 사람은 겨우 29명이었고, 이승만 지지자가 많은 독립촉성국민회도 55명의 당선자를 냈을 뿐이다. 더욱이 독촉국민회 등에서는 5·10 선거에 되도록 많은 세력이 참여해 새 정부가 폭넓은 기반 위에 세워지도록 노력하기는커녕, 선거가 시작될 무렵부터 지방에서 일부 중도파가 출마하는 것을 경계해 이들을 '공산주의자의 주구' 등으로 몰아세우면서 이들에 대항해 단정운동세력 공동 명의로 단일후보를 공천하자고 결의하여 선거판을 독식하려 했는데, 다른 결과가 나온 것이다.

5·10 선거는 억압적이거나 소연한 분위기가 있었지만, 이승만이 출마한 동대문갑구에서 꼬리에 꼬리를 물고 계속 말썽이 생긴 것을 제외하면 역대 선거 중 부정이 적은 편이었다는 점에서도 의미가 있다. 마치 1960년 3·15부정선거를 예고라도 하듯, 이승만을 동대문갑구에서 단독후보로 무투표 당선시키기 위해 서북청년회 핵심 간부 문봉제, 수도경찰청장 장택상 등의 지휘 아래 이 선거구에 입후보하려 한 최능진의 등록 서류를 날치기하고, 후보 등록 무효화 작업을 벌인 것은[1] 최초로 치러진 자유민주주의 선거를 훼손하는 행위이자 이 선거에 의해서 탄생될 대한민국정부를 모독하는 행위였다.

1948년 5·10 선거 투표 광경.

　　제헌국회의원 중 60명 내외는 대체로 김구·김규식과 성향이 비슷했다. 이들은 무소속구락부를 조직해, 국회속기록에서 볼 수 있는 바와 같이, 진취적인 헌법을 제정하는 데 앞장섰고, 부통령이나 국무총리도 김구와 조소앙을 밀어 보수적·외세의존적이고 극우 파시즘 성향이 있는[12] 단정운동세력과 싸우면서 민주주의와 민족 대의에 부합하는 대한민국을 만들고자 했다. 이승만·한민당·친일파 등 단정운동세력과 맞서 반민족행위처벌법을 제정해 친일파 처단에 앞장서고 농민 위주의 농지개혁법을 제정한 것도 같은 취지에서였다. 1949년 6월 반민특위사건, 김구암살사건, 국회프락치사건이 발생할 때까지 무소속구락부의 후신인 소장파 국회의원들이 제헌국회에서 주도권을 행사해 '소장파 전성시대'가 열렸으니,[13] 이것은 대한민국이 정부수립 시점에서부터 단정운동세력 의도대로 흘러갈 나라가 결코 아니라는 것을 뚜렷이 보여주었다.

### 여순사건의 배경 2—친일 경찰과 민생 문제

미군정기, 정부수립 직후에 소요와 폭동, 봉기가 자주 일어난 데에는 단선단정 문제와 함께 친일 경찰에 대한 반감과 민생고가 중요하게 작용했다.

해방은 모든 한국인한테 환희의 기쁨을 준 것이 아니었다. 동족을 억압, 강제연행, 수탈하고 일제의 군국주의 침략전쟁에 적극 협력한 악질 친일파들은 일제가 패망하는 것을 두려워했고, 해방이 되었을 때 암담한 심정이었다. 그중에서도 경찰이 더욱 심했던바, 해방이 되어 미군이 진주할 때까지 경찰 출근율이 20%밖에 안 된 것을 보더라도 충분히 짐작할 수 있다. 그런데 미군이 패전국인 독일·일본과 다르게 한국에서 친일 관료와 경찰을 재등용·승진시키고, 일제 말처럼 대민사업에 앞장서게 한 것은 큰 해악을 남겼다.

해방 직후 친일파는 민족의 단합과 새 사회, 새 국가 건설에 암적 존재였다. 이 때문에도 친일파 숙청은 토지개혁과 함께 최대의 민족적 과제로 떠올랐다. 김구 일행이 귀국한 직후인 1945년 12월 5일 『조선일보』가 「임시정부에 제언함」이란 사설에서 "현재 민족통일전선의 암이 되어 있는 것이 친일파 민족반역자 문제이다. 이런 도배를 신성한 우리의 건국에서 배제함으로써 후환을 단절하는 데 어느 누가 찬동치 않을까"라고 쓸 정도였다.

『조선일보』사설처럼 친일파는 통일정부를 세우는 데 암적 존재였다. 이들은 거의 모든 정치세력이 친일파 처단을 역설하거나 그것에 동조하고 있다는 것을 잘 알고 있었다. 오로지 이승만과 한민당만이 친일파 처단을 반대할 뿐이었다. 따라서 통일정부가 들어서면 자신들이 단죄의 대상이 된다는 것을 너무나 잘 알고 있어서 단정운동에 어느 누구보다 적극적으로 나설 수밖에 없었다. 이 점 때문에 친일파들은 더욱 반감을 사지 않을 수 없었고, 단정운동세력은 반민족적 세력으로 인식되었다.

주지하다시피 반탁세력은 통일세력과 분단세력으로 나뉜다. 반탁세력 중 일부가 분단세력이라는 것은 반탁운동이 벌어질 때부터 분명했다. 반탁투쟁이 치열하게 벌어지기 시작했던 1945년 12월 29일부터 거의 대부분이 친일행위자인 서울시내 경찰서장, 조선금융단 등이 반탁투쟁에 나섰고, 일제강점기 관리였던 군정청 관리들은 신탁통치 반대 총사직을 결의하고 시위행진을 했다. 이로써 그때까지 매국노, 민족반역자로 비난받으며 처단의 대상으로 지목받았던 친일파가 하루아침에 '애국자'로 둔갑했다. 친일파들은 격렬하게 반탁투쟁을 벌였다. 12월 30일 서울시청 관리들이 신탁통치 반대 총사직을 결의한 것에 이어 반탁투쟁이 최고조에 달했던 31일에 군정청·서울시청·체신국 등은 파업을 벌였고, 중경 임시정부 내무부장 신익희가 포고 1, 2호로 경무부 등 경찰을 접수하려 하자 서울시내 10개 경찰서장이 이것에 추종했다. 이들은 즉시 파면당했다.[14] 집권할 것 같은 세력한테 재빠르게 편승하려 했는데, 상황을 잘못 읽은 것이다.

친일파 하면 생각나는 사람이 이승만이다. 반민법 파동 때문에도 그렇지만, 이승만은 귀국 직후부터 친일파와 떼려야 떼기 어려운 관계가 있었다. 친일파들이 접근하기도 했지만, 이승만 자신이 친일파와의 접근이나 유착에 적극적이었다. 대한경제보국회 문제만 해도 그러했다. 친일 경제계의 거물 민규식 등은 1945년 12월 3일 돈암장에 초청받아 이승만으로부터 자금 지원 요청을 받고 경제보국회를 조직했는데, 이 단체는 이승만의 알선으로 미군정을 통해 조선은행으로부터 거액을 융자받았다는 설이 있는 등 여러 가지로 물의를 일으켰다.

장택상은, 이승만이 미군정 경찰권을 쥐고 있던 조병옥과 자신에게, 또 두 사람을 통해 경찰에게 가장 친밀한 태도를 보였다고 회고했는데, 이승만은 주민들의 원성의 표적인 친일 경찰에 대해 각별히 관심이 컸다. 장택상에 의하면 이승만은 경찰회의가 있을 때마다 회의에 참석한 경찰 간부 전원을 초대해 만찬을 같이하고 노고를 치하했으며, 경찰의 호감을 사기 위해 노력했다. 이유는 간단했다. 친일 경찰은 자신들을 보호하고 키워주기만 하면 일제한테 충성을 다한 것처럼 무슨 짓이든지 할 수 있는 파시즘이나 독재권력의 도구였다. 아직 이승만이 대통령이 되기 전인데도, 1948년에 들어서면 거의 모든 경찰서에 이승만의 사진이 걸려 있었다. 이승만과 경찰의 관계는 일제강점기 이래 민중이 경찰에 대해 지니고 있던 감정을 이승만에 대해서도 어느 정도 중첩해서 갖게끔 했다.

대구폭동으로도 불리는 10월항쟁이나 제주4·3봉기의 근저에는 기실 경찰 문제가 있었다. 10월항쟁은 경찰에 대한 증오심이 중요하게 작용했다. 가장 격렬하게 일어난 경북에서 경관 40여 명이, 그것도 잔인하게 난도질당하는 등 참혹하게 살해당했다.[15] 주한미군은 10월항쟁의 폭발이 친일 경찰에 대한 증오감에 직결되어 있음을 잘 알고 있었다. 10월항쟁에 대한 조사보고서에는 다음과 같이 쓰여 있다.

일제시대에 근무했던 한국인 경찰이 여전히 권력을 장악하고 있으며, 또한 이들 대부분이 통제하는 위치에 있기에 경찰에 대한 광범위한 적대감이 존재한다.

그렇지만 친일 경찰 간부 척결이라는 근본적인 방안 대신 다음과 같은 미봉책을 내놓았다.

권한 남용, 야만행위, 정치적 파당행위와 박해, 그리고 잔학행위와 고문을 방지하기 위해 명확하고도 분명한 지시를 반복적으로 내릴 것이며, 이러한 조치들을 실시할 뿐만 아니라, 뇌물수수와 부패를 방지하기 위해 현재의 감

사 방식을 강화할 것.[16]

여순사건 직후 한 의원은 군정 3년 동안의 행정 부패와 폭압 행위의 장본인인 경찰에 대한 원한이 민중의 뇌 속에 침투했던 것이 여순사건의 최대 원인이라고 주장했다.[17] 또 미대사관 보고서는 여순사건 때 공산주의자와 경찰 중에 어느 쪽이 더 나쁜지 모르겠다는 전언을 기술하면서, 제주도 폭동에서도 경찰의 야만성에 대해 똑같은 얘기를 들었다고 덧붙였다.[18] 경찰에 대한 주민들의 이런 감정은 여수와 순천 지방에서도 비슷했다. 또한 경비대 사병과 경찰의 갈등은 여순사건에 많은 영향을 미쳤다.

경찰과 경비대 간의 반목은 고질적인 것이었다. 경찰은 경비대가 경찰 예비대로서 사상적으로 불순하다고 생각했고, 대우와 무기 지급에서 경찰보다 낮은 것에 불만을 품은 경비대원들은 일제의 주구였던 자들이 자신들을 멸시한다고 생각했다. 경비대원들은 경찰한테 모욕당하고 얻어맞고 유치장에 갇히는 경우가 많았다.

전남에서도 경찰과 경비대 간의 충돌이 자주 일어났다. 1947년 4월 광주에 주둔했던 4연대 병사들이 순천경찰서를 습격했다. 그해 6월에 4연대 병사 300여 명이 영암경찰서를 습격한 영암 사건은 규모가 큰 사건으로 전남에서 오래 기억되었다. 여순사건 발생 직전인 1948년 9월 24일에는 구례에서 경찰과 경비대원들이 충돌했다. 당시 14연대 병사의 회고에 의하면, 여수 주둔 14연대 병사가 오락회 등에서 "나는 지서를 습격하다 왔다", "나는 순경과 싸우다 왔다"고 하면 부대원들이 일제히 함성을 지르는 상황이었다. 김계유는 반란을 일으킬 때 지창수 상사가 14연대 각 막사로 뛰어다니면서 "지금 여수 경찰이 쳐들어왔다"고 외치며 다녔고, 연병장에 모인 병사들한테 반란을 선동할 때 경찰에 대한 감정을 최대한 부추겼다고 기술했다.[19]

민생고와 공무원의 부패도 여순사건에 영향을 미쳤다. 해방 3년 동안 주민들은 물가고와 생필품 품귀, 식량 문제, 곡물 수집 문제 등으로 몹시 고통을 겪었다. 1936년을 100으로 할 때 1945년 10월의 도매물가지수는 2,672였는데, 1947년 12월에는 58,305로,[20] 2년 2개월 사이에 물가가 20배 이상이나 치솟았다. 농산물에 비해 특히 공산품의 가격이 치솟아 농민들의 생활을 어렵게 했다. 서울도매물가로 1945년 8월에 100이던 곡물이 1947년 12월에는 936이 되었는데, 직물의 경우 같은 기간에 100에서 3,482로 뛰었다.[21]

미군정은 일제 말의 공출을 수집으로 명칭을 바꾸었지만, 그렇다고 원성이 줄어들지는 않았다. 10월항쟁에도 미곡 수집과 하곡 수집이 영향을 미쳤는데, 1947년 초의 미곡 수집 반대투쟁으로 1만 명 이상의 농민이 검거되었고, 6월과 7월 경찰력을 동원한 하곡수집 강행에 또다시 반대투쟁이 전개되었다. 1948년에 들어와 미군정은 경찰력 등을 동원하여 97%라는 아주 높은 수집 실적을 올렸다. 이해 3월 절량 농가는 40%를 넘어섰다. 전남 영암에서는 기아 군중이 식량창고를 습격해 수집미를 탈취한 사건이 빈발했다. 전남 농민들은 이해 여름 전년보다 3만 5,000석이 증가한 19만 8,000석의 하곡 수집을 배당받았는데, 설상가상으로 6~7월에 태풍과 장마가 엄습했다.[22]

엄밀하게 말하면 민생고는 갓 수립된 이승만정부의 실정 때문이라고 보기는 어렵다. 그렇지만 일제의 경찰과 관리를 미군정이 받아들였고, 이들을 이승만정부가 고스란히 인수한 데다, 이승만은 이들 친일 경찰·관리를 대표한다는 인식이 작용하고 있어서 민생고로 말미암은 반감이나 원성이 이승만정부한테 고스란히 돌아갈 수 있었다.

단정운동세력은 일제강점기나 미군정기에 도덕적·정신적으로 문제가 있어 민족 앞에 떳떳하기 어려웠고, 부패 분자가 많았다. 1945년 9월 미군이 상륙하자 한민당 간부들이 미군 장교들을 향응하면서 요정정치가 유행했는데, 조병옥과 장택상 등 경찰 간부들은 요정에 자주 드나들었다. 1948년에 노덕술과 최운하 등 14명의 경찰 간부가 폭행·능욕·상해치사·시체유기 혐의로 구속되었고, 같은 해에 경찰 고위간부인 최난수·홍택희·노덕술 등은 테러리스트인 백민태를 고용해 친일파 처단 활동을 주도한 국회의원들을 살해하려 했다. 이들은 후에 기소되기도 했지만, 이승만 정부 초기에 활약했던 친일 경찰 간부들은 대개 부패나 부정, 비리 사건, 독직 사건, 권력남용 등으로 당시 신문에 자주 오르내렸다. 이미 1946년 들어서면서부터 일제 말에도 없던 수십 종의 각종 기부금을 만들어 강요했는데 이것은 시간이 갈수록 심해졌고, 친일 경찰·관리들과 결탁한 모리간상배의 준동도 많았다. 친일 경찰·관리들의 억압과 횡포, 권력남용, 기부금 강요, 부정부패, 비리, 모리간상배의 준동으로 어디에서나 주민들의 원성이 높았다.

### 여순사건의 직접적 계기―남로당의 단선단정 반대투쟁과 투쟁만능주의

앞에서 단선단정에 대해 흔쾌히 동의하지 않거나 반대하고, 이승만·한민당·친일파를 주축으로 한 단정운동세력에 반감을 품은 한국인이 각계각층에 폭넓게 존재함을 살펴보았다. 그런데 당시 민중에 대해 영향력이 컸던 김구와 김규식 등 중도파 민족주의자들은 단선단정을 반대하기는 했으나, 단선단정 반대투쟁을 벌이지는 않았다. 단선단정 반대투쟁은 남로당이 벌였다.

남로당은 한국 문제에 대한 유엔총회 결의가 통과된 직후인 1947년 11월 26일 국토를 양단하고 민족을 분열하는 단정단선을 반대한다는 성명을 발표했다. 그리고 1948년 2월 7일부터 "괴뢰적 단선단정을 분쇄"하는 투쟁을 벌였다. 5·10 선거 파괴 투쟁은 1948년 5월부터 본격화되었다. 선전선행대가 조직되고 일부 지방당에서는 소규모지만 무장대도 조직했다. 5·10 선거 반대투쟁으로 제주도에서는 두 개 선거구가 무효로 처리되었다.

여순지방에서도 5·10 선거 반대투쟁이 일어났다. 여수의 종고산, 구봉산, 마래산, 예암산 등에 단선 반대 봉화가 올랐다. 전남의 13개 학교가 단선반대 동맹휴학에 들어갔을 때 여수에서는 3개 학교가 여기에 가담해 가장 많은 수를 차지했다. 선거 당일에는 여수군 돌산면에서 수십 명의 군중이 투표소를 습격했다. 순천에서는 선거가 끝난 후에 습격 및 테러 사건이 자주 일어났다. 보성, 구례, 고흥, 광양 등지에서도 지서 등의 습격 사건이 빈번하게 발생했다.

여순사건 관계자들은 주민과 병사들에게 호소력 있게 통일과 단선단정 반대를 특별히 강조해 내세웠다. 지창수도 연병장에 모인 병사들한테 그 점을 강조했지만, '제주토벌출동거부병사위원회' 명의의 '애국인민에게 호소함'이란 성명서에는 "이승만 괴뢰, 김성수·이범석 도당들은 미제국주의에 발붙이기 위해 조국을 파는 것과 마찬가지인 분단 정권을 만들었다"라고 쓰여 있다.[23] 항일 동맹휴학을 주도해 2년형을 받았고 여수 사람들한테 신망이 있었던 여수인민위원회 위원장 이용기는 취임사에서 이승만의 단정운동을 혹독히 비난하고, 친일파와 모리간상배를 비롯해 이승만의 단선단정 추진에 앞장선 경찰과 한민당, 여러 청년단체의 악질적인 간부들을 일정한 절차를 거쳐 징치하겠다고 선언했다. 그는 그뒤에도 단선단정 문제를 자주 언급했다.[24] 그는 온건파로 경찰과 우익 인사를 난폭하게 학살하는 것을 막으려 했고, 반란군이나 남로당을 따라가지 않고 여수에서 자결했다.

단선단정 반대투쟁과 관련해서 몇 가지 논의할 것이 있다. 남로당은 모험주의나 맹동주의라고 비판받을 수 있는 투쟁 일변도의 행태를 보여주었다. 이미 1947년에도 3·1절시위, 3·22총파업, 5·1메이데이투쟁, 7·27공위경축대회 등을 서울과 지방에서 대규모로 열어 대회·시위 중심의 정당이 되어갔고, 그만큼 정치적으로 고립되어갔으며, 탄압에 직면했다. 단선단정 반대투쟁을 대규모로 전개한 2·7투쟁, 특히 5·10 단독선거 반대투쟁은 지서와 관공서 등의 습격과 테러가 병행된, 그야말로 모험주의적인 가두투쟁이었다. 동시다발적인 가두투쟁은 목표 설정 등과 관련된 치밀한 분석이 결여된 투쟁만능주의의 소산이었고, 그러한 행태는 당원들의 규율을 해이하게 했다.

남로당은 1946년 11월 조선공산당·인민당·신민당 등 3당 합당으로 탄생했는데, 엄격한 심사 없이 당원을 받아들였다. 1947년 미소공위에서 협의 대상 문제가 구체화하자 남로당은 당원 100만 명 돌파를 목표로 5배가, 10배가 운동을 전개했던바, 개별 입당 심사 없이 모집하는 방식을 취할 수밖에 없었다. 당조직 원칙이 근본부터 흔들렸다.

제주4·3사건 때의 무장봉기도 중앙당 또는 상급당인 전남도당과 상의 없이, 또 어떠한 상황이 초래될지 충분히 검토하지 않고 김달삼 등 제주지역 강경파가 주도해서 일으켰다. 그 점은 여순사건도 비슷했다. 주민들 피해는 심대했고, 당은 큰 손실을 입었다.

그런데 5·10 선거 반대투쟁에서도 그렇지만, 여순사건에서 관계자들이 단선단정을 반대한 경우 그것이 전적으로 남로당노선을 추종했기 때문인가는 더 논의해봐야 한다. 당시 김구의 영향력은 대단히 컸다. 남로당이 조직한 남조선단독선거반대투쟁위원회는 5월 5일 성명서에서 남북연석회의의 단선 보이코트를 실천하자고 호소했는데, 일반인들한테 이러한 주장은 김구와 김규식의 단선 반대 주장과 비슷한 것으로 받아들여질 수 있었다. 이승만에 대한 감정이 여순사건에 미친 점도 여러 가지로 분석할 필요가 있다. 14연대 내에 좌익의 숫자가 어느 정도였느냐는 점은 증언이 엇갈리는데, 남로당의 장교 프락치로 여순사건에서 중요한 역할을 한 김지회는 14연대 모병 과정에서 "이승만에 대해 어떻게 생각하느냐" 등의 질문을 통해 이승만에게 비판적인 사람들을 적극 입대시켰다.[25] 지창수·정낙현·최철기·김근배·김정길 등 남로당과 연결된 14연대 하사관들은 서로의 정체를 알고 있지 못했지만, 이승만정부에 반대하는 성향을 갖고 있는 점에서는 동질적인 인물들이었다.[26] 이들 하사관들이 이승만을 미워하는 점에서는 같다고 하더라도 모두가 공산주의자인지는 의문이다. 여순사건이 발발한 다음 날 여수의 한 시민이 했다는 말은 시사하는 바가 있다.

> 아마 이번 사건도 어쩌면 그놈의 이승만 땜새 일어난지도 모를 끼다. 김구씨 말대로 남북협상을 끈덕지게 해가지고 나라를 통일시켜놓고 봐야 하는 긴디 그놈의 영감태기가 얼른 대통령 해묵을라고 반쪼가리 정부를 만들어놓으니께 나라는 영영 반쪼가리가 되뿌리고 동맹파업이다 테러다 하는 것들이 자주 일어나는 거 아잉교.[27]

이승만의 단정운동을 집중 성토했던 여수인민위원회위원장 이용기도 여순사건에서의 행동을 보면 철저한 공산주의자라고 보기 어려운 점이 있다. 일각에서 북에서의 정부수립은 이승만정부 성립과는 성격이 다르다고 보고 지지한 것에는, 안재홍이 지적한 대로 이승만정부에 대한 불만이 '못 보는 곳', 곧 북을 동경하게 만들었던 점도 작용했다.[28]

## 3 여순사건과 극우반공체제의 형성

### 정치적 반대자에 대한 모해와 제거

극우반공독재 아래에서 정권은 상대가 반공주의자라도 정치적 반대자이면 모해하고 제거하고 탄압하였다. 이승만정권하에서 발생한 김구암살사건, 조봉암사건·진보당사건, 장면 부통령 저격, 경향신문사 폐간, 박정희 군사정권 치하에서 일어난 장면 총리·장도영·김동하 등의 반혁명 사건 등을 쉽게 떠올릴 수 있다. 박정권은 유신 쿠데타를 일으키면서 야당 정치인을 대거 중앙정보부에 끌고 갔고, 곧 이어 김대중납치사건을 일으켰으며, 긴급조치 1·4·9호로 자유민주주의 헌법을 부활시키려는 학생과 정치인·종교인·지식인·언론인들을 감옥으로 끌고 갔고, 반유신 활동가들을 빈번히 집 안에 연금했다. 전두환·신군부도 김대중내란음모사건 등을 조작했고, 민주 인사들을 연금했다. 극우반공체제 유지와 정치적 반대자 때려잡기는 불가분의 관계에 있었다. 그런데 여수에서 14연대가 반란을 일으키자마자 정부 수뇌층이 발 빠르게 이승만의 정적을 모해하고 탄압하는 것을 최우선 목표로 삼아 움직였다는 것은 이승만정권이나 극우반공체제를 이해하는 데 시사하는 바가 크다.

여순사건에 대해 이범석 국무총리 겸 국방부장관은 여순사건의 전모를 알 수 없었던 10월 21일 "이번 사건은 공산주의자와 또 하나 대한민국에 반감을 가진 일부 극우 정객 분자가 결탁해서", "미리부터 계획했던 음모를 이번 기회에 구체화시킨 것"이라고 일찌감치 발표했다. 22일에도 이범석은 '반란군에 고한다'는 포고문에서 14연대 반란을 "일부 그릇된 공산주의자와 '음모 정치가'(강조는 필자의 것)의 모략적 이상물"이라고 설명했다. 같은 날 김태선 수도경찰청장은 "소위 혁명의용군사건은 최능진, 오동기 등이 남로당과 결탁하여 무력혁명으로 대한민국정부를 전복하고 김일

여순사건 당시 불타는 여수 시가지.

성 일파와 합작하여 자기들 몇 사람이 숭배하는 정객을 '수령'(강조는 필자의 것)으로 공산정부를 수립하려고 공모한 사건"으로, 쿠데타를 감행하기 직전에 일당을 검거했는데, 말단 세포 분자들이 여순사건을 야기했다고 발표했다. 10월 27일에도 윤치영 내무부장관은 국회에서 여순사건에 대해 오동기 연대장이 반란을 사주, 선동하던 중 최능진을 주모로 한 혁명의용군 관련으로 체포되자 심복 동지 약 40명이 주동이 되어 반란을 야기했다고 설명했다. 10월 29일 기자가 "반란 사건 배후에 이 총리가 극우진영과 좌익 계열의 합작이라고 말한 바 있었는데 어느 정도의 사실인가?"라고 묻자 이승만 대통령은 "국무총리로부터 이에 대한 해명이 있을 줄로 믿는다"라고 답변을 회피했다. 이승만정권의 수뇌부들은 하나같이 연거푸 거짓말을 하고 있었는데, 여기에는 국민으로 하여금 그것을 믿게 하려는 의도가 숨어 있으며, 그들이 이 사건과 연관된 일정한 '계획' 또는 '음모'를 공동으로 세워놓았음을 시사한다.

　1948년 10월 1일 체포된 최능진은 안창호와 함께 수양동우회 사건으로 구속된 바 있었고, 1946년에는 조병옥의 친일 경찰 등용과 부패에 항의하다가 경찰 간부직에서 밀려났다. 5·10 선거에서는 이승만이 출마한 동대문갑구에 입후보하려 했으나 서북청년회와 수도경찰청장 장택상의 지휘 아래 경찰의 잇단 방해로 후보 등록이 취소되는 등 어려움을 겪다가 극적으로 후보 등록을 했다. 추첨에 의해 기호 1번이 된 최능진은 항일활동, 친일 경찰 처벌 요구 등으로 인기가 아주 높았다. 그러나 동대문경찰서장 윤기병은 경찰을 동원하여 본인이 스스로 날인하지 않았다는 추천인들의 진술을 받아 선거관리위원장 노진설 대법관을 찾아가 등록을 무효화시킬 것을 요청했고, 선거 2일 전인 5월 8일 선거관리위원회는 추천인 200명 중 27명이 본인 날인이 아니라는 이유로 입후보 등록 취소를 통보했다. 최능진은 제헌국회에서 대통령을 선출할 때 서재필을 옹립해 또다시 이승만에 대항했다. 이승만정권한테 미운 털이 박힐 대로 박힌 사람이었다. 광복청년회 출신의 오동기는, 여순 반란군 진압을 지휘한 하우스만에 의하면 괄괄한 우익으로, 최능진 사건에 잘못 연루되어 구속되었다. 혁명의용군사건에 대한 김태선 발표에서 가장 중요한 죄목이었던 "남북노동당과 결탁하여 무력으로 정부를 전복하고 공산정권을 세우려 했다"는 점은 재판에서 인정되지 않았다. 최능진은 3년형을 선고받았는데, 상고심에서도 무력 공산혁명 혐의가 드러나지 않아 이 사건이 정치적 조작이라는 의구심이 짙게 피어났다.[29]

　여순사건·혁명의용군사건 발표에서 가장 주목받은 사람은 이승만정권에 의해 극우의 배후로 지목된 김구였다. 시중에는 여순반란에 김구의 선동이 있었다는 등 구구한 억측이 떠돌았다. 언론에서는 이범석 등의 발표에 대해 누구를 가리키는지 분명히 하라고 압력을 가했다. 자유중국 중앙통신사 서울 특파원은 한국정부가 반란군 배후로 지목하고 있는 김구가 10월 27일 아래와 같이 말했다고 보도했다.

나는 극우 분자가 금번 반란에 참여했다는 말을 이해할 수 없다. 그들은 극우라는 용어에 다른 해석을 내리는 자신의 사전을 가지고 있는 것으로 보인다.[30]

11월 초 소련 10월혁명기념일을 전후하여 수도경찰청에서는 경찰력을 총동원해 일제 검거에 나서, 포고령 1호 및 내란음모혐의죄 등으로 수백 명을 구속했다. 그중에는 김구의 오른팔인 엄항섭과 여운형의 동생 여운홍 등 남북협상파의 주요 인물이 포함되어 있어 주목을 받았다.

한국처럼 도덕성이나 명분을 중시하는 사회도 드물었다. 김구는 이범석이 여순사건의 배후를 발표했던 10월 21일에도 기자회견을 통해 유엔총회에서 통일 문제가 적극 다루어져야 한다고 주장하여 이승만으로 하여금 분통을 터뜨리게 했지만, 그의 통일운동은 이승만의 단정운동을 도덕적인 면에서나 대의명분에서 비수처럼 날카롭게 찔렀다. 김구의 통일운동은 민중의 열렬한 지지를 받았다. 그가 지방에 내려가면 일하던 농부들조차 일손을 멈추고 그를 따를 만큼 열광적이었다.[31] 그는 이승만 대통령의 대안이 될 수 있었다. 여순사건이 발생하자마자 이승만 권력의 핵심이 그를 모해한 것은 자연스러운 일일 수 있었다. 그런데 김구 암살 행동대원인 홍종만이 여순사건 직후인 1948년 11월에 한독당에 입당한 것은 이미 그 무렵에 모해 단계를 넘어섰다는 것을 시사한다. 안두희는 홍종만의 추천으로 김학규 조직부장을 소개받아 1949년 2월경 한독당에 입당했다.

결국 김구는 1949년 6월 안두희 소위한테 대낮에 살해당했다. 김구 암살 후 장례일까지 문상객이 124만 명이나 되었고, 7월 5일 서울의 장례 인파가 그때까지 한국역사에서 유례를 찾을 수 없는 50만 명이나 되었으며,

그날 지방 중소도시에서도 분향소를 찾은 추도객이 많았다는 것은 이승만·극우반공세력의 두려움이 결코 지나치지 않았다는 것을 입증한다.

김구 암살에 대한 이승만정권의 처리 과정도 극우반공세력의 정치적 반대자 모해 및 탄압의 전형을 보여준다는 점에서 간략히 언급해둘 필요가 있다. 암살 다음 날인 6월 27일 최대교 서울지방검사장은 김학규 조직부장 등 한독당원 7명에 대해 담당 검사도 모르게 검찰총장에 의해 초법적으로 영장이 청구된 사실을 알았다. 경무대에서 최 검사장 모르게 처리하라고 지시해서 그렇게 된 것이다.[32] 이날 국방부는 안두희가 한독당 노선 때문에 언쟁 끝에 김구를 살해했다고 발표했다. 이 대통령은 7월 2일 경교장 문상 행차 전에 발표한 담화에서 김구 암살은 한독당 내 의견 차이로 일어났다고 설명했다. 9월 30일 일제 말에 고위 경찰 간부였고 김구 암살과도 관련이 있는 헌병사령관 전봉덕과 서울시경국장 김태선은 공동성명에서 7월 하순경부터 이 대통령과 이 국무총리 등 정부와 군의 요인 암살 계획을 수립했다며 한독당의 반국가적·반정부적 행위를 비난하고, "민족진영의 탈을 쓰고 파괴살상을 기도하는 사이비적 우국 도배에 대하여는 좌익공산 도배에 준하여 가차 없는 철퇴를 내릴 것"이라고 경고했다. 대한민국임시정부 여당으로 해방 후 우익 독립운동의 상징이었던 한독당은 김구를 잃은 데 이어, 이승만·한민당·친일파가 주축인 단정운동세력에 의해 졸지에 '사이비적 우국 도배'로 낙인찍혀 '좌익공산 도배에 준하여' 가차 없는 철퇴를 맞음으로써 풍비박산이 되었다.

### 주민 집단희생

여순사건은 제주4·3사건 반년 뒤에 일어났지만, 참담한 희생은 여순사건에서부터 비롯되었다. 정부수립과 전쟁을 전후해서 발생한 민간인 집단학살은 현대사 최대의 비극으로 지우기 어려운 큰 상처를 남겼다.

지역적으로 고립되어 있는 제주도와 달라서 여순사건에서 얼마나 많은 사람들이 희생되었는가는 아직도 명확하지 않다. 좌익이 저지른 잔혹한 학살도 많았다. 여수의 경우 김계유의 조사에 따르면 경찰 72명, 민간인 16명이 희생되었다. 순천에서는 더 많은 경찰과 민간인이 좌익에 의해 학살당했다. 구례와 벌교·보성·광양 등지에서도 희생자가 나왔다. 이처럼 경찰과 우익 인사의 희생도 많았지만, 군·경에 의한 희생은 이보다 훨씬 규모가 컸다. 토벌부대가 순천을 탈환한 10월 23일 경찰대가 순천읍민들을 순천북국민학교에 집합하게 했을 때의 광경을 유건호 기자는 이렇게 썼다.

주로 청년들만 모아놓은 곳이 있는가 하면, 남녀학생들만 모인 곳, 또 팬츠만 입고 벌벌 떨고 있는 벌거숭이 집단도 있다. 경찰대가 구분해놓은 것이다. 심사중인 그룹 앞에는 경찰관에게 끌려나온 사람이 충혈된 눈으로 이 얼굴 저 얼굴을 번갈아 쳐다보면서 누군가를 찾고 있고, 웅크리고 앉아서 떨고 있는 사람들은 고개를 숙인 채 그 시선을 피하려고 무진 애를 쓰고 있다. 얼굴을 들었다가 그와 시선이 마주쳐서 '저놈이다' 손가락이 가리키기만 하면 끝장이 나는 것이다. 이것이 정확한 정황 파악도 제대로 못한 채 천신만고 사건현장에 도착한 기자의 눈앞에 전개된 첫 광경이었다.[33]

사정은 여수도 비슷했다. 10월 26일 오후에 육지에서 무수히 소총, 기관총, 박격포 쏘아대는 소리와 바다에서의 쉴 새 없는 함포사격으로 여수는 아비규환의 아수라장이 되었다. 이미 14연대 반란군 주병력은 빠져나가 소수 반란군과 남녀중학생들이 주저항세력이었는데, 진압군의 공격으로 시내에 갇힌 시민들이 적지 않게 희생되었다. 주민들은 공설운동장과 종산국민학교 등 다섯 군데로 끌려갔다. 김계유는 서국민학교로 끌려가 '심사'를 받았다. 심사요원들이 '저 사람' 하고 손가락질하면 교사 뒤에 파놓은 구덩이 앞으로 끌려가 불문곡직하고 즉결처분되었다. 파리한 몰골의 앳된 젊은이들이 2~3명 혹은 4~5명씩 묶여와 교사 뒤로 끌려가면 어김없이 총소리가 나 사람들 가슴을 얼어붙게 했다. 종산국민학교 버드나무 밑에서 김종원은 여러 번 상륙작전에 실패한 것에 분풀이하듯 일본도를 휘두르며 즉결처분했다. 그는 돌산도 남면 등지에서도 인간으로서 차마 생각할 수도 없는 만행을 저질렀다. 26일 밤 내내 전남 동부지방에서 가장 큰 상설시장인 서시장에 불이 나 온통 다 타버렸다. 27일 밤에는 충무동, 중앙동 등 여수 중심지 일대에 엄청난 화재가 나 모조리 잿더미가 되었다. 빈대 잡기 위해 초가삼간 태우는 진압작전 때문이었다.

26일에 다섯 군데로 끌려갔던 주민들은 28일쯤 풀려났지만, 그때부터 부역자 색출이 시작되었다. 40세 미만의 남자 약 500명이 종산국민학교로 끌려가 12월 중순께까지 팬티만 입은 알몸으로 모진 고문을 받으며 닦달을 당했다. 차라리 죽는 것이 낫겠다는 생각이 들 정도로 고문을 당하다가 취조관한테 끌려가면 공포에 질린 혐의자를 상대로 취조가 일사천리로 진행되었다. 그리하여 취조관 재량에 따라 버드나무 밑 즉결처분장에 끌려가기도 하고 군법회의에 넘겨지기도 했다. 밤만 되면 종산국민학교에서 처형한 시체를 트럭으로 싣고 가 만성리 굴 너머에서 태웠다. 주민 희생은 당시 여수군 소속 여러 섬에서도, 순천과 보성 등지에서도 일어났다. 또한 반란군 토벌 과정에서 구례 등 지리산 지역 주민들이 대거 집단으로 희생되었다.

김종원은 일본군 지원병 출신이었는데, 여순사건에서 주민들의 희생이 컸던 데에는 백인엽 등 다수의 진압군 지휘자들이 만주군 또는 일본군 출신이라는 점과 무관하지 않을 것이다. 그들은 만주국에서 태워 없애고

굶겨 없애고 쏘아 없앤 삼광(三光)작전을 익히 알고 있었고, 군·경 재량으로 '적대세력'을 즉결처분할 수 있는 임진격살(臨陣擊殺)도 잘 알고 있었다. 그렇지만 희생이 그처럼 컸던 것은 상부에서 묵인하거나 엄벌주의로 나온 것이 작용했을 수 있다. 이승만 대통령은 부역자 색출이 한창 진행중이던 11월 5일 발표한 여순사건 담화에서 어린아이들이나 여학생들이 총질하고 심악(甚惡)한 짓을 저지른 것을 개탄하고, "남녀 아동까지라도 일일이 조사해서 불순분자는 다 제거"하라고 지시했다. 이 대통령은 10월 25일 계엄령을 선포한 후 김완룡 법무관을 불러 "임자가 가서 한 달 안에 그 빨갱이들 전부 다 재판해서 토살하고 올라오라. 그럼 계엄령을 해제하겠다"라고 말했다.[34]

군법회의의 경우 자료에 따라 차이가 있다. 한 논문에는 광주, 여수, 순천에서 열린 군법재판에서 단지 7일 동안에 무려 1,500명을 처리한 것으로 나와 있다. 그리고 각지에서 행해진 고등군법회의에서 1,931명이 재판을 받았는데, 그중 691명이 사형선고를 받았다. 다른 한 자료에는 대전 군법회의에서 4,750명이 재판을 받아 3,715명이 혐의자, 1,035명이 불기소석방자 판정을 받은 것으로 쓰여 있다. 사형은 곧 집행되었다.[35]

여수와 순천 등 전남 동부지방에서 주민이 계속 희생되고 있을 때 제주도에서 더욱 참혹한 주민 집단학살이 자행되었다. 제주4·3사건 진상규명 및 희생자명예회복 위원회(이하 제주4·3사건위원회로 줄임)에서 2003년 통과시킨(당시 위원장 고건 국무총리) 『제주4·3사건 진상조사보고서』에는 다음과 같이 쓰여 있다.

1948년 11월 중순께 강경 진압작전이 전개됐다. 중산간마을 거주자에게 통행금지를 포고하면서 이를 위반하는 자에 대해서는 그 이유 여하를 불구하고 총살에 처하겠다는 작전이었다. 1948년 11월 중순께부터 1949년 2월까지 약 4개월간 진압군은 중산간마을에 불을 지르고 주민들을 집단으로 살상했다. 4·3사건 전개과정에서 가장 참혹한 상황이 벌어진 것이다.

『제주4·3사건 진상조사보고서』에는 제주4·3사건위원회에 신고된 희생자 1만 4,000여 명의 2배쯤 되는 2만 5,000명에서 3만 명이 제주4·3사건으로 희생된 것으로 기술되어 있다. 신고된 희생자를 기준으로 보더라도 주민 집단학살이 도처에서 저질러진 것을 확연히 알 수 있다. 신고된 경우를 보면 제주읍 노형리 512명, 조천면 북촌마을 462명, 표선면 가시리 419명을 비롯해 100명 이상이 희생당한 마을이 45개나 된다.

여순사건에서 시작되고 제주도에서 한층 더 큰 규모로 자행된 집단학살은 전쟁이 발발하면서 훨씬 더 크게 일어났다. 전쟁 발발 직후 전국 거의 모든 군에서 보도연맹원과 요시찰 대상자가 형무소 재소자들과 함께 집단학살을 당했고, 11사단에 의해서 거창·고창·함평·함양·남원 등지에서 주민 집단학살이 자행되었다.

민간인 집단학살은 극우반공체제를 형성하는 데 유력한 기제로 작용했다. 전국 어디에서나 있었던 집단학살은 목격자 또는 그 사실을 들은 사람들로 하여금 시효 없는 공포를 갖게 했고, 피학살자 가족들을 따라다닌 연좌제의 굴레는 피해의식에서 벗어나지 못하게 했다. 이러한 공포와 피해의식은 극우반공체제에 순응하는 인간형을 만들었고, 극우반공체제에서의 역사에 대한 무지와 왜곡, 의식의 전도 현상이나 굴절 현상은 역으로 이 체제를 떠받치는 기둥이 되었다. 극우반공 이데올로기는 공포와 피해의식, 무지와 왜곡의 집적과 체계화, 의식의 전도 또는 굴절을 이용하여 억압적 공격성을 가차 없이 발휘하여 장기간 극우반공체제가 지배하는 암울한 사회를 만들어냈다.

**국가보안법 제정과 남용**

앞에서 언급한 바 있는 이승만 대통령의 11월 5일 담화에는 "남녀 아동까지라도 일일이 조사해서 불순분자는 다 제거하고"의 구절에 이어 "앞으로 어떠한 법령이 혹 발포되더라도 민중이 '절대복종'(강조는 필자의 것)"하라고 되어 있다. 뒷 구절은 '어떠한 법령'이 마련되고 있다는 것을 암시하고 있다. 어떠한 법령이 만들어지고 있다는 것은 10월 28일 윤치영 내무부장관의 국회 발언에서도 간취된다. 윤치영은 국회에서 경찰이 인권유린을 한다고 하지만 지금은 그러한 소리를 할 때가 아니라고 국회의원들을 윽박지르면서 공산당취체법을 시급히 제정해달라고 요청했다.

여순사건이 발발하자 국회에서는 '어떠한' 법령을 만들고 있었다. 9월 20일 김인식 의원 등이 내란행위특별조치법을 제정할 것을 동의하여 동의안이 법사위원회에 회부되었으나 별다른 진전이 없었는데, 여순사건이 거의 진압되던 10월 27일 다시 법안을 통과시켜달라는 동의안이 통과되어, 법안이 11월 9일 본회의에 제출되었다. 이때 내란행위특별조치법은 기존의 내란죄와 명칭이 중복된다는 이유로 국가보안법으로 불렸고, 이 명칭은 제2독회에서 확정되었다.

이 법안에 대한 반대 이유는 법이 제정된 이후 실제로 드러난 문제점과 상통했다. 광무 11년의 보안법이나 3·1운동 시위자들에게 적용했던 제령 7호, 그후의 치안유지법과 비슷한 성격을 가지고 있어 다수의 정치범·사상범을 만들어내게 될 것이 명확하고, 형법상의 내란죄나 살인·방화에 관한 법규 등 기존 형법으로도 공산당의 범법행위를 규제할 수 있기 때문이라는 주장이었다. 사상은 사상으로 대응해야 하며, 법집행기관의 자의적인 처벌과 남용이 우려될 뿐 아니라 남북통일에 배치된다는 주장도 제기되었다. 한 신문은 사설을 이렇게 썼다.

오늘의 정치적 혼란, 난마적인 사상의 불통일의 이 현상에서, 더구나 정부는 국회의 내각 개조론에까지 불순을 꾸짖는 이러한 이 현상에서, 이러한 법의 제정은 대한민국의 전도를 위하여서나 우리 국민의 정치적·사상적 교양과 그 자주적 훈련을 위하여 크게 우려할 악법이 될 것을 국회 제공에게 경고코자 한다. 국제정세가 미묘한 가운데 민족과 국가의 운명을 염려하는 정치론도 다기(多岐)할 수 있는 이 정세에서 국가보안법의 내용은 무서운 결과를 가져올 것이다. 더구나 사법부의 처벌에서보다도 행정부의 경찰권의 발동이 무한히 강대해질 것을 생각할 때(……)[36]

소장파 의원들(한민당의 조헌영 의원 포함)은 두 차례 폐기안을 냈고, 심의보류안, 제1조를 삭제하자는 수정동의안 등을 내며 반대했으나, 정부와 한민당이 강력히 밀어붙여 국가보안법안은 11월 20일 통과되어 12월 1일 공포되었다.

이승만은 법을 잘 지키라는 차원을 넘어 전 민중이 '절대 복종'하라고 지시했는데, 국가보안법이 남용되거나 악용될 것이라는 것은 이 법안이 논의되기 시작할 때 이미 노골적으로 드러났다. 10월 28일 윤치영은 국회에서 경찰이 인권유린한다는 한가한 소리를 할 때가 아니라고 하면서 시급히 공산당취체법을 제정해달라는 말만 한 것이 아니었다. 그는 이날 여순사건 반란자들이 제1호 사형선고자로 국회의원 여러분과 정부 요인, 금융, 기업, 산업 각 방면의 인사 약 8만 명을 명단에 올려놓았다고 말했다. 전혀 있지도 않은 일을 꾸며내 국회의원들을 협박하고 국가보안법을 시급히 제정해달라고 한 것이다. 그것뿐만이 아니었다. 갑자기 '급보'라고 하면서 강화도에 반란군이 3,000명 침입했다고 '보고'했다. 이것도 국회의원이나 국민들을 공포에 떨게 하기 위해서 지어낸 '허위사실'이었다. 윤치영은 다음 날 3,000명이 너무 많다고 생각했는지 국회에서 약 40명의 반란군 폭도가 기관총 두 정과 그 밖의 무기를 들고 상륙했다고 줄여 말했다. 그것도 전혀 사실무근이라는 것은 곧 밝혀졌다. 그뿐만이 아니었다. 28일 윤치영은 국회의원이 인민군을 환영했다고 일갈하고 이어서 "예비검속을 하려니까 검사가 반대를 합니다. 인권유린이니 무어니 합니다"라고 말했다. 국회의원은 누구를 가리킬까. 순천지역 국회의원 황두연은 이 시기에 순천에 있다가 엉뚱하게도 인민재판 배석판사를 지냈다는 이유로 잡혀들어가 죽음 일보 직전에 아슬아슬하게 달아나 살아난 자초지종을 얼마 후 국회에서 밝혔다. 황 의원은 어쨌든 목숨은 구했는데, 순천의 한 검사는 죽임을 당했다. 군정시기에도 경찰의 인권유린에 비판적이었고, 경찰이 체포한 좌익을 석방하거나 경형을 구형하여 경찰과 마찰이 많았던 박찬길 검사는 여순사건이 나자 숨어 있다가 국군이 들어와 평온해지자 안심하고 나왔는데, 인민재판에 배석했다는 억지 죄명으로 즉결처분을 받아 총살당했다. 박 검사의 죽음은 큰 파문을 던졌고 검찰과 경찰의 갈등을 가져왔다. 권승렬 법무부장관은 국회에서 경찰이 박 검사와 다른 19명을 재판도 하지 않고 오로지 군에서 주었다는 사형집행장이라는 것 하나를 가지고 처형했는데, 이 사형집행장은 군에서 발행하지 않은 것 같다고 보고했다. 검찰은 격앙했고, 경찰은 적반하장 격으로 하루 동안에 걸친 전국적인 '항의파업'에 돌입했다. 아니나 다를까, 이 대통령은 경찰의 업무 계속을 구실로 모든 일은 없었던 것으로 덮어두라고 지시했다.

　이 대통령은 여순사건 담화에서 불순분자는 남녀 아동까지라도 제거하라고 엄명을 내렸지만, 문제는 국가보안법에 적용할 수 있는 불순분자의 범위가 애매하다는 점에 있었다. 여순사건과 관련해 국회에서 구성한 시국수습대책위원회가 11월 5일 제출한 결의안 중 제8항은 "정부는 금번 사건에 책임을 지고 거국적 강력 내각을 조직하여 민심을 일신케 할 것"으로 되어 있다. 이 대통령은 발끈했다. 그는 이날 기자회견에서 "정당이나 언론이 도각(倒閣) 운운하는 것은 '국법 위반'(강조는 필자의 것)이므로 이 나라에서는 부지 못하게 할 것"이라고 위협했다. 보통 험악한 위협이 아니었다. 그러고는 9일 담화에서 제8항이 우리에게 도움이 될까 소련에게 도움이 될까를 생각하라고 말했다. 더 나아가 반대자들이 공산당의 편을 들어서 공산당의 죄를 정부에 씌운다고 비난했다.

　이승만은 자신의 비판자나 반대자를 종종 공산당 또는 공산당 협력자로 몰았다. 제2차 세계대전 때 루즈벨트 미국 대통령이 한인 독립운동세력 대동단결을 권장한 것도 공산당 보호정책이라고 비난했다. 앞에서 살펴본 바처럼 여순사건이 발발하자마자 정부 고위 관계자들이 여순사건을 극우와 연결하고, 최능진과 오동기 등이 숭배하는 극우 정객을 수령으로 공산주의정부를 수립하려고 공모했다는 혁명의용군사건을 발표하여 극우극좌의 합작음모라는 '기이한 음모'를 '폭로'했다. 그런데 이승만은 그보다 더 했다. 11월 10일 중앙방송국을 통해 "우리가 가장 신뢰하던 애국단체에서 이상한 행동을 하여 소련의 목적을 이루어주고 우리를 해하려는 분자들로 하여금 승리를 얻게 하려는 공작을 하기에 이르렀다"고 단언하고, "소위 우익진영이라는 단체에서는 종종 남북통일이라는 미명하에서 소련의 계획을 절대 지지"한다고 강변했다. 이승만이 누구를 가리켜 이러한 주장을 펴고 있는지는 명확하다. 이승만정권이나 박정희정권에 대한 비판을 '북괴'에 동조한 것으로 몰아세우는 기이한 논법이 이미 여순사건 때 나타나고 있었다. 김구는 "나는 극우 분자가 금번 반란에 참여했다는 말을 이해할 수 없다. 그들은 극우라는 용어에 다른 해석을 내리는 자신의 사전을 가지고 있는 것으로 보인다"라고 말했지만, 이승만 등 극우는 민중이나 정치적 반대자, 비판자에 대해서 자신들만의 '사전'을 가지고 딱지를 붙였다.

　국가보안법이 악용될 수 있다는 것은 무엇보다 여순사건 때 주민들을 학교 교정에 모아놓고 '부역자' 또는 '협력자', '가담자'를 색출하고 학살한 과정에서 짐작할 수 있었다. 국가보안법안이 심의되고 있을 때 여수·순천 지방에서 주민들이 어떠한 상황에 놓여 있었던가는 인권이 극우반공체제에서 어떠한 상태에 놓이게 될 것인가를 미리 말해주는 것이었다.

## 4 맺으며

정부가 수립된 지 불과 두 달 남짓밖에 안 되어 일어난 여순사건은 동족상잔을 가져올 제주도 출동을 거부한다는 남로당 프락치 지창수 등의 14연대 하사관 중심의 반란으로부터 시작되었다. 이 반란에 일반 사병이나 전남 동부지방 주민들이 호응한 데에는 여러 요인이 있었다.

제주4·3봉기에서도 단선단정 반대가 주요 이슈로 제기되었지만, 여순사건 주동자들 또한 단정운동 또는 단선단정 반대를 주요 이유로 내세웠다. 이승만·한민당·친일파 등 극우세력을 주축으로 한 단정운동에 대해서는 김구·김규식 등의 독립운동세력이나 좌익뿐만 아니라 일반 민중으로부터도 반발이 적지 않았고, 단선단정에 대해서도 우려가 많았다. 덧붙여 말한다면 일각에서는 단정운동세력이 '건국'했다고 주장하지만, 그것은 역사적 사실과 부합하지 않는다. 조급하고 편협한 냉전의식과 정치적 이해관계가 얽혀 일어난 단정운동은 미국의 지지를 받지 못했다. 미국과 소련의 대립이 세계적 규모로 진전됨에 따라 한국 문제가 유엔으로 넘겨져 유엔총회에서 결의될 때에도, 단정운동은 이러한 결정에 전혀 영향을 미치지 못했다. 오히려 주한미군사령부는 이 시기에 이승만 등 단정운동세력의 파시즘적 성향을 우려했다. (분단)정부의 수립은 미소 냉전의 산물이긴 하지만, 주권재민의 원리에 따라 5·10 보통선거가 치러져 대한민국정부가 수립되었다는 의미가 있다. 그와 함께 김구·김규식 등 중도파 민족주의자들과 성향을 같이 하는 일부 정치세력은 1948년 5·10 선거에 참여하여 훌륭한 헌법을 제정하고 대한민국정부를 수립하기 위해 노력했다는 점을 각별히 유념할 필요가 있다. 통일운동에 매진하던 중도파 민족주의자들 또한 1950년 5·30 선거에 적극 참여했다.

1946년 10월항쟁에서도 그러했지만, 여순사건이 발발한 데는 동족을 억압하고 일제의 군국주의 침략전쟁, 강제연행, 수탈에 협력했고, 해방 후 통일정부를 세우는 데 암적 존재였던 친일파, 그중에서도 친일 경찰에 대한 반감이 크게 작용했다. 극심한 민생고도 여순사건 발발의 배경이 되었다. 해방 직후 친일 경찰 및 관리들에 의한 미곡과 하곡의 수집, 민중에 대한 억압, 횡포와 권력남용, 비리와 부정부패는 어느 지역에서나 나타난 현상이었다. 이러한 친일 경찰, 관리에 대한 불만은 이승만 대통령에 대한 불만과 겹쳐졌다.

이와 같이 여순사건은 남로당의 투쟁만능주의에 영향을 받은 14연대 남로당 프락치들이 제주도 출병을 거부하면서 사병이나 주민들의 이승만의 단정운동이나 단선단정에 대한 반대, 이승만과 연결되어 있는 친일 경찰에 대한 반감에 연결시켜 일으킨 것으로, 순식간에 여수·순천·보성·구례·광양 등지에 인민위원회 등이 세워졌다.

여순사건은 발발 배경이나 요인도 중요하지만, 여순사건이 일어났을 때 보여준 이승만정권의 대응 태도가 아주 중요하다. 정부가 수립된 지 불과 두 달이 넘었을 뿐인데도 극우반공체제와 관련해 놀라운 일들이 많이 발생했다.

정부수립 직후에 여순사건 같은 대형 사건이 발발하면 정부는 국회의 결의안처럼 민심 안정과 수습에 가장 큰 비중을 두었어야 했을 터인데, 그렇지 않았다. 고위 당국자들은 잇달아 혁명의용군사건과 여순사건이 관계가 있다고 허위사실을 발표하였던바, 이것은 이승만의 최대 정적이었던 김구를 음해하는 행위와 연결되어 있었다. 이처럼 여순사건을 정치적 반대자에 대한 탄압과 음해에 활용했을 뿐만 아니라, 여순사건 반란자들이 의원과 정부 요인 등 약 8만 명을 사형선고자 명단에 올려놨다느니, 서울의 관문인 강화에 3,000명의 반란군이 침입했다는 등 터무니없는 거짓말을 하면서 오히려 위기의식을 조장했다. 이러한 수법은 극우 정객들한테서 어렵지 않게 발견할 수 있는 행태였다.

여순사건에서 좌익에 의한 우익의 희생도 컸지만, 군·경과 우익에 의한 주민 학살은 훨씬 규모가 컸다. 주민들은 취조관의 재량에 따라 즉결처분되거나 군사재판에 회부되었고, 토벌군에 의해 현지에서 집단희생되었다. 여순사건에서의 주민 학살은 바로 제주도로 이어져 외진 섬에서 수만 명이 집단적으로 희생되었고, 전쟁이 발발하자 전국 각지에서 훨씬 더 규모가 큰 학살이 자행되기에 이르렀다. 여순사건, 제주4·3사건, 전쟁 전후의 주민 집단희생은 극우반공체제를 유지, 강화시키는 중요 기제였다.

여순사건이 일어나자 정부와 한민당이 중심이 되어 반공체제 유지의 법적 장치인 국가보안법을 제정, 공포했다. 국가보안법 제정에 대한 반대는 주로 일제의 치안유지법처럼 정치범과 사상범을 양산할 것이라는 데 초점이 모아졌다. 이 법은 공포되기 이전에 여순사건 와중에서 발생한 황두연 국회의원 사건, 박찬길 검사 즉결처분 사건이나, 이 법이 심의되고 있을 때 행해졌던 여수·순천지역 주민들에 대한 부역자 색출에서처럼 극우반공세력에 의해 남용되거나 악용될 수 있는 소지가 아주 컸다.

극우반공주의자들이 정치적 비판자 탄압과 정적 음해, 위기의식 조장, 민중 억압을 통치수단으로 구사할 수밖에 없었던 것은 단정운동세력이 지니고 있는 성격과 관계가 있다. 단정운동세력은 일제강점기건 미군정기건 정신적·도덕적으로 떳떳하기 어려운 점이 있었고, 체질이나 성격상 민주주의와 민족 대의, 민심에 어긋나는 방향에 서 있었지만, 권력에 대한 집착이나 독점욕은 대단히 강했다. 이 때문에 극우적 수단과 정치적 조작이 요구되었던바, 그것이 정부수립 직후 여순사건에서 노출된 것이다.

그렇다 하더라도 정부수립이 세계 만방에 공포된 지 두 달밖에 안 된 시점에서 극우반공적인 행태가 나타났다는 것은 무서운 일이다. 그것은 갓 태어난 자유민주주의 헌법과 대한민국정부를 손상케 하고 모독하는 행위로 자유민주주의에 대한 도전이었다. 독립운동이 추구하고 민중이 염원한 바가 해방(광복)에 의해 그 가능성이 열렸으나 곧바로 민주주의혁명, 민족혁명, 사회혁명이 위기에 처했다. 해방(광복)과 함께 역사상 처음으로 획득한 언론·출판·집회의 자유 등 인간의 기본권과 정치적 자유 역시 큰 제약을 받았다.

단정운동세력의 극우적 행태가 정부수립 직후인 여순사건에서 적나라하게 노출된 것은, 해방(광복)되었을 때 꿈에도 생각지 않았던 분단정부 수립, 그리고 민족 정기·국가 기강·사회 가치관을 혼란에 빠트린 친일파 청산의 무산과 함께, 해방(광복)의 감격과 역사적 의의와 의미, 대한민국 정부 수립·민주주의 헌법의 역사적 의의와 의미를 크게 축소시키고 퇴색케 했다.

## 4장
주

1 10월 20일 열린 여수인민대회 분위기는 여수군청 공무원으로 이 대회를 지켜본 김계유의 「1948년 여순봉기」, 『역사비평』 1991년 겨울호, 258~263쪽에 상세히 묘사되어 있다. 1946년 인구를 보면 목포는 103,081명, 군산은 66,715명인데(조선은행조사부, 『조선경제연보』, 1948, 3~20), 여수는 군산과 규모가 비슷했다.
2 이 사건에 대한 자세한 설명은 임홍빈, 「한반도분단의 뿌리」, 『신동아』 1983. 8, 192~193쪽 참조.
3 『서울신문』 1946. 4. 7; 『동아일보』 1946. 4. 7. 이 보도에 대해 이승만은 한민당을 제외한 거의 모든 정당·단체가 단정수립을 반대하는 성명을 낸 것과 대조적으로 "아직 나의 의견을 발표코자 아니한다"라고 말했다(『동아일보』 1946. 4. 9).
4 『동아일보』 1946. 5. 12.
5 『서울신문』 1946. 6. 4. 이승만의 정읍 발언 배경에 대해서는 이승만박사기념사업회 우남실록편찬회 편, 『우남실록』, 열화당, 1976, 158~162쪽 참조.
6 『서울신문』 1946. 6. 6.
7 『서울신문』 1946. 6. 8.
8 『서울신문』 1946. 6. 5; 『조선일보』 1946. 6. 6.
9 올리버, 『이승만비록』, 박일영 역, 한국문화출판사, 1982, 69쪽.
10 같은 책, 66쪽.
11 서청대원이 후보 등록 서류 일체를 날치기하고 수도경찰청장 장택상의 지휘하에 경찰이 동원되어 갖가지 후보 등록 무효화 작업을 벌인 것에 대해서는 서중석, 『한국현대민족운동연구』 2, 역사비평사, 1996, 171~172쪽 참조.
12 한 미군 보고서에는 이승만과 단정세력의 성향을 파시즘으로 기술하고 있다. 또 이승만은 한국에서 독재자의 목소리를 원한다고도 기술했다(G-2보고 「美軍司顧問團情報日誌」 5, 1947. 12. 8. 301쪽. 『한림대학교아시아문화연구소자료총서』 2, 1988~1989 영인). 친일파들은 일제의 군국주의 파시즘에 동조하여 협력한 자들이었다.
13 소장파 전성시대가 열린 것은 이승만과 한민당의 대립도 큰 몫을 했지만, 반민특위 활동, 농민 입장에서의 농지개혁법 제정이 보여주듯, 기본적으로 독립운동세력이 추구했고, 8·15 해방으로 열린 민족혁명, 민주주의혁명, 사회혁명의 열기가 있었기 때문이었다.
14 조병옥, 『나의 회고록』, 민교사, 1959, 168쪽.
15 HUSAFIK(History of the United States Armed Forces in Korea) 3, 367~370쪽(돌베개, 1988 영인).
16 「朝美共同騷擾對策委員會報告書」(10월항쟁 직후인 1946년 11월 29일 제출), (심지연, 『대구10월항쟁연구』, 청계연구소, 1991, 420~423쪽 수록).
17 『국회속기록』, 제1회 105호, 1948년 11월 16일 김옥주 의원 발언.
18 『주한미국대사관주간보고서 Joint Weeka』 2, 200쪽(정용욱 편, 영진문화사, 1993 영인).
19 김계유, 「1948년 여순봉기」, 『역사비평』 1991 겨울, 254~255쪽.
20 조선은행조사부, 앞의 책 1, 328쪽.
21 같은 책 3, 119쪽.
22 박혜숙, 「미군정기 농민운동과 전농의 운동노선」, 『해방전후사의 인식』 3, 한길사, 1987, 401쪽; 황

남준, 「전남지방정치와 여순사건」, 『해방전후사의 인식』 3, 425~429쪽; 김득중, 「여순사건과 이승만 반공체제의 구축」, 성균관대 박사학위논문, 2004, 91쪽.
23  이 성명서는 반란군이 남긴 것 가운데 남아 있는 보기 드문 문서이다(김득중, 앞의 글, 58쪽).
24  김계유, 앞의 글, 261~267쪽.
25  김득중, 앞의 글, 47쪽.
26  순천시사편찬위원회, 『순천시사』, 1997, 752쪽(김득중, 앞의 글, 46쪽에서 재인용).
27  김계유, 앞의 글, 256쪽.
28  안재홍, 「1주년 회고와 전망 1」, 『조선일보』 1949. 8. 15.
29  유건호, 「여순반란사건」, 『전환기의 내막』, 조선일보사, 1982, 163~164쪽.
30  같은 글, 162~163쪽.
31  윤석오, 「경무대 四季」, 『남기고 싶은 이야기들』, 중앙일보·동양방송, 1977, 69쪽. 이승만 비서였던 윤석오는 당시 정세로는 백범의 인기가 이 박사를 앞지르는 듯하다고 기술했다.
32  『중앙일보』 1992. 4. 15. 최대교는 한독당원 영장 발부 건으로 항의 사직서를 냈다.
33  유건호, 앞의 글, 149쪽.
34  김득중, 앞의 글, 269쪽.
35  같은 글, 164~168쪽.
36  『조선일보』 1946년 11월 14일자 사설 「국가보안법을 배격함」(조선일보사, 『조선일보명사설 5백선』, 1972, 510쪽).

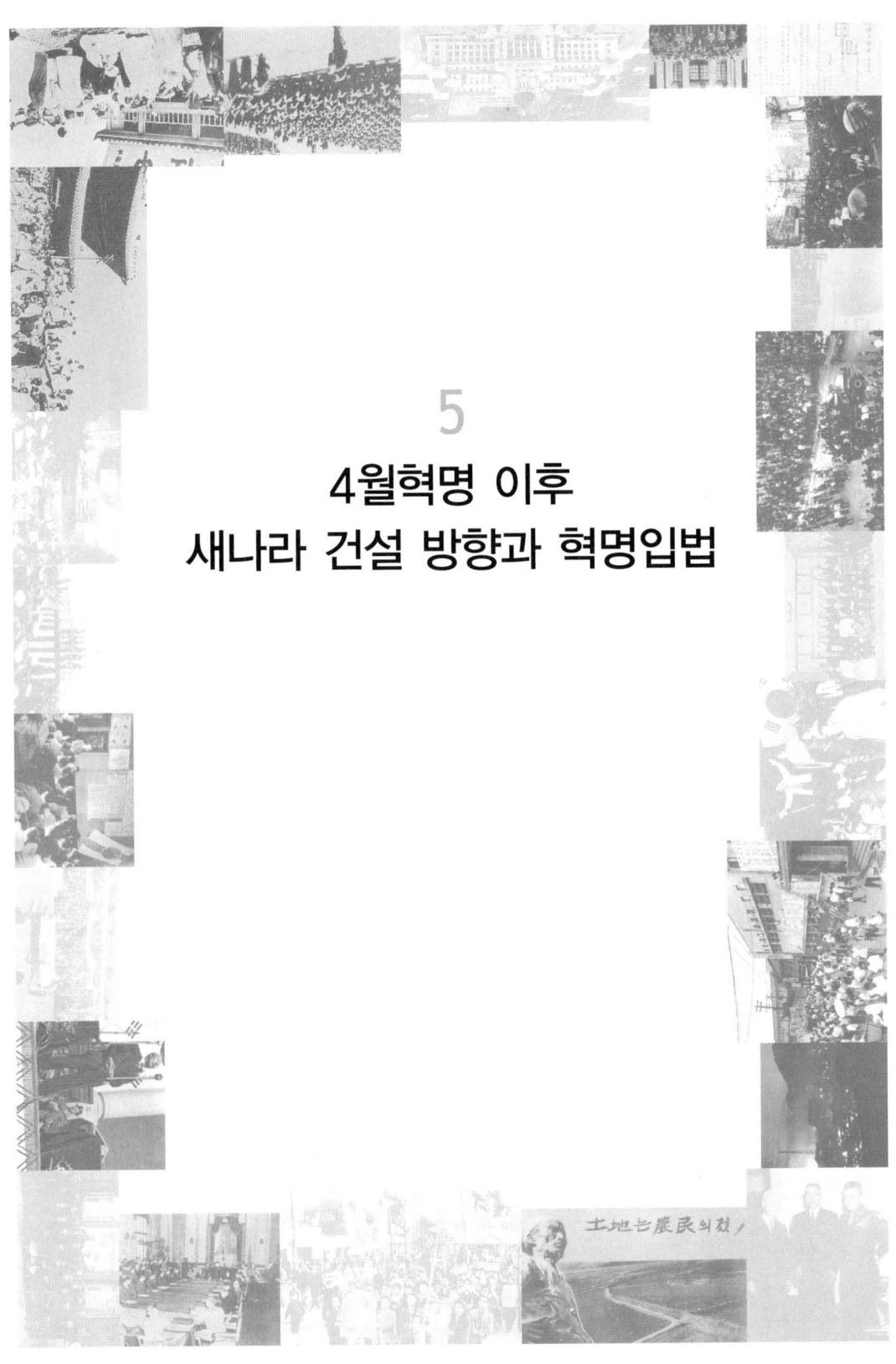

# 5
# 4월혁명 이후 새나라 건설 방향과 혁명입법

## 1  허정과도정권의 성격과 내각책임제 개헌

**허정과도정권의 기본 정책과 이승만·자유당체제 청산 문제**

1960년 4월 26일부터 1961년 5월 16일에 이르는 시기는, 해방 직후를 제외한다면, 1987년 6월 민주항쟁 이전의 한국 역사 전체를 통틀어 가장 자유가 많았던 시기였고 풀어야 할 난제가 수북이 쌓인 시기였다. 1년밖에 안 되는 이 시기에 이승만정권, 허정과도정권, 장면정권, 그리고 군사쿠데타 정권에 이르기까지 무려 4개의 정권이 바뀌었다. 또한 1960년에는 3·15 정부통령 선거, 7·29 민의원·참의원 총선거에 이어, 12월에 네 차례에 걸친 지방자치 선거 등이 치러졌다.

4월 26일 이승만 대통령이 사임함에 따라 외무부장관 허정이 대통령 권한대행이 되었다. 1954년 4사5입개헌에 의해 대통령이 궐위(闕位)되면 부통령이 승계하게 되어 있었는데, 장면 부통령이 4월 23일 부통령직을 사임하여 부통령도 궐위 상태였다. 따라서 외무부장관이 수석 국무위원으로 과도정부의 수반이 된 것이다.

허정은 이승만 측근으로 교통부장관, 사회부장관, 국무총리서리, 서울 특별시장 등을 역임했다. 그러나 자유당 간부들과 달리 이승만에게 맹목적으로 충성하지 않았고 행정 능력도 있었다. 허정은 이승만 사임 하루 전인 4월 25일 오랫동안 비어 있었던 외무부장관에 임명되었다. 아슬아슬하게 수석국무위원이 된 것이다. 그는 하야 성명이 발표된 26일 국회부의장 이재학에게 외무부장관직을 사임하겠다고 통고했다. 이에 국회는 여야가 함께 허정을 설득하여 그로 하여금 과도정부 수반을 맡게 했다. 6월 15일 내각책임제 개헌이 이루어짐에 따라 헌법 부칙에 의해 허정은 국무총리로 간주되고 대통령 권한대행은 국회의장이 맡게 되어 있었지만, 국회의장이 권한대행직을 사임함에 따라 허정이 대통령 직권을 계속 행사할 수 있게 되었다.

국회의장도 새로이 선출되었다. 3·15부정선거에 의해 부통령에 당선된 국회의장 이기붕은 4월 28일 그와 일가족이 자살하지 않았다 하더라도, 3·15부정선거와 신병 때문에 국회의장직을 수행할 수 없었다. 국회는 5월 2일 1954년에 야당 의원으로 민의원 부의장을 지낸 민주당 신파 곽상훈을 국회의장으로 선출했다. 그는 자유당 서열 3위인 이재학을 국회부의장에 유임시켰다. 4월 28일 조용순 대법원장이 사표를 냈다. 3·15부정선거 직후 이승만과 이기붕을 찾아가 축하인사를 올린 바 있는 조용순의 사표는 수리될 것으로 보도되었다. 하지만 그는 허정의 변의 요청으로 여론의 따가운 눈총을 받으며 유임했다.

허정은 조각에 착수했다. 이미 내무부장관 이호, 법무부장관 권승열은 4월 25일 허정과 함께 이승만에 의해 임명된 바 있었다. 한민당 8총무의 한 사람으로 민주당 구파와 가까웠던 허정은 민주당의 입각을 권유했으나 민주당이 거부해 혼자 조각을 했다. 4월 28일 재무부장관에 윤호병, 문교부장관에 이병도 등 6명의 장관을 임명했다. 새 장관은 허정과 교분이 있는 사람들로, 정치적 경험은 부족했다. 5월 2일에는 국방부장관에 이종찬 등 3명의 장관이 임명되어 조각이 완료되었다. 이종찬은 부산정치파동 때 육군참

1960년 4·19 당시 시위 현장.

모총장으로서 군의 정치적 중립을 지키려 애썼고, 이로 인해 군에서 존경받고 있었다. 따라서 4월혁명 이후 조성된 군 내부의 불안한 공기를 누그러뜨리는 데 적임자라 할 수 있었다.

이제 허정이 어떠한 정치를 할 것인가가 주목을 받았다. 그는 조각의 와중에서 내각책임제 개헌, 3·15부정선거 책임 규명, 경찰의 정치적 중립화 등을 천명했고, 3개월 내에 정권을 물려주겠노라고 피력한 바 있었다. 그의 정책은 5월 3일에 발표된 다음과 같은 5개의 시정 방침에 집약되어 있다.

① 반공정책을 한층 강화한다.
② 부정선거 처리는 부정을 강요한 고위 책임자와 국민에게 잔학행위를 한

자에 국한한다. 강압과 폭력으로 제정된 법률들을 포기하고 또 불법적인 일체 행위를 봉쇄하는 혁명적 정치개혁을 비혁명적 방법으로 단행하려는 것이다.

③ 오열의 적발과 치안 회복을 위해 노력하겠다.

④ 한미관계 및 미국의 경제원조를 집권자에게 유리하게 악용하지 않고 긴밀 성실히 협조하겠다.

⑤ 비공산 인방(隣邦)과의 관계를 시급히 조정하고, 특히 한일관계 정상화는 가장 중요한 외교 현안인바, 양국 이해 증진을 위해 일본 신문기자 입국을 허용하겠다.

허정의 시정 방침 중 제5항은 미국의 반대를 무릅쓰고 배일·반일 운동을 펴온 이승만의 반일정책을 폐기할 것임을 명백히 한 것이다. 허정은 한국전쟁 10주년을 맞아 이승만의 북진통일정책은 이미 사라진 것이며, 우리는 합리성과 신의를 외교의 방책으로 삼아야 한다고 역설했다. 제2항은 시정 방침 중 가장 크게 관심을 끌었다. "혁명적 정치개혁을 비혁명적 방법으로 단행하겠다"라는 널리 인용된 문구는 이승만정권 관계자와 자유당 간부의 3·15부정선거 책임을 최대한 축소시키겠다는 의중을 드러낸 것이나 다름없었다.

허정과도정권의 인사정책은 쏟아져 나오는 비판에 직면했다. 국무원 구성에서 자유당 당적을 가진 자를 기용한 것이나, 각부 차관급 및 지방장관, 경찰국장, 정부 산하 관서장에 아부파들이 상당수 발탁되고 승진한 것이 비판의 대상이었다. 특히 제2차 마산항쟁과 4·19봉기 유혈진압에 책임이 있는 이동환 내무부차관과 조인구 치안국장의 유임이 비판의 표적이 되었다. 4월혁명 후 처음 단행한 5월 3일 경찰 인사도 문제였다. 경찰은 이승만정권의 악정과 3·15부정선거 등 여러 선거부정의 하수인이어서 인사를 신중히 했어야 했는데, 각도 경찰국장과 경무관급 인사에서 발포명령자 등 악질적인 행위를 한 경찰을 기용한 것이다. 이는 민심에 정면으로 역행하는 처사로서 악감을 샀다. 다음 날 이호 내무부장관은 전날의 인사를 취소했지만, 5월 6일 내무부는 서울시경국장을 유임시켰고, 취소된 경무관 인사 중 3명을 그대로 재임용했다. 여론이 비등하자 김창숙, 이강, 김병로, 신숙 등으로 구성된 '국민각계 비상대책위원회' 지도위원은 5월 6일, 시국수습책으로 ① 과도정부 개편 ② 현 경찰 간부와 모든 공무원의 승진을 중지하고 일제 잔재 경찰을 재등용하지 말 것 ③ 친일파 및 이승만정권 아부파를 과도정부의 모든 기구에서 제거, 숙정할 것 ④ 공명선거를 방해한 법령을 즉시 철폐할 것 ⑤ 자유당 및 자유당 산하 사이비 애국단체를 불법화하여 즉시 해체할 것 등 5개 항을 제시했다.

비리 공무원 숙정에 소극적인 것은 국회도 비슷했다. 민주당의 김선태 의원이, 비리를 저질렀고 부정선거에 개입했으며 마산시위 뒤처리에서도 악명이 높았던 신언한 법무부차관, 오제도·김윤수 검사 등 비위 검찰 간부 등을 파면·입건하자는 긴급동의를 냈으나, 곽상훈 국회의장이 묵살해 소란이 벌어졌다. 이에 5월 9일 표결에 부쳤는데 가 52표, 부 76표로 부결되었다. 자유당이 다수였기 때문이지만, 민주당 의원도 상당수가 소극적이었다.

이승만정권이 붕괴되자 시민들은 부정선거 원흉 처단을 요구했다. 어용신문으로 3~4월 항쟁에서 분노의 표적이었던 『서울신문』은 4월 28일 자진 무기휴간했다. 이날 한희석 '자유당정부통령선거대책위원회' 위원장, 최인규 전 내무부장관, 이강학 전 치안국장 등에 대해 체포령이 내려졌다. 4월 29일 서울지검에 자진 출두한 최인규와 서울신문사 사장 손도심이 의원직 사임서를 제출했다. 5월 3일 최인규가 정식 구속되었고, 다음 날에는 이강학이 구속되었다. 5월 7일에는 한희석이 자수해 모든 부정은 자유당 당무회의에서 결정했다고 진술했다. 그러자 자유당 당무위원들은 한희석을 물귀신 같은 사람이라고 비난했다. 5월 8일 한 신문은 부정선거 음모의 본산은 당무위원 전원과 박만원, 이중재 등 13인으로 구성된 '자유당정부통령선거대책기획위원회'라고 보도했다. 정부 내에서 부정선거를 지도한 것은 최인규, 홍진기(당시 법무부장관), 김정렬(당시 국방부장관) 등 6명의 국무위원으로 구성된 6인위원회인 것으로 밝혀졌다. 자유당 기획위원 등이 구속될 것으로 예상되자 자유당은 수사에 반발해 5월 13일 의원총회를 열어 의원 총사퇴 불사 결의를 했다. 5월 18일을 전후해 송인상(당시 재무부장관), 홍진기, 자유당 간부 이중재와 정기섭 등이 구속되었다. 5월 23일 자유당 강경파인 장경근, 박만원과 유각경이 구속되었고, 이재학, 임철호 등 6명의 자유당 간부에 대한 구속동의안이 국회에 제출되었다. 이때 국회에서 파란이 일어났다. 이재학을 구제하려는 민주당 구파의 책동으로 24일 개별 표결에 부친 결과 자유당 원내총무였던 박용익 의원 구속동의안만이 통과된 것이다. 이에 여론이 들끓었고, 6의원이 의원직을 사퇴함으로써 사태가 수습되었다. 이로써 5월 28일까지 자유당 기획위원 전원이 구속되기에 이르렀다.

    사태가 이렇게 되자 1959년 3월에 국무위원들로 6인위원회를 구성하고 최인규를 내무부장관에 임명하는 등 사실상 3·15부정선거를 총지휘한 이승만을[1] 어떻게 처리할 것인가 하는 문제가 제기될 수밖에 없었다. 허정의 권유로[2] 4월 28일 경무대에서 이화장으로 옮긴 이승만은 부정선거 원흉들이 구속되자 좌불안석이었다. 그는 한국전쟁이 일어났을 때 국무위원에게도 국회의원에게도 군 수뇌부에도 알리지 않고 제일 먼저 피신한 바 있었다. 미국대사관도 허정도 이승만 문제에 신경을 쓰지 않을 수 없었다. 5월 18일 이승만 부부가 미국대사관을 방문했고, 그뒤 프란체스카가 다시 미국대사관을 방문했다.[3] 미국대사관의 주선으로 이승만은 5월 29일 부인을 대동하고 하와이로 망명했다. 5월 30일부터 대구, 서울 등지에서 학생들이 이승만 망명에 항의해 시위를 벌였다.

6월 2일 허정은 부정선거 원흉 처벌을 관대히 하겠으며, 더 이상 검거가 없을 것이라고 언명했다. 이에 대해 한 신문은 불과 기십 명의 원흉이 검거되고 100여 명이 도태되었을 뿐, 부정선거를 감행한 일선 책임자들은 거의 승진하거나 영전했다고 비꼬았다.

민중들은 부정선거 원흉 처단 못지않게 부정축재자 처벌을 요구했다. 관권과 결탁하지 않고는 축재를 할 수가 없다는 것이 상식으로 여겨졌던 만큼, 기업가나 재산가에 대한 이미지가 좋지 않았다. 부유층을 특수층이라고 불렀던 데서 짐작할 수 있듯이, 대중들은 몹시 가난했고 수탈까지 당했기에 부정축재자에 대한 원성이 높았다. 5월 10일 파고다공원에서 "부정축재자의 재산을 몰수하는 조항을 새 헌법에 규정하라"고 요구하는 데모가 있었다. 이를 계기로 과도정부는 '부정축재처리안'을 의결했다. 그리하여 6월 1일부터 20일까지 부정축재 자수기간을 두었던바, 16개 업체에서 36억여 환이 자진 탈세신고되었다. 그뒤 검찰은 부정축재자의 탈세 상황을 수사했고, 재무부는 8월 31일 이승만정권하에서 부정축재한 24명 46개 업체에 대해 5년간의 탈세액 109억 환과 그중 최근 2년간의 탈세액에 대한 벌과금 87억 환 등 총 196억 환을 국가에 환원하도록 통고했다. 이중 7개 기업 소유자 이병철이 추징금 32억여 환, 벌과금 28억여 환으로 가장 많았고, 다음이 5개 기업 소유자 정재호로 추징금 13억여 환, 벌과금 8억여 환이었다. 부정선거 원흉 처단과 마찬가지로 부정축재자 처리는 다음 정부로 넘겨졌다.

허정과도정권이 이승만·자유당체제를 청산하기란 어려운 일이었다. 허정은 이승만이 가장 신뢰한 측근의 한 사람이었고, 과도정부의 관리나 경찰, 판검사는 거의 다 이승만정권하에서 복무했던 자들이었다. 허정은 부정축재자와 부정선거 원흉을 미온적으로 처리해 그들로 하여금 증거를 인멸하고 재산을 빼돌릴 기회를 주었을 뿐 아니라 시민들의 혁명정신을 냉각시켰다. 그는 부패한 군 고위 지휘관을 숙정하지 않았고, 경관은 자리 바꿈만 했으며, 부정 공무원을 그대로 눌러앉혔다. 그렇지만 권력에 대한 미련을 갖지 않고 3개월여 동안 관리내각을 지키고 별 무리 없이 평화적으로 정권을 이양한 것은 평가할 만하다.

### 내각책임제 개헌과 기본권 확대

이승만정권이 붕괴되자 자유당이 다수파인 국회에서 개헌을 한 뒤 총선거를 할 것인가, 국회를 해산하고 총선거를 한 후 구성된 국회에서 개헌을 할 것인가가 중요한 문제로 떠올랐다. 『조선일보』를 중심으로 한 일부 언론, 일부 지식인, 학생들은 후자를 주장했다. 이미 4월 27일 자유당 국회를 해체할 것을 요구하는 신문 사설이 실렸고, 5월 1일 부산에서는 "4대 국회 물러나라"고 요구하는 대학생 시위에 부산 각 대학교 교수 약 300명이 합류했다. 다음 날 부산에서의 시위는 더욱 커져 수만 명의 대학생과 남녀 고등학생들이 "개헌은 새 국회에 맡겨라" 등의 플래카드를 들고 시가행진을 했다. 부산에서의 시위는 5월 3일에도 계속되었다. 이날은 서울에서도 국회해산을 요구하는 데모가 일어났다.

자유당 국회를 해산할 것을 요구하는 측은 새 국가 창설은 새 사회를 요구하는 민의에 의한 제헌 행위로부터 시작해야 하고, 비민주적인 관료 조직을 파쇄하고 새 법질서에 의해 반혁명 분자를 처단해야 한다는 점을 강조했다. 개헌을 하려면 정당별로 개헌안을 마련해 주권자의 의견을 묻고, 거기서 지지받은 의원들에 의해 새 헌법이 만들어져야 한다는 주장도 제기되었다. 하지만 이승만이 사임한 4월 26일에 열린 긴급국회에서는 개헌 후 국회 해산을 결의했다. 곧이어 국회는 '내각책임제 개헌안 기초위원회'를 구성했다. 민주당 신파의 영수 장면은 4월 28일 '선 개헌 후 선거'에 원칙적으로 동의한다고 밝혔다. 자유당은 국회해산에 반대했고, 그 점은 민주당 구파도 비슷했다. 이 때문에 자유당 국회에서 개헌을 하는 것을 막기가 어렵게 되었다. 제헌국회 이래 의원들 다수가 주장했고 민주당이 창당 이래 내세웠던 내각책임제로 가는 것도 명약관화했다. 다만 자유당은 결정적인 약점이 있었기 때문에 소수파인 민주당에게 덜미를 잡혀 끌려가면서 개헌할 수밖에 없었다는 점이 색다르다면 색달랐다.

'내각책임제 기초위원회'는 4월 29일부터 모임을 갖고 작업에 들어가 5월 11일 개헌안을 국회에 상정했다. 한편 5월 13일 자유당은 앞에서 언급한 대로 자유당에 대한 보복이 시정되지 않으면 144명의 소속 의원이 총사퇴를 불사한다고 결의했으나, 개헌안이 통과될 때까지 사퇴하지 않기로 했다. 5월 31일 자유당 원내교섭단체로부터 104명이 탈퇴해 자유당에는 33명의 의원밖에 남지 않았다. 1951년 12월 세칭 원외 자유당으로 창당된 지 10년도 안 되어 사실상 붕괴된 것이다. 6월 15일 국회는 표결에 들어가 찬성 208명(민주당 70명, 헌정동지회 41명, 자유당 이탈파 59명, 자유당 잔류파 30명, 무소속 8명), 반대 3표로 내각책임제 개헌안을 통과시켰고, 정부는 당일로 공포했다.

대체로 내각책임제의 특징을 잘 살린 새 헌법에 의하면, 국무총리는 행정수반으로 국무위원을 임명하거나 물러나게 하고, 국무회의 의장으로 국무회의를 주재하고, 국무회의 의결을 거쳐 국무원령을 발(發)할 수 있고, 국무원을 대표해 의안(議案)을 국회에 제출하고, 행정 각부를 지휘 감독하는 권한을 가지게 되었다. 또한 국무원은 민의원 해산권을, 민의원은 국무원 불신임권을 갖고, 국무총리와 국무위원 과반수를 국회의원으로 임명하도록 한 것도 내각책임제 성격을 살린 것이었다. 그와 함께 내각책임제이면서도 대통령의 권한을 약간 두어 국무총리 지명권 외에도 계엄선포 거부권, 정부의 정당 소추에 대한 동의권, 헌법재판소의 심판관 임명권 등을 부여해 행정부를 견제하게 했다. 나아가 대통령은 헌법과 법률이 정하는 바에 의해 국군을 통수한다고 하여, 국방부장관과 각 군 참모총장 임명권을 가진 국무총리와 국군통수권 문제로 갈등을 빚을 소지를 남겼다. 새 헌법은 법원의 독립성을 크게 강화해 대법원장과 대법관은 법관의 자격이 있는 자로서 조직되는 선거인단이 선거하고 대통령이 이를 확인하도록 했고, 법관은 대법관회의 결의에 따라 대법원장이 임명토록 했다.

새 헌법은 구헌법의 기본권에 대한 유보 조항을 삭제하여 언론·출판·집회·결사의 자유를 보장하고, 언론·출판·집회·결사에 대한 검열이나 허가를 인정하지 않음으로써 국민의 권리를 신장시켰다. 그리고 정당과 헌법재판소 및 중앙선거관리위원회의 위상을 높였다. 이승만정권이 1958년 2월 25일 진보당 등록을 취소해 활동을 봉쇄했던 바와 같이, 구헌법하에서는 행정부가 행정조치로 정당을 무력화시킬 수 있었지만, 새 헌법은 정당의 목적이나 활동이 민주적 질서에 위배될 때에 한해서 정부가 대통령의 승인을 얻어 소추하고, 헌법재판소가 판결로써 정당 해산을 명할 수 있게 했다. 또 구헌법에서는 헌법위원회가 필요에 따라 구성될 수 있도록 했지만 사실상 1960년 3월 15일까지는 구성한 바가 없었다. 하지만 새 헌법은 헌법재판소를 상설기구로 신설하여 법률의 위헌 여부 심사, 헌법에 관한 최종 해석, 국가기관 간의 권한쟁의, 정당해산, 탄핵재판, 대통령·대법원장·대법관 선거에 관한 소송을 관장하도록 해 막중한 권한을 부여하였다. 또한 중앙선거관리위원회를 헌법기관으로 하여, 대법관 중에서 호선한 3인과 정당에서 추천한 6인의 위원으로 구성하되, 위원장은 대법관 위원 중에서 호선하도록 해 독립성을 한층 강화했다. 이승만정권하에서 선거관리위원회와 함께 부정선거에 노골적으로 개입했던 공무원과 경찰에 대해서도 각각 "공무원의 정치적 중립성과 신분은 법률의 정하는 바에 의하여 보장된다", "경찰의 중립을 보장하기 위하여 필요한 기구에 관하여 규정을 두어야 한다"라는 조항을 신설하여 공무원과 경찰의 정치적 중립성을 보장하였다.

24파동을 불러일으킨 국가보안법 등 각종 비민주적 악법도 개정했다. 국가보안법 개정안은 1960년 5월 9일 기초위원회가 구성되어 5월 13일 법사위에 상정되었고, 5월 30일 민의원 본회의에서 만장일치로 통과되었다. 개정된 국가보안법은 정보수집죄나 언론 조항 등 그동안 비난받은 조항이 많이 사라졌다. 그렇지만 '불법지역 왕래 조항'이나 특히 1970년대 이후 독재권력에 의해 악용된 '예비음모 조항'은 그대로 살아 있는 데다 '불고지죄'가 신설되어 많은 문제를 야기했다. 개정된 국가보안법이 공포된 지 1개월도 안 되어 여간첩을 감춰준 형부가 '간첩은닉죄'로 기소되었고, 영문학자 오화섭은 북에서 찾아온 매부에게 집을 나가지 않으면 고발하겠다고 했는데, 매부가 곧 체포됨으로써 자신도 몰랐던 불고지죄로 재판을 받아 관심을 모았다.

민의원은 정부가 신문을 정간·폐간시키거나 정당 탄압에 악용했던 군정법령 제88호와 제55호를 폐기하고, 출판물허가제를 없애고, 정당 등 정치단체 등록을 간단히 할 수 있는 '신문·정당 등의 등록에 관한 법률안'을 6월 24일 통과시켰다. 그와 함께 같은 날 '집회에 관한 법률안'을 통과시켜 집회신고서를 24시간 전에 소관 경찰서장에게 제출하면 허가하도록 했고, 평화적 시위도 24시간 이전에 신고하면 할 수 있도록 했다.

## 2  7·29 총선과 장면정권의 출범

### 7·29 총선

'선 개헌 후 선거' 원칙에 따른 5월 2일의 민의원 본회의 결의에 따라 '국회의원선거법안 기초위원회'가 구성되었다. 6월 7일 선거법안이 상정되었고, 6월 22일 통과되어 다음 날 공포되었다. 새 국회의원선거법은 이승만정권이 자행한 입후보 등록 방해를 방지하기 위해 주민 추천 없는 신고제를 채택했고, 처음으로 부재자투표제를 두었으며, 릴레이식 부정투표 방지 조항을 넣었고, 기탁금제를 민의원 30만 환, 참의원 50만 환으로 했다. 국회의원선거법안이 통과되기 전인 6월 17일에 이미 선거위원회법이 통과되었고, 21일에는 중앙선거관리위원회(위원장 고재호 대법관)가 구성된 바 있었다.

국회의원선거법이 통과되자 민의원 선거와 참의원 선거를 동시에 치를 것인가, 다른 날에 치를 것인가가 쟁점이 되었다. 새 헌법 부칙에는 민의원 선거는 헌법 시행일로부터 45일 이내에, 참의원 선거는 6월 이내에 실시하도록 되어 있었다. 동시선거론자들은 내각제 첫번째 대통령을 양원 합동회의에서 선출할 수 있고, 유권자 편의와 국가 경비 절감을 도모할 수 있으며, 정국의 불안정을 조속히 해결할 수 있다고 주장했다. 허정도 동시선거를 고집했는데, 동시선거를 요구하는 대정부 건의안이 민의원에서 채택되자, 6월 27일 제5대 민의원, 초대 참의원 선거를 7월 29일에 함께 실시한다고 공고했다.

양원제는 1952년 7월 4일 발췌개헌에서 대통령직선제에 '끼워 넣기' 식으로 들어간 것으로, 이승만정권하에서는 참의원 선거는 실행에 옮겨지지 않았다. 참의원은 직능제로 구성해야 한다는 등 논의만 있다가 4월혁명 이후에야 비로소 첫 선거를 하게 되었다. 이 경우 인구비례에 기준해서 서울특별시와 각 도에 인원이 배정되었다(총 58석). 유권자들은 각 지역에 배정된 인원의 절반에 투표하게 되어 있었다. 서울의 경우 6명이어서 한 유권자가 3명을 찍을 수 있었다. 또 3년마다 절반씩 뽑게 되어 있어 1부로 나온 사람은 임기가 6년이고, 2부로 나온 사람은 임기가 3년이었다. 이처럼 복잡한 데다 수십 명이 1·2부로 나뉘어 입후보했기 때문에, 이승만정권에서 악명을 떨쳤다 하더라도 유명한 사람이면 당선되기 쉬웠고, 기호 1번이 아주 유리했다.

후보 등록은 7월 2일 마감되었다. 민의원의 경우 233명을 선출하는데, 민주당 후보가 305명, 사회대중당(이하 사대당으로 줄임) 후보가 129명으로, 무소속 후보 1,009명을 제외하면 민주당 후보가 가장 많았다. 자유당 후보도 55명이나 되었다. 참의원의 경우도 무소속 후보가 많아서 129명이었고, 민주당 후보가 61명, 자유당 후보가 13명, 사대당 후보가 6명이었다. 민주당 후보의 경우 민의원이든 참의원이든 정원보다 더 많은 점이 눈에 띈다.

민주당은 선거운동 과정에서 거의 분당되다시피 했다. 신파와 구파 양파는 따로 선거사무소를 차렸다. 신파는 구파가 자유당과 야합해 정국을 이끌어가려 한다고 비난했고, 구파는 신파에 친일행위자가 많은 것을 들추어냈다. 또 당에서 공천을 받지 못한 자파 낙천자 후보들을 은밀히 후원했다. 나아가 신파의 유력자나 구파의 유력자가 나오는 지역에 낙천된 자파 후보자를 나오게 한 것은 더욱 비열한 짓이었다. 장면의 용산갑구, 윤보선의 종로갑구, 김도연의 서대문갑구가 그러했다. 이들의 타 지역 선거 지원을 막기 위해서였다. 7월 5일 민주당은 당 공천을 받지 않은 입후보자 115명을 제명했지만, 신·구파의 이전구투는 약화되지 않았다.

7·29 총선에 혁신계가 몇 명이나 진출할 수 있을지는 상당히 관심을 모았다. 입후보 등록을 하기 전인 6월에만 해도 민의원에 20명 정도가 당

선될 것이라는 전망도 나왔다. 그렇지만 7월 초 언론은 민주당이 혁신계와 대결하는 것이 아니라 낙천자 무소속과 대결하리라고 보도했다. 진보당사건 이후 심한 감시를 받아 활동 공백이 너무 컸던 혁신계는 대구와 부산을 중심으로 한 경상남북도와 원주 등 일부 지역에 유력한 후보를 내세웠을 뿐이었다. 혁신계 주류는 대체로 사대당에 모여 있었다. 사대당은 5월 13일 발기해 6월 17일 '창당준비위원 대표자대회'를 열었지만, 진보당 계열과 타 계열과의 갈등이 심했다. 사대당도 당원끼리 맞붙었고, 당내 반대파를 낙선시키기 위해 자파를 입후보시키기도 했다.

대구와 부산에서는 사대당 후보가 인기가 있었다. 대구의 경우 서상일, 이동화, 최석채, 양호민, 김수한 등이 후보로 나섰다. 특히 대구정구에서 민주당의 '입'(대변인) 조재천과 양호민은 신랄한 설전을 벌여 관심을 모았다. 서울의 경우 7월 20일 민주당 효창공원 연설장에 3만여 명이 모였는데, 사대당의 교동국교 연설장에 모인 군중은 500여 명에 불과했다. 그런데 7월 22일 대구 수성천변 사대당 연설장에는 4~5만 명의 인파가 몰려들어 민주당 공격에 귀를 기울였다.

민주당 후보에게 자유당 후보는 두려울 것이 없었으나 자유당 간부 중 무소속으로 나온 자들은 조직과 금력이 있어 두려울 만했다. 자유당 당무위원 이재학, 한희석, 이존화는 옥중 출마를 했다. 각지에서 반혁명세력이 입후보하자 학생들은 이들 입후보자의 사퇴 및 당선 방지를 주장하는 시위를 벌이고 전국적으로 공명선거 계몽운동을 폈다.

민주당과 사대당은 비슷한 선거공약이 적지 않았다. 예컨대 북진통일 내지 전력(戰力)통일을 한결같이 배척하고 국제연합 감시하의 자유총선거를 주장했으며, 특혜와 독점 배제, 경제에 대한 관권 간섭 배제, 계획경제 등을 주장한 것이다. 장면은 장기적 연차 계획을 세우고, 병력을 40만 명으로 감축하고, 부정축재를 국고에 환원하고, 금융을 대중화하겠으며, 무산대중·농어민 및 근로자들과 공생공사하겠다고 다짐해 어디서 혁신계와 차이가 나는지 알 수 없게 했다. 민주당은 실현하기 어려운 공상적인 선거 공약을 남발해 정권만 잡으면 잘살게 해줄 것 같은 환상을 심어주었다. 사대당은 부정선거 원흉을 내란죄로 처단하고 정치적 살해 사건의 흑막을 파헤치겠다는 공약을 내세웠지만, 실제는 민주당 구악 폭로에 초점을 맞추었다. 사대당 후보들은 대구 합동강연회에서 민주당을 집중 공격하면서, 전쟁 당시 민간인 집단학살에 대한 책임을 추궁했다. 민주당은 선거가 중반전에 접어들어 사대당의 서상일이 남북 간 문화·경제 인사 교류를 주장하고, 혁신동지총연맹의 장건상이 중국의 국제연합 가입을 거론하자, 혁신계를 용공세력으로 몰아붙였다.

7·29 총선은 1954·1958년의 민의원 선거와는 비교가 안 될 정도로 공명했지만, 막걸리와 고무신 등이 오가고 금품을 수수하는 등 혼탁한 면도 있었다. 종반전에 들어와 자유당계 후보가 많은 경남에서는 데모와 폭력으로 어수선했다. 창녕, 고성, 김천, 대전갑, 남원갑 등의 선거구에서 반혁명세력 대두 규탄이 투표함 파괴 등 난동으로 화하기도 했다. 특히 창녕에서는 7월 29일 투·개표를 전후해 자유당계 입후보자가 납치당해 '군민재판'에 부쳐졌다. 그리하여 8월에 13개 지역구에서 일부 재선거가 실시되었다.

국회의원 선거에서 유권자의 연령이 20세 이상이었던바, 민의원 선거의 경우 1,159만 3,432명의 선거권자 중 84.3%에 해당하는 977만 8,921명이 투표에 참가했다. 개표 결과 예상을 넘어 민주당이 압승했다. 민주당은 41.7%를 득표해 233석 중 175석이나 차지했다. 개헌선인 3분의 2를 훨씬 넘겨 전체 의석의 75%를 점한 것이다. 무소속은 득표율 46.8%를 기록했으나 49명이 당선되었을 뿐이었다. 혁신계로는 사대당이 4석(득표율 6.0%), 한국사회당이 1석(득표율 0.6%)을 차지해 도합 5석에 머물렀다. 자

1960년 7·29 총선 개표 상황.

유당 후보도 2명이 당선되었는데(득표율 2.7%), 무소속으로 옥중 당선된 이재학 등을 포함해 구자유당계에서 10명 내외가 당선되었다.

참의원 선거는 득표 상황이 약간 달랐다. 민주당이 득표율 39.0%로 58석 중 31석(53%)을 차지했고, 무소속이 20석(득표율 49.3%)이나 얻었다. 자유당 후보로 당선된 자도 4명이었다. 서울특별시에서 최다 득표를 한 백낙준처럼 자유당정부통령선거대책위원회 지도위원을 했던 사람까지 포함하면 구자유당계가 20명 정도 당선되었다. 혁신계는 사대당이 1석, 한국사회당이 1석을 얻었다. 이러한 의석 분포는 장면정권하에서 부정선거 원흉 처단, 부정축재자 처리 등 과거사 청산이 험난할 것임을 예고해주었다. 앞에서 언급한 참의원 선거 투표 방식의 맹점이 그대로 드러난 것이다.

민주당은 금력이나 조직에서 다른 당보다 우세했고, 유권자에게 잘 알려진 인물이 많았다. 하지만 민주당이 예상보다 압승한 것은 이승만정권하에서 몹시 핍박받았다는 점이 크게 작용했다. 민주당은 "독재와 싸운 사람 마음 놓고 찍어주자"는 선거구호를 내세웠다. 선거구에서 강고한 지반이 있었던 구자유당계는 학생들의 반혁명세력 당선 저지투쟁 및 공명선거 운동으로 인해 민의원 선거에서는 패배했다. 하지만 그러한 운동의 영향력이 적고 유명도가 크게 작용한 참의원 선거에서는 크게 진출했다. 혁신계의 경우 유권자 인지도가 낮았고, 금력과 조직력도 대단히 빈곤했다. 또 민주당의 구악만 들추어냈지 참신한 인상을 주지 못했다. 그렇지만 혁신계 참패의 주요한 원인은 무엇보다 극단적인 반공주의가 주민들 속에 침투해 있었다는 점이었다. 경기도에서 출마한 여운형의 친동생 여운홍이 43만 9,755표를 얻어 참의원 최다 득표를 한 것은 여운형의 인기에 힘입은 바가 컸지만, 예외적 현상이었다. 서상일이나 윤길중이 사대당으로 나오지 않고 무소속으로 출마했더라면 아슬아슬하게 당선되는 일은 없었을 것이다. 혁신계인 김성숙, 박권희, 박환생이 민의원 의원으로 당선된 것은 지역에 튼튼한 기반을 가지고 있었기 때문이다.

### 장면 내각 탄생과 민주당 내분

민주당 신·구파는 7·29 총선을 치를 때 분당 상태나 다름없었다. 이미 1957~1958년경부터 갈등이 심했고, 1959년 정부통령 후보 지명전에서 한층 더 심했다. 지주·부르주아 세력을 대변한 한민당–민국당의 후신인 구파는 체질적으로나 인간관계로나 이재학 등 자유당 온건파와 가까운 사이였고, 그들과 제휴 내지 합당도 몇 차례 모색한 바 있었다. 신파는 일제 말에 군수 등을 지낸 자들과 1950년 5·30 선거에서 의원이 되어 (원내) 자유당을 만든 세력이 주축이었으며, 흥사단 등 서북세력과 이철승 등 소장파가 가담하였다. 신파는 경제에 밝았고, 상대적으로 진취적이었으며,

이승만정권에 대해 공격적이었다. 양 파는 7·29 총선 직후인 8월 6일 각각 자파 회합을 가졌던바, 구파가 약간 우세한 것으로 나타났다. 이미 8월 3일자 한 신문 석간에 구파가 대통령과 국무총리, 민의원·참의원 의장단을 자파 중심으로 채우고 실력대결에서 실패하면 분당하겠다고 선언했다는 보도가 나왔고, 8월 5일자 한 신문 조간에 "민주당 사실상 분당", "구파 단독 집권 선언" 등의 기사가 보도되었다. 신파와 구파 사이에는 타협의 여지가 거의 없었다.

민주당 신파와 구파의 첫 대결은 민·참의원 의장단 선거에서 벌어졌다. 양 파는 민의원 의장에 곽상훈을 선출한다는 데는 의견을 같이했으나, 부의장의 경우 신파는 구파인 이영준과 무소속인 이재형을, 구파는 이영준과 무소속이지만 구파에 가까운 서민호를 밀었다. 이재형과 서민호의 대결에서 99표 대 114표로 후자가 승리한 것은 구파로 하여금 자신감을 갖게 했다. 그렇지만 참의원 의장 선거에서 구파의 소선규는 신파가 민 무소속 백낙준에게 패배해 부의장으로 밀렸다.

대통령이 누가 되는가에 대해서는 큰 관심이 없었다. 7·29 총선이 거의 끝나갈 무렵 김병로, 윤보선, 허정 등이 대통령 물망에 올랐다. 선거가 끝났을 때 민주당 신파는 대통령 자리는 구파에게 주고 국무총리를 차지하겠다는 의사를 분명히 했다. 구파는 대통령 문제로 골머리를 앓았다. 김도연과 윤보선 둘 다 국무총리가 되려고 했기 때문이다. 구파 내부에서 표 대결까지 하여 대통령에 윤보선, 국무총리에 김도연을 내세우기로 했다. 8월 12일 민·참의원 양원합동회의에서 재석 263명 중 윤보선이 208표를 얻어 대통령으로 선출되었다. 차점자는 29표를 얻은 김창숙이었다. 무소속 의원들이 4월혁명으로 선출하는 제2공화국 대통령에 한민당원 출신으로 골수 보수세력인 윤보선을 지지할 수는 없다고 해서 원로 김창숙을 민 것이다.

윤보선은 같은 구파인 김도연을 국무총리로 지명했다. 8월 17일 민의원은 국무총리 인준을 찬성 111표, 반대 112표, 무효 1표로 부결시켰다. 불과 3표차로 인준을 받지 못한 것이다. 두번째로 지명을 받은 장면은 8월 19일 표결에서 찬성 117표, 반대 107표, 기권 1표로 국무총리가 되었다. 인준 통과 선을 아슬아슬하게 넘어 신파가 승리했다. 국무총리 지명에서 신파가 승리한 것은 구파가 자만심을 가지고 임한 반면, 신파는 무소속을 적극 포섭했기 때문이다. 허정이 정국 불안을 우려해 장면을 지원한 점도 작용했다.

조각에 착수한 장면은 구파를 끌어들이려 했지만, 구파가 자신들이 추천한 인사를 쓰고 소환권도 구파 의원총회에 줄 것을 요구하자, 그러면 독자적인 원내교섭단체를 가진 구파와 연립내각 형태를 취하게 되는 것이라며 받아들일 수 없다고 맞섰다. 그는 민주당이 사실상 분당 상태라는 것을 인정하려 하지 않았다. 장면 총리는 8월 23일 각료 명단을 발표해 정부를 출범시켰다. 외무부장관 정일형, 내무부장관 홍익표, 재무부장관 김영선, 국방부장관 현석호 등 거의 다 신파였고, 구파는 정헌주(교통부장관) 한 사람이었다. 무소속에서는 박제환을 영입해 농림부장관을 맡겼다. 문교부장관에는 비정치인인 이화여대 대학원장 오천석을 임명하였다. 국방부장관에는 허정이 사무를 인계하면서 이종찬이 사심 없이 군을 통솔할 수 있는 사람이니 유임시키는 것이 좋겠다고 말했지만, 당내 지지기반이 없다는 이유로 군을 잘 모르는 측근을 임명했다.

장면의 제1차 내각은 단명으로 그칠 수밖에 없었다. 구파와의 관계가 한층 악화된 데다, 구파가 8월 31일 구파동지회로, 또 무소속 주류가 민정구락부로 각각 원내교섭단체 등록을 한 것이다. 구파동지회는 86명, 민정구락부는 41명인데, 나중에 등록한 신파는 95명밖에 되지 않아 과반수에서 무려 22석이나 모자랐다. 거기에다 처음 개각할 때 3명 정도를 입각시켜달라고 요구했던 신파 소장층은 노장층 일색인 각료진에 반발해 소장동지회라는 별도의 모임을 열었다. 여론도 나빴다. 그리하여 내각 출범 보름 만인 9월 7일 내무, 국방, 상공, 국무원 사무처장 등 4명의 장관이 사표를 냈고, 구파 실력자 유진산이 거중조정해 9월 12일 국방부장관에 권중돈이 임명되는 등 구파 5명이 장관에 임명되었다. 20일밖에 안 되어 제2차 내각이 탄생한 것이다. 이 시기에는 정국의 혼란으로 행정이 마비 상태에 이를 지경이었다.

장면은 정국의 안정을 기하기 위해 정권 안정에 협조한 유진산을 자주 만났고, 한때 유진산은 부총리 격의 역할을 맡을 것이라고 보도되었지만, 성사되지 못했다. 9월 22일 김도연은 분당을 선언했고, 10월 13일부터 신당발기준비위원 서명 공작에 착수했다. 신당은 11월 8일 신당발기주비대회를 개최하고 선언, 강령, 정책 등을 채택했다. 당명은 12월 12일 신민당으로 정했다.

하지만 구파 일부 의원은 김도연이 분당을 선언할 때부터 민주당 잔류를 주장했다. 10월 14일 원내외의 도각(倒閣) 공세가 일단락되었을 때 언론은 구파에서 30명 정도가 이탈해 민주당에 가담하고(합작파), 구파가 일부 민정구락부 의원을 끌어들여 60석 내외를 확보할 것으로 예측 보도했다. 11월 26일 민주당과 신당(신민당)이 원내교섭단체 등록을 마쳤을 때 민의원 의석 분포는 민주당 126명, 신민당 65명, 민정구락부 34명이었다. 민주당은 과반수 의석 이상을 확보했다.

1961년 1월 30일 제3차 내각 명단이 발표되었다. 국방부장관에 현석호, 부흥부장관에 태완선, 무임소장관에 오위영 등이 임명되었는데, 노장층 중심이었다. 합작파도 반발하였는데, 특히 1961년 1월 소장동지회에서 신풍회로 이름을 바꾼 이철승 등 소장파의 반발이 거셌다. 2월 중순경부터 출처가 다양한 3~4월 위기설이 떠돌았다. 또 장면이 데모규제법과 반공법을 제정하려다가 오히려 혁신계의 2대악법 반대투쟁을 불러와 어려움을 겪었다. 하지만 4월혁명 1주년의 기간에는 학생들이 자제하는 등 별다른 사건이 발생하지 않았다.

쿠데타가 발생하기 12일 전인 5월 4일 내무부장관에 조재천이 임명되는 등 제4차 개각이 있었다. 이때쯤 신풍회는 현저히 약화되어 있었다. 장면정권은 1961년에 들어 조금씩 안정되었고, 제4차 조각에 대해서는 조직적인 반발이 없었다.

장면정권은 8월 23일 출범할 때 경제제일주의를 전면에 내세웠다. 1961년도 새해 예산을 편성할 때 전력 등 인프라 산업에 역점을 두었고, 1961년 3월 1일을 기해 국토개발 사업이 개시되었다. 장면정권은 이 사업에 투입했다가 일반 공무원으로 쓰기 위해 사무직 1,614명, 기술직 452명을 대학생 중에서 공채로 선발했다. 이승만정권하에서 공채가 미미했던 것을 생각하면 놀라운 진전이었다. 이 무렵에는 이한빈이 말한 바 성취형 관료도 생겨났다. 공무원 사회에 새 바람이 불었다. 1961년 4월 말에는 제1차 5개년 경제개발계획이 성안되었다.

신민당은 1961년 2월 20일 결당대회를 열었다(위원장 김도연, 간사장 유진산). 신민당 내에는 민주당의 신풍회처럼 박준규, 김영삼 등이 중심이 된 청조회가 있었다. 신민당은 결당 전부터 심한 내분을 겪었다. 청조회 핵심 의원들이 국민의 통일 열망에 부응해야 한다면서 남북교류를 주장했고, 서민호 민의원 부의장과 양일동 의원 등도 계속 그 같은 주장을 펴 한민당계와 대립했다.

### 지방자치 선거

장면정권은 사상 처음으로 지방자치 선거를 전면 실시했다. 지방자치법은 1949년에 제정되었는데도 법치주의를 경시한 이승만 대통령은 지방자치제를 실시하지 않았다. 그러다가 1952년 부산정치파동 때 '민의'를 동원하여 개헌을 하기 위해 부분적으로 실시했다. 1958년 12월 24일 무술경찰을 동원해 야당 의원을 끌어내고 통과시킨 법안은 국가보안법 개정안만이 아니었다. 시장과 읍·면장을 선거제에서 임명제로 바꾼 지방자치법 개정안도 함께 통과시켰다. 이승만정권은 1960년 정부통령 선거에서 공무원을 대대적으로 동원해 행정선거를 치르려고 기획하고 있었기 때문에 후자를 더 중시했다.

1960년 6월 15일 통과된 내각책임제 개헌안에는 시·읍·면장은 주민이 직접 선출하도록 못을 박아놓았다. 문제는 서울특별시장과 도지사였다. 장면정권은 서울특별시장은 선거로 선출하더라도 도지사만은 경제발전이나 행정의 효율을 위해 임명제로 해야 한다고 주장했다. 그렇지만 9월 27일 민의원 본회의에서 도지사, 서울특별시장, 시·읍·면장을 당해 지방자치단체 주민이 직접 선거한다는 안이 통과되었다. 11월 1일 공포된 지방자치법은 서울특별시장의 경우 유권자가 지지하는 후보 이름을 투표용지에 써넣는 기명투표제를 채택했다. 선거 연령은 민·참의원 선거와 마찬가지로 20세 이상이었다.

지방자치 선거는 추운 12월에 실시되었다. 12월 12일에는 서울특별시·도의원 선거가, 19일에는 시·읍·면의회 의원 선거가, 26일에는 시·읍·면장 선거가, 29일에는 서울특별시장·도지사 선거가 치러졌다. 이 선거에서 12월 12일의 선거는 투표율이 67.1%, 19일의 선거는 62.6%, 26일의 선거는 54.6%였으며, 29일의 선거는 더욱 낮아 38.8%밖에 되지 않았고, 서울의 경우 36.4%로 더욱 낮았다. 투표율이 낮아진 데에는 날씨도 한몫했다. 12월 29일 서울은 영하 12.7도의 추운 날씨에다 눈도 쌓여 있었다. 서울은 기명식 투표여서 문맹자가 대부분 불참했을 것이다. 날씨 외에 관권 개입이 없었고 선거권자 동원이 적었던 것도 투표율이 저조한 원인

중 하나였다. 정치인들의 심한 정쟁과 분열도 선거 무관심을 조장했다.

서울특별시장·도지사 및 서울특별시·도의원 선거의 경우 정당 영향력이 컸고, 읍·면 의원, 읍·면장의 경우 무소속이 대거 당선되었다. 광역자치단체장과 의원들의 경우 7·29 총선과는 다르게 민주당이 신민당보다 당선자를 월등히 많이 냈다. 10개 광역자치단체장 가운데 민주당은 서울특별시 등 6개 지역을 차지했는데, 신민당은 3개 지역을 얻었다. 1개 지역은 무소속이었다. 서울시·도의회 의원 선거에서는 민주당이 195명, 신민당이 70명, 무소속이 216명의 당선자를 냈고, 시의회 의원의 경우 민주당과 신민당의 격차는 더욱 컸다(시장의 경우 12 대 5). 신민당이 관료 출신이 많은 민주당보다 기동력이나 활력에서 밀린 것도 한 요인이었지만, 집권정당의 프리미엄이 컸기 때문이다. 무소속은 시장의 경우 9명이 당선해 민주당보다 적었지만, 시의원은 238명 대 129명, 읍장은 56명 대 23명, 면장은 1,045명 대 297명, 읍 의원은 872명 대 142명, 면 의원은 1만 2,578명 대 2,510명으로 무소속이 우세했다. 무소속은 대개 자유당세력이었는데, 이것은 민주당정부에 호의적이기 어려운 자유당세력이 군 이하의 지역에서는 민주당보다 발언권이 강했다는 것을 말해준다. 경찰을 포함해 군 이하의 공무원들 역시 민주당정부에 그다지 순응적이지 않았다. 혁신계는 심한 내분으로 지방자치 선거를 거의 포기하다시피 했다. 서울시·도의원 선거에서 겨우 3명이 당선되었을 뿐이다. 하지만 혁신계는 1960년 말부터 자체 정비에 들어갔고, 통일운동과 2대악법 반대투쟁으로 차츰 지지도가 높아졌다.

## 3 혁명입법 추진

### 6대 사건 판결

4월 26일 이승만정권이 붕괴되자 한국전쟁을 전후해 집단학살을 당한 유족들의 진상규명 요구, 김구암살사건과 같은 각종 의혹 사건의 진상규명 요구 등이 잇달아 제기되었다. 하지만 허정과도정권이나 민의원, 그리고 장면정권이 떠안은 긴급한 과거사 청산 문제는 3·15부정선거 원흉 등의 처단이었다. 장면정권은 존속기간 내내 혁명입법 문제로 곤경에 처했는데, 여론의 빗발치는 요구와 자신의 보수적 입장 사이에서 발생한 균열 때문이었다. 4월 26일 직후부터 최인규 등 3·15 정부통령 선거 당시 장관이나 자유당 기획위원들이 거의 다 구속되었으나, 과연 이들이 민중들이 원하는 바대로 철저히 단죄될 것인가 하는 의문이 처음부터 제기되었다. '이승만체제'가 바뀌지 않았기 때문이다. 한 신문은 사설에서 혁명 완수를 위해 특별처벌법을 신속히 제정할 것을 역설하면서, 현직 검사들 대다수는 정치적으로 보아 홍진기·장경근·임철호 등의 계열이라고 해도 과언이 아니고, 판사들이란 최고 수뇌인 대법관을 위시해 모두 이승만정권의 압력에 눌리어 양심과 지조를 팔고 재판의 독립을 스스로 포기한 사람들이 많았다고 지적하면서 다음과 같이 썼다.

> 현재 검찰이 3·15부정선거의 원흉들에 대해 선거법으로만 다스리려고 하고 국헌문란죄를 적용코자 하지 않으려는 태도를 보이고 있는 것은 언어도단이라 할 것이다. 이들에게 중형을 가하지 않는다면 민심은 조금도 가라앉지 않을 것이요, 또 4·19 대학살 사건에 대해서 살인죄를 적용치 않는다면 4·19에 희생된 청춘의 영령들이 위로되지 않을 것이요.[4]

문제는 개헌을 하지 않으면 특별처벌법을 제정하기 어렵다는 점에 있었다. 일부 지식인과 언론, 학생, 민의원 의원이 자유당 국회를 해산하고 새 국회에서 개헌을 하라고 요구한 이유의 하나는 자유당 국회는 자유당 의원들을 처단할 헌법 근거 마련에 반대할 게 뻔하기 때문이었다. 헌법 개정안에 민주주의 반역자와 부당불법하게 축재한 자들을 처벌하기 위한 조항이 삽입되어야 한다는 주장은 자유당과 민주당의 야합에 의해 묵살되었다. 적어도 부정하게 모은 재산 회수는 특별법 없이 불가능하다는 점이 자주 지적되었지만 민의원에게는 마이동풍이었다.

부정선거 원흉 등의 처단 문제는 7·29 총선에서 쟁점이 되지 못했다. 민주당은 부정축재를 환원해 활용한다는 막연한 공약만 내걸었다. 사대당은 4월혁명을 완수하기 위해 3·15부정선거 범행자들을 국헌전복 내란범죄로 처단하겠다고 공약했으나, 이를 부각시키려고 노력하지 않았고, 선거운동 과정에서 주목받지도 못했다.

6월 15일 내각책임제 개헌안이 통과되면서 새로운 사태가 발생했다. 부정선거 원흉으로 구속된 자들의 담당 변호사들―이들은 법조계의 거물급이 많았다―이 부정선거 원흉 처벌법규인 정부통령선거법 등이 개헌으로 실효되었기 때문에 법원은 면소 판결을 내려야 하고 살인, 횡령 등의 범죄를 제외하고는 모두 석방해야 한다는 논리를 편 것이다. 이와 함께 형벌 불소급원칙이 부정선거 원흉에게도 타당한가 하는 문제가 제기되었다. 사태가 이렇게 되자 초대 대법원장이었던 김병로는 하루 속히 특별법을 제정함으로써 혁명과업을 완수해야 한다고 강조하고 이미 죽은 법으로는 처벌이 불가능하다고 지적했다. 9월에 들어와 4월혁명 유족들은 원흉들을 엄단할 것을 요구하는 데모를 법원 변호실에서 벌이며, 부정선거 원흉·발포 경찰에게 무죄 변론을 한 변호인은 혁명정신을 모독했다고 규탄했다. 9월 7일 서울변호사회는 혁명 유족뿐 아니라 국민감정에 어긋나게 무죄 변론한 변호사들을 징계위원회에 회부하고 변호를 사임시키기로 결정했다. 다음 날 담당 변호사들이 총사퇴했다. 서울변호사회는 관선변호사 선임도 거부하겠다고 밝혔다. 9월 13일 열린 재판은 변호사 없이 재판을 할 수는 없다며 10분 만에 폐정했다.

9월 9일 서울변호사회는 '특별법제정 추진위원회'를 구성해 비민주행위자 및 부정축재자 특별처벌법안을 작성해 국회에 건의키로 했다. 민의원에서는 9월 15일 김준태 의원 외 10인이 민주 반역자 처벌 임시조치법안, 부정축재 특별조치법안, 부정선거 관여자 공민권 정지에 관한 법률안을 제출했다. 그 밖에도 여러 관계 법안이 제출되었고, 4월혁명 완수를 위한 개헌안 기초에 관한 결의안까지 제출되기에 이르렀다. 9월 말 사태가 심상치 않자 민의원은 부정선거 원흉 재판을 특별법이 제정될 때까지 정지하도록 하는 임시조치법안 마련에 들어갔다. 언론과 한국교수협회에서도 특별법 제정을 촉구하였다.

이승만을 옹호하는 등 갖가지 이유를 대면서 변호사들이 무죄를 주장하는 가운데, 9월 26일 검찰은 내무부와 경찰 책임자인 최인규·이성우·이강학·최병환 등에게 사형을, 자유당 기획위원들에게는 4년 6개월에서 15년을, 국무위원이었던 송인상·신현확 등에게는 12년 등을 구형했다. 언뜻 보면 검사가 중형을 선고한 것 같았지만, 내무부 관련자를 제외하고는 언론에서 주장한 국가변란죄, 국가보안법 등을 적용하지 않고 허위 공문서 작성, 횡령, 직무유기 등을 적용해 이 사건의 결말을 짐작케 했다. 장면은 9월 21일 부정선거 원흉 처단 문제는 현행법을 적용하는 것을 보고 결정하겠다고 말했지만, 실제로는 특별법 제정을 반대하고 있었다. 이승만정권 관계자들과 성향이 비슷했기 때문인데, 특별법을 제정하지 않으려고 하기 때문에 정국 불안이 더 커지고 있다는 점을 그는 간과했다.

9월 28일, 설마 하던 사태가 벌어졌다. 장택상에 대한 재판에서 정부통령선거법 위반에 대해 면소 판결을 내린 것이다. 조재천 법무부장관은 수긍 안 되는 판결이라면서 원흉은 다른 재판부가 맡고 있어 면소 판결이 나리라고 생각지 않는다고 밝혔다. 10월 8일 장준택 판사는 정부통령선거법은 실효되지 않았다고 밝혔다. 이날 최인규 등의 부정선거 혐의에 대한 판결은 하지 않았다. 그리고 발포명령 사건과 관련해서는 서울시경 국장이었던 유충렬과 서울시경 경비과장이었던 백남규에게만 검사의 구형대로 사형과 무기징역을 선고하고, 홍진기(전 내무부장관), 조인구(전 치안국장) 및 곽영주(전 경무대 비서관)에게 각각 무죄를 선고했다. 장 부통령 저격 배후조종 사건과 관련해 임흥순(전 서울특별시장)·이익흥(전 내무부장관)·김종원(전 치안국장)·장영복(전 치안국 특정과장) 등에게 경형 내지 무죄를 선고했고, 소위 정치깡패 사건의 경우 신도환(전 반공청년단장)·임화수(전 반공예술인단장)·유지광(전 화랑동지회 대표) 등에게 무죄 또는 경형을 선고했다. 서울특별시·경기도 선거사범에 관해 최헌길(전 경기도지사)·최응복(전 서울특별시 부시장) 등에 대해 무죄 또는 공소기각 판결을 내렸다. 1954년 자유당 감찰부장 이정재가 신익희 등에게 제3세력이라는 굴레를 씌워 심복 김동진에게 암살을 지령했으나 거절당하자 먼저 김동진을 제거하려다 미수에 그친 제3세력 제거 음모 사건, 전 법무부차관 신언한 등이 민주당이 이 대통령을 저격하려고 음모했다고 무고 교사했다는 이 대통령 저격 음모 조작 사건에 대해서도 형 면제 또는 유죄를 선고했다. 이상이 6대 사건에 대한 10월 8일의 판결이었다.

**혁명입법**

10월 8일 판결에 대해 백낙준 참의원 의장은 "형이 경하다고 생각하는 사람도 있을 것이며 오히려 중하다고 생각하는 사람들도 있을 것"이라고 이상야릇하게 말했지만, 여론은 들끓었다. 10월 8일 마산에서 1,000여 명이 철야 데모에 들어갔고, 서울의 모든 경찰은 돌발사태에 대비해 완전 무장을 했다. 장준택 판사와 나항연 서울지법원장, 관계 판사 및 무죄로 석방된 자들은 피신했다. 10월 9일 장면 총리는 정부로서는 현행법으로도 처단이 충분하다고 믿는다면서도, 혁명입법을 위한 개헌을 하겠다고 말할 수밖에 없었다. 이날 4월혁명부상자동지회에서는 "국회 해산하라"는 '삐라'를 돌리며 시위를 하다가 윤보선 대통령을 면접한 후 해산했다. 윤 대통령은 10월 10일 국회에서 하루속히 특별법 제정을 하기 바란다는 내용의 담화를 냈다.

민의원은 10월 11일, 이달 15일까지 '4월의거 완수를 위한' 헌법 개정안을 제출하고, 31일까지 '4월의거 완수를 위한' 민주반역자 처벌 및 부정축재 처리 특별법안의 기초를 완료하여 제출토록 하자는 내용의 결의안을 만장일치로 채택했다. 민의원은 11월 중순까지 혁명입법을 완수하겠다고 다짐했다. 그런데 이날 큰 불상사가 벌어지고 말았다. 민의원 의사당 앞에서 원흉 처벌 특별법 제정을 요구하며 시위하던 4월혁명 부상자들이 목발에 수륜(手輪)차를 굴리며 의사당에 난입하여 의사당이 수라장이 되었다. 민주당의 신·구파 민의원들은 데모대가 지켜보는 앞에서 정쟁을 지양하겠다고 약속까지 했다.

이날 오후 4·19 과업 완수를 촉진하고 이미 석방된 자들을 재수감하기 위한 민주 반역자에 대한 '형사사건 임시처리법안'이 민의원에서 통과되어 참의원을 거쳐 13일 공포되었다. 민의원은 10월 17일 헌법 부칙에 3·15 정부통령 선거에서 부정행위를 한 자, 부정행위 항의에 살상 등의 행위를 한 자를 처벌하고, 1960년 4월 26일 이전 현저히 반민주행위를 한 자의 공민권을 제한하기 위한 특별법을 제정할 수 있고, 1960년 4월 26일 이전에 부정축재를 한 자에 대한 행정상 또는 형사상 처리를 하기 위한 특별법을 둘 수 있으며, 이들 형사사건을 처리하기 위해 특별재판소와 특별검찰부를 둘 수 있다는 조항을 신설한 헌법 개정안을 제안해 11월 23일 재석 의원 200명 중 191명 찬성으로 통과시켰다. 이 개정안은 참의원에서 11월 28일 재석 의원 52명 중 가(可) 44표로 무수정 통과되어 다음 날 공포되었다. 또한 11월 5일 민의원은 '반민주행위자 공민권제한법안', '부정선거관련자 처벌법안', '부정축재처리 특별법안', '특별재판소 및 특별검찰부 조직법안'을 마련했다. 민의원과 참의원을 통과해 제일 먼저 12월 23일자로 정부가 공포한 것은 '특별재판소 및 특별검찰부 조직법안'이었다. '부정선거관련자 처벌법안'은 민의원에서 통과된 것을 참의원에서 수정한 뒤, 다시 12월 29일 민·참의원을 통과해 12월 31일 공포했다.

'반민주행위자 공민권제한법안'은 대상자 문제 때문에 우여곡절이 많았다. 민의원에서도 논란이 있었지만, 참의원에는 의장인 백낙준을 위시해 대상자가 많았다. 연세대 총장으로 자유당정부통령선거대책위원회 지도위원이었던 백낙준은 10월 8일 판결 전날에 국회 내 자유당계를 반혁명 세력으로 규정하려는 움직임에 "7·29 선거에서 당선된 자유당 인사는 당당히 국민의 신임을 받은 것으로 안다"라고 말한 바 있었다. 11월 1일 민의원 법사위원회에서 채택한 이 법안으로 최소한 1,200~1,300명이 공직에서 추방되는데, 여기에는 백낙준과 민정구락부 핵심 인물인 이재형 의원 등 민·참의원 약 20명이 해당되는 것으로 보도되었다. 공민권 제한 대상자로 의원들만 문제가 된 것이 아니었다. 제1공화국 정부수립 직후 '반민족행위 처벌법'이 시행되었을 때에도 군인만은 예외 취급을 받았는데, 공민권 제한 대상자에서도 군인은 제외해야 한다는 것이었다. 심지어 군부 내에 오열이 침투했다면서, 군부 지도자를 포함한 전직 고관들의 공민권을 박탈하려는 조치는 대공투쟁을 비난하고 공산주의를 지지하는 것이 아니냐는 논리까지 동원되었다.[5] 그런가 하면 대학 총·학장 대부분이 자유

혁명입법을 요구하며 민의원 단상을 점령한 4월혁명 부상자들.

당정부통령선거대책위원회 지도위원으로 들어갔는데도 물러난 총·학장이 1명밖에 안 되는 것은 있을 수 없다고 분노를 터뜨리는 이들도 있었다.

    장면이나 민주당은 공민권 제한 대상자를 대폭 축소하려 했으나, 그 뉴스가 나온 11월 15일에 자유당 강경파 보스로 구속되었다가 보석중이었던 장경근이 서울대학병원에서 부인과 함께 일본으로 도주한 것이 크게 여론을 자극해 역풍을 만났다. 대상자를 축소한다고 했다가 여론의 뭇매를 맞고 다시 늘린 이 법안은 12월 5일 현역 의원은 국회 심의위원회에서 결정토록 한다는 전제하에 민의원을 통과했다. 참의원은 심리를 기피하다가 12월 하순에 가서야 대상자 범위를 대폭 축소해 통과시켰다. 이 법안은 다시 우여곡절을 겪었는데, 1960년 12월 31일 민의원은 자동적으로 공민권이 제한되는 자동 케이스를 폐지한 참의원 수정안을 161 대 6이라는 압도적인 표차로 부결시키고, 민의원 안을 확정 통과시켜 당일로 공포하였다. 법무부는 1961년 2월 25일 7년 동안 공민권이 제한될 공민권 제한 자동 케이스 제1차 대상자로 이승만과 자살한 이기붕 등 609명을 공고했다.

'부정축재처리 특별법안'은 특히 오래 끌었다. '반민주행위자 공민권 제한법안'과 비슷한 이유 때문이었지만, 경제단체에서 맹렬히 반대운동을 한 것도 한 요인이었다. 장면은 허정처럼 부정축재자 처리에 대단히 소극적이었다. 재무부가 1960년 8월 31일 기업인 24명에게 조세사범처벌법에 의한 벌과금 및 추징금 196억 환을 통고한 얼마 후, 장면은 국회 답변에서 부정축재자 처단은 현재의 처분 통고가 집행되지 않으면 특별법을 제정해서까지 회수하겠으나 소급하여 처단하는 특별법은 유엔헌장에 위배된다고 말했다. 허정처럼 탈세 문제만 처리하겠다는 것이었다. 그렇지만 여론은 그렇지 않았다. 1960년 11월 정부가 실시한 여론조사를 보면 부정축재자를 엄벌에 처해야 한다는 답변이 37.3%로 부정선거 원흉을 엄벌에 처해야 한다는 답변 33.1%보다 높았다. 부정축재자 처벌을 반대한 사람은 4.3%밖에 안 되었는데, 다른 여론조사에서도 비슷한 결과가 나왔다.[6] 장면 정권이 부정축재자 처리에 반대한 것은 여러 번 정치적 쟁점이 된 것처럼 7·29 총선 등에서 정치자금을 받았기 때문이기도 하지만, 경제 위축을 초래한다는 데 있었다. 반면 찬성 쪽은 부패한 관료자본주의를 청산해야 제대로 경제가 발전할 수 있다고 주장했다. 부정축재자는 주로 제당, 모직 등의 기업주인데, 그 기업들은 지금 생산과잉이라면서, 경제 위축을 부정축재자 처벌에 반대하는 명분으로 삼는 자들을 반박하는 사람도 있었다.

민의원은 언론 등의 압력을 받으며 많은 논란 끝에 1961년 2월 9일에야 '부정축재처리 특별법안'을 통과시켰다. 그러자 한국경제협의회, 대한상공회의소, 대한건설협회, 한국무역협회, 대한방직협회 등은 3월 초 도하 각 신문에 광고를 내, 이 법안은 북한괴뢰가 원하는 바대로 산업을 혼란시켜 공산화로의 길을 닦아준다고 주장했다. 민의원에서 통과된 법을 참의원에서 대폭 수정해 부정축재자를 "3·15부정선거를 위하여 '자진'(강조는 필자의 것) 3,000만 환 이상을 조달한 자"로 국한했다. 이로 인해 '부정축재처리 특별법안'은 유명무실한 법이 되고 말았다. 민의원은 4월 10일 이 법안을 확정했고, 정부는 4월 14일 공포했다. 그러나 시행령은 5월 10일에야 공포되어 쿠데타로 시행조차 되지 못했다.

### 특별검찰부와 특별재판소의 활동

특별검찰부는 그 구성에서부터 난관에 부딪혔다. 특별검찰부장 물망에 오른 사람들이 기피한 탓이었다. 민의원은 1961년 1월 12일에야 특검부장으로 대구고검 검사장인 김용식을 선임했다. 그는 원래 대구고법원장이었으나 이승만의 법관 연임 거부로 물러났다가 4월혁명으로 특별히 검사장에 임명되었다. 상경한 김용식 특검부장은 먼저 30명의 검찰관과 도마다 15명씩으로 구성된 조사위원 인선에 들어갔다. 1월 17일 특별검찰부(특검)는 육군 헌병감실 건물에서 정식 출범했다. 그렇지만 정부로부터 예산 영달이 늦어져 집기도 제대로 갖추지 못해 "흡사 해방 후의 반민특위가 천대받던 그대로군"[7]이라는 말을 들을 정도였다. 특검은 발족 6일 동안 수사는커녕 뚜렷한 운영 방침마저 세우지 못하다가 25일경부터 본격적인 활동에 들어갔다. 공소시효 만료일이 2월 28일이어서 활동기간이 25일부터 계산하면 34일 정도였다. 이 짧은 기간에 정부의 홀대를 받으며 피의자를 체포해 심문하고 관계 증거를 확보해 기소해야 했다. 처음부터 특검활동은 비관적일 수밖에 없었다.

특검은 중요 사건 중심으로 수사하겠다고 천명했지만, 수사는 제대로 이루어지지 않았다. 경무대 앞 발포명령 사건의 경우 홍진기, 조인구, 곽영주 등이 상호 모의했는가가 핵심이었는데, 당시 국방부장관이던 김정렬이 입을 열지 않아 수사는 겉돌았다. 2월 1일 군부의 부정선거 수사에 들어갔으나 장면정권과 매그루더 미8군사령관이 반대해 고작 3일밖에 안 된 2월 4일 벌써 수사보류 결정을 내렸다. 정치자금 조달 관계의 경우 이기붕 친척인 이기호 제일은행장을 구속했을 뿐, 담당 검찰관을 교체하고 '산업 위축'이라는 이유로 자금을 조달한 재벌들은 일절 손을 대지 않기로 결정해 4월혁명 관련 단체들의 항의를 받았다. 이승만 측근으로 동국대 총장이던 백성욱도 부정선거 관련 혐의로 구속영장까지 발부했다가 영장 집행을 보류하고, 담당 검찰관을 교체한 다음 무혐의 불기소 처분을 해 특검 자체 내에서 심각한 분란이 일어났다. 반민주행위자 공민권 제한과 관련한 수사도 비난을 받았다. 윤보선 대통령은 2월 초 이들에 대해서 처벌 범위를 좁히라고 말했는데, 다른 사건과 마찬가지로 권력층의 압력이 들어오는 등 여러 이유로 '공민권조사위원회'에서 공민권 제한 여부를 심사하는 심사위원회에 회부한 케이스가 너무 적었던 것이다. 그런가 하면 특검은 2월 13일부터 공민권 제한 조사위원들이 심사 대상자들과 금품거래를 했다며 특검관 10명을 각지로 파견해 내사하는 사태가 벌어지기도 했다.

2월 28일 공소시효 종료일까지 특검은 250여 건을 입건해 전 법무부 차관 신언한, 전 민의원 김철안, 정대천, 전 성균관대 총장 이선근, 이기호, 전도관 박태선 장로와 전 서울시장 임흥순, 전 자유당 기획위원 이중재 등 검찰관 수보다 적은 26명을 구속 기소하고, 참의원 한광석, 민의원 이재현, 유도회 간부 이명세, 이홍세, 최찬익 등 13명을 불구속 기소했다. 그 외에 불기소 석방이 10여 건, 기소 중지가 180여 건이었다.[8] 이재현 의원은 구속동의가 가결되자 피신했고, 한광석 의원은 참의원에서 동의를 해주지 않아 불구속 기소되었다.

거물급 인사 다수는 이미 일반 검찰청에서 일반 법원에 기소했다지만,

특검은 송사리만 잡고 용두사미 격으로 끝내고 말았다. 그렇게 된 데에는 공소시효 기간이 너무 짧았고, 정부·국회·법원이 비협조적인 데다 정치적인 압력이 적지 않았으며, 부정선거를 저지르는 데 앞장섰던 일반 경찰이 태업 상태에 있었다는 점이 중요하게 작용했다. 그와 함께 특검의 내부 불화가 끊이지 않았고, 특검이 검사와 변호사로 구성되는 바람에 양자의 성격 차이로 혼선이 빚어졌다.

특별재판소장에는 전주지방법원장으로 있을 때 민주당 이철승 의원에게 무죄판결을 내려 법복을 벗었던 문기선 변호사가 선임되었다. 1월 25일 5부 재판부가 모두 구성되어 2월 4일부터 본격적인 재판에 들어갔다. 재판부는 특별법 제정 이전에 일반 법원 소관이었던 부정선거 관련자들 재판까지 맡아, 쿠데타 전날인 5월 15일까지 103건에 263명을 접수했지만, 4월 17일 내무부 사건에 대해 최인규 사형, 이강학 징역 15년 등의 판결을 한 것이 고작이었다. 내무부 사건도 연합심판부의 확정판결까지 가지 않아서 1건도 처리하지 못한 셈이 되었다. 공민권심사위원회는 621명에게 7년, 661명에게 5년간 공민권 제한 판정을 내렸는데, 의원들의 저항에도 불구하고 이재학 의원 등 16명의 민·참의원이 포함되었다. 이 위원회에 회부된 청구 건수의 약 절반에 대해 공민권 제한 결정이 내려졌다.


**경찰 숙정**

장면정권은 이승만정권의 상급 관리들을 상당수 해임했으며, 과거사 청산을 위한 경찰 숙정에서도 어느 정도 성과를 냈다. 경찰은 3·15부정선거뿐 아니라 1952년 정부통령 선거에서부터 모든 선거에 깊숙이 개입했다. 이승만정권을 경찰 정권이라고도 불렀던 데서 짐작되듯이, 경찰은 부패하고 비리가 많았던 이승만정권 수호의 첨병이었다. 지방경찰이 더욱 심했다. 그들은 주민 위에 군림했고, 많은 비리를 저지르고 때로는 행패도 부려 원성이 심했다. 3·15마산시위의 뒤처리와 그 이후의 시위진압에서 보여준 경찰의 잔인성이나 포학함은 여러 자료에서 흔히 볼 수 있다. 민주당은 야당 시절 말단 당원일수록 또 선거철일수록 경찰의 압제나 포학함, 행패에 시달렸기 때문에 경찰의 비민주적인 행태나 무능을 잘 알고 있었다. 특히 사찰경찰은 공포와 원성의 표적이었다. 3·15 정부통령 선거 당시 서울시와 각도의 경찰국장 전원과 경찰서장의 다수가 친일행위자였고, 1960년 5월 현재 경무관 이사관 중 약 70%, 총경 중 약 40%, 경감 중 약 30%, 경위 중 약 15%, 정복 경찰의 약 10%, 사복 경찰의 약 20%가 친일행위자였는데,[9] 인적인 면에서나 활동 면에서 일제의 것을 답습해 일제강점기, 그중에서도 일제 말의 근성이나 체질이 해방 후 그대로 전승되었다.

　장면정권은 1960년 9월 중순에 3·15 정부통령 선거 당시의 경찰서장을 모두 해임했으며, 곧 총경급을 대폭 인사 이동시키겠다고 밝혔다. 장면정권의 '공무원정리요강'에 의하면, 10월 말까지 전원 해임할 예정인 3·15 정부통령 선거 당시의 군수, 경찰서장, 교육감 등 자동 케이스가 1,500명 정도 되었다. 10월 10일 현석호 내무부장관은 24파동 때 무술경찰이었던 자, 경무대 경찰관서에서 부당 진급된 자, 민원 대상자 1,500명을 퇴직시키고, 경찰전문학교 학생 550명과 특채로 500여 명을 뽑아 임용하겠다고 말했다. 장면정권에서 9월 1일에서 11월 사이에 물러난 경찰은 중앙경찰 책임자 20명 중 18명(90%), 총경 160명 중 115명(70%), 경위 500명 중 265명(54%), 경장 4,000명 중 678명(17%), 경사 6,200명 중 1,276명(20%), 순경 2만 2,000명 중 2,169명이었다. 그리고 대학생 430명을 포함해 2,000명의 경찰을 신규채용했다. 11월 하순 20명의 신임 총경이 경찰 외부에서 임명되었고, 36명의 경감이 승진되었다. 1960년에 경장과 그 이상 직위로 승진한 사람은 540명이었다.[10]

'반민주행위자 공민권제한법안'은 경찰의 경우에도 많은 논란이 있었다. 12월 초 시점에서 자동 케이스가 경찰에서 100명 정도 되는 것으로 알려졌다. 그 법이 통과된 직후인 1961년 1월 말 3,700명의 사찰 요원 중 2,524명이 심사 케이스에 해당되었다. 여론은 경찰서장이나 사찰계장까지는 자동 케이스에 포함시켜야 한다고 주장했다. 그렇지만 대공망 등 경찰 업무에 큰 지장이 생긴다는 주장도 만만치 않았다. 1961년 2월 25일 법무부가 공고한 공민권 제한 자동 케이스 해당자에는 3·15 정부통령 선거 당시 경찰국장, 경찰서장은 물론이고 사찰계, 분실장, 과장, 계장, 주임과 선거 주임 등이 다수 포함되었다.

## 4 장면정권의 통일정책과 대미·대일 관계

**통일정책**

1955년 민주당은 창당 시에 국력 신장과 보수 우방과의 제휴로 국토통일을 기한다는 막연한 정책을 내세웠다. 그러다가 1957년경부터 평화통일도 고려하지만 민주·공산 양 진영이 무력으로 대결할 때에는 북진통일을 한다는 소위 화전양양(和戰兩樣)을 슬로건으로 내세웠다. 1957년 10월 전당대회에서는 유엔 감시하의 남북 자유총선거에 의하여 통일국회를 구성하고 헌법을 제정하여 통일정부를 수립한다는 한 걸음 나아간 정책을 제시했다. 다만 헌법을 '제정'한다는 문구 때문에 자유당으로부터 호되게 공격당하자 '제정'을 '개정'으로 바꾸었다. 7·29 총선에서 집권을 눈앞에 둔 민주당은 유엔 감시하 남북 자유선거로 평화통일을 도모하는 것을 원칙으로 하되, 남북연합위원회 구성이나 남북교류에는 반대했다. 집권하자 민주당은 더 구체적으로 통일 방안을 설명했다. 정일형 외무부장관은 9월 국회에서 민주당이 선거공약에서 언급한 대로 유엔 감시하에 자유선거를 실시해 반공통일을 완수하겠다고 천명했다. 그리고 미 하원의 맨스필드 의원이 10월 22일에 1955년 오스트리아 방식의 중립화통일을 제시하자, 당일로 장면 총리는 위험한 주장이라고 말했고, 정일형도 그러한 통일은 공산화의 제1보에 불과하다고 말했다. 민주당은 1957년경부터 겉으로는 통일정책을 변경한 것 같았지만, 그것은 대내·외적 수사에 불과했고, 기본적으로는 한민당–민국당이나 이승만 주장과 비슷했다. 이 점은 이후 내놓은 정책에서 확연히 드러났다.

여름방학이 끝날 무렵부터 학생들은 통일 문제에 관심을 보이기 시작했다. 11월 1일에는 '서울대학교민족통일연맹(민통련) 발기대회'가 개최되었다. 이 대회가 개최된 데에는 맨스필드 발언도 일정 부분 영향을 미쳤는데, 이 대회에서 학생들이 제기한 주장은 보수정치세력에게 큰 파장을 불러일으켰다. 이날 채택한 '대정부 및 사회 건의문'에서 학생들은 남북 양단에 책임이 있는 기성세대는 젊은 세대의 통일 발언을 묵살 또는 억압할 자격이 없다고 지적하고, 남한의 모든 정당과 사회단체는 남북총선거에 대비해 공산당에 대항하기 위한 연합의 기틀을 마련하고, 정부는 적극 외교로 전환해 장면이 미국과 소련을 특별 방문하라고 요구했다. 반공·냉전세력에는 깜짝 놀랄 주장이었다. 다음 날 정부 대변인은 북한의 남파간첩에 대한 지령 내용이 학생들 동태와 거의 합치하므로 민통련을 주시하겠다고 말했다. 이날 야간 국회는 만장일치로 "대한민국 헌법 절차에 의하여 유엔 감시하에 인구비례에 따라 자유선거를 한다"라고 결의했다. 이승만의 주장과 똑같은 결의였다. 이날 국회에서 김준연 의원은 "유엔 감시하에 남북 총선거를 하면 이길 자신 있습니까?"라고 말해 민주당 신·구파 의원들의 속마음을 대변했다. 국회 결의는 민주당이 7·29 총선에서 제시한 공약인 유엔 감시하의 통일 방안과 명백히 달랐지만, 장면 총리는 3일 국회 결의안은 정부 측 안과 표현 방법의 차이가 있을 뿐이라고 피력했다. 이승만의 극우반공체제에서 안주해온 반공·냉전세력은 4월혁명으로 전반적으로 위축되어 있었다. 이승만을 대신해 반공체제를 수호할 임무를 맡은 집권세력은 통일 논의의 물꼬가 트이자 우려했던 사태가 일어난다고 두려워했는데, 학생들이 '돌출적' 발언을 하자 과민한 반응을 보인 것이다.

집권세력은 자유민주주의체제에서 통일 논의를 억압해야 한다는 모순에 직면했던바, 대안이 없었던 것은 아니었다. 서울대 민통련 발기대회 다음 날인 11월 2일, 서울대 강당에서는 입추의 여지 없이 가득 찬 청중 앞에서 학생 대표와 사회 대표가 토론을 벌였다. 이 자리에서 학생들은 피해망상과 패배주의에서 벗어나 통일추진세력체를 형성해야 한다고 역설했지만, 민주당 정책위원회 의장이며 상공부장관인 주요한은 "우리의 모든 분야의 실력이 북한을 끌어당기는 그날까지 평화적 통일론은 무의미할 것"이라고 주장했다. 주요한의 선(先)건설론은 집권세력의 의중을 잘 드러낸 것이었다.

통일 논의는 1961년 2월에 '민족자주통일중앙협의회'(민자통)가 결성되면서 더욱 활기를 띠었다. 민자통 주류와 사회당은 남북협상을 제의했다. 그렇지만 혁신계의 주력이 모인 통일사회당은 통일 문제가 극우세력을 자극할 수 있다고 판단해 신중한 태도를 보였다. 한편 3월 8일 외무부에 통일국을 신설하기로 했는데, 기이하게도 그때까지 한국정부에는 통일 문제를 다루는 부서가 없었다.

1961년 4월에 장면정권은 유엔 결의로 홍역을 치렀다. 정일형 장관이 1960년 9월 참의원에서 설명했듯이 유엔은 1950년대의 유엔이 아니었다. 아프리카와 아시아에서 신생국이 대거 생겨나 아·아블록세력이 무시 못할 만큼 커졌다. 유엔총회 제1위원회에서 인도네시아가 남북동시초청안을 제기하자, 주유엔 미국 대사 스티븐슨은 자신의 결의안을 거두고, "북이 먼저 유엔의 권능과 권위를 수락하고 대한민국이 유엔에 대해서 취해온 것과 똑같은 행동을 취한다"라는 조건을 단 남북대표동시초청 수정결의안을 제출했다. 북이 받아들이지 않을 것이라는 판단하에서 나온 안이었지만, 한국정부로서는 받아들이기 어려운 '2개의 한국'을 인정한 폭탄 제안이었다. 4월 12일 유엔 정치위원회에서 스티븐슨안이 통과되자 장면 총리는 특별담화로 유엔 결의를 전폭 지지한다고 밝혔고, 정일형 장관은 대한민국의 커다란 승리라고 주장했다. 그렇지만 장면 총리는 며칠 후 "비록 유엔의 결의라 하더라도 민주주의 선거가 아니면 이를 수락하지 않을 것이다", "용공통일이라면 차라리 남북한의 분단 상태를 이대로 두는 편이 낫다", "유엔 정치위원회에서 북한 측 대표와의 동석을 거부하겠다" 등의 발언으로 정부 입장을 명료하게 정리했다. 5월 3일 서울대 민통련에서 남북학생회담을 제의하자, 장면은 남북교류 및 남북학생회담 불허 방침을 명확히 했다.

장면정권은 유엔 감시하의 남북총선거를 내세웠지만, 반공통일이 아니면 받아들일 의향이 없었고, 중립화통일과 남북교류에는 반대했다. 장면정권은 내심 모든 면에서 북한보다 우세할 때까지 통일을 보류해야 한다는 선건설론에 기울어져 있었다.

### 군부의 동요와 한미관계

한국전쟁이 발발할 무렵 군 병력은 10만 명이 채 안 되었으나, 정전(停戰) 직후에는 60만 대군으로 성장했고, 한때 72만 명 정도까지 증가했다가 다시 60만 명 선을 유지했다. 이승만은 군 최고 수뇌부로 하여금 경쟁적으로 자신에게 충성을 바치게 함으로써 군을 장악했다. 그렇지만 군의 비대화는, 1959년 11월 미 상원 외교분과위원회에 제출된 '콜론보고서'가 타국의 예를 따라 한국에 군사 지배가 정당을 대체하는 사태가 올 수 있다고 지적한 것 같은 우려가 현실화될 소지를 안고 있었다. 미국은 이승만을 제외한다면 한국의 어느 집단보다 군의 친미 성향과 반공 의지를 신뢰하고 있었다.

1960년 4월 26일 이승만정권이 붕괴되었을 때 군부는 동요했다. 군의 수뇌부와 고위 장성들은 대개 이기붕 국회의장과 각별한 관계를 맺으려 했고, 3·15부정선거에 개입한 바 있었다. 허정과도정부 수반이 군의 신망을 받는 이종찬을 국방부장관에 임명한 것은 군의 동요를 막는 데 기여했다. 그렇지만 불만에 차 있는 정치 지향적 장교들이 군의 숙정을 들고 나왔고 이는 막을 수 없는 추세였다.

1960년 5월 8일 육군사관학교를 먼저 나온 군인들보다 나이 차이가 별반 안 나는데도 승진이 지체되었고 숫자도 많았던 육사 8기 김종필, 김형욱 등 중령 8명은 부패한 장성들을 군에서 추방할 것을 주요 골자로 한 정군(整軍)운동을 시작했다. 이들은 국가반란음모죄로 체포되었다가, 송요찬이 육군참모총장 사퇴 성명을 발표하면서 석방되었다. 5월 말 4성장군으로 유일하게 현역에 남아 있었던 백선엽 연합참모총장이 예편했다. 허정은 백선엽을 주중 대사로, 1군사령관이었던 유재홍을 예편시켜 주태국 대사로 내보냈다. 해병대사령관도 예편되었고 해군참모총장도 교체되었다. 제헌절인 7월 17일, 새로 임명된 3군 참모총장과 해병대사령관이 군의 정치적 중립을 서약했다.

장면 내각이 발족한 8월 23일에서 불과 3주도 안 지난 9월 10일, 김종필·김형욱 등 11명의 중령은 정군을 지지하는 장면정권의 현석호 국방부장관을 일정 때문에 만나지 못하자 그날 저녁 충무장에 모여 쿠데타를 결행하기로 하고 각자 담당할 부서를 정했다. 정군을 내세운 장교들의 정치 행로였다. 그런데 며칠 후 미 국방부 군원국장인 파머 대장이 내한하면서 정군 문제가 정치적 문제로 불거졌다. 9월 20일 파머가, 군 수뇌부가 강제 퇴역당한 데 현역 장성들이 불안과 초조를 느끼고 있다는 나쁜 인상을 받았다는 내용의 성명을 발표하자, 다음 날 장면정권이 육군참모총장에 임명한 최경록 중장이 명백한 주권 침해라고 반박하고 나선 것이다. 당시 한미관계로 볼 때 파격적인 '사건'이었다. 최경록의 민족주의적 발언은 많은 지지를 받았지만 친미세력으로부터는 비판받았다. 이어 육사 7·9·10기 대표 16명은 파머를 초청한 최영희 연합참모총장의 사임을 요구했다. 이들 16명은 군법회의에 회부되었고, 최영희는 총장직을 사임하고 전역했다. 이 전역식에서 매그루더 미8군사령관은 '정군' 중지를 요구했다. 11월 중순 장면정권은 각 군 주요지휘관회의에서 정군 완료를 선언했다.

　60만 명 선의 병력을 40만 명으로 줄이겠다는 감군 계획은 7·29 총선에서 민주당 핵심 공약의 하나였다. 8월 23일 내각이 발족하면서 들고 나온 경제제일주의에는 재원 확보가 가장 중요했는데, 감군은 재원 확보의 확실한 방안이었다. 이 때문에 민주당정부는 내각 발족 2일째인 25일 미국 측에 10만 감군을 제의했다. 미국은 즉각 이에 반대했고, 군부에서도 반대 의사를 표명했다. 자신이 없어진 현석호 국방부장관은 9월도 되기 전에 신중한 자세를 보였다. 파머도 반대했다. 9월 14일 열린 군 수뇌부 회의에서 5만 명 감군이 건의되자 장면정권은 이를 받아들였으나, 곧 3만 명으로 규모가 줄었고, 11월 초 권중돈 국방부장관은 일부 감군하겠지만 60만 명 선을 유지할 것임을 발표했다. 12월 하순 소규모 감군이 있었으나 그 정도에도 해당자들은 반발했다. 작전권을 다시 찾아와야 한다는 주장도 나왔으나 흐지부지되었다.

　1961년 2월에 최경록을 해임하고 장도영을 육군참모총장직에 임명한 것은 장면 총리의 최대 실책이었다. 최경록은 취임 초부터 미군 장성과 충돌하고 군 개혁을 지지함으로써 반년도 못 되어 물러났다. 장도영은 평판이 좋았던 최경록과는 대조적이었다. 그는 이기붕 집을 뻔질나게 드나들어 그의 양자라는 말을 들을 정도로 부패와 부정을 상징하는 인물이어서 4월혁명 직후 스스로 예편원을 낸 바 있었다. 최경록은 참모총장 이임 인사에서 군의 정치적 중립을 강조했지만 장도영은 정치적인 군인이었다. 장도영이 임명된 것은 매그루더의 추천이 작용했다. 남로당 프락치 사건 이후 위기에 처한 박정희를 여러 차례 구해준 장도영은 박정희가 쿠데타를 일으키자 양다리를 걸쳤다.

장면정권은 정군에서나 감군에서나 미국을 설득하려는 노력을 별반 하지 않았다. 미군이 반대하면 쉽게 그것에 따랐다. 사실은 시민들도 미국에 호의적이었다. 1960년 4월 격렬히 시위할 때에도 미국에 대해서는 호감을 표시했고, 6월 아이젠하워 대통령이 내한했을 때는 그야말로 열렬히 환영했다. 이처럼 전반적인 분위기가 친미적이었지만, 장면정권의 미국·미군에 대한 태도는 도가 지나쳐서 저자세라는 인상을 주지 않을 수 없었다. 1961년 2월 8일 한국과 미국이 3개의 한미경제관계협정을 단일화한 한미경제협정에 조인하자 일부 학생들이 이전과 달리 반미 성향이 강한 반대투쟁을 벌였는데, 이 투쟁이 전개된 데에는 장면정권의 대미 저자세도 한몫했다. 이승만정권 시기에도 한미경제합동위원회에서 미국 측 경제원조사절단이 주도하여 상공부·재무부·부흥부 등의 각 부서 정책을 심의·결정함으로써 정부의 경제주권이 심한 제약을 받았다. 이 때문에 허정 과도정부 수반은 한국정부의 예산편성이 국내 재원과 미국 원조가 절반씩 차지하는 상황에서 미국 측의 관여를 배제하면 종합경제계획 수립과 수행에 큰 차질을 빚으므로, 미국 측의 예산편성 간여가 내정간섭이라는 오해를 사지 않도록 해야 한다고 설명한 바 있었다. 그런데 2월 8일의 한미경제협정은 재정, 예산, 금융 통화, 무역 외환, 경제계획과 경제개발에 이르기까지 미국에 대해 일체 정보 제공의 의무가 부여되는 등 미국의 감독권을 강화했고, 미국의 원조 사업에 고용된 미국인들에 대한 특혜 조치의 범위를 확대했으며, 원조 중지도 미국이 일방적으로 결정할 수 있도록 했다.

통일사회당 등 16개 혁신계 정당·사회단체로 구성된 '2·8 한미경제협정반대 공동투쟁위원회'는 이 투쟁이 반미투쟁이라는 인상을 주지 않으려고 노력했다. 그러나 학생들은 달랐다. 서울 시내 7개 대학의 민족통일연맹과 국민계몽대 등이 제휴하여 만든 '전국학생 한미경제원조협정반대 투쟁위원회'는 한미경제협정을 "예속적 식민지적 불평등조약"으로 규정하였다. 뿐만 아니라 분단과 관련해서도 "일본제국주의자들의 뒤를 이어 우리 조국의 절반에 진주한 미국이 매족적, 반민족적 일부 분자들과 결탁하여 우리의 조국을 분할했다"라고 표명해 반미적 민족해방론적 관점을 보여주었다.

주권을 제약받은 분야는 국방·안보나 예산 및 경제정책만이 아니었다. 인천항의 제1도크와 부산항의 제3부두는 미군 전용이거나 한미 공동 사용 항구로서 임대료는 고사하고 행정권, 사법권도 미치지 않는 '조계'였다. 여의도와 김포, 부산공항 등도 관리권이 정부에 인계되었다고 하지만, 미군이 크게 영향을 미쳤다. 김포공항은 항공기 이착륙, 관제 경비, 치안 등을 미 공군이 쥐고 있었다. 미군기관 노무자는 노동법 적용을 받지 못했다.

학생들은 이러한 한미관계에 대해 비판적이었다. 학생들은 미군이 한국인에게 총을 쏘거나 린치를 가하는데 이승만과 장면정권이 수수방관하는 것에 분노했고, 주한미군 면세품이 시중에 범람해 특수층을 상대로 하는 거대 시장이 형성된 것에도 불만이 많았다. 미국과 미국인에 대한 상류층의 과도한 저자세와 사대주의 근성도 못마땅해했다.

장면 총리는 한미경제협정 반대투쟁에는 반미사상을 조장하려는 북한 흉계가 편승되어 있다고 밝혔는데, 그는 미국에 대한 자신의 저자세를 조금도 부자연스럽게 생각지 않았다. 그는 국방과 군은 미군 통제하에 있기 때문에 정부의 역할은 한계가 있다고 판단했다. 그런데 미국은 그가 미국을 신뢰하는 만큼 그를 신뢰하지 않았다. 미국정부는 그의 지도력을 높게 평가하지 않았고, 진보세력이 한국을 위협하면 그를 대체할 수 있다고 보았다.

장면정권은 이승만정권, 박정희정권에 비해서는 한미행정협정(SOFA) 문제에 상대적으로 적극적이었다. 이 문제는 1960년 9월 김용식 외무부차관과 그린 미국대사관 참사관 사이에 거론되었으나 한동안 실무자회의가 열리지 않았다. 다만 '전국미군종업원노조'의 '한미행정협정을 촉구하는 백만인 서명운동'이 세인의 관심을 끌었다. 1961년 4월 장면 총리와 매카나기 미국 대사는 주한미군의 재판권 문제를 포함한 포괄적인 주둔군지위협정을 체결하기 위한 교섭을 개시한다는 공동성명을 발표했다. 그리하여 역사적인 제1차 한미행정협정 실무위원회가 두 차례에 걸쳐 열렸으나, 5·16쿠데타로 중단되었다.

### 한일관계

허정과도정권은 이승만의 극단적인 반일정책을 폐기하고 일본과의 국교정상화에 적극적으로 나서려는 의지를 내보였지만, 일본이 북과의 재일교포북송협정을 연장하려 하고, 일본 어선들의 평화선 침범이 급증함에 따라 양국 관계는 순탄치 못했다. 강한 반대를 무릅쓰고 미일신안보조약을 맺은 기시(岸信介) 내각이 물러가고 7월에 이케다 내각이 들어섬으로써 한일관계는 새로운 국면에 들어섰다.

일본을 중심으로 하여 공산주의에 맞서기 위한 동북아 통합정책을 추진한 미국은 미일신안보조약 성립을 계기로 장면정권과 일본정부에 대해 관계정상화를 위해 노력해줄 것을 촉구했다. 정부 구성 당시 장면에게 자문을 했던, '내부 조직'으로 불린 김영선·오위영·현석호·조재천·이상철 등이 일제강점하에서 군수를 지내는 등 친일행위를 했고, 장면정권 발족 때 중요한 역할을 한 13인위원회 위원들도 거의 다 친일행위를 했기 때문에 장면정권은 친일내각이라는 평을 들었다. 장면 총리가 한일관계 개선에 적극적이었던 데는 이러한 점들도 작용했지만, 취임 제1성으로 경제제일주의를 내세우면서 한일회담 재개 및 재일교포 자본 국내 반입의 길을 여는 것이 급선무라고 말한 바가 시사하듯, 경제발전이 핵심적인 이유였다. 장면정권은 국교정상화 이전이라도 통상 형식 등을 통해 일본으로부터 자본을 도입하려 했다.

일본은 장면 내각이 들어서자마자 '지일(知日) 내각'이라고 반겼고, 내각이 출범하기도 전에 고사카 외상의 방한을 제의했다. 9월 6일 일제 패망 후 고위 관리로는 처음으로 한국을 방문한 일본 외상은 곧장 미국을 방문해 더욱 주목을 받았다. 정일형 외무부장관은 고사카 외상 방한 기념으로 부산에 억류중인 일본인 어부 전원을 특사할 방침이라고 발표했다. 10월 25일에는 1961년 5월 쿠데타로 중지될 때까지 계속된 제5차 한일예비회담이 전례 없는 기대와 우호적인 분위기에서 도쿄에서 열렸다. 이틀 후인 27일 일본 측이 중단 상태였던 북송회담을 재개해 북송협정을 1년간 연장하기로 합의했는데도, 북송 문제는 별도로 대책을 강구하기로 하고 한일회담은 그대로 진행시켰다. 11월에는 미쓰이 물산, 미쓰비시 상사, 스미토모 상사 등 일본의 유력 기업체 책임자들로 구성된 제1차 민간경제시찰단이 방한했다. 12월 1일에는 해방 후 처음으로 부산과 하카다를 왕래하는 정기 해상항로가 열렸다. 장면은 친일파인 김대우, 박흥식 등으로 하여금 이면(裏面)에서 대일 교섭을 하도록 했다.

1961년 새해를 맞으며 장면정권은 한일국교정상화가 가능하다고 발표했지만, 신민당이 정부의 대일 외교에 반발하는 등 한일국교정상화 문제가 쟁점으로 떠올랐다. 이에 민의원은 2월 3일 한일관계 개선이 극동의 자유진영 결속에 이바지한다는 점은 절실히 인식하지만, 민족정기 앙양과 자주정신 견지, 호혜평등 원칙이 관철되어야 한다는 내용의 결의문을 통과시켰다. 이 결의문에서 민의원은 "① 대일 국교는 '제한국교'로부터 점진적으로 '전면국교'로 진전시켜야 하며 ② 평화선은 수호되어야 하고 ③ 정식 국교는 일본의 강점으로 인한 손해와 고통의 청산이 있은 후에 이루어져야 하고 ④ 경제 협조는 국내 산업이 침식당하지 않는 범위 내에서 실시되어야 한다"라는 4개 원칙을 내세웠다. 이 결의에 정부도 대체로 동의했다.

한일관계는 봄철이 되면서 난항을 면치 못했는데, 4월 미국정부가 적극 조정하면서 변화가 나타나는 듯했다. 5월 6일에는 8명으로 구성된 일본 의원단과 외무성 아세아국장 등이 방한했던바, 아세아국장은 한일회담 타결을 낙관하는 발언을 했다. 그러나 일본의 일각에서는 장면정권을 불안스러운 눈으로 보고 있었다.

### 장면정권에 대한 평가

허정과도정권·장면정권 시기는 한국사에서 보기 드물게 자유가 많았고 민주주의가 정치, 사회 전반에 걸쳐 폭넓게 실행되었다. 1950년대에는 사회 영역이 관권에 의해 지배받아 각종 사회단체 또는 이익단체는 자율성이 미약했고 관권 선거에 동원되었지만, 이승만정권 붕괴 이후 박정희의 쿠데타에 의해 저지될 때까지 사회 전반에 걸쳐 자율성이 확대되었다. 상급에서부터 하급에 걸쳐 자행되던 공권력 남용도 크게 약화되었다. 그만큼 공공성이 제고되고 법치주의가 영역을 넓힌 것이다. 4월혁명의 충격과 4월혁명이 열어놓은 공간에 의해, 그간 침체의 늪을 벗어나지 못했던 정신적·지적·사상적 영역이 활기를 찾고 확대된 것은 특기할 만하다. 그것은 쿠데타세력조차 일방적으로 봉쇄하기 어려웠고, 해방 직후 우익과 좌익 어느 한쪽 편을 들어야 했던 상황과도 차이가 있었다.

그렇지만 장면정권은 새로운 시대를 적극적으로 맞으려는 태세가 되어 있지 않았다. 보수반공적이고 냉전적 사고에 찌들어 있다는 점에서 이승만정권과 별다른 차이가 없었다. 민주당 내부의 통합력이 미약한 상태에서 장면정권은 혁명입법 요구 같은 새로운 사태와 구세력 사이에서 샌드위치가 되어 무기력했고, 장면에게는 난국을 헤쳐나갈 만한 리더십이 부족했다.

장면정권은 정쟁에 휩쓸렸다. 민주당은 창당되었을 때부터 신파와 구파가 대립했는데, 구파는 1960년 7·29 총선에서 압승하자 분당을 선언했고, 장면 새 내각이 20일 만에 개각하지 않을 수 없을 정도로 두 파의 갈등은 심했다. 결국 구파는 분당했다. 민주당은 11월에 신민당의 거의 배가 되는 의석수를 확보했지만, 소장층 반발에 직면했다. 장면은 1961년 3~4월경에야 가까스로 정부와 당을 안정적으로 이끌어갈 수 있었다. 장면 총리는 구파인 윤보선 대통령과의 갈등 때문에도 몹시 골머리를 앓았다. 윤보선은 1961년 3월 22일 장면 총리 및 여야 정치인을 초빙한 자리에서 "시국을 수습할 수 없다면 정권을 내놓으라"고 극언을 했고,[11] 쿠데타가 일어나자 "올 것이 왔다"라고 말하는 등 쿠데타 성공에 크게 기여했다.

1950년대에 민주당은 불만에 찬 도시 유권자와 비판적인 언론 덕택으로 야당 역할을 할 수 있었다. 그렇지만 역사가 극적으로 바뀌었던 4월 19, 25, 26일 시위 장소의 어디에서도 민주당 간부는 찾아볼 수 없었다. 4월혁명에 소극적이었던 민주당은 4월혁명세력 앞에서 무력할 수밖에 없었다. 4월혁명 관련 단체와 여론은 이승만정권과 부정축재자를 단죄할 혁명입법을 요구했지만, 장면정권은 보수·반공·냉전 세력을 제거하는 혁명입법에

장면정권 내각 수립 후 기념촬영. 왼쪽에서부터 장면 총리 부인, 장면 총리, 윤보선 대통령 부인, 윤보선 대통령, 백낙준 참의원 의장, 곽상훈 민의원 의장.

주저했다. 이 때문에도 장면정권은 집권 초기 몇 개월 동안 갈피를 잡지 못했다. 장면정권은 경찰을 비롯해 공무원, 검찰, 군을 대량으로 숙정해야 할 임무를 맡아 부분적으로는 수행했다. 하지만 그것은 보수적인 장면정권의 집행력을 약화시킬 수도 있었다.

 그런데 장면정권에 대해서 잘못 알려진 것도 많다. 박정희정권은 집권기간 내내 장면정권 집권기는 혼란이 심했고 치안이 부재했다고 선전하여 쿠데타를 합리화했는데, 그것은 일면의 진실일 뿐이다. 이승만정권이나 박정희정권처럼 억압 일변도의 통치를 할 수 없었던 시기에 이전 정권하에서 쌓였던 불만이 터지고, 학원마다 학원 모리배를 규탄하고, 집단학살과 각종 의혹사건의 진상규명을 요구하는 움직임이 일어나는 것은 자연스러운 일로서, '정상적인 사회'로 가기 위해 어차피 겪어야 할 전반적인 사회 재조정 과정이었다. 또 시위는 박 정권 주장과 달리 주로 과도정부 시기인 4월 26일에서부터 6월 말까지 일어났고, 장면정권의 경우 집권 후기보다 초기에 시위가 많이 일어났다.[12] 1961년 들어 시위는 현저히 줄어들었고, 주목받았던 그해 4월 19일에도 예상과 달리 평온해 쿠데타 모의자들이 쿠데타를 연기하지 않을 수 없었다. 경찰의 시위 대처 '능력'도 1961년 2~3월경에는 크게 향상되었다.

통일관에서 이승만정권과 큰 차이가 없었던 장면정권은 통일운동이나 진보적 사회운동, 학생운동을 '북괴'의 '흉계'와 연결시켰다. 그리고 이러한 세력을 탄압하기 위해 4월혁명의 정신에 모순되게 반공법(또는 국가보안법 개정)과 데모규제법을 제정하려 함으로써 혁신계의 2대악법 반대투쟁을 불러왔다. 그리고 이것은 아이러니컬하게도 오히려 혁신계를 강화시켰다. 이승만정권으로부터 심한 탄압을 받았던 혁신세력은 이승만·자유당이나 민주당을 비슷비슷한 극우반동으로 간주했고, 장면정권은 혁신세력을 사갈시했다. 이 때문에 장면정권은 한편으로는 혁명입법 등으로 자유당계 등 극우반공세력으로부터 반발을 샀고, 다른 한편으로는 4월혁명단체, 혁신세력, 학생운동세력과 대립했다.

언론의 자유는 언론의 범람과 횡포를 낳았다. 이승만정권은 언론에 재갈을 물리기 위해 국가보안법 개정안에 악명 높은 '언론 조항'을 삽입한 바 있는데, 장면정권은 혁신계 신문인 『민족일보』에 약간 손댄 것을 제외하고는 언론 규제는 감히 생각조차 못 했다. 1961년 2월 초 현재 등록된 정기간행물은 일간 114건, 일간통신 270건 등 1,466건으로 보도되었다.[13] 이들은 과장·왜곡 보도하기 일쑤였고, 특히 정쟁을 부추겼다. 언론은 비난을 퍼부어야 주목받았기 때문에 장면정권의 실정과 무능을 쉬지 않고 보도했다. 장면을 지지하는 가톨릭계 신문인 『경향신문』, 정부 기관지라 할 수 있는 『서울신문』과 KBS조차 정부를 비판하고 나섰다.

4월혁명기에는 여론의 향배가 중요했다. 장면이 혁명입법을 완화시키려 해도 적지 않은 민주당 의원들이 당수의 주장이나 당론보다 여론에 따랐다. 반공법·데모규제법 제정을 장면정권이 쉽게 포기한 것도 비슷한 이유 때문이었다. 이러한 상황이어서 상당 기간 장면의 리더십은 도전받게 되어 있었다.

너나없이 실업자였던 시기여서 대중은 생활이나 경제 면에서 장면정권에 대해 기대가 컸다. 허정과도정권이 들어설 때부터 대중들은 기대 상승 의식을 보여주었는데, 장면은 7·29 총선에서 혁신계를 제압하기 위해 사회복지 공약을 제시하는 등 민주당이 집권하면 잘살 수 있을 것 같은 약속을 남발했다. 대중들의 기대는 불만으로 돌아서게 되어 있었다.

이와 같이 4월혁명으로 여러 변화가 일어났고, 과도기였기 때문에 장면정권은 여러 면에서 어려움에 부딪혔지만, 짧은 존속기간에 비하면 과도기답게 의미 있는 변화와 성취가 적지 않았다는 점에서 부정적인 평가만 해서는 안 될 것이다. 4월혁명으로 민주주의와 법치주의 및 인권 확대, 사회단체·이익단체의 자율성 확대, 혁명입법, 통일 논의 활성화, 학생들의 민족 자주성 강조와 신생활운동, 노동운동 등 사회운동 활성화, 집단학살 의혹 사건 등에 대한 진상규명운동, 지방자치제 선거 확대 등이 이루어졌다. 그리고 장면정권하에서 공무원 사회와 교육계에도 변화가 일어났고, 일정하게 동태성이 부여됨에 따라 '성취형' 관료도 생겨났다. 공무원·경찰 공채도 신선한 바람을 일으켰다. 경찰의 태도도 많이 달라졌다. 경제제일주의 기치 아래 경제 건설이라는 구도가 형성되었다. 그것과 테크노크라트, 경제개발 계획, 국토건설 사업, 기간산업 중시 등은 다음 정권으로 인계되었다.

## 5장
## 주

1 서중석, 『한국 현대사 60년』, 역사비평사, 2007, 57~73쪽; 서중석, 『이승만과 제1공화국』, 역사비평사, 2007, 210~263쪽.
2 이정식, 『해방30년사 제3권: 제2공화국』, 성문각, 1976, 50쪽.
3 『동아일보』 1960. 5. 28.
4 『동아일보』 1960. 5. 11.
5 『동아일보』 1960. 11. 17.
6 이정식, 앞의 책, 259쪽 참조.
7 『동아일보』 1961. 1. 17.
8 이것은 『동아일보』 1961년 3월 1일자 사설과 이정식, 앞의 책, 276쪽에 의한 것이고, 김용식 특검부장은 입건 820건 중 구속기소 21건, 불구속기소 10건, 불기소 결정 789건, 도망으로 인하여 공소시효를 중단시킨 건수 104건이라고 말했다(같은 책, 282쪽). 수치가 신문 보도마다 다르긴 해도 서로 비슷한데, 김용식의 발표와 큰 차이가 나는 이유는 집계 방식 때문일 것이다. 『경향신문』은 1961년 2월 27일, 거물급 포함 181명이 기소중지되었다고 보도했다.
9 『동아일보』 1960. 5. 7.
10 한승주, 『제2공화국과 한국의 민주주의』, 종로서적, 1983, 152~157쪽.
11 송원영, 『제2공화국』, 샘터, 1990, 181~182쪽.
12 『조선일보』 1961. 4. 16.
13 『경향신문』 1961. 2. 4.

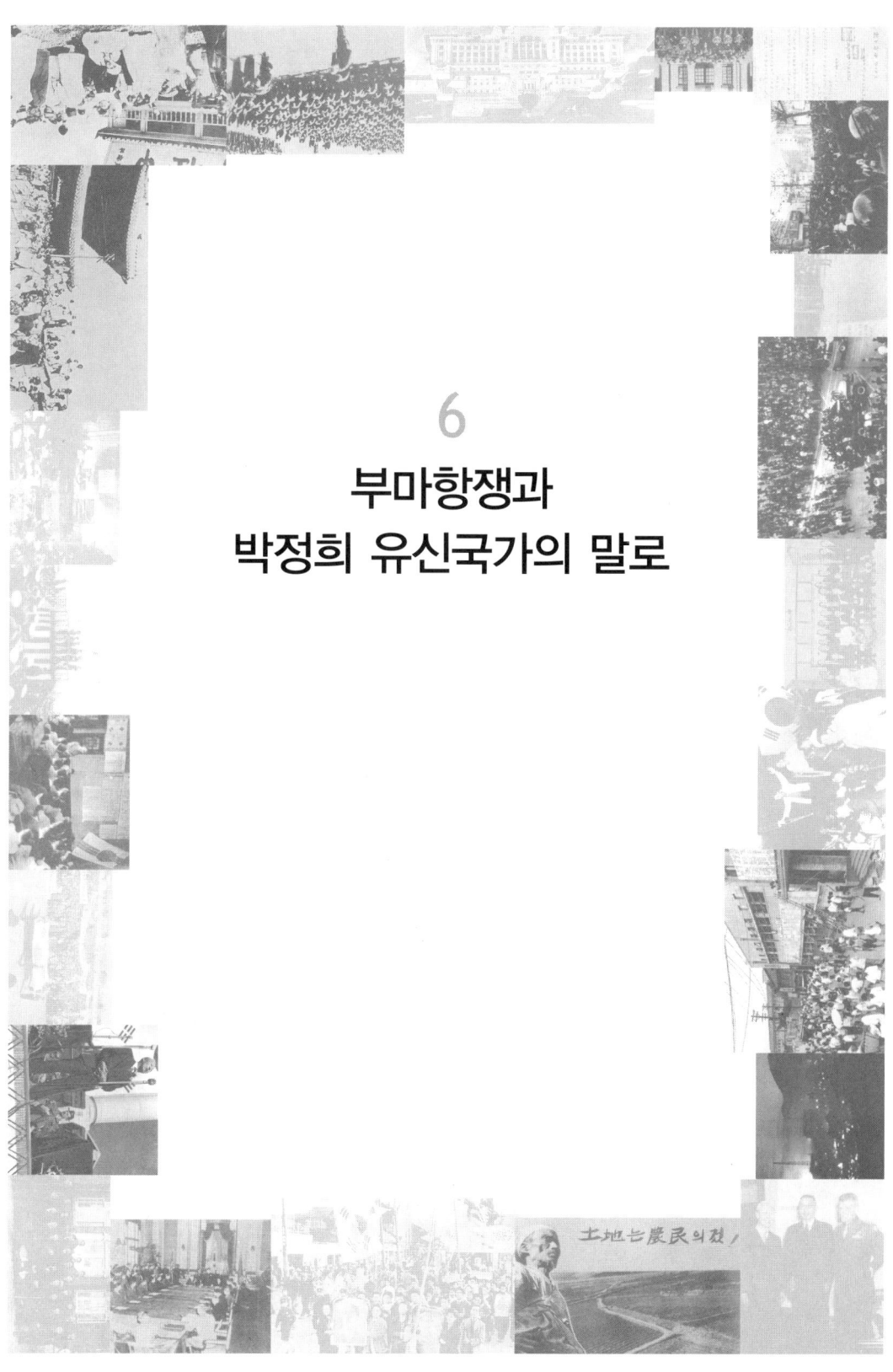

# 6
# 부마항쟁과
# 박정희 유신국가의 말로

## 1  들어가며

2005년 8월 해방(광복) 60년을 맞으면서, 우리는 민주화와 경제발전을 동시에 달성한, 긍지를 가질 만한 역사를 가졌다고 강조했다. 오늘의 시점에서 민주주의도 경제도 어려움이 있지만, 오랜 반독재 민주화운동의 역사를 가졌다는 점은 한국인으로서 자랑할 만하다. 1950년대에 이승만정권의 압제와 부정선거, 비리, 부패가 끊이지 않았는데, 만약에 4월혁명이 없었더라면 한국인은 정의감이 있다고 말할 수 있을까. 한국현대사를 통틀어 가장 억압이 심했고, 동시대 제3세계에서도 유례를 찾기 어려운 권위주의 독재권력이었던 박정희 유신체제에 맞서 싸운 반유신운동과 부마항쟁이 없었더라면 우리는 과연 떳떳할 수 있을까. 그 점은 광주항쟁, 1980년대의 역동적인 민주화운동, 6월항쟁에 대해서도 똑같이 말할 수 있다.

한국인이 자유와 민주주의, 정의와 인권을 사랑한다고 내세울 수 있는 것은 불굴의 민주화운동 역사가 있었기 때문이다. 민주화운동이 있음으로 해서 한국인은 암울한 터널에서 벗어나 깨어 있는, 그래서 살아 있는 역사를 가졌다는 말을 들을 수 있게 되었다. 찬연히 빛나는 민주화운동의 역사에서 4월혁명, 부마항쟁, 광주항쟁, 6월항쟁은 우뚝 솟은 봉우리 같은 존재다. 부마항쟁의 역사적 위치에 대해 『부산민주운동사』에서는 다음과 같이 간결히 서술했다.

> 부마항쟁은 학생운동이나 소수 명망가에게 국한되어 있던 70년대의 그 어떤 반독재 민주화운동보다도 정권에 치명적인 타격을 가했으며, 그로써 답보 상태에 처해 있던 70년대 학생 및 재야 중심 민주화운동의 한계를 뛰어넘어 80년대의 광주항쟁과 6월항쟁이라는 대규모 반독재 민주항쟁의 도래를 예고하고 향도하였던 것이다.[1]

여기서 잠깐 부마항쟁과 광주항쟁의 연속성에 관해서 언급해둘 필요가 있겠다. 부마항쟁이 유신철폐, 독재타도를 목표로 한 것이라면, 광주항쟁은 "유신 잔당 타도하자", "유신 잔당 전두환 일당을 박살 내자"가 주된 구호로 등장했다. 양자 모두 유신체제와 그 체제를 답습하려는 세력에 대한 항쟁이었다. 부마항쟁이 10·26정변을 불러일으켜 유신체제 붕괴라는 역사적 위업을 이루어낸 사건이라면, 박정희가 키운 하나회 중심의 전두환·신군부가 쿠데타로 권력을 장악하는 것에 대항해 학생·시민이 궐기한 것이 광주항쟁이었다. 이 광주항쟁과 부마항쟁이 기본 동력이 되어 1980년대 내내 거센 민주화·자주화 운동, 민중운동이 일어나 6월항쟁으로 일단 매듭 짓게 되었다.

이 글에서는 먼저 어째서 다른 지역이 아닌 부산과 마산에서 민주화운동이 거대한 항쟁으로 폭발했는지, 그것도 아무도 예상하지 못한 큰 규모로 일어났는지 살펴보겠다. 학생들은 1회성 시위로 끝내지 않았다. 교내에서 투쟁하다가 시내 곳곳으로 옮겨가면서, 오전에 시작해 오후 늦게까지 투쟁을 계속했다. 또 부마항쟁은 민중항쟁이었던바, 시민들이 학생들의 투쟁을 비호·성원했고, 적극적으로 뛰어들어 함께 싸웠다. 다음으로 부마

유신 반대시위.

항쟁이 한국민주화운동에서 차지하는 위상을 살펴보겠다. 그것과 긴밀히 연계되지만, 부마항쟁이 10·26정변을 어떠한 방식으로 유발하였고, 그로 인한 유신체제의 붕괴는 어떠한 의미, 의의를 갖는가를 고찰하겠다.

이 글에서는 부마항쟁 발발, 그리고 그것의 계승과 관련해 역사적 맥락에 대해서도 상당한 비중을 두어 서술할 것이다. 유신체제 붕괴가 전두환 등 신군부의 집권에 의해 역사적 의미가 희석된다는 일부 연구자들의 논의와 달리, 유신 말기 박정희의 정신 상태가 합리성에서 일탈한 비정상적인 점이 많았다는 점을 중시하고, 박정희의 측근인 김재규 거사의 직접적 요인과 유신체제 붕괴가 지니고 있는 중대한 역사적 의미, 의의를 고찰하는 데 각별히 비중을 둘 것이다. 후자는 1980년대의 민주화운동, 그것의 총체적 결산으로서의 6월항쟁과도 연관이 된다.

## 2  부마항쟁이 대규모 항쟁으로 폭발한 요인

### 아무도 예상하지 못한 거대한 항쟁

부마항쟁 당시 시위에 참여한 학생이건 시민이건 아무도 그렇게 큰 시위가 벌어질 줄 몰랐다. 시위를 막아야 할 경찰도 전혀 예상하지 못했다. 그렇게 큰 항쟁의 물결을 예상하지 못했을 뿐 아니라, 처음에는 아예 교문을 벗어난 가두시위가 일어나리라는 생각도 하지 못했던 것이다. 10월 16일 부산대 시위를 주동한 정광민이나 다른 쪽의 서클 학생들은 교외 진출 계획을 애초에 세우지 않았다.[2] 교내 시위가 그렇게 폭발적으로 일어날 것이라고 생각지 못했다고 말하는 편이 더 정확할 것이다.

필자는 학생 시절에 유신체제에 대한 최초의 공개 반대시위인 1973년 10월 2일 서울대 문리대 시위를 경이의 눈길로 바라본 바 있다. 삽시간에 문리대 재학생 대부분이 합세해 시위를 벌였고, 여학생도 적지 않게 가담했다. 1967년 문리대에 들어간 이래 수많은 데모를 보았고, 그 이전의 문리대 시위에 대해 선배들로부터 얘기를 들었지만, 그것은 1960년 4·19시위 이후 처음 있는, 놀라운 '사건'이었다. 10·2시위 이후 수많은 대학에서 그해 12월 초까지 동맹휴학과 시험 거부 투쟁이 전개되자 서슬이 시퍼렀던 박정희가 당황해서 학생 처벌 백지화라는 '항복'을 선언한 것도 예상치 못한 사태였다.

1960년 4월 19일에 대학생 데모 주동자들도 그렇게 큰 시위가 벌어질 줄 몰랐다. 광주항쟁도 비슷했다. 1987년 국민운동본부 측 또한 6·10국민대회가 그렇게 크게 벌어지리라고는 예상치 못했다. 또 6월 10일 하루로 일단락될 것이라고 생각했고, 그래서 이후 계획은 나중에 구체화하기로 했다. 모두 알다시피 6·10국민대회가 6월항쟁으로 발전하는 데 결정적 도화선이 된 사건은 그날밤 늦게부터 시작된 5일간의 명동성당 농성투쟁이었다. 그런데 6월 11일 오후 농성을 계속해야 할 것인가의 문제를 두고 국민운동본부는 당황했다. 이 투쟁 때문에 상황이 어떻게 흘러갈지 모른다는 우려 때문이었다. 계획에 없었던 뜻밖의 사태였고, 그래서 자신들의 계획이 차질을 빚을지도 몰랐다. 서울에서 학생들의 6월항쟁 참여를 주도하게 되는 서울지역대학생협의회(서대협) 지도부도 명동성당 농성투쟁이 빨리 끝나기를 바랐다. 일반 학생·시민들의 자발적인 명동성당 농성투쟁이 계속되지 않았더라면 6월항쟁은 달라졌을지도 모른다.[3] 중요 시위나 투쟁은 이처럼 의외의 사태 발생이 예외가 아니고 오히려 일반적 현상이다.

왜 그와 같이 아무도 예상하지 못한 엄청난 시위, 항쟁이 일어났을까. 서울대 문리대의 10·2시위의 경우 김대중납치사건이 일어난 것이 하나의 계기였다. 그 납치 사건을 보고, 히틀러 나치 정권에 대항한 신학자 본 회퍼의 생각과 비슷하게, 학생들은 이제 박정희 유신정권이 무슨 일을 어떻게 저지를지 알 수 없는 유해하고 위험한 권력이라고 인식한 것이다. 그렇지만 사실은 유신체제에 대한 강한 비판의식을 주동 학생뿐만 아니라 일반 학생들도 광범위하게 공유하고 있었던 것이 기본 요인이었다. 그것만이 아니었다. 문리대생들은 4·19시위 이래 학생운동에서 중요한 역할을 해왔다는 자부심이 있었는데, 1972년 10월 유신쿠데타가 일어난 이래 아무 저항도 하지 않았다는 자괴감이 마음 밑바탕에 깔려 있었다. 이러한 점들은 1979년 10월 16일 부산대생들이 주동자들의 예상을 훨씬 뛰어넘는 투쟁을 벌인 이유와 맥락이 유사하다.

주동자들이건 일반 학생들이건 시민이건 예상치 못한 대규모 시위가 촉발하고, 그것도 격렬히 전개되었다는 것은 그만한 요인이 있었기 때문이다. 그렇지만 그것은 비조직적으로 이루어질 가능성이 있으며, 투쟁을 투쟁 목표와 연결시켜 끌어나가기 어렵다는 점도 있다. 운동 또는 경험의 미숙성으로 인한 오류가 나타날 수 있으며, 운동이 계기적으로 발전하거나 지속성을 갖지 못하는 경우가 발생할 수 있다.

　부산과 마산에서 대규모 시위가 격렬하게 전개된 요인은 무엇일까. 박정희정권에서 사회 전반에 걸쳐서 정보를 수집하고, 반박정희 활동을 찾아내 진압·분쇄하고, 재발하지 않도록 하는 데 핵심 역할을 맡았던 중앙정보부장 김재규는 부마항쟁의 성격과 폭발 이유를 이렇게 말한 바 있다. 좀 길지만 인용하자.

　　가혹한 처벌에도 불구하고 국민, 특히 학생들의 유신체제에 대한 저항은 더욱 거세어졌고, 급기야 부산·마산사태로까지 발전하였던 것입니다.
　　부마사태는 그 진상이 일반 국민에게 잘 알려지지 않았지만, 굉장한 것이었습니다. 특히 부산에는 본인이 직접 내려가서 상세하게 조사하여 본 바 있습니다만, 민란의 형태였습니다. 본인이 확인한 바로는 불순세력이나 정치세력의 배후조종이나 사주로 일어난 것이 아니라, 시민이 데모대원에게 음료수와 맥주를 날라다주고 피신처를 제공하여주는 등 데모하는 사람과 시민이 완전히 의기투합하여 한덩어리가 되어 있었고, 수십 대의 경찰차와 수십 개소의 파출소를 파괴하였을 정도로 심각한 것이었습니다. 그것은 체제에 대한 반항, 정책에 대한 불신, 물가고 및 조세저항이 복합된 문자 그대로 민란이었습니다.
　　이러한 사태는 당시 본인이 갖고 있던 정보에 의하면 서울을 비롯한 전국 5대 도시로 확산되어 연쇄적으로 일어나게 되어 있었습니다. 국민들의 유신체제에 대한 저항은 일촉즉발의 한계점에 와 있었던 것입니다.

　중앙정보부장은 시위대와 시민이 완전히 의기투합했고, 그것을 체제에 대한 저항, 정책에 대한 불신과 경제 문제가 중첩되어 일어난 현상으로 파악하고 있었다. 그리고 이러한 사태는 서울을 비롯한 전국 주요 도시로 확산될 가능성이 높다고 판단했다.

이 발제에서는 부마항쟁이 학생과 시민이 일체가 되어 일어난 것을 정치적 계기, 경제적 배경, 역사적 맥락으로 나누어 살피고자 한다. 광주항쟁도 이와 같은 세 가지 요인이 작용했지만, 구체적으로 들어가면 차이가 있음을 볼 수 있다.

### 정치적 계기

**김영삼 의원 제명**  1979년 10월의 시점에서 다른 지역도 아니고 부산과 마산에서 대규모 시위가 일어난 것은 그해 5월 이후 정국의 격랑, 파국으로 치달은 정치정세가 직접적인 매개가 되었다. 5월 30일 김대중의 지원을 받으며 신민당 총재가 되자 김영삼은 유신체제를 강력히 비판하고 나섰다. 6월 11일 카터 미국 대통령의 방한이 유신정권을 도와준다면 우리 국민은 실망할 수밖에 없다는 김 총재의 발언은 박정희의 약점을 정면으로 찔렀다. 유신권력은 김영삼 발언 중 김일성과 면담할 용의가 있다고 한 것을 트집 잡아 이를 반국가적 행위로 규탄했다. 6월 29일 카터가 방한하여 김 총재와 장시간 회담했을 때 김 총재는 이 자리에서도 박 정권의 인권 문제를 제기했다. 8월 9일 YH무역 여성 노동자들이 신민당사에 들어와 농성을 벌이다가 경찰의 난폭한 진압작전으로 1명이 사망하고 신민당 당직자를 포함해 많은 부상자가 발생했다. 당연히 이 사건은 김영삼과 박정희의 대립을 더욱 날카롭게 했다. 9월 들어 김영삼 총재 직무정지 가처분신청이 받아들여지고 정운갑이 직무대행이 된 것도 상궤를 일탈한 행위로 국민을 자극했지만, 10월 4일 경호권을 발동한 가운데 공화당 단독으로 김영삼의 의원직 제명 결의안을 전격 처리한 것은 정국을 파국으로 이끄는 행위였고, 박정희가 정신적으로 심각한 문제가 있다는 것을 보여주는 단적인 예였다. 박정희는 민심을 전혀 아랑곳하지 않고 독단적으로 권력을 휘둘렀다. 살벌한 분위기에서 신민당 의원 66명이 의원직 사퇴서를 냈고 통일당 의원 3명이 동조한 것은 분노한 국민의 마음을 읽었기 때문이다.

부산시경의 '부마사태의 분석'에 따르면 정치적 배경으로, 공화당 장기집권에 대한 전체 국민의 염증과 함께 신민당 김영삼 총재에 대한 제명과 동당(同黨) 의원들의 의원직 사퇴 결의가 제시되어 있다.[4] 신문사 취재 자료인 '부산지방 대학생 소요 사건 발생 보고서'에는 "김영삼 신민당 총재 제명에 따른 일련의 정국 사태에 불만을 표시하는 소요를 벌였다"고 쓰여 있다.[5]

부산과 마산은 김영삼의 정치적 기반이어서 1979년 여름과 초가을의 정치 사태에 다른 지역 사람보다 이 지역 시민이 더 예민한 반응을 보일 수 있었고, 김영삼 의원 제명에 대해서는 더욱더 그러했을 것이다. 당시 앰네스티 부산지역 간사였던 허진수는 10월 18일 시위에서 "김영삼 제명 철회!"라는 구호가 많이 나왔다고 증언했지만,[6] 부산과 마산에서 시위 중에 김영삼과 관련된 구호가 많이 나온 것은 당연하다 할 수 있다.[7]

그렇지만 부산항쟁 첫날 밤 10시쯤에 광복동에서 "김영삼!", "김영삼!" 하고 연호가 터져나오자 다른 한쪽에서 "여기서 김영삼이가 왜 나와? 우리가 김영삼이 위해 데모했나?"라는 핀잔 섞인 반론이 나온 데서도[8] 짐작할 수 있듯이, 시위군중 속에는 김영삼 지지자가 많았지만, 김영삼을 지지해서라기보다 박정희의 김영삼 제명에 분노해서 항쟁에 참여한 시민도 있었고, 김영삼 제명을 계기로 해서 박정희 유신정권에 대해 쌓인 불만이나 분노를 폭발시킨 시민도 적지 않았다. 어느 경우건 김영삼의 의원직 박탈은 부산과 마산 시민·학생들을 궐기시키는 데 기폭제 역할을 했다.

김영삼과 관련해서 또 한 가지 논의할 것은 학생들의 경우 시민들보다 제명 사건을 덜 심각하게 받아들였다는 점이다. 김하기는 "김영삼!"을 연호하는 구호가 나온 것은 10월 16일 오후 6시 이후 시청 앞 시위가 처음이라고 기술했다.[9] 부산대 교정에서의 시위에서는 김영삼 제명과 관련된 구호가 나오지 않았고, 설령 나왔다 하더라도 그다지 주목받을 만하지 않았다. 학생들이 김영삼 제명에 무관심했다는 것은 아니다. 10월 15일 부산대에 뿌려진 '민주선언문'에는 의회에서 야비한 수법을 썼다고 하면서 간접적으로 그 사건을 언급했다.[10]

이 시기 '의식화'가 급속히 진전되면서 많은 학생들이 권력투쟁과 관련된 정치적 사건보다 YH사건 등 노동자·농민 등의 기층민중 문제에 큰 관심을 쏟았다. 역시 15일 부산대에 뿌려진 '민주투쟁선언문'에서는 대다수를 차지하는 저임금 노동자의 문제를 상당한 비중으로 언명하였고,[11] 10월 16일 부산대에 뿌려진 '선언문'에서는 '폐정개혁안'으로 "YH사건의 당사자 같은 반윤리적 기업주 엄단"을 명시해서 요구했다.[12]

그 당시 김영삼에 대해서 석연치 않은 생각을 가진 시민도 있었다. 1975년 4월 인도차이나 사태 이후 보수세력의 위기의식이 높아지면서 5월 13일에 긴급조치 9호가 발동되었다. 그 직후인 5월 21일 청와대에서 김영삼이 박정희와 단독 회담한 이후 "민주 제단에 피를 뿌리겠다"는 강경한 태도를 갑자기 바꾸어 유신체제에 대한 비판을 현저히 누그러뜨렸다. 또한 유신체제를 비판했던 김옥선 의원 사퇴 사건에 대해서도 꿀 먹은 벙어리가 되어 비난받았다. 곧이어 당대표를 선출하는 신민당 전당대회장에 폭력배들이 권력의 비호를 받으며 난동을 부리는 가운데 이철승한테 야당 당수직을 빼앗겼다. 이러한 과정에서 김영삼에 대해서 비판적인 사람들이 생겨났다.

부마항쟁에서 김영삼이 차지하는 위상과 광주항쟁에서 김대중이 차지하는 위상은 달랐다. 그것은 두 항쟁의 성격에도 영향을 미쳤다. 광주시민들은 1971년 대통령 선거에서 김대중이 분패한 것을 잘 기억하고 있었다. 박정희 유신정권이 들어서면서 김대중에 대한 생명의 위협과 지역차별이 한층 심화되었고, 그에 따라 김대중에 대한 박해와 지역차별이 동일시될 수 있었다. 10·26정변 이후 민주주의가 실현된다면 그 두 문제가 해결될 수 있을 것으로 기대했는데, 유신 잔당이 12·12쿠데타에 이어 5·17쿠데타를 일으켜 김대중을 내란죄 등 터무니없는 죄명으로 구속해 생명을 위협하고 민주주의에 대한 열망을 산산히 부수고 말았다. 동시에 지역차별이 또다시 심화될 수밖에 없는 상황에서 광주항쟁은 폭발한 것이다.

**유신체제 반대** 부마항쟁은 김영삼제명사건이 계기가 되었지만, 주요한 투쟁 목표는 유신체제 타도였다. 10월 15일 부산대 교정에 뿌려진 '민주선언문'에서는 유신헌법을 '악의 근원'이라고 규정했고, 같은 날 뿌려진 '민주투쟁선언문'에서는 "박정희와 유신과 긴급조치 등은 불의의 날조와 악의 표본"이라고 했다. 부산대 시위가 시작된 10월 16일의 '선언문'에서는 유신체제를 "한 개인의 무모한 정치욕을 충족시키는 도구"라고 규정하고, 학생들이 유신체제 타도의 선봉에 나서자고 촉구했다.[13] 『부산민주운동사』에는 그 점이 선명히 서술되어 있다. 시위에 나선 많은 시민·학생들의 압도적인 구호가 "유신철폐", "독재타도"였다(388쪽). 10월 16일 점차 어둠이 짙어가면서 '학생시위대'가 '민중시위대'로, '시위형 투쟁'이 '항쟁형 투쟁'으로 변모해갔다(416쪽). 밀려왔다 밀려가는 거대한 조수와 같은 5만여 인파의 장엄한 행렬은 학생들과 함께 "유신철폐", "독재타도"를 외치면서 어둠을 불살랐다(417쪽).

부산에서 민심이 유신체제에 등을 돌리고 있었다는 사실은 1978년 12월 12일 치른 총선에서 엿볼 수 있다. 이 지역에서 10명의 의원을 선출하는데, 공화당은 4명만 당선되었다. 5명은 신민당 소속이었고, 1명은 무소속의 예춘호였는데, 그는 야당과 행보를 같이하고 있었다. 뿐만 아니라, 당선된 공화당 후보 4명 중 1명도 1위를 하지 못했고, 다 차점자에 지나지 않았다. 한 신문은 사설에서 여당은 "전반적인 득표율 문제 외에도 서울과 부산 등 대도시에서 드러난 상대적 열세를 깊이 성찰해야 할 것"이라고 논평했다.[14]

부산만이 아니었다. 12·12 총선에서 박정희나 유신체제에 대한 비판이 엄혹하게 통제되고 있었는데도 신민당이 32.82%를 득표해 공화당의 31.70%보다 1.1%나 더 많은 지지를 받았다. 신민당보다 선명한 기치를 내걸었던 통일당이 7% 이상 득표한 것까지 감안하면,[15] 공화당의 패배는 더욱 분명했다. 『동아일보』가 12월 13일자 기사에서 "오랫만의 흥분"이라고 조심스럽게 표현했지만, 이런 결과는 박정희에게는 충격이었고, 야당을 오랜 동면에서 깨어나게 했다.

12·12 총선에서 유권자들은 '장기집권으로 만성적 독주를 하는 정권에 대해 비판적인 입장',[16] 즉 유신체제에 대한 반감을 보여주었다. 그것은 서울과 부산 등 대도시에서 뚜렷했지만, 지방에서도 분명했다. 박정희의 장기집권에 대한 비판—이것은 신문이 긴급조치 9호하에서 에둘러 표현한 것이고, 유신독재로 영구집권을 하려는 데 대한 비판이 포함되어 있다고 보아야 할 것이다—외에도 부가가치세 강행, 노풍(벼 품종 이름) 피해, 3대 스캔들 사건, 재벌 비호 인상을 주는 여러 법안 제정이 두루 작용했다.[17]

1979년 6월 이후 유신체제에 대한 반감은 한층 더 커졌다. 잇단 정치적 파동은 어디로 어떻게 달릴지 알 수 없는, 폭주하는 자동차처럼 보였다. 거기에다가 경기는 12·12 총선이 있었던 1978년보다 현저히 하강곡선을 그리고 있었고, 물가는 뛰고 있었다. 민심이 급격히 이반될 수밖에 없었다. 그리고 그것은 김영삼의 정치적 기반이었던 부산과 마산에서 아무도 예상치

1979년 10월 16일 부산지역 시위 직후 휴교령이 내려진 부산대학교.

못한 대규모 항쟁으로 먼저 나타났다. 이 점을 각별히 유의할 필요가 있다.

일부 연구자들은 유신체제에 대해서는 주로 대학생들과 지식인층이 반대했고, 농민을 포함한 일반 대중은 이를 묵시적으로 받아들였거나 지지했다고 주장했다. 유신체제에 대한 지지나 반대는 시기에 따라 차이가 있기 때문에 일률적으로 얘기할 수 없지만, 적어도 1978년 12·12 총선에서는 농촌에서마저 유신체제에 대해 상당한 거부감을 내보였고, 이듬해에는 더욱 심했다. 그 점은 부마항쟁의 전개과정을 볼 때 뚜렷이 나타난다.

**경제적 동인(動因)**

박정희와 유신체제가 붕괴한 중요한 이유 중 하나가 경제 문제였다는 사실은 아이러니컬하다. 박정희의 치적 하면 대부분 경제발전을 떠올리게 마련이다. 그렇지만 유신 붕괴 전해인 1978년 12·12 총선에서 지독한 독재를 휘둘렀는데도 불구하고 공화당이 패배한 데에는 1977년부터 시행된 부가가치세 강행, 노풍 피해, 재벌·특권층 중심의 경제 운용이 큰 역할을 했다는 것은 이미 설명한 대로이다. 김재규가 부마항쟁이 민란 또는 민중봉기의 형태로 일어나고, 다른 5대 도시에도 확산될 것으로 파악한 것은 유신체제 및 정치파동에 대한 불만에다가 물가고·조세저항 등 경제 문제가 복합적으로 작용하고 있다는 점 때문이었다. 부산계엄사령부가 중심이 된 합동수사반이 실시한 여론조사에 따르면 경제침체에 의한 서민과 상인층의 불만을 부산항쟁의 첫째 이유로 꼽았고, 김영삼의 의원직 제명과 그에 항의하여 제출한 야당 의원들의 의원직 사퇴서를 선별 수리하겠다고 한 정치적 이유가 두번째로 제시되어 있다.[18] 경제적 불만의 심각성을 읽을 수 있는 대목이다.

유신 말기에는 경제적 병폐와 사회적 모순이 노정되고 있었다. 10월 16일 부산대에 뿌려진 '선언문'은 특히 경제 문제와 사회 부조리를 이렇게 집중 성토하고 있다.

> 특히 고도성장 정책의 추진으로 빚어진 수없는 부조리. 그중에서도 재벌그룹에 대한 특혜 금융이 (……) 기업주 개인의 사욕을 채우기에 급급했으며, 특수권력층과 결탁하여 시장을 독점함으로써 시장질서를 교란시켜 막대한 독점이윤을 거두어 다수의 서민대중의 가계를 핍박케 (……) 그뿐만 아니었다. 정부나 기업은 보다 많은 수출을 위하여는 저임금 외의 값싼 공급은 없는 것으로 착각하고 터무니없이 낮은 생계비 미달의 지불 (……) 극심한 소득분배의 불균형 때문에 야기된 사회적 부조리를 상기해보라!

특혜 금융 등에 의한 재벌의 급속한 비대화와 노동자들의 저임금이 극명하게 대립각을 이루고 있음을 볼 수 있다. 12·12 총선에서 여당이 패배하자 청와대에서는 그 이유를 나름대로 분석했는데, 부가가치세, 물가고, 노풍 피해, 각종 스캔들 등도 요인이었지만, "공화당 위에 재벌 있다"는 야당 공세에 속수무책이었다고 털어놓았다.[19]

　재벌에의 경제력 집중은 중화학공업이 진전되는 것에 비례하여 해마다 커져갔다. 그리하여 1979년의 경우 전체 제조업 출하액에서 상위 5대 재벌이 차지하는 비중이 16.3%, 10대 재벌의 경우 22.7%, 20대 재벌이 차지하는 비중이 30.3%였다.[20] 재벌의 경제적 장악만이 문제가 아니었다. 스캔들이나 퇴폐·향락 산업이 시사하듯 1970년대에는 재벌이나 특권층의 사회 비리가 많이 노정되었고, 정경유착으로 부정부패도 심했다. 12·12 총선의 결과와 관련해 한 언론인은 계층간의 위화감이 심해졌음을 지적했다. 요즈음 상류층은 물도 따로 사 마시고 심지어는 혼인도 그들끼리만 한다는 것이었다.[21]

　물가도 문제였다. 1970년대 내내 거의 해마다 물가가 두 자리수 인상돼 서민들이 주름살을 펼 새가 없었지만, 1979년에는 제2차 오일쇼크로 당장 7월 10일에 석유 제품이 59%, 전력요금이 35%나 올라버렸다. 1977년부터 부가가치세가 도입되어 중소상공인들을 울렸는데, 조세부담률이 1970년대 하반기에 계속 높아져 1979년에는 17.2%가 되었다.[22] 주택보급률도 1970년대 하반기에 56~57%로—대도시는 이보다 훨씬 낮았다—좋지 않았고, 저임금 노동자들은 셋방살이도 힘들었다. 그런데 1970년대 중반부터 불어닥친 투기가 1977년 행정수도 이전설로 불붙었고, 1978~1979년에는 광풍으로 번져 빈부격차를 더한층 실감나게 했다. 토지 가격이 1978년에 무려 49%나 급등해[23] 박 정권은 급기야 그해 8월 8일 이른바 8·8 투기억제조치를 발표하지 않을 수 없었다. 마산항쟁과 관련해 김종철은 유신독재, 빈부격차로 유신 말기에는 불을 댕기기만 하면 폭발하게 되어 있었고, 농촌 피폐, 기층민중의 사회적 불만이 쌓여 있었다고 증언했다.[24] 그의 진단은 부마항쟁 참여자 대부분이 공감하고 있었던 문제였다.

유신쿠데타 다음 해부터 정력적으로 추진되어 산업의 구조를 바꿔놓은 중화학공업이 유신체제의 발목을 잡았다는 것도 아이러니컬하다. 재벌의 판도는 정경유착과 관련돼 있었는데, 정부 보증으로 얼마나 큰 규모의 중화학 설비를 위한 차관을 도입하느냐에 의해 판가름이 났다. 대재벌들은 자기 자본 없이 무리하게 차입해 중화학산업의 평균 자기자본 비율이 22%에 머물렀다.[25] 과도한 중복투자로 문제가 심각해지자 박 정권은 1979년 5월 총투자 규모의 약 30%나 투자보류 또는 중지시킨 대규모 투자조정을 해야만 했다. 1979~1980년에 창원공단의 중화학공업 가동률은 현저히 떨어져 50% 안팎이었고, 현대양행의 대규모 공장은 가동이 멈춰 세계 최대의 창고라는 말까지 듣게 되었다.[26]

설상가상으로 중화학공업계가 불황에 허덕이자 경기는 곤두박질쳤다. 외채가 1979년 말 기준 200억 달러를 넘어서 외채망국론이 제기되었다. 1976년 14.1%, 1977년 12.7%였던 경제성장률이 1978년에 9.7%로 낮아진 것도 상대적으로 불경기를 체감하게 했는데, 1979년에는 6.5%로 크게 낮아지더니 다음 해에는 마이너스 5.2% 성장률을 보여 한국전쟁 이후 최악의 사태를 맞았다.

김영삼 의원 제명 사건이 부마항쟁을 촉발시켰지만, 부산과 마산의 경제가 다른 지역보다 어려웠던 것도 부마항쟁에 민중이 적극 가담한 요인이었다. 부산 주민의 총생산 증가율은 1976, 1978년에 각각 30.5%, 16.7%로 전국 국민총생산량의 증가율보다 월등 높았는데, 1979년에는 5.6%로 국민총생산 성장률보다 낮아[27] 불황을 깊이 체감케 했다. 지역별 임금격차도 심각해, 부산이 대도시인데도 불구하고 1979년에 서울을 100.0으로 할 경우 74.3으로 전북의 67.6을 제외하면 최하위였다.[28] 같은 대도시 주민으로서 서울과 비교해 반발할 수 있는 요소였다. 부도율도 아주 높아 1979년에 전국의 2.4배, 서울의 3.0배였다. 부산 경제는 수출에 의존했는데, 1979년 수출 증가율이 10.2%로 전국 수출 증가율 18.4%보다 크게 낮았다. 마산의 수출공업단지는 저임금을 토대로 하고 있었다.[29] 거기에다가 1979년 9월 현재 24개 업체가 휴·폐업에 들어갔고, 5,000~6,000명이 일자리를 잃었다.[30] 최대 규모 중화학공업단지의 하나인 창원공업단지도 불황에 시달렸다. 마산항쟁과 관련해, 10월 18일 경남대 시위를 주동한 정인권 등 여러 증언자들이 노동자의 저임금 등 마산·창원지역의 암울한 경제 상황을 강조했다.[31]

경제 문제라기보다 사회 문제지만, 부산과 마산의 급격한 인구 증가도 부마항쟁의 배경이었다.[32] 유입 인구는 노동자건 룸펜층이건 어려운 생활을 하는 사람이 많았다.

### 부마항쟁의 역사적 맥락

10월 18일 오후 3시 30분경[33] 1,000여 명의 학생들 앞에서 국제개발학과 2학년인 정인권이 선동하면서 경남대 시위는 시작되었다.[34] 시위가 전개되었으나 교문을 뚫고 나가기가 어렵자 학생들은 이틀 전 부산대학생들과 비슷하게 시내 투쟁에 나서기로 했다. 학생들은 3·15의거탑에 모이기로 약속했다. 약속된 오후 5시경 학교를 빠져나온 학생들은 3·15의거탑 주변에 집결했다. 마산항쟁의 거센 불꽃이 타올랐다.

한 나라나 지역에 역사적인 자부심을 가질 만한 경험은 두고두고 기억되어 다시금 살아나게 마련이다. 마산 학생·주민들이 3·15의거를 기억해내고 3·15의거탑에서 시위를 벌인 것은 당연한 일이었다. 1960년 3월 15일의 제1차 마산항쟁, 4월 11~13일에 걸친 제2차 마산항쟁이 없는 4월혁명은 생각하기 어렵다. 특히 김주열의 시신이 마산 앞바다에 떠오르면서 시작된 제2차 마산항쟁은 4·19의 직접적인 도화선이었다. 이 두 항쟁을 마산 사람들은 3·15의거로 뭉뚱그려 기억하고, 자신들에 대해 뿌듯한 자부심을 지니고 있었다.

자료를 더 검토해야겠지만, 부산 운동권도 4월혁명에 자부심을 갖고 있었다. 2월 28일 대구 경북고 학생들의 시위에서부터 3·15에 이르기까지 시위는 고등학생 중심이었는데, 부산에서 어느 지역보다 많은 고등학생들이 데모에 참여했다. 나아가 제1차 마산항쟁 이후 3월 말까지 부산의 고교생들이 다른 어느 지역보다 더 많이 참여했다. 3·15의거 불씨를 살렸다고 볼 수도 있었다. 4·19시위 전날인 4월 18일 동래고생 1,000여 명의 시위는 고려대의 시위와 함께 기억할 만하다.

많은 사람들이 4·19시위 하면 서울을 떠올리지 부산과 광주에서 '피의 화요일'인 '그날' 얼마나 격렬한 투쟁이 전개되었는가를 잘 알지 못한다. 그날 11시 조금 지나 경남공고생과 데레사여고생들의 시위로부터 시작된 4월 19일의 부산 시위는 비 내리는 오후에 격화되었다. 부산진경찰서 앞에서 수천명의 시위대가 투석을 하면서 소방차와 경찰 지프차를 뒤집어엎고 불을 질렀다. 곧 경찰이 데모대를 정면으로 겨누며 총을 쏘았고, 7~8명의 젊은이가 풀잎처럼 쓰러졌다. 시위대에 실업자와 껌팔이, 구두닦이 등이 합류했다. 동부산경찰서에서도 기관총이 불을 뿜었다. 오후 5시 계엄령이 선포되었다.[35] 4·19시위로 부산에서는 13명(4월 22일까지의 집계임)이, 광주에서는 경찰관 1명을 포함해 6명이 사망했다.

4월혁명이 아니더라도 부산·경남은 진보운동, 반독재 민주화운동의 중요한 거점이었다. 선거를 통해 그 점을 살펴보자. 1950년 5·30 선거에서 이승만의 탄압에도 불구하고 서울과 함께 부산에서 '바람'이 불어 중도파 민족주의자인 장건상과 김칠성이 옥중 당선되었다. 최초로 직선제로 치러진 선거인 1952년 8·5 정부통령 선거에서 이승만 후보는 523만여 표를, 차점자인 조봉암 후보는 79만여 표를 얻었다고 발표했다. 그런데 임시수도였던 부산의 경우 발표되기로는 이후보가 10만 5,917표, 조후보가 8만 1,873표를 얻어 별반 차이가 안 나는 것을 볼 수 있다. 마산도 각각 1만 5,750표, 1만 1,262표로 큰 차이가 나지 않았다.[36] 1956년 5·15 정부통령 선거에서는 이승만과 조봉암이 각각 504만여 표, 216만여 표를 얻었다고 발표되어 1952년 선거에 비해 차이가 줄어들었으나, 부산에서는 꽤 큰 차이가 났는데 그 이유는 극심한 부정선거 때문이었다.[37] 그 점은 곧이어 치러진 지방자치 선거에서 어느 정도 확인된다. 공권력의 방해공작으로 특히 부산·경남에서 야당인 민주당원들은 입후보하기조차 힘들어 부산의 경우 시의회의원에 3명밖에 후보 등록을 하지 못했다.[38]

1971년 대통령 선거는 1956년 정부통령 선거와 함께 격전의 연속이었고, 야당 후보의 정견이나 공약이 참신했다. 이 선거에서 부산은 야당 후보 바람이 불기 시작한 곳이다. 김대중 후보는 부산을 첫번째 중요 유세지로 정했다. 4월 10일 김 후보의 부산 유세장에 16만 인파가 몰리면서 선거는 격전에 격전을 거듭했다. 선거 결과 부산에서 박정희 후보가 김 후보를 8만여 표 앞질러 5.6 대 4.4의 비율을 보였던바, 영남과 호남 전체를 통하여 득표 차이가 가장 적었다.

부산시경에서 부마항쟁을 분석한 것 중 관심을 끄는 것이 있다. 부마항쟁의 간접 원인으로 "서울 등 전국 대학가의 연쇄적인 소요 사태 파급 영향"과 함께 "물리적 작용에 의한, 부산지역 대학가 소요 유발의 장기 억제(10·16 이전 사태 전무)" 등을 꼽고, 직접 원인으로는 "국립대학으로서 체면 유지 데모를 해야 한다는 전체 학생들의 잠재의식"과 "10·15 유신철폐 내용의 불온 유인물 살포"를 제시했다.[39] 너무 단순한 분석이라고 지적할 수 있겠으나, 간접 원인이든 직접 원인이든 오랫동안 부산지역 대학가에서 시위가 일어나지 않은 것이 부마항쟁 같은 큰 시위를 불러일으켰다고 파악하면서, 그 점을 중시한 것이 주목된다.

감수성이 예민하고 정의감이 강한 학생들한테, 더구나 자신의 지역에 대한 강한 자부심이 일종의 전통으로 마음과 마음을 통해 전해 내려오는 곳에서, 반독재투쟁이 없었을 경우 일반 학생들도 자괴감을 가질 수 있다. 반유신 시위투쟁이 없었던 마산과 부산의 경우 특히 가만히 있어서는 안 된다는 생각을 많이 했을 수 있다. 부산과 마산의 학생시위가 주동 학생들이 생각했던 것보다 폭발적으로 크게 일어난 하나의 요인으로 이 점을 무시해서는 안 될 것이다.

10월 18일 경남대 도서관 앞에 약 500명의 학생이 모인 자리에서 정인권은 "우리 경남대학은 대학생연맹에도 가입하지 못했고 경남대학생은 돼지새끼만 모였다는 평을 받고 있다"라고 말하여 학생들의 자존심을 자극하고 용기 있게 나가는 것이 불명예를 씻는 길이라고 역설했다.[40] 이날 학생들이 학교를 빠져나와 3·15의거탑에 모이자, 학생들은 시민들이 지켜보는 가운데 탑 앞에서 "선배님 못난 후배를 꾸짖어주십시오. 우린 전국 대학생들이 유신헌법 철폐 시위를 벌일 때 학교 당국의 농간으로 '유신 찬성 데모'를 해버린 못난 후배들입니다"라고 묵념을 올리고 그 자리에서 "독재 타도", "박 정권은 물러가라"는 구호를 외쳤다.[41] 당시 부산과 마산의 대학생들 사이에서는 서울의 모모 여대에서 가위를 보냈다느니, 면도칼을 보냈다느니 하는 소문이 나돌았다. 10월 16일 부산대 시위에 참여한 한 학생은 "서울에서 내려온 친구들로부터 시위 소식을 접할 때마다 '유신 대학'이란 오명에 대한 강한 모멸감과 자괴심을 금할 수 없었다. 대다수 학생들이 느끼고 있었던 공통된 감정이었다. 이러한 심리적 요인들이 10·16 시위에서 학생들의 힘을 결집시키는 데 큰 역할을 했다고 본다"고 증언했다.[42]

앞에서 서울대 문리대의 1973년 10·2시위가 유신쿠데타 발생 1년이다 되도록 가만히 있는 것은 문리대 학생으로서 참을 수 없다는 감정이 작용했음을 기술한 바 있다. 1960년 4·19시위도 이와 유사했다. 대학생들은 제2차 마산항쟁에 해인대(경남대 전신) 학생 50여 명이 시위에 참여한 것을 제외하면 4월 18일 전에는 데모에 나서지 않았다. 그래서 중고등학생들이 언니들은 너무한다고 외치기도 했다. 대학생들은 제2차 마산항쟁을 보고 더 이상 방관자가 되어서는 안 된다고 마음을 다져먹고 있었다. 4월 18일 먼저 고려대 학생들이 뛰쳐나왔고, 그 다음 날 아무도 그렇게 큰 시위가 벌어질 줄을 몰랐지만, 이제 나서지 않으면 안 된다는 각오로 집을 나섰다.

역사적으로 긍지를 품은 지역에서 꽤 긴 시간 운동이 활성화되지 못하다가 여건이 성숙해 정치적·경제적 조건이 운동의 불을 댕기면 일거에 확 타오르게 되어 있는 경우, 그러한 불을 앞서서 댕긴 매개체로서의 역할은 그것대로 평가를 해주어야 한다. 부산대에서 10월 15일 유인물을 살포한 이진걸 팀이나 신재식 팀, 10월 16일 부산대 교내 시위를 선도한 정광민 등과, 10월 18일 경남대생 시위를 불붙이는 데 역할을 한 정인권 등은 선도적 역할을 했다. 또한 김형기 등의 부산양서조합은 부산의 운동을 결집시키는 역할을 했다.

## 3  민주화운동에서 차지하는 부마항쟁의 위상

### 4월혁명 이후 최대 규모의 시위

부마항쟁은 박정희 유신쿠데타가 일어난 1972년 10월 이래 최대 규모의 유신철폐 시위였다. 박정희는 유신쿠데타를 일으키기 1년 전 위수령으로 군대를 풀어 학원에 투입했고, 23개 대학에서 177명을 제적시켜 대부분을 군대에 끌고 갔다. 유신체제에 시위로서 반대할 수 있는 유일한 세력을 일찌감치 철저히 제거한 것이다.

　유신권력은 철옹성처럼 강고해 보였으나, 1971년 10월 15일 위수령 발동 2년, 유신 계엄령 선포 1년쯤 된 1973년 10월 2일부터 반유신투쟁이 격화되었다. 그렇지만 시위는 그다지 규모가 큰 것이 아니었고, 대부분의 대학이 동맹휴학과 시험 거부 방법으로 싸웠다. 긴급조치 1호 발동을 전후해 전국 각 대학을 연결해 동시다발로 시위를 전개하려 했으나, 1974년 긴급조치 4호 발동과 함께 민청학련사건·인혁당사건 조작으로 엄청나게 탄압을 받았다. 1975년 봄 연세대·고려대·서울대 등 여러 대학에서 규모가 큰 학내 시위, 가두 시위가 전개되었지만, 어느 것이나 1979년 10월 16일의 부산대 교내 시위의 규모를 넘었다고 보기는 어려웠다.

　1975년 4월 인도차이나 사태 이후 보수·냉전세력의 위기의식과 결합해 각양각색의 안보궐기대회가 일어나고 긴급조치 9호가 선포되어 박정희 유신권력은 다시 강고해진 것으로 보였다. 1975년 5월 22일 서울대에서 '김상진 군 장례식 및 추도식'을 거행한 뒤 500여 명이 교문 밖을 나섰으나 해산당했다. 그뒤 1976년 10월이 되어서야 시위는 다시 시작되었지만, 규모는 크지 않았고, 짧은 시간에 봉쇄당했다.

　중앙정보부 요원, 경찰 정보형사, 전투경찰대, 대학 직원에 때로는 교수까지 동원되어 막았으므로 1970년대 후반에 시위를 한다는 것은 보통 어려운 일이 아니었다. 학생들은 감옥에 가는 것이 두려운 것이 아니었다. 붙잡힐 순간까지 몇 분만이라도 버티면서 더 많은 학생을 모으기 위해 온갖 노력을 기울였다. 참으로 어려운 시기였다. 1977년 10월 연세대에서 대강당 4층의 폐쇄된 박물관 유리창을 깨고 플래카드를 내려보내면서, 1975년 봄 이후 최대의 시위가 전개되었다. 3,000~4,000명이 투석전을 벌이며 격렬히 시위했다. 11월에는 서울대에서 규모가 큰 시위가 있었고, 다음 해인 1978년 봄에는 시위가 부쩍 늘었다. 이해 6월 26일에는 여러 대학교 학생 1,000여 명이 참여하여 광화문에서 1979년 10월 16일 부산 시위와 흡사하게 해산했다가 다시 집결하는 방식으로 오후 6시 40분경부터 10시 30분경까지 시위를 해 민주화운동세력에게 새로운 희망을 주었다. 그러나 10월 17일의 광화문 연합 시위는 권력의 탄압으로 좌절되었다. 1978년부터 그 다음 해 부마항쟁으로 유신정권이 몰락할 때까지 전국 각 대학에서 유인물이 끊임없이 나돌았고, 또 버스 환기통 등을 이용해 시민들한테 유인물을 살포했으며, 시위도 끊이지 않았다.

부마항쟁은 유신쿠데타 이후 최대의 반유신 시위투쟁이었고 유신체제라는 극단적 독재권력에 결정적 타격을 입혔다.

나아가 부마항쟁은 4월혁명 이후 최대 시위로 기록될 수 있다. 4월혁명 이후 유신쿠데타에 이르기까지 가장 규모가 큰 시위는 1964년에 한일회담과 박정희정권에 반대해서 일어난 6·3사태였다. 6월 3일 서울의 주요 대학 학생들이 쏟아져 나왔고, 경찰서를 습격하고 군용트럭을 탈취하기까지 했다. 이날 오후 늦게 계엄령이 선포되었다. 그러나 이 시위는 10월 16일과 17일의 부산항쟁보다 규모가 작았다.

부마항쟁은 1960년 4·19시위보다 규모가 작았지만, 수일간 계속되었다는 점에서 차이가 있다. 1979년 10월 16일 10시 조금 전부터 시작된 부산대 교내 시위대는 4,000여 명으로 불어났고, 이날 부산 중요 거리의 야간 시위에는 5만여 명이 참여했다.[43] 유신쿠데타 발발 7주년이 되는 10월 17일에도 격렬한 시위가 계속되어 박정희는 18일 0시를 기해 계엄령을 선포했지만, 18일 저녁에도 2,000여 명의 시위대가 시청으로 전진했다.

18일 오후 3시 반쯤 경남대 교정에서부터 시작된 마산시위의 경우 밤에 1만여 명의 인파가[44] 격렬한 시위를 벌여 다음 날 새벽 3시경까지 시위가 계속되었고, 군부대가 들어온 19일에도 저녁 8시경부터 격렬히 시위가 전개되어 20일 새벽까지 곳곳에서 산발적으로 계속되었다. 20일 정오를 기해 박정희는 마산·창원지역에 위수령을 발동했다.

연속해서 대규모 시위가 전개된 예로 부마항쟁 이전에는 1960년 4월 25~26일의 서울 시위와 제2차 마산항쟁을 들 수 있다. 4월 25일 교수들이 오후 5시 50분경부터 시위에 나서면서 시작된 서울 시위는 일부 시민이 광화문 일대 탱크 위에까지 올라갔고, 다음 날 새벽 2시경까지 계속되었다. 26일 통금 해제 시간이자 동틀 무렵인 5시경부터 다시 시위가 시작되어 오전 9시경에 3만 인파가 광화문 일대를 가득 메웠고, 공포탄이 콩 볶듯이 발사되었으며 잠시 후 10시 20분경 계엄사령부 선무반은 이승만 하야를 발표했다. '승리의 화요일'이었다. 4월 11일부터 시작된 제2차 마산항쟁은 3월 15일의 제1차 마산항쟁보다 규모가 커져 오후 6시경에 약 3만 명이 시위에 나섰다. 다음 날에도, 그 다음 날에도 시위는 계속되었다.

부마항쟁처럼 여러 날에 걸친 투쟁이 계속된 것으로 광주항쟁과 6월항쟁이 있다. 이러한 점에서도 부마항쟁은 4월혁명, 광주항쟁, 6월항쟁과 함께 민주화운동에서 소중한 위치를 차지한다.

### 소외층이 대거 참여한 민중항쟁

부마항쟁은 민(民)이 대거 참여했고, 어둠이 깔린 이후의 투쟁은 학생들이 주도했다고 보기 어렵다는 점이 중요한 특색이다. 이러한 민중항쟁적 성격의 시위투쟁은 부마항쟁 이전에는 사례가 드물다.

주지하다시피 한국은 1960년 2월 28일부터 1990년대 초까지 학생운동이 계속되었다. 이같이 장기간에 걸쳐 학생들이 진보적이거나 민족적 활동을 담당한 경우는 세계 역사에서 그 유례를 찾아보기가 쉽지 않다. 동서 양 진영으로 갈라진 엄혹한 냉전체제의 한복판에서 민족주의적인 활동을 벌이기는 어려웠다. 그 냉전체제에서 극우반공주의가 이 땅을 휩쓸다시피 했기 때문에, 조봉암·진보당과 4월혁명 이후 1년 정도 활동한 혁신계를 제외하면 진보세력이 6월항쟁 이전에는 정당 형태로는 거의 존재하지 않았다. 1970~1980년대의 재야민주세력도 투쟁 방식이 제한되어 있어 학생층이 시위 투쟁을 주도했다.

1964년 3월 24일의 투쟁에서부터 부마항쟁 이전까지는 대부분의 투쟁이 학생에 의해 이루어졌고, 일반 시민이 가세한 경우는 거의 없었다. 6·3사태의 경우 일부 시민과 불우한 청소년, 실업자가 가담했지만, 대부분의 시민들은 호응하지 않았다.

2월 28일부터 4월 26일까지 계속된 1960년 3~4월의 항쟁은 학생혁명이라고 불리울 만큼 학생들이 중심이 되었다. 4월 19일 서울의 경우 오전 11시 50분경 학생 시위대가 중앙청으로 향할 무렵 구두닦이·껌팔이·신문팔이·실업자·넝마주이 등의 불우한 청소년, 청년들이 벌떼같이 달려왔지만, 경무대 앞에서, 또 다른 지역에서 투쟁의 주역은 대학생에서부터 중고등학생들이 주로 가담한 학생층이었다. 이날 광주 시위는 학생이 중심이었고, 부산의 경우 초기에는 고등학생들이 주도했지만, 나중에 실업자와 반(半)룸펜층 등이 다수 가담했는데, 이 부분은 자료를 더 확보해 분석할 필요가 있다. 제1차 마산항쟁의 경우 학생이 아니라 민주당 청년당원이 시위를 촉발했고, 1만여 명 규모로 추산되는 저녁·밤 시위에 시민들이 대거 가담했다. 3만 명 안팎이 참여한 제2차 마산항쟁의 첫날 시위는 할아버지와 할머니로부터 어린아이까지 다양했는데, 4월 12~13일의 시위는 중고등학생들이 중심이었다.

면밀히 비교 검토해야겠지만 부마항쟁, 그중에서도 마산에서 민들이 대거 참여한 양상은 광주항쟁이나 6월항쟁에 민들이 참여한 양상과 어느 정도 차이가 있다. 광주항쟁의 경우 광주사회의 리더층이 중요한 역할을 했고, 중산층 또는 중간계층도 다수 참여했다. 6월항쟁에서 시민 참여는 천주교, 개신교, 불교 등의 종교기관, 즉 성당, 교회, 사찰 등이 중요한 매개 역할을 했고, 다수의 시민이 사전에 인지하고 참여했다.

『부산민주운동사』에는 10월 16일의 부마항쟁 첫날 시위가 저녁 6시경까지는 학생들이 주도했지만, 어둠이 깔리면서 시위의 주도권이 점차 시민들에게 넘어가고 시위양상도 훨씬 격렬해졌다고 기술되어 있다. 도심의 대로가 시위 인파로 넘쳐흐르던 7시경 학생들은 소수였고, 넥타이를 맨 퇴근길 회사원에서 노동자, 상인, 접객업소의 종업원, 재수생, 교복 입은 고교생 등이 혼연일체를 이루어 구호를 외치고 투쟁했다는 것이다.[45] 부마항쟁에서는 시민들이 학생 시위를 적극 성원하고 옹호했으며, 학생과 더불어 싸웠고, 나중에는 시위대열의 주류를 이루었다. 상황이 이러하였고, 야유와 욕지거리가 쏟아지고 있어서 경찰의 대응이 힘들었고, 심지어 경찰 작전차에 불길이 솟아 경찰 간부가 작전차를 구하기 위해 돌격을 명령했는데, 경찰이 따르지 않는 사태가 벌어졌다.[46]

부산 시위와 마산시위의 참여층은 얼마간 차이를 보이지만, 대체로 영세상인, 영세기업 노동자들과 반실업 상태의 자유노동자, 구두닦이, 식당 종업원 등 접객업소 종사자, 상점 종업원, 도시 룸펜 부랑아나 무직자가 대종을 이루었다. 여기에 회사원 등 중간층 시민들도 상당수 호응해 비조직적 민중항쟁 양상을 보였다.[47] 그리하여 공룡처럼 커진 재벌, 정경유착, YH사건이 말해주는 기업가의 비윤리적 행태, 돈 있는 자들의 부동산투기, 각종 스캔들, 퇴폐 향락 산업과 밤문화가 한쪽으로, 다른 한쪽으로 고물가, 경제불황, 과다한 세금, 저임금, 장시간 노동, 열악한 작업환경, 실업, 셋방살이, 좌절과 체념, 무력감, 전도가 보이지 않는 암울한 생활, 자신들의 고향인 농촌의 피폐 등이 대칭을 이루고 있었다. 여기에는 박정희 유신체제와 연결된 극심한 빈부격차, 비리, 부패와 억압, 금제(禁制), 장기·영구 집권과 정치적 폭주(暴走)가 거대한 먹구름처럼 드리워져 있었다.

부마민중항쟁은 김재규가 말한 대로 민란이나 봉기의 성격을 지니고 있었지만, 난동이라고 보기는 어려웠다. 시위 참여자들은 유신독재의 주구라고 본 치안기관, 공화당사와 그 밖의 공공기관, MBC, KBS 등의 언론기관, 차량 등을 공격하고, 파출소 안에 있는 박정희 사진을 내동댕이쳤지만─마산에서는 상류층과 관련 있는 자가용이나 고급스러운 간판·건물도 파손되었으나─파출소를 점거해도 무기고는 그대로 놔두었고 흉기도 지니지 않았다. 전체적으로 볼 때 민간인의 재산이나 병원 같은 공공시설은 손을 대지 않았으며, 상점에서 물건을 약탈하지도 않았다.

시민들은 학생들과 같이 유신철폐, 독재타도, 김영삼 제명 철회, 언론자유, 부가가치세 철폐 등의 구호를 외쳤다. 급진적 주장은 나오지 않았으며 이 점에서 부마항쟁은 민주화운동이었다. 그와 함께 참여층을 볼 때 박정희의 경제정책에 대한 전반적인 수정을 요구한 투쟁이었다.

필자는 1985년에 발표한 논문에서 일제강점기 국내 공산주의자들은 실제로는 부르주아민주주의 확립을 위한 투쟁을 벌인 면이 크다고 주장한 바 있다.[48] 그 점은 천황제 철폐를 주장했던 일본 공산주의자들도 마찬가지였다. 6월항쟁 시 학생 시위를 주도한 학생운동 지도층이나 일부 재야인사들은 급진적 정치이념을 주창했지만, 6월항쟁은 6·29선언으로 귀착되었다. 4월혁명, 부마항쟁, 광주항쟁, 6월항쟁은 이승만정권 타도, 박정희 유신체제 타도, 유신 잔당인 전두환·신군부 정권 타도 등을 통해 자유민주주의를 실현하는 것을 당면한 최대의 역사적 과제로 삼았다.

마산 야간 시위에서는 불을 끄라는 외침이 많았다. 스크럼을 짜고 나가면서 학생들은 "불을 꺼주시오"라고 하면서 상점과 민가에 협조를 요청했고, 불을 끄지 않은 건물에 투석을 했다.[49] 10대 후반 20대 초반의 젊은 이들이 많은 일반 시위대도 마산 어시장과 극동예식장 사이에서 불을 끄지 않는다고 2층 유리창을 박살 내는 등 소등을 요구했다. 시위는 어둠 속에서 진행된 경우가 적지 않았다. 부마항쟁에 참여한 시민은 거의 다 미조직 군중의 성격을 띠고 있었다. 부산 시위에서도 아직은 부산의 운동권이 고립, 분산적 수준을 벗어나지 못해 민중항쟁을 이끌어가기 어려웠고, 항쟁은 주로 미조직 군중의 자발적이고도 폭발적인 참여에 의존해 증폭되어 갔다.[50] 조갑제는 10월 16일 밤 시위에서 부산 광복동과 남포동의 시민들이 열광적으로 환영했으나, 그 다음 날에는 셔터를 내렸고, 반면에 국제시장의 영세상인들은 17일에도 적극 지원했다고 기술했다.[51] 부유한 상인층의 행동은 일관성이 없었다. 또 마산시위에서 자동차 헤드라이트도 끄게 하는 등 소등을 요구한 것은 익명성을 보장받으려는 행위로, 군인이 출동하는 식으로 공권력이 거세게 나오면 시위가 더 지속되지 않을 가능성이 있었다는 것을 시사한다 하겠다.

## 4 부마항쟁으로 인한 유신체제 붕괴의 의의

### 부마항쟁과 김재규의 10·26거사

김재규의 10·26거사가 없었더라면 유신체제 붕괴는 늦추어졌거나 일어나지 않았을 것이라는 평가는 설득력이 있다. 4월혁명과 비교해보면 그 점이 분명하다. 4월혁명이 일어났을 때 이승만은 85세로서 아무리 권력욕이 강했다 하더라도 노쇠 현상이 있어 한계가 있었다. 반면 박정희는 부마항쟁이 일어났을 때 62세로 권력의 집념이 대단히 왕성할 때였다. 박정희는 군사정권 초부터 권력을 지탱해주는 막강한 정보·사찰기관인 중앙정보부를 갖고 있었으나 이승만은 그렇지 못했다. 4월 19일 계엄령이 선포된 이후 군은 이승만의 명령·지시에 무조건 복종하지 않았고, 독자적으로 움직인 면이 있었고 중립을 지켰다. 그러나 유신 말기에 군 내부에 동요가 없

10·26정변 현장인 궁정동 안가에서 현장 검증 중인 김재규.

었던 것은 아니지만, 박정희는 군을 장악했고 통솔했다. 박정희가 키운 하나회는 충성을 다짐했고, 다른 부대도 일단 그의 명령에 따르지 않을 수 없게 되어 있었다. 박정희는 휘하에 자신이 직접 명령할 수 있는 공수특전단 같이 진압을 목적으로 한, 큰 규모의 특수부대를 거느리고 있었으나, 이승만은 그렇지 못했다.

　이승만정권의 제2인자인 이기붕은 유약해 적극적으로 권력을 지키려 하지 않았고, 군부대로 피신하다가 일가족이 자살했다. 그렇지만 김재규를 제치고 제2인자 노릇을 했던 경호실장 차지철은 박정희를 지키는 것이 국가를 지키는 것이라는 믿음을 확고히 가지고 있는 박정희 신도로서, 반박정희 운동에 단호한 태도를 견지하고 있었다. 언론 또한 이승만에게 대단히 비판적이어서 데모를 크게 보도했는데, 박정희의 경우 부마항쟁에 대한 언론보도가 말해주는 바대로, 긴급조치 9호 등에 묶여 언론은 실상을 제대로 보도하지 못했다. 미국이 4월 19일 대규모 시위 이후 이승만정권을 지지하지 않은 것과 비슷하게 박정희정권에 대해서도 비판적이었지만, 이승만정권에 비해 박정희 유신정권은 미국에 대해 더 많은 자율권을 갖고 있었다. 이러한 여러 여건을 비교해볼 때 10·26거사가 없었더라면 유신체제 붕괴는 늦추어졌을 것이다.

가장 중요한 것은 4·19시위와 같은 시위의 존재였다. 이승만한테 최후의 타격을 입힌 것은 4월 25일 교수단 데모와 뒤이어 발생한 시위였다. 하지만 4·19시위로 이승만은 결정적인 타격을 입었다고 봐야 할 것이다. 4·19시위 이후 1주일 만에 4·26이 있었는데, 부마항쟁이 있은 지 6~7일 만에 10·26정변이 발생했다. 6월항쟁이 없는 노태우의 6·29선언은 있을 수 없다. 비슷하게 부마항쟁 없는 10·26정변은 상정하기 어렵다.

김재규는 1979년 5월 말 연금 상태에 있는 김대중이 외출할 수 있게 해주어 신민당 당권경쟁에서 당원들에게 김영삼을 지원해달라고 말할 수 있게 했다. 박정희의 명령을 어긴 것으로, 중앙정보부장으로서는 있을 수 없는 행위였지만, 그것에서 김재규의 유신체제에 대한 마음을 읽을 수 있다. 김영삼의 총재 당선은 박정희에 의한 의원 제명을 몰고와 부마항쟁을 촉발했는데, 김재규는 부마항쟁을 유신권력의 입장에서 보지 않았다.

부마항쟁은 10·26거사의 직접적인 계기였다. 김재규는 부산지역에 계엄령을 선포한 18일 0시가 조금 지난 새벽에 부산계엄사령부에 도착해 보고를 받았다. 김재규는 7년 동안 유신체제의 억압이 계속되는 사이에 유신체제의 폭압에 대한 불만이 팽배해졌다고 판단했는데, 그 자리에서 부마항쟁 같은 국민적 항거라는 우려했던 사태가 결국 현실로 나타났음을 확인했다.[52] 그는 서울로 올라와 박정희에게 "유신체제에 대한 도전이고 물가고에 대한 반발과 조세에 대한 저항이다가 정부에 대한 불신까지 겹친 민중봉기입니다. 불순세력은 없습니다"라고 보고했으나, 박정희는 들으려 하지 않았다. 박정희는 10월 26일 저녁에도 부산사태는 신민당이 개입했다고 말하면서—여기서 광주사태에 김대중이 개입했다는 전두환·신군부의 주장이 상기될 것이다—부산사태에는 아무것도 모르는 식당 뽀이나 똘마니들이 많이 가담했다고 억지를 부렸다.⁵³

김재규는 부산에 갖다와서 태도가 달라져 표정이 굳어 있었다. 그가 유신의 심장을 쏘지 않으면 안 된다고 결심한 것은 부산에 갔다와 박정희에게 보고한 직후로 보인다. 김재규가 10월 24일 이후락을 만났을 때 지나치는 말로 "제가 싹 해치우겠습니다"라고 말한 것이나, 김재규가 존경했고, 김재규 요청으로 유신정우회 소속 의원을 떠맡았던 이종찬 장군이 더 이상 유정회 의원을 못 해먹겠다고 하소연하자 "조금만 기다려주십시오"라고 말한 것도⁵⁴ 생각이 있어서였다.

### 대참극의 예방

김재규가 유신의 심장을 쏘기로 결심한 것은 부마항쟁을 보고하는 자리에서 너무나 충격적인 말을 들었기 때문이다. 그가 부마사태 같은 민란이 서울을 비롯한 5대 도시로 확산될 거라고 덧붙이자, 박정희가 화를 버럭 내면서 "앞으로 부산 같은 사태가 생기면 자유당에서는 최인규나 곽영주가 발포명령을 하여 사형당했지만, 내가 직접 발포명령을 하면 대통령인 나를 누가 사형시키겠는가"라고 말했고, 같은 자리에 있던 차지철은 "캄보디아에서는 300만 명 정도를 죽이고도 까딱없었는데, 우리도 데모대원 100~200만 명 죽인다고 까딱 있겠습니까"라고 큰소리쳤다.⁵⁵ 차지철이 과장하여 말했을 수 있지만, 대참극이 일어날 가능성은 충분히 있었다. 10월 26일 궁정동 회식에서도 김재규가 신민당이 초강경으로 돌아서서 공작이 수포로 돌아갔다고 말하자 차지철은 "까불면 싹 쓸어버리겠다"고 내뱉었다.⁵⁶

김재규는 박정희에게 보고할 때 민란 비슷한 시위가 5대 도시로 확산될 거라고 말했는데, 10월 23일 신민당 황낙주 의원에게도 "난국을 수습 못 하면 광화문 네거리가 피바다가 됩니다"라고 말한 것을 보더라도[57] 대참사가 벌어질 것으로 파악하고 있었다.

부마사태를 초래한 정치적 계기나 경제적 동향은 부산·마산만의 일이 아니고 전국적인 현상으로 다른 지방도 비슷했다. 빈부격차가 극심했고, 재벌의 팽창, 비윤리적 기업주, 부동산투기 행위, 향락 산업, 스캔들도 그렇고, 영세상인의 어려움, 저임금, 열악한 노동환경, 셋방살이, 좌절과 무력감, 전도가 보이지 않는 암담한 생활을 하고 있는 층의 광범위한 존재도 그렇다. 또 서울에서는 반유신 투쟁이 활발히 전개되고 있었고, 지방에 파급되고 있었다. 무엇보다도 1979년 5월 신민당 전당대회 이후 계속된 정치적 파행이 훨씬 더 심각한 양상으로 번질 수 있었다. 그런데 박정희와 차지철은 광주참극을 일으킨 전두환·신군부와도 달랐다. 성격도 달랐지만, 명령계통도 훨씬 단순화되어 있었다.

박정희는 일본 군인의 단기(短氣)와 비슷한 '한다면 하는' 성격이 있었다. 그는 의회정치를 싫어하고 효율의 극대화를 주장한 일본 군국주의 장교들이 일으킨 1936년 2·26쿠데타에 심취되어 있었다. 여순사건 직후 군 숙청이 전개되었을 때 남로당 프락치였던 그가 살아남은 것은 육사 동기생들의 프락치 정보를 제공했기 때문으로 알려져 있다. 1971년 오치성 내무장관 해임안으로 유발된 10월 2일 항명 파동에서 공화당 중진이자 그의 둘째형 동지였던 김성곤과 오랜 측근이던 길재호가 중앙정보부에 끌려가 혹독히 당한 것은—김성곤은 얼마 안 있어 사망했다—그가 얼마나 무서운 사람인가를 인지시켰다. 그 점은 중앙정보부장을 가장 오래 했던 김형욱의 참혹한 죽음에서도 짐작된다. 소위 인혁당 재건위원회 사건으로 1975년 4월 9일 8명이 처형된 것은—이들은 후에 재심에서 무죄 판결을 받았다―유신체제 보위를 위해서라면 무슨 짓이든 할 것임을 확고히 보여준, 법을 빙자한 학살이었다.

박정희는 유신체제 말기에 정신적으로 강박관념에 몰리고 있었고, 판단력에 이상 증후가 생겼다. 앞에서 김영삼의 의원직 제명이 얼마나 비정상적인 행태인가를 지적했지만, 그는 김영삼을 구속까지 시키려 하였다.

부마항쟁 처리 과정도 문제가 있었다. 부산지역을 포괄하는 2관구사령관 장성만 소장은 구태여 군을 동원하지 않아도 해결할 수 있다고 밝혔다. 부마사태를 잘 알고 있는 구자춘 내무장관, 노재현 국방장관, 박찬현 문교장관도 반대했는데, 박정희는 독단으로 계엄령을 선포했다. 그리고 위수령 발동 이전에 두 번이나 직접 계엄사령관에게 마산사태 진압을 도와주라고 전화해서 부산에 내려온 2개 공수특전여단 중 1개 여단이 마산에 급파되었다. 장성만 소장이 군을 동원하지 않아도 해결할 수 있다고 주장한 것에 대해 차지철은 화를 냈다. 차지철은 국방장관이나 육군참모총장과 사전 상의 없이 월권으로 18일 새벽에 서울지역 공수여단을 부산으로 공수하고, 군수사령관 박찬긍 중장에게 계엄 선포 및 계엄사령관 임명 사실을 누구보다도 먼저 통고했다.[58] 어느 것이나 해서는 안 되는 권력 행사였다.

차지철의 월권 행위, 권력남용에 대한 박정희의 태도도 그가 얼마나 위험하게 국정을 운영하는가를 잘 보여주었다. 차지철은 김재규의 영역을 침범하는 것을 서슴지 않았다. 또 군단장급 중장을 경호실 차장에, 차장보에는 사단장급 소장을 앉혔다. 유엔군사령관과 육군참모총장에게 경호실에 사단 병력을 배치할 것을 요구하다가 탱크와 헬기, 중화기를 갖춘 30경비단 4개 대대를 휘하에 두는 등 국군 지휘체계와 행정 지휘체계를 문란케 했다. 장관이나 참모총장에게도 안하무인이었다. 박정희는 이러한 행위를 조장·묵인·방관했고, 차지철과 김재규가 심각한 갈등을 빚을 수밖에 없다는 것도 모른 체했다.

박정희의 여자 관계는 널리 알려져 있는데, 유신 말기에는 대단히 이상했다. 혼자 여자관계를 갖는 '소행사'도 문제가 있었지만, 정보부장, 비서실장, 경호실장이 동석하는 '대행사'는 결코 정상적인 여자관계가 아니었다. 두 명의 여자를 옆에 앉혀놓고―그것도 조금 있다가 그중 한 여자와는 '행위'를 할 터인데―국사에 관한 얘기건 잡담이건 주고받을 수 있을까. 유신체제 말기에는 소행사와 대행사가 매우 잦아서 사흘에 한 번 꼴로 궁정동 안가에서 그러한 일을 벌였다고 한다.[59] 말썽 많았던 구국여성봉사단과 관련된 장녀 박근혜와 최태민에 대한 김재규의 조사보고에 대한 박정희의 조치도 상궤를 벗어난 행위였다.[60]

차지철도 그렇지만, 박정희는 자신의 안위에 관한 중대한 사태에 대해 다른 사람의 의견을 듣는 성격이 아니었다. 뿐만 아니라, 중대한 사태에 대한 결정 과정이 유신정권 말기에는 한층 더 단순화되었다. 유신체제에 대한 도전은 자신에 대한 도전이고, 그것은 추호도 용납할 수 없으며 단호히 대처하겠다는 단기나 결기가 순간적으로 발동되어 즉각 극단적인 초강경 명령을 내리는 상황이 초래될 수 있었다.

정치적 파행과 급격히 악화되던 경제적 상황, 유신체제에 대한 반감의 급증, 반유신 운동의 치열함, 정치권의 파열음 등은 부마항쟁 같은 사태가 서울이나 광주 등 다른 도시에서 나타날 개연성이 높다는 것을 시사한다. 박정희와 차지철의 성격과 권력남용 행태를 볼 때, 특히 유신 말기에 보인 비정상적인 면을 볼 때, 부마항쟁 같은 민중항쟁이 일어날 경우, 특히 광주 같은 호남지역에서 민중항쟁이 일어났을 때 대참극이 일어날 가능성이 있었다. 그런 점에서 부마항쟁으로 인한 10·26정변은 역사적 의미가 크다고 아니할 수 없다.

계엄령이 선포된 이후 부산에 들어온 공수부대원의 행위는 광주항쟁에서의 그것을 상기시킨다는 점도 생각할 필요가 있다. 18일 밤 시위에 공수부대원이 시위대를 헤집으며 대검 꽂은 총을 닥치는 대로 휘둘렀다. 건방지다는 이유로 지나가던 사람이 개머리판으로 맞아 뇌수술을 받았다. 부산항쟁으로 발생한 11명의 중상자 중 5명이 18일 밤에 피해를 입었다. 경찰도 공수부대원 10여 명으로부터 얻어맞았다.[61]

    부마항쟁에서 사망자가 나지 않았던 이유도 분석해볼 필요가 있다. 10월 16일 부산대 교내 시위에 대해 경찰은 미숙하게 대응했을 뿐만 아니라, 민간인이 합세한 거리 시위는 처음 보는 것이어서 제대로 대처를 하지 못했다. 10월 18일 마산에서의 시위도 진압할 경찰력이 부족했고, '적절한' 대응도 하지 못했다. 학생들이 시위하고 빠지는 게릴라식 방법을 사용했고, 동시다발적으로 여러 곳에서 시위를 했기 때문에 경찰은 힘을 쓰지 못했다. 경찰은 1960년 1차 마산항쟁 때와는 달리 학생·시민의 항쟁에 잔혹하게 대응하지 않았다. 마산의 이틀간 시위에서 체포된 500여 명은 가장 용감하게 싸운 사람이 아니고, 이들 중 상당수가 뒷전에서 체포되었다는 지적은[62] 시사하는 바가 많다. 가장 중요한 것은 광주에서와는 달리 시위대가 공수특전단과 정면으로 충돌하거나 대결한 경우가 별반 없었고, 있었다 하더라도 바로 진압되었다는 점이다.

### 서울의 봄, 그리고 6월항쟁으로

    필자는 4월혁명으로 새로운 사고, 새로운 기풍이 진작되어 알게 모르게 의미 있는 많은 변화가 나타났다는 점을 강조한 바 있다.[63] 권위주의적이고 수구냉전적인 사고가 팽배한 극우반공 정권이 무너지면 크든 적든 이 같은 변화가 생기지 않을 수 없다.

    1980년 서울의 봄을 맞아 학생들은 점차 활기를 띠었고, 5월에 들어서

자 서울대에서 1만 명 이상의 학생들이 모여 집회를 여는 등 규모가 큰 집회와 시위가 잇달았다. 5월 14일 전국에서 6만여 명 이상의 대학생들이 가두투쟁을 벌였고, 5월 15일에는 서울역 앞에 10만여 명의 학생과 시민이 집결했다. 광주에서는 5월 14일부터 규모가 큰 학생 집회·시위가 일어나 16일에는 9개 대학에서 3만여 명이 집결했다. 시위가 끝난 뒤 학생들은 '특별한 일'이 발생하면 다음 날 아침 전남대 교문 앞에서 만나기로 약속했고, 5·17쿠데타가 발생하자 18일 전남대 교문 앞에서부터 광주항쟁이 시작되었다. 비록 살얼음을 디디는 것 같은 서울의 봄이었지만, 박정희 유신체제와 전두환·신군부의 '유신 잔당'에 대한 항거는 부마항쟁-10·26-서울의 봄-광주항쟁으로 이어졌고, 그것은 다시 1980년대의 민주화운동으로, 그리하여 6월항쟁으로 계승되었다.

    부마항쟁-10·26-서울의 봄은 노동운동을 촉진했다. 노동조합 결성, 어용 노동조합 반대, 노동조합의 민주화운동이 벌어졌다. 많은 사업장에서 임금인상과 노동조건 개선을 요구하는 투쟁도 전개되었다. 서울의 봄 마지막 시기에는 한국노총에 대해 민주화 요구가 일어났다.[64] 이중 4월 하순에 발생한 사북사태는 폭발적으로 분출할 것 같은 유신 말기 상황과 서울의 봄이 결합되어 일어난, 김재규가 지적한 일종의 민란이자 봉기였다.

    10·26거사가 일반 대중들에게 민주화에 대한 기대를 갖게 한 점을 과소평가해서는 안 된다. 민주화에 대한 기대는 '서울의 봄'으로 소생하는 듯했지만, 12·12쿠데타로 군의 실권을 장악한 전두환·신군부가 5·17쿠데타를 일으키자, 풀잎이 바람에 기울듯 일반 대중은 일단 그것에 순응하거나 체념했다. 그러나 10·26거사로 민주화에 대한 기대가 강렬했던 광주에서 항쟁이 일어났고, 그후 일반 대중도 1985년 2·12 총선에서 상당수가 선명 야당을 지지했으며, 6월항쟁에 나섰다. 민주화에 대한 기대가 한동안 지체는 되었지만 1987년 6월항쟁으로 나아간 것이다.

부마항쟁-10·26-서울의 봄이 갖는 역사적 의미는 박정희 유신정권과 전두환·신군부 정권의 차이에서도 드러난다. 박정희 유신정권을 전두환 정권이 계승했다고 볼 수 있지만, 미국의 압력과 함께 4월혁명의 영향으로 박정희 군사정권이 민정이양을 거부할 수 없었던 것과 비슷하게, 부마항쟁-10·26-서울의 봄-광주항쟁과 사회 여건 변화 등을 살펴보면 양자는 분명히 차이가 있음을 알 수 있다.

우선 대통령의 임기와 선출 방법, 대통령의 권한이 달랐다. 또 박정희는 긴급조치를 9호까지 선포했지만, 전두환은 비상사태를 선언하지 못했다. 박정희는 통일주체국민회의라는 주권적 수임기관을 이용했지만, 전두환은 그런 것이 없었다. 국회의원 선출 방식도 달랐다.

1979년 5·30 전당대회 이후 김영삼과 야당에게 자행한 행태를 볼 때, 박정희가 과연 2·12 총선과 그 이후의 사태, 나아가서 6월항쟁을 묵인했을지 의문이다. 박정희는 걸핏하면 계엄령과 위수령으로 군을 출동시켰지만, 전두환은 1981년 이후 군을 출동시키기 어려웠다. 민주화운동에는 언론의 보도태도가 중요한데 그 점도 달랐다. 부마항쟁과 광주항쟁 보도는 비슷했지만, 유신 말기의 부마항쟁은 계엄령 이전에도 보도를 하지 못했으나, 전두환 정권 말기에 일어난 6월항쟁에 대해 전두환 정권은 보도통제를 하기가 쉽지 않았다. 정권 안보와 직결된 반공·반북 교육도 박정희 유신정권이 훨씬 강력하게 실시해 전두환 정권은 비교가 안 될 정도였다.

부마항쟁은 반독재 민주화운동으로서 광주항쟁과 6월항쟁으로 이어졌는데, 부산의 경우를 보더라도 2·12 총선을 거쳐 6월항쟁으로 계승되었다. 전두환 정권을 곤경으로 몰고 간 1985년 2·12 총선에서, 김영삼 바람이 작용했지만, 부산은 신민당 후보와 다른 야당 후보를 서울보다 월등히 많이 당선시켰다. 서울에서는 민정당 후보가 13명, 신민당 후보가 14명, 민한당 후보가 1명 당선되었는데, 부산에서는 민정당 후보가 3명만 당선된 반면 신민당 후보는 그 두 배인 6명, 기타 다른 당 후보는 3명 당선되었다.

6월항쟁이 발발하는 데 기폭제 역할을 한 1987년 1월 14일 박종철고문사망사건으로 2월 7일 국민추도회가 열렸을 때, 박종철의 고향인 부산의 시위대 규모가 서울과 함께 가장 컸다. 6월항쟁에서 부산은 항쟁을 확대·진전시키는 데 중요한 역할을 했다. 6월 12일부터 시위가 가열되기 시작해 18일에는 십수만 명 또는 수십만 명의 인파가 중심가를 가득 메웠다.<sup>65</sup> 부산의 기록적인 대시위는 바로 전국에 알려져 6월항쟁을 고조시키는 데 강력한 힘이 되었다.

## 5  맺으며

굴곡은 있지만 6월항쟁 이후 민주주의를 이룰 수 있었던 것은 이승만 정권, 박정희 유신정권, 전두환·신군에 맞서 끊임없이 민주화운동을 전개했기 때문이다. 민주화운동에서 4월혁명, 부마항쟁, 광주항쟁, 6월항쟁은 각별히 소중한 위치에 있다. 그렇지만 부마항쟁의 경우 발발했을 때에도 보도통제로 다른 지방에 잘 알려지지 않았고, 그 이후에도 상대적으로 덜 알려져 있다.

부마항쟁은 박정희 유신체제에서 다른 반유신 시위와 비교가 안 될 정도로 규모가 컸고 폭발적이었으며, 1960년 4월혁명 이후로 잡아 보더라도 최대 규모의 시위였다. 부마항쟁은 그전의 다른 시위와 달리 1979년 10월 16일부터 20일 새벽까지 규모가 큰 시위가 여러 날에 걸쳐 격렬히 계속되었다는 점에서도 의의가 있다. 비슷한 지역에서 여러 날에 걸쳐 시위가 계속된 것은 1960년 4월 11일부터 13일까지 일어난 제2차 마산항쟁을 제외하면 박정희 유신체제가 붕괴될 때까지 없었으며, 그 이후에 광주항쟁과 6월항쟁이 있을 뿐이다.

부산과 마산에서의 항쟁은 학생들이 선도했지만, 낮보다 더 큰 규모로 전개된 야간 투쟁은 일반 대중들이 적극 가담한 민중항쟁의 성격을 띠고 있었다. 회사원 등 중간층 시민들도 참여했지만, 영세상인, 중소기업이나 영세기업 노동자, 식당·접객업소·상점의 종업원, 반룸펜층, 부랑자, 실업자 등 박정희 유신체제에서 사회적으로 몹시 소외당했던 층이 많았다. 4월혁명 이후 시위는 학생들의 전유물이다시피 했는데, 1979년 10월 부산과 마산시위는 그렇지 않았다. 이 점에서도 부마항쟁은 광주항쟁·6월항쟁과 함께 중요한 의미를 갖는다.

부마항쟁은 유신 말기에 학생뿐만 아니라 일반 대중들의 유신체제에 대한 반감이나 비판의식이 얼마나 드높았는가를 극명히 보여준다. 부산과 마산에서 아무도 예상치 못한 규모로 시민과 학생들이 일체가 되어 처음부터 끝까지 유신철폐, 독재타도를 외친 것은 박정희가 신민당수인 김영삼의 의원직을 박탈한 것이 직접적인 계기가 되었지만, 전반적으로는 유신체제에 대한 반감이 작용하였다. 그와 함께 빈부격차, 경제 악화, 세금 가중, 투기붐, 퇴폐 향락 풍조, 비리·부조리가 저임금 노동자, 소외계층의 심한 반발을 초래한 것이 기본 동인이었다. 민간인 참여층은 빈부격차를 심화시킨 박정희의 경제정책에 크게 반발했다. 또한 마산은 4월혁명의 발상지였고, 부산 운동권도 4월혁명에 대한 자부심을 갖고 있었는데, 박정희의 유신쿠데타 이후 반유신 시위투쟁을 벌이지 못해 자괴감을 가지고 있던 것도 부마항쟁을 격화시킨 배경이었다.

유신 말기에 박정희는 차지철과 함께 정치적으로 어떤 짓을 저지를지 알 수 없는 상태에 빠져 있었고, 폭주(暴走)를 거듭하였다. 이 시기에는 경제적으로도 박정희식 경제발전이 한계에 부딪치면서 난맥상과 무능을 보여주었고, 사회가 극도로 균열 현상을 노정해 언제 어디에서 대형사건이 폭발할지 알 수 없는 위험에 가득찬 사회였다. 이러한 상황에서 부마항쟁이 일어나 유신체제에 심대한 타격을 입혔으며, 김재규 10·26거사의 직접적 동기가 되었다. 6월항쟁 없는 6·29선언을 생각하기 어려운 것과 비슷하게 부마항쟁 없는 10·26거사는 생각하기 어렵다. 김재규는 부산에 내려가 부마사태를 보고받고 자신이 우려하던 사태가 왔다고 직감했다. 그가 박정희에게 보고했을 때 박정희와 차지철이 보인 반응은 그로 하여금 결국 유신의 심장을 쏘는 길밖에 없다는 결심을 하게 했다.

부마항쟁으로 인한 10·26거사는 대규모 유혈참극을 방지하는 데 기여했다. 유신 말기의 정치적 폭주와 독재, 장기집권, 경제 악화, 빈부격차 등으로 박정희 유신정권에 대한 반발은 전국적인 현상이었고, 사태의 악화에 따라서 서울, 광주 등 다른 지역에서 제2의 학생·민중 항쟁이 일어날 가능성이 다분히 있었다. 그런데 박정희는 이승만이나 전두환·신군부보다 훨씬 막강한 권력을 가졌고, 박정희와 차지철은 유신체제를 보위하기 위해서는 어떠한 유혈참극이라도 불사하겠다는 강고한 의지를 갖고 있었다. 독재자일수록 자제력을 가지고 냉혹하게 현실을 파악해야 할 터인데, 유신 말기 박정희와 차지철은 정신 면에서나 판단력에서 심각한 문제를 안고 있었다.

부마항쟁으로 인한 10·26거사는 민주화에 대한 기대를 품게 했고, 그것은 살얼음판 비슷한 희망이었지만 서울의 봄으로 상징되었다. 학생운동도 노동운동도 활기가 있었다. 전두환·신군부의 5·17쿠데타로 민주화의 기대는 무참히 깨졌지만, 그것은 1985년 2·12 총선에 부분적으로 표출되었고, 6월항쟁으로 진전하였다.

부마항쟁, 광주항쟁, 6월항쟁은 연속성이 강했다. 박정희 유신정권의 차별정책, 그리고 1971년 대선에서 국민의 기대를 모았던 김대중의 정치적 생명, 나아가 자연인으로서의 생명까지 위협한 박해에 대해 분노가 컸을 뿐 아니라, 10·26거사 이후 민주화와 김대중에 대한 기대가 유달리 컸기 때문에 전두환·신군부가 5·17쿠데타를 일으켜 다시금 특정 지역을 업고 유신체제를 부활시키려 하자 광주에서는 거센 항쟁을 전개했다. 부마항쟁에서 "유신철폐", "독재타도"를 외쳤다면, 광주항쟁에서는 "유신 잔당 타도", "유신 잔당 전두환 물러가라"가 주된 구호였다. 유신체제와 같은 독재권력을 용납하지 않겠다는 점에서 양자는 일치했고, 그것은 광주항쟁 이후 민주화운동으로, 그리고 6월항쟁으로 계승되었다.

## 6장
## 주

1 부산민주운동사편찬위원회 편, 『부산민주운동사』, 부산광역시, 1998, 429쪽.
2 같은 책, 409쪽.
3 『말』 제12호, 1987. 8, 7쪽.
4 부산민주항쟁기념사업회자료편찬위원회(부산)·부마민주항쟁십주년기념사업회학술분과 편, 『부마민주항쟁10주년기념자료집』, 부마민주항쟁기념사업회(부산)·부마민주항쟁십주년기념사업회, 1989, 35쪽(이하 『부마민주항쟁10주년기념자료집』으로 표기).
5 같은 책, 71쪽.
6 같은 책, 141쪽.
7 이은진, 『1979년 마산의 부마민주항쟁』, 민주화운동기념사업회, 2008, 99쪽 참조.
8 부산민주운동사편찬위원회 편, 앞의 책, 391쪽.
9 김하기, 『부마민주항쟁』, 민주화운동기념사업회, 2004, 73쪽.
10 『부마민주항쟁10주년기념자료집』, 31쪽.
11 같은 책, 34쪽.
12 같은 책, 32~33쪽.
13 같은 책, 31~34쪽.
14 『한국일보』 1978. 12. 14.
15 12·12 총선에서 기타 야당의 득표율은 7.4%였는데, 그것은 거의 통일당 표였다. 무소속은 1973년 선거보다 거의 10%나 높은 28.1%의 득표율을 보였는데(손호철, 「1979년 부마항쟁의 재조명」, 『해방 60년의 한국정치』, 이매진, 2006, 189쪽), 그것이 얼마나 야당 표에 가까운지 명확하지 않아 이 글에서는 야당 표로 넣지 않았다.
16 『동아일보』 1978. 12. 14.
17 『동아일보』 1978. 12. 14.
18 조갑제, 『有故!』 1, 한길사, 1987, 53쪽.
19 같은 책, 69쪽.
20 한국기독교사회문제연구원 편, 『한국의 사회정의지표』, 민중사, 1986, 3쪽.
21 『동아일보』 1978. 12. 14.
22 한국기독교사회문제연구원 편, 앞의 책, 18쪽.
23 통계청, 『통계로 본 한국의 변화』, 2004, 125쪽.
24 『부마민주항쟁10주년기념자료집』, 209쪽.
25 박병윤, 「중화학공업계의 내막」, 『신동아』 1980년 5월호, 200쪽.
26 김의균, 「중화학투자조정의 내막」, 『신동아』 1980년 12월호, 253~255쪽.
27 『부마민주항쟁10주년기념자료집』, 233쪽.
28 한국기독교사회문제연구원 편, 앞의 책, 39쪽.
29 마산수출자유지역의 평균임금이 다른 수출공단의 평균임금보다 훨씬 낮다는 점에 대해서는 이은진, 앞의 책, 79쪽 참조.
30 『한겨레신문』 1988. 10. 16(『부마민주항쟁10주년기념자료집』, 90~91쪽).

31 정인권, 이진욱, 김종철, 이선관, 이학룡 등의 증언 참조(『부마민주항쟁10주년기념자료집』, 160~ 165, 186, 209, 214, 216쪽). 마산지역 경제의 열악함에 대해서는 차성환, 「참여 노동자를 통해서 본 부마항쟁 성격의 재조명」, 부산대 정치외교학과 박사학위논문, 2009, 101~103, 120쪽 참조.
32 부산은 1970년에 187만여 명이던 인구가 1975년에 245만여 명이 되었고, 1980년에는 315만여 명이 되었다(동아일보사, 『동아연감』, 1985, 559쪽). 5년마다 30% 정도 증가한 것인데, 이것은 같은 시기 전국 인구 증가율은 말할 나위 없고, 서울의 증가보다도 높았다. 마산 인구는 1971년에 19만여 명이었는데, 1976년에 33만여 명으로 증가했고, 1980년에는 38만여 명이 되었다(이은진, 앞의 책, 58~59쪽). 수출공단이 생긴 이후 인구가 급격히 증가하는 것을 볼 수 있다.
33 경남대에서 몇시부터 시위가 시작되었는지, 그때 모인 학생 수가 몇 명이었는지는 참가자 증언이 다르다. 이 글에서는 이은진 교수 주장에 따랐다(이은진, 앞의 책, 133~151쪽).
34 이때 정인권은 "지금 부산에서는 유신독재에 항거하여 피를 흘리고 있다. 3·15 영령에 부끄럽지 않게 행동하자"라고 연설했다고 「10·18마산민중항쟁의 전개과정」에는 쓰여 있으나(『부마민주항쟁10주년기념자료집』, 279쪽), 정인권의 증언에는 이 말이 나오지 않는다(『부마민주항쟁10주년기념자료집』, 170~171쪽).
35 옥일성, 「나는 부산의 민중의거를 증언한다」, 조화영 편, 『4월혁명투쟁사』, 4월민주혁명추모회, 1960, 220~234쪽.
36 중앙선거관리위원회, 『대한민국선거사』 1, 1973, 997쪽. 득표의 경우 1971년 선거까지는 이 책에 의거했다.
37 서중석, 『조봉암과 1950년대』 상, 역사비평사, 1999, 150~156쪽 참조.
38 서중석, 『이승만과 제1공화국』, 역사비평사, 2007, 171~172쪽 참조.
39 『부마민주항쟁10주년기념자료집』, 71쪽.
40 같은 책, 77쪽.
41 같은 책, 95쪽.
42 같은 책, 266쪽.
43 부산민주운동사편찬위원회 편, 앞의 책, 409~417쪽. 「부마민주항쟁의 전개과정」, 『부마민주항쟁10주년기념자료집』, 274쪽에는 18일 야간시위에 3만~5만 명이 참여했다고 쓰여 있다.
44 『부마민주항쟁10주년기념자료집』, 211~212, 285쪽 등 참조.
45 부산민주운동사편찬위원회 편, 앞의 책, 416~417쪽.
46 조갑제, 앞의 책 2, 11쪽.
47 부산민주운동사편찬위원회 편, 앞의 책, 425~426쪽.
48 서중석, 「일제시기 사회주의자들의 민족관과 계급관」, 『한국근현대의 민족문제연구』, 지식산업사, 1989.
49 『부마민주항쟁10주년기념자료집』, 44쪽.
50 부산민주운동사편찬위원회 편, 앞의 책, 424~425쪽.
51 조갑제, 앞의 책 2, 24, 39~40쪽.
52 김대곤, 앞의 책, 104쪽.
53 같은 책, 215쪽.
54 조갑제, 앞의 책 2, 77~78쪽.
55 김대곤, 앞의 책, 258쪽. 이와 함께 이 책 216쪽 참조.
56 같은 책, 219쪽.
57 조갑제, 앞의 책 2, 120쪽.

58 같은 책 1, 162쪽, 같은 책, 2, 43, 48~50, 79쪽.
59 김재홍, 『군』 2, 동아일보사, 1994, 195~216쪽.
60 조갑제, 앞의 책 1, 24~27쪽.
61 같은 책, 61~64쪽; 부산민주운동사편찬위원회 편, 앞의 책, 422쪽.
62 『부마민주항쟁10주년기념자료집』, 290쪽.
63 서중석, 「4월혁명 직후 민주화 이행」, 민주화운동기념사업회 연구소 편, 『한국민주화운동사』 1, 돌베개, 2009, 209~213쪽. 이 글은 이 책의 5장 「4월혁명 이후 새나라 건설 방향과 혁명입법」으로 수록되었음.
64 김영곤, 『한국노동사와 미래』 2, 선인, 2005, 221~227쪽.
65 부산민주운동사편찬위원회 편, 앞의 책, 548쪽에는 서면에 30만 명 이상의 인파가 운집해 있었다고 기술되어 있고(548쪽), 고호석의 「부산의 6월항쟁」, 『6월항쟁을 기록하다』, 6월민주항쟁계승사업회·민주화운동기념사업회, 2007에는 중심가에 30만 인파가 있었다고 기술되어 있고(47쪽), 그 당시 나온 『말』에는 "서면 로타리 일대에 10만 명, 그 이후 부전시장에서 부산역까지의 도로에 추정 불가능한 인파(국민운동본부 40만 명, 신문사 8만 명)가 몰렸다"고 기술되어 있으며(『말』 제12호, 1987. 8, 13쪽), 한국기독교사회문제연구원, 『6월민주화대투쟁』 1987년 7월호의 경우 개관에 30만 명으로 (64쪽), 일지에 4시 30분에 서면로타리에 6만여 시위군중 운집 등등으로(144쪽) 기술되어 있다.

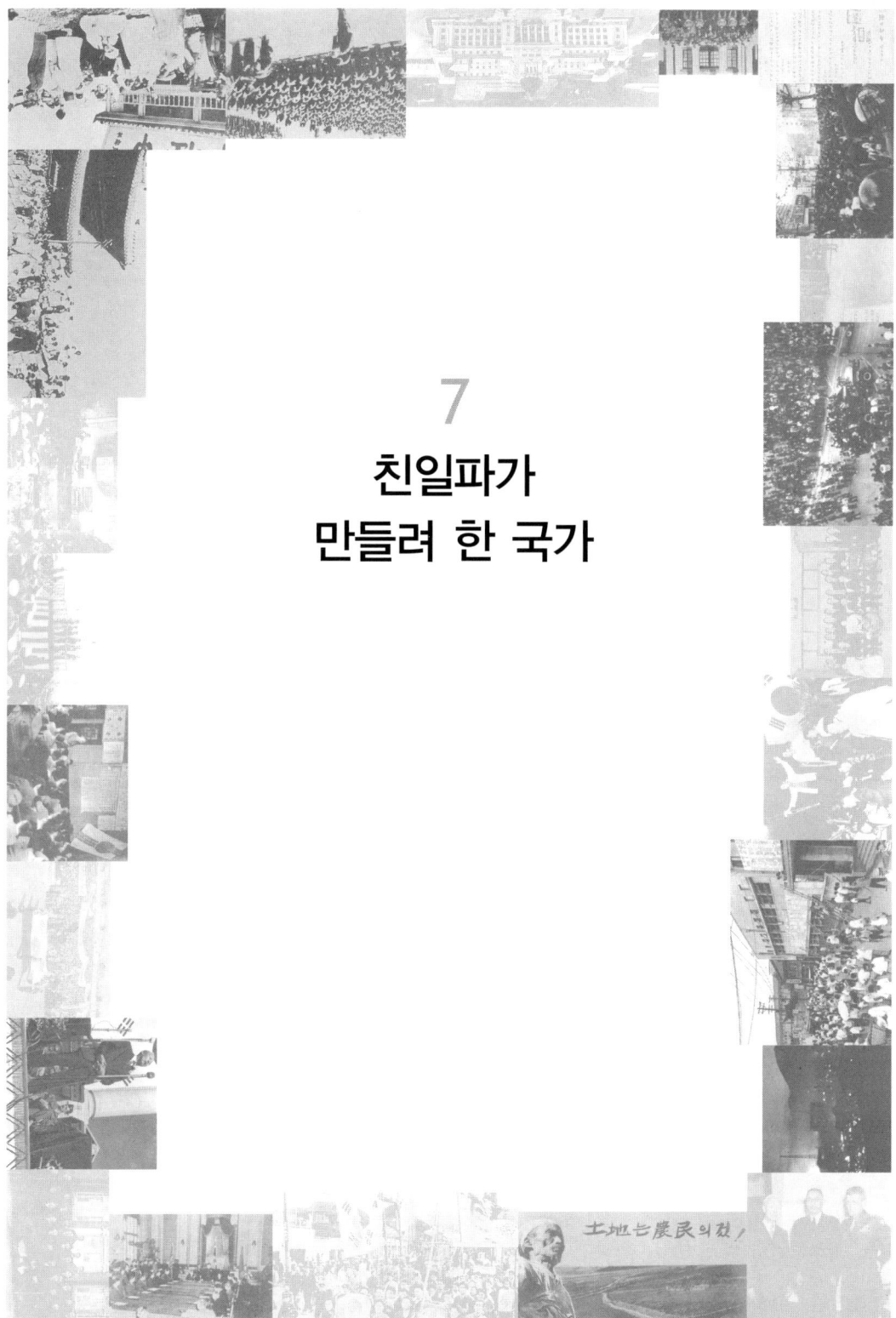

# 7
# 친일파가
# 만들려 한 국가

## 1    왜 친일행위 청산이 중요한가

한국은 친일행위 또는 친일파를 청산할 수 있는 기회를 두 차례 가졌다. 첫번째로 해방을 맞아, 두번째로는 1987년 6월항쟁 이후 찾아왔다. 전자를 제1기, 후자를 제2기라고 부를 수 있겠다.

해방은 정치적·사회적·경제적·문화적으로 혁명과도 같은 변화를 야기했다. 그 가운데 친일파 청산은 토지개혁과 함께 민족의 2대 과제로 꼽혔다. 토지개혁은 다행히도 불완전하게나마 이루어져 산업혁명의 밑거름이 되었다. 그렇지만 친일파 청산은 실패로 돌아갔다. 미군정이 친일파를 보호하고 육성했을 뿐만 아니라 이승만이 적극 비호했고, 해방된 지 얼마 안 돼 생존 본능이 뛰어난 친일파들이 사회 각계에서 암약하였으며, 반공국가가 출현하면서 강고한 세력으로 굳어졌기 때문이었다.

친일행위 또는 친일파 청산은 이승만정권이 붕괴된 1960년 4월혁명 직후 잠시 거론되었으나, 허정과도정부건 장면정부건 친일세력이 강했기 때문에 거의 논란조차 되지 못했다. 박정희 유신체제가 무너진 1979년 10·26정변 직후에도 반민주행위 등 과거사 문제가 제기되는 듯했으나, '서울의 봄'은 워낙 살얼음판 형국이어서 친일행위 청산은 전혀 거론되지 못했다. 친일행위 청산 요구는 1987년 민주항쟁 이후인 1990년대에 들어와 다시 제기되었다. 반민특위가 와해된 지 40년이 지나서였다. 일제강점하 반민족행위 진상규명에 관한 특별법이 공포된 것은 반세기가 훨씬 지난 21세기에 들어와서였다. 제2기 친일행위청산운동의 경우 제1기와 달리 친일파 처단은 제기될 수 없게 되었고, 친일행위 진상규명에 초점이 맞추어졌다. 제2기 친일행위청산운동은 한국과 일본의 과거사청산운동과 맞물려 전개되었다는 점이 중요하다.

첫번째 시기에 친일파 청산 문제가 어떻게 제기되었고, 미군정과 이승만, 친일세력에 의해 그것이 어떻게 좌절되었는가는 최근까지 꾸준히 연구되어왔다.[1] 2절에서는 이 절의 전체 주제와 관련해 왜 친일파 청산이 실패로 돌아갔는가에 초점을 맞춰 고찰했다. 친일파 청산이 물거품이 된 이후 정계와 관료사회, 군·경찰, 사회·문화·교육 부문, 경제계에서 친일파가 중견적 역할을 하고 그와 함께 '지도자' 위치에 서게 되었는데, 3절에서는 친일파가 만들려 한 국가에 초점을 맞추었다. 친일파가 득세함으로써 자유민주주의가 어떻게 형해화되고 유린당하는가를 중심으로 친일파들이 현대사에 끼친 영향을 고찰하고, 그와 함께 한일협정과 가치관 문제를 살펴보았다. 4절에서는 극우반공체제가 붕괴되고 민주화가 사회 각 부문에 확산되면서 제2기 친일행위청산운동이 전개되는 과정을 살펴봤다. 마지막 절 '친일행위 등 과거사 청산의 전망'에서는 친일행위청산운동을 포함한 과거사청산운동이 어떠한 국내외세력에 의해 방해받고 있는가를 제1기 친일행위청산운동을 무산시킨 세력 및 박정희정권 시기 일본 '친한파'를 염두에 두면서 고찰했다. 그와 함께 과거사 청산을 어렵게 하거나 반대로 그 전망을 밝게 하는 상황을 검토했다.

필자는 여러 곳에서 친일파 청산 문제는 그들의 매국·배족(背族)적 행위, 반민족행위 때문에만 징치해야 하는 것이 아니고, 그들의 상당수가 일제 군국주의 파시즘을 찬양했거나 일제 군국주의자들의 침략전쟁과 만행에 협력한 자들이기 때문에 징치하지 않으면 안 된다고 주장한 바 있다.[2] 사르트르는 1945년 8월에 쓴 「협력자란 무엇인가」라는 글에서 친독 협력자의 이념적 지표를 국수주의, 반공주의, 반유대주의, 반의회주의, 군국주의적 독재체제 옹호주의로 요약한 바 있다.[3] 일제 군국주의 파시스트나 군국주의 침략전쟁 협력자들은 반유대주의를 제외하면 사르트르가 규정한 프랑스의 나치협력자와 같을뿐더러 게다가 일제의 황국신민화운동에 협력해 한국인의 민족의식을 말살하는 비인간적·반민족적 행위에 가담했다. 그들은 일제강점기에 히틀러의 나치즘이나 무솔리니의 파시즘과 같이 문명사회에서는 받아들일 수 없는 반문명적이고 비인간적인 행위를 옹호하고 자행했을 뿐만 아니라, 해방 후 이승만과 박정희 통치기에 극우반공주의가 유일사상으로 이 나라를 지배하고, 부패한 반공독재가 장기간 지속하는 데 중추적 역할을 했다.

　극우세력은 오늘도 민주주의와 평화를 위협하고 있다. 이 때문에 친일행위 청산은 국내외의 다른 과거사 청산과 마찬가지로 한국의 민주주의와 자유, 인간의 존엄성을 위해, 한반도의 평화와 아시아의 평화를 위해 소중하다. 그것은 결코 반성하기 위해 과거의 역사를 되돌아보자는 것만이 아니고, 어떠한 국가, 어떠한 사회를 건설할 것인가에 직결된 절실한 오늘의 문제다. 해방 50년, 정부수립 50년에 잘못된 과거사는 반성하고 새로운 미래를 열어야 했는데, 일부 극우 언론은 이승만 살리기와 박정희 키우기에 열을 올렸다. 그런데 이와 비슷한 현상이 이웃나라에서도 일어났다. 고이즈미 일본 수상은 외국에서 왜 야스쿠니 신사 참배를 반대하는지 모르겠다며 국가 영웅을 추모하는 것은 당연하다는 반응을 보였다.[4] 연합국에 의해 처단된 전범을 영웅으로 떠받든 것이다. 극우 언론이건 고이즈미건 이들은 민주주의와 평화가 위협받던 과거의 어두운 시기와 연결되어 있는 위험한 방향으로 사회를 끌고 가려는 것이 아닐까.

## 2 친일파 청산을 좌절케 한 요인

**미군정·이승만**

친일파 청산이 좌절된 직접적 요인은 미군정과 이승만이 그것을 반대하고 친일파를 비호하고 등용했기 때문이었다.

미국은 한국을 해방시키는 데 중요한 역할을 했지만, 친일파란 '악의 씨'를 보호하고 육성함으로써 형언할 수 없는 해독을 끼쳤다. 1945년 9월 상륙한 미 점령군에게 한국인들은 적으로, 재한 일본인들은 친구로 비쳤다. 그들은 파시스트 침략 국가인 일본은 간접통치했지만 한국은 직접통치를 했고, 조선총독부 기구는 미군정 기구가 되었다. 정무총감과 도지사 등 총독부 관리들은 한동안 유임되었다가 고문으로 근무했다. 일제에 복무한 한국인 관리들은 유임되었고 곧 승진했다. 특히 해방이 되자 두려워 피신했던 경찰을 다시 불러들인 것은 한국인을 분노케 했다. 해방은 해방이 아니었다. 미국이 한국인의 의사와는 반대로 직접통치와 현상유지 정책을 편 것은 무지했기 때문만은 아니고, 좌익이 너무 강해서도 아니었다. 주한미군사령관 하지와 미군 고위 장교들은 극우 성향이 있었고, 친일파에 대한 한국인의 감정과 한국의 현실을 이해하려 들지 않았다.

미군정은 경찰을 최대한 활용했을 뿐만 아니라 일제시기 도지사 아래 있던 도경찰부를 독립시키는 등 중앙집권화를 한층 강화했다. 이승만정권은 이것을 이어받아 경찰 중심의 억압통치를 폈다. 경찰은 종종 시위와 출판, 문서 배포의 허가권을 부여받았는데, 이 허가권은 좌파에 대해서만 행사되었고, 우파의 경우는 그런 행위를 하더라도 보호받았다.[5] 경찰은 테러

해방 직후 단상에서 연설하는 이승만.

를 일삼는 청년단체와 협력했고 그들을 지원, 두호했다. 미군정이 조직적으로 잘 훈련된 친일 경찰을 중시한 이유는 경찰 책임자 마글린 대령의 다음과 같은 발언에 드러나 있다.

> 그들이 일본인을 위해서 훌륭히 업무를 수행했다면, 우리를 위해서도 그럴 수 있으리라고 생각합니다.[6]

1946년 대구에서 10월항쟁이 발생하자 좌우합작위원회는 하지에게 대책을 강구할 것을 요구해 조미(朝美)공동소요대책위원회가 구성되었던 바, 합작위원회의 김규식, 여운형과 미육군 소장 브라운이 제출한 보고서에서는 항쟁의 주요인으로 친일 경찰에 대한 대중의 광범위한 적대감을 꼽았다. 그리고 대책으로 친일 경찰의 제거, 권한남용과 고문 등 잔학행위의 금지 등을 제시했고, 특히 김규식과 여운형은 조병옥 경무부장과 장택

7장 / 친일파가 만들려 한 국가  353

상 수도경찰청장을 퇴진시킬 것을 요구했다.[7] 그러나 하지는 묵살했다.

남조선과도입법의원에서 미군정과 극우세력의 반대를 무릅쓰고 1947년 7월 '민족반역자 부일협력자 간상배에 대한 특별법'이 통과되자 미군정은 이것을 공포할 것을 거부했다. 이에 김규식 입법의원의장 등이 입법의원 해산도 불사하겠다고 강경한 태도로 나오자 미군정 측은 재고하겠다고 했지만, 끝내 이 법은 공포되지 않았다. 미국은 제헌국회에서 친일파를 처단하려는 것에 대해서도 곱지 않은 시선으로 지켜봤다.

미군의 상륙과 함께 경찰을 포함해 각종 미군정 기구에는 친일파가 그대로 자리잡았지만, 해방되었을 때 처음에는 정계나 사회·문화계, 경제계에서 친일파는 조심스럽게 행동했다. 그렇지만 하지의 '정당은 오라' 정책, 그리고 10월 16일 귀국한 이승만이 민족통일 기관을 만든다면서 하지의 '정당은 오라' 정책과 비슷하게 모든 정당 사회단체를 동등히 대우하겠다고 표명한 것은, 정당 및 유사단체가 일약 100개에 이를 정도로 정당 난립 사태를 초래했고, 친일파 등 불순분자와 기회주의자들이 도량할 무대를 제공했다.[8] 그동안 머리를 들지 못했던 친일파들이 온갖 가면을 쓰고 정치 무대의 배후에 스며들었다.

미군정은 일제강점기 행적으로 대중적 기반을 갖지 못해 열세에서 벗어나지 못하는 우익을 강화하기 위해 미국무부의 우려에도 불구하고 도쿄의 맥아더 사령관을 통해 이승만을 귀국시켰다. 이승만은 미군정의 각별한 배려를 받으며 정국의 주도권을 쥐기 위해 좌우 민족통일 기관으로 독립촉성중앙협의회를 결성코자 했다. 그렇지만 당시 『조선일보』도 주장한 바와 같이 민족대단결을 이룩하려면 민족통일전선의 암이 되어 있는 친일파 같은 민족반역자를 배제해야만 했다.[9] 그럼에도 불구하고 이승만은 친일파를 비호하던 한민당에 과도하게 기울어 독촉중협 전형위원을 대부분 한민당 인사로 지명해 여운형이 참여를 거부했고, 공산당도 집요하게 친일파와 민족반역자 제외를 주장하다가 격렬한 비난성명을 내고 이승만과 결별했다.

　1945년 12월부터 터진 경제보국회 사건은 거액의 정치자금을 움켜쥐려는 이승만 및 미군정 지지를 받는 우익 정치인 그리고 이들과 결탁해 친일행위 면죄부를 받으려 한 친일파, 양자의 검은 유착관계를 선명히 부각시키는 계기가 되었다. 12월 3일 이승만이 선별해 초청한 자들이 이승만 참석하에 회의를 열고 보국기금실행위원회를 조직했는데, 곧 명칭을 대한경제보국회로 바꾸었다. 친일파인 민규식, 전용순, 조준호, 박기효 등이 실권을 장악하고 있었던 이 단체는 미군정의 불법적 특혜 조치로 2,000만 원이라는 거액을 대부받아 이승만한테 1,000만 원을 건넸다.[10]

　이승만은 정부수립 이전에 이미 친일파 청산을 반대했을 뿐만 아니라, 친일파가 입법의원 의원 등 고위 공직에 취임하는 것을 적극 지지했다. 1946년 10월 입법의원 의원 선거가 실시되어 서울에서 장덕수와 김성수가 당선되는 등 친일행위자들이 당선되자 부정선거 문제와 함께 논란이 일어났고, 김규식 등 좌우합작위원회에서는 이 선거에 강하게 이의를 제기하여 재선거를 요구했다. 그러나 이승만은 입법의원 의원 선거가 정식으로 되었으니 우리 민족이 다 축하해야 한다고 역설하고, "친일파 문제는 우리 환경이 해결될 수 없으니 미리 제출되는 것은 민심만 혹란(惑亂)하게 한다"고 말하며 '극렬'(강조는 필자의 것) 친일 분자라도 기회를 주어야 한다고 주장했다.[11] 친일파 청산을 완강히 반대하는 데에서 한 걸음 더 나아가 친일파 의원 당선자가 포함된 입법의원 의원 선거를 우리 민족이 다 축하해야 한다고 말하고 있는 것이다.

　이승만이 1946년 6월 3일 정읍에서 단독정부를 수립해야 한다고 말했을 때 한민당을 제외하고는 우익과 좌익의 거의 모든 정치세력이 반대했는데, 이승만·한민당·친일파는 통일정부 수립 반대에 이해관계를 같이 했다. 이승만은 통일정부가 들어설 경우 자신이 정부수반이 될 수 없다는 것을 잘 알고 있었고, 친일파들은 통일정부가 들어서면 자신들이 처단될 것이라는 점을 잘 알고 있었다.

이승만은 분단정부 수립을 일찍부터 공공연히 주장했을 뿐만 아니라 친일 경찰도 공공연히 옹호했다. 장택상은, 이승만이 경찰회의가 있을 때마다 반드시 회의에 참석한 경찰 간부 전원을 초대해 만찬을 같이하고 노고를 치하했다고 진술했다.[12] 또한 이승만과 경찰, 테러단체는 일종의 3각 협력관계를 형성하고 있었다. 이승만의 심복이었던 서북청년회 간부 문봉제는 이승만이 서청의 활동을 고무했다고 기술했다. 그는 굳이 경찰을 헨더슨이 말한 '공포와 무법'의 서청 행동의 배후라고 한다면, 이승만은 정신적인 배후였다고 평가했다.[13]

**친일파와 반공주의**

미국과 이승만이 친일파 처단을 반대한 이유 중 하나가 반공인데, 친일파들은 반공을 내세워 자신들에 대한 처단을 무력화시켰다. 친일파의 반공주의는 그 이후 반공주의와 성격을 같이하고, 그것은 극우반공주의라고 부를 만한 것이었다.

친일파의 반공주의는 일제강점기로 거슬러 올라간다. 특히 일제 말에 친일파들은 황국신민화운동에 가담해 한국인의 민족의식 말살 운동에 앞장섰고, 군국주의 파시즘과 침략전쟁을 찬양하면서 징용·징병·학병을 권장했으며, 출정 장병이 사명을 다하도록 군수물자 동원 등 정신과 물질 양방면에서 총후보국(銃後報國)을 굳건히 해내자고 호소했던바, 일제 군국주의 파시즘은 바로 반공주의와 직결되어 있었다. 일제 군국주의 파시스트들은 개인주의, 자유주의, 공산주의 박멸을 약속했는데, 그중에서 공산주의가 제일 큰 적이었다. 그들은 이승만처럼 세계를 방공국가와 용공국가로 나누면서 도쿄-베를린-로마를 주축으로 공산주의 격멸의 거화를 들고 인류 구제의 대도를 맥진하고 있다고 설명했다.[14] 일제는 1939년에 공산주의사상을 박멸하고 일본 정신을 앙양하기 위해 조선방공협회를 설립하고 그 아래에 지부 등을 두었다. 지역 혹은 공장이나 직장마다 방공단이 조직되었고, 교화단체와 종교단체에 방공부를 두었으며, 경찰 주재소 중심으로 수없이 많은 시국간담회가 개최되었다.[15] 친일파들은 이러한 방공운동에 저마다 일역을 맡았다. 일제 군국주의 파시즘의 방공주의는 해방 후 극우반공주의에 기본적인 자양분이 되었다.

해방 직후부터 친일파들이 반공운동을 벌인 것은 아니었다. 공산주의자들은 일제에 맞서 지하투쟁을 벌였기 때문에 그들을 비난하기는 결코 용이하지 않았다. 계기는 그해 12월에 왔다. 반탁투쟁은 정체불명의 워싱턴모 통신사가 '보낸' 뉴스가 12월 27일자 『동아일보』 등에 보도되면서 시작되었다. 1945년 12월에 열린 모스크바 삼상회의에서 미국이 1942~1943년경부터 구상하고 계획했던 신탁통치안을 내놓았고 소련은 조속히 임시정부를 수립하자고 했는데, 얼토당토않게 소련이 신탁통치를 주장하고 미국이 즉시 독립을 주장한다는 소식이 대문짝만하게 선정적으로 보도되었다. 반탁투쟁은 즉각 반소반공운동으로 나타났고, 그것은 우익의 중경 임시정부 추대운동과 결합되었다. 친일파들은 반탁투쟁에 적극 가담했다. 중경 임시정부 내무부가 미군정 경무부 및 수도경찰청을 접수하려고 하자, 재빨리 여기에 호응한 서울의 10개 경찰서장은 미군정으로부터 파면당했다.[16] 기회주의적 친일파는 반소반공의 반탁투쟁에 적극 가담함으로써, 그때까지 친일파이자 민족반역자인 자신을 처단해야 한다고 주장한 공산당을 매국노, 민족반역자로 몰아세웠고 자신들을 애국자로 둔갑시켰지만, 반탁운동의 기본 정신을 훼손시켰고 역사의식이나 가치관을 전도시켰다.

　친일파 등 극우의 반탁투쟁은 제1차 미소공동위원회 활동을 방해했고, 미소공위가 휴회되자 그들은 단정수립 운동을 벌였다. 이처럼 극우의 반탁투쟁이 분단정부 수립을 지향하는 것이 분명해지자, 김구와 함께 반탁투쟁을 이끌었던 안재홍은 우익의 열세 때문에 친일파 처단을 반대하던 입장에서 돌아서서 친일파 처리가 한 번은 있어야 한다고 피력하면서, 대거 등용된 군정청 내의 친일파 문제가 10월항쟁의 한 요인이었다고 지적했다. 안재홍은 친일파는 민족의 증오와 불신을 받고 있는 민족패류(悖類)라고 비난했다.[17]

　입법의원과 제헌국회에서 친일파 처단이 구체화하자 친일파는 반공을 내세우며 반대운동을 벌였다. 입법의원에서 친일파·민족반역자 특별법이 논의되자 이남규 의원은 이완용이 부득이하여 도장을 찍었다고 주장해 입법의원이 일대 소란에 빠졌다. 또 한민당 중진 서상일 의원은 "원래 드골정부는 반역정부였습니다"라고 말해[18] 나치 침략으로부터 프랑스를 구하고 친독 나치협력자를 철저히 처단한 드골정부를 반역정부로 몰아세웠다. 경찰도 노골적으로 반대운동을 벌였다.[19] 1947년 4월 20일자 『민중신문』은 친일파 숙청은 공산당의 간계에 넘어가는 것이라고 주장했다.[20]

　제헌국회에서 반민족행위처벌법안이 심의되자 친일파들은 국회 본회의장과 서울시내에 협박장을 뿌렸다. 협박장에는 "1. 대통령은 민족의 신성이다. 절대 순응하라. 1. 민족 처단을 주장하는 놈은 공산당의 주구이다" 등의 문구가 쓰여 있었다.[21] 일제강점기에 애국지사를 다수 투옥하고 죽였으며, 조선총독부 경무국, 헌병사령부의 끄나풀이었던 이종형 등은 반민법이 통과된 다음 날인 9월 23일 반공구국총궐기대회를 열어 반민법을 비난했다. 대회장에서는 이승만 대통령 축사가 낭독되었고, 이범석 국무총리와 임영신 상공장관 등이 참석했다. 이 대회 직후 친일파 처단을 무력화하려는 친일파의 반공주의보다 훨씬 더 위험한 주장을 이승만 대통령은 서슴없이 했다. 그는 국회에서 조헌영 의원이 9월 23일 대회를 힐난하자 "친일파에 대해서 제일 말 많이 한 것이 공산당"이라며, 지금 친일파 타도를 얘기하여 공산당과 합의해서 나간다면 그 결과를 아느냐고 협박했다.[22] 친일파 숙청을 얘기하는 것은 공산당과 합의해서 일하자는 것이라는, 흑백논리나 중상모략으로도 설명하기 어려운 이승만 특유의 견강부회였다. 이종형은 반민족행위자 공판에서도 반공주의의 신성함에 대해 열변을 토했다. 그는 재판정에서 공산당을 토벌했다고 재판하는 이 법정에서는 재판을 못 받겠다고 소리치며 "대한민국에서는 반공주의자를 처단할 수 없다"고 주장했다.[23]

주지하다시피 친일파 청산이 실패로 돌아간 직접적 계기는 1949년 6월의 반민특위사건이다. 이 사건은 제헌국회에서 친일파 청산, 토지개혁 등을 주도했던 소장파 의원에 대한 공격과 직결되어 발생했다. 정부는 1949년 5월 소장파 이문원 등 세 의원 체포를 공표했고, 이에 국회에서는 세 의원 석방동의안이 제출되었으나, 가 88표, 부 95표로 이 동의안은 부결되었다. 그러자 5월 31일 파고다공원에서는 친일파들이 중심이 되어 88명 의원을 적색분자로 규탄하는 민중대회가 열렸고, 이에 분격한 국회는 국무총리 이하 전 각료의 인책 퇴진을 요구했다. 그것에 아랑곳하지 않고 민중대회 주최자들은 6월 3일 반민특위를 습격해 "반민특위는 빨갱이의 앞잡이다"라고 외쳤다. 반민특위는 잇단 시위의 배후에 있는 서울시경 사찰과장 최운하 등 친일 경찰을 체포했다. 그러자 기다렸다는 듯이 중부경찰서장이 주도해 6월 6일 반민특위를 습격하는 사건이 발생했고, 다음 날 이 대통령은 자신이 반민특위의 특별경찰대를 해산시키라고 경찰에 명령했다고 밝혔다.

지금까지 친일파가 친일파 청산 반대 논리로 반공을 내세웠고 끝내는 반민특위를 무력화시킨 과정을 살펴봤다. 이 대통령은 친일파 청산 주장은 공산당과 손잡자는 주장이라고 말했는데, 친일파의 반공주의는 이승만 노선에 비판적인 모든 노선·주장을 위험시하고, 심지어 극우반공세력까지도 이승만에 반대하면 용공세력으로 몰았다는 점에서, 또 개인의 사상이나 양심을 존중하지 않고 고문이나 테러를 서슴지 않는다는 점에서 극우반공주의였다. 극우반공주의는 전쟁이 나기 전까지는 굳건하지 못했다. 오히려 친일 경찰이 경원시되거나 손가락질을 받기도 했다. 1950년 5·30 선거가 보여준 대로 애국자는 존경받고 있었다. 극우반공주의는 한국전쟁을 통해 강고히 뿌리를 내렸다. 다른 요인도 작용했지만, 특히 제주4·3사건에서부터 일어난 군·경에 의한 대규모 주민 집단학살은 극우반공주의를 뿌리내리게 하는 데 결정적 역할을 했다. 권력은 오로지 두려움의 대상이었고 민중은 숨을 죽였다.[24]

이승만은 경찰이 기술이 있기 때문에 숙청해서는 안 된다고 강조했지만, 친일 경찰은 1980년대까지 물려준 고문기술이나 이 대통령을 위해 정치적 사건에 개입하고 조작해내는 기술을 제외하면, 수사력이나 정보분석 등의 기술은 미흡했다. 이승만은 또 혼란을 막기 위해 경찰이 필요하다고 강조했는데, 1946년 10월항쟁, 제주4·3사건, 여순사건 같은 큰 사건은 친일 경찰의 횡포와 긴밀하게 연결되어 있었다. 친일 경찰의 등용과 횡포가 '혼란'이나 비상사태를 야기했던 것이다. 그들은 미군정시기부터 부정부패에 익숙해 있었다. 친일 경찰 가운데 미군정·이승만정권에 중용되어 악명이 높았던 노덕술·이구범·최운하·박주식 등은 고문 잘하기로 유명했고, 부정 사건으로 취조받거나 구속되었다.[25] 그들은 반공의 이름 아래 민중을 억압하며 고문을 자행했고, 반공이란 보호막 안에서 부정·부패를 저질렀다.

이승만과 친일 경찰의 반공주의는 민주주의, 민족주의와 날카롭게 대립되었다. 그들의 반공주의는 민주주의, 민족주의의 적이었다. 이들의 반공주의가 민주주의와 어떠한 관계에 있는가는 다음 장에서 고찰하겠지만, 이승만이나 그의 추종자들은 민주주의하에서는 결코 권력이나 지위를 유지할 수 없었고, 반대로 민주주의는 그들이 거세되어야 꽃을 피울 수 있었다. 반공주의와 민족주의의 관계에 대해서는 관동군 중좌 출신인 원용덕이 재판장이었던 안두희 사건 재판을 예로 들어보겠다. 이 재판이 열릴 때 재판정 밖에서는 안두희를 '의사'로 치켜세우는 벽보가 붙었고, 변호인은 피고의 행위는 대한민국에서 표창할 일이라고 변론했다. 검찰관이 이를 반박하자 재판장이 검찰관을 제지했다. 안두희는 "국가를 위하여 선생을 죽이는 것이 좋겠다고 나는 단정했다. 만일 이 자리에서 공산당과 한독당이 같은 노선이 아니라는 사람이 있으면 손 들어라"라고 있는 대로 소리를 높여 말했다.[26] 독립운동과 민족주의의 상징인 김구 살해범이 이렇게 당당하게 말할 수 있는 국가가 되었다니!

## 3   친일파가 만들려 한 국가

### 1960년 3·15부정선거와 유신체제

이 대통령과 친일파가 자유민주주의를 어떻게 형해화하고 백색독재를 자행했는가는 여러 각도에서 살펴볼 수 있지만, 여기에서는 자유민주주의의 기간(基幹)인 보통선거가 어떻게 치러졌는가를 통해 고찰하고자 한다. 그것은 이승만 절대권력과 장기집권을 위해 선거 주무부서인 내무부의 친일 경찰이 얼마나 극심한 부정선거를 저질렀는가를 살피는 작업이 될 것이다.

최초로 치러진 1948년 5·10 선거에서는 관권이 개입하기 어려웠다. 부끄러운 일이지만 경찰의 선거 개입은 두번째 선거인 1950년 5·30 선거를 몇 달 앞두고 이 대통령이 한민당 후신인 민국당계로 알려진 김효석을

1960년 3월 부정선거를 은폐하기 위해 투표용지를 불태우는 공무원들.

내무장관에서 해임하고 자신한테 맹종한 승려 출신의 백성욱을 그 자리에 앉힌 데서 시작되었다. 하지만 노골적인 선거 개입은 부산정치파동-발췌개헌을 통해 치러진 최초의 정부통령 직접선거인 1952년 8·5 선거에서부터 나타났다. 이 선거에서 가장 신기한 것은 유권자들이 이름조차 들어본 적이 없는 함태영이 경찰의 지원으로 자유당 부통령 후보인 이범석을 무려 112만여 표차로 누르고 당선되었다는 점이다. 1954년 5·20 선거에서 이승만은 초대 대통령 중임금지 조항 개헌을 지지하는 서약서를 쓴 자에 한해 자유당 공천을 주었을 뿐만 아니라, 4월 7일 일본을 위해 열정적으로 일했어도 탕척(蕩滌)받을 만한 일을 했으면 과거를 불문하고 대우해주겠다는 담화를 발표해[27] 이 선거에 친일파가 대거 등장할 것임을 예고했다. 5·20 선거는 후보자와 경찰서장의 밀착 정도에 따라 당락이 결정되었다고 할 만큼 경찰이 적극 개입했다. 자유당은 압승했고, 이재학·한희석·장경근 등의 친일파가 이기붕과 함께 당권을 장악했다. 1956년 5·15 정부통령 선거는 전시체제에서 벗어나 치러진 최초의 선거로, 1971년 대통령 선거와 더불어 격전의 연속이었다. 인기가 높았던 민주당의 신익희 후보가 사거했는데도 이승만은 504만여 표(유효투표의 55%)밖에 얻지 못했고, 서울에서는 신익희 추모 표보다 적게 나왔다. 심한 투개표 부정만 없었더라면 조봉암과 얼마나 차이가 났을지 도무지 알 수 없는 선거였다. 아첨꾼들이 '민족의 태양', '국부'라고 불렀던 이승만은 격분해서 내무장관에 일제강점기 경찰서장이었던 이익흥을, 치안국장에 역시 일본군 출신으로 거창 학살 사건에 연루되어 감옥에 갔던 김종원을 임명했다. 아니나 다를까 곧이어 치러진 지방자치 선거는 입후보조차 할 수 없는 경우가 많았다. 한 신문은 이 선거에 대해 "생각될 수 있는 온갖 방법이 천하의 이목을 조금도 꺼려함이 없이 공공연히 대담하게 자행"되었다고 썼다.[28] 9월에는 장면 부통령 저격 사건이 발생했는데, 이 사건 배후는 경찰이었다. 이익흥, 김종원이 이 사건으로 재판을 받았다.

    1960년에 치러질 정부통령 선거에 대해 이승만과 자유당은 1956년의 전철을 밟지 않기 위해 전력투구했다. 이 대통령은 1959년 3월에 선거 주무장관인 내무장관에 최인규를 임명했다. 그는 수단방법을 가리지 않고 목표를 달성하는 인물로서, 정부통령 선거에서 '최후에 써먹을 총알'로 얘기되고 있었다. 이승만은 6월에 자유당 정부통령 후보를 확정해 조기 선거에 나섰고, 5월에 치르던 선거를—야당 후보인 조병옥 병세와 연관되겠지만—앞당기도록 해 선거일이 1960년 3월 15일로 공표되었다. 민주당 대통령 후보 조병옥이 2월 15일 사거함으로써 이승만은 단독 대통령 후보가 되었다. 이승만은 1960년 2월 후보 등록 마감일에 정부통령이 같은 정당에서 당선되지 않으면 응종(應從)치 않겠다고 발언했다. 그것은 국민에 대한 협박이었을 뿐만 아니라, 최인규 등한테 반드시 자유당 부통령 후보를 당선시키라는 '지시'였다. 최인규는 이성우 내무차관, 이강학 치안국장과 함께 부정선거를 독려했고, 구체적인 방법으로 4할 사전투표, 3인조 9인조 공개투표, 민주당 참관인 매수와 축출 등을 지시했다. 3월 15일 투표가 끝나기도 전인 오후 4시 30분에 민주당은 이 선거가 불법이자 무효라고 선언했다. 개표에서 여당 표가 너무 많이 나오자 자유당의 지시에 따라 최인규는 감표를 명령했다. 그래도 부통령 선거에서 자유당의 이기붕은 유효투표의 79%에 해당하는 833만여 표를 획득했다는데, 현직 부통령인 민주당의 장면은 겨우 184만여 표를 얻었다.

도저히 있을 수 없는 부정선거가 치러진 것이다. 하지만 당시 자유당 간부와 정부의 인적 구성을 보면 자연스러운 일이기도 했다. 자유당은 일제강점기 중추원 참의가 운영하던 국일관 지배인이었던 이기붕이 이승만 다음의 제2인자였고, 그 아래에서 친일파인 이재학·한희석·임철호·장경근이 세를 떨치고 있었다. 국무위원 11명 중(외무장관 공석) 일제강점기에 6명이 군수 등을 지낸 친일파였고, 2명이 일제 금융계에 근무했고, 2명은 의료계에 있었다. 최인규는 보험회사 과장이었는데, 그 보험회사는 그가 자서전에서 쓴 바대로 유명한 친일파 한상용이 사장이었다.[29] 차관인 정무위원 12명 중에 8명이 친일파였고, 1명이 만주척식회사 과장, 1명이 관공서 관련 잡지사 사장으로, 모두 10명이 친일행위와 관련이 있었다. 내무부 치안국을 보면 치안국장 이강학은 일본군 소좌였고, 2명의 경무관 중 1명은 일본군 군조(곽영주), 1명은 일제 순사부장이었으며, 10명의 서울시와 각 도의 경찰국장 중 경남토목건설사무소 회계주임이었던 1명을 제외하면 9명 모두 일제 경찰과 군 출신이었다.[30] 이들 친일파는 자신들한테 권력을 주면 누구에게라도 맹종할 수 있었다. 그렇지만 4·19가 발발하자('피의 화요일') 이들은 보신에 급급해 어쩔 줄 몰라 했고, 4월 26일('승리의 화요일') 격렬한 시위에 믿었던 군마저 중립을 지키자 이승만은 대통령직에서 물러나지 않을 수 없었다. 친일파로 권력을 다졌던 85세의 이승만은 결국 하와이로 망명하고 말았다.

　박정희도 이승만처럼 절대권력을 추구했고, 영구집권을 꾀했다. 이승만은 중임제한 철폐 개헌인 4사5입개헌을 5·20 선거를 거쳐 집권 6년 만에 했는데, 박정희는 1967년 6·8 망국적 부정선거를 거쳐 3선개헌을 집권 8년 만에 했다. 더 나아가 박정희는 민주주의 선거로는 집권할 수 없다고 판단되자 아예 유신쿠데타를 일으켰다. 바로 이 점이 이승만과 박정희가 다른 점이다. 이승만은 자유민주주의를 형해화했지만, 외형상으로는 선거를 통해 영구집권을 꾀했다. 그렇지만 쿠데타로 헌정을 짓밟은 박정희는 쿠데타로 유신정권을 세웠다.

　유신체제는 통일주체국민회의 대의원이 대통령을 선출하도록 했고(체육관대통령), 통일주체국민회의에서 국회의원 3분의 1을 선출(실제는 대통령이 임명)하게 하는 등 허수아비 기구인 통일주체국민회의를 '주권적 수임기관'으로 하여 현저히 국민의 주권을 제약했다는 점에서 자유민주주의를 유린했다. 박정희는 대통령한테 모든 권력을 집중시키고, 3권분립을 무력화했다는 점에서도 자유민주주의를 유린했다. 뿐만 아니라 중앙정보부를 중심으로 국민을 물샐틈없이 감시했으며, 향토예비군과 민방위 등을 설치하고 학원 교련 등을 실시해 국가를 병영화했다. 또 고문으로 제일교포간첩단사건 등 공안사건을 자주 일으켰고, 정치범 또는 사상범을 강제전향시키고자 했으며, 출소한 그들을 일제 말의 조선사상범보호관찰령과 유사한 사회안전법으로 다시 묶었다. 이러한 강권 국가-총통제 국가도 긴급조치 없이는 유지될 수가 없었다. 긴급조치하에서 언론의 자유 등 국민의 기본권은 극도로 위축되었다.

　이러한 유신체제를 만들고 수호한 고위 관리는 거의 다 친일파 또는 친일행위와 관련 있는 자였다. 유신 수호의 첨병인 유정회의 초대 회장인 백두진은 일제의 국책은행인 조선은행 간부였다. 그는 국무총리를 거쳐 국회의장직에 있을 때 유신쿠데타를 맞았고, 그 이후 유정회 회장직을 맡다가 유신 말기에는 야당의 반대로 파동을 일으키며 다시 국회의장이 되었다. 제2대 회장인 태완선은 역시 조선총독부 국책은행인 식산은행 등에서 근무했다. 제3대로 유신 말기 회장인 최영희는 일제가 패망하던 해에 일본육군공병학교를 졸업하여 공병 소위로 임관했다. 유신체제에서 6년이나 국회의장을 맡은 정일권은 만주 봉천군관학교와 일본 육사를 수석으로 졸업했다. 이어서 신경(新京, 장춘)에 있는 만주군 총사령부 고급부관실에서 근무했으며, 한국인으로는 유일하게 만주군 육군대학에 화려한 견장을 달고 백마를 타고 출근해 후배 군인들한테 선망의 대상이었다. 그는 박 정권 초기에 6년 7개월이나 국무총리를 지냈다. 1978년 12월까지 10년 이상 대법원장을 지낸 민복기는 친일파 거두 민병석의 아들로 조선총독부 판사였다. 유신 말기에 대법원장이 된 이영섭은 해방되던 해에 경성지법 판사였다. 이처럼 유신체제는 박정희를 포함해 3부의 장과 유정회장이 단 한 사람의 예외도 없이 모두 친일파이거나 친일행위와 관계가 있었다.[31] 우연일까?

　　유신체제라는 괴물은 박정희가 아니었으면 출현하지 않았을 것이다. 유신체제는 박정희에게만 맞는 한국형 파시즘이었다. 박정희는 어떤 친일 군인보다도 자신이 일본 군인이었다는 점에 자긍심을 가지고 있었다. 박정희는 보통학교 훈도(訓導)로 만주국 군관학교를 지원하여 탈락하자 일본인으로서 수치스럽지 않게 일사봉공(一死奉公)의 정신으로 견마(犬馬)의 충성을 다하겠다는 편지를 쓰는 등 갖은 애를 써서 육군군관학교(신경新京 군관학교)에 입학했다. 오카모토 이노부(岡本實·박정희의 창씨 명)는 만주 신경군관학교에서 우등생으로 일본 천황과 만주국 황제를 위해 충성을 다하겠다는 졸업생 답사를 읽었다. 그러고는 일본 육사에 들어가 육사 교장으로부터 특등 일본인이라는 치하를 받았다(당시 일본 명은 다카키 마사오). 그 뒤 관동군과 만주국 군대 장교로 활동했다. 박정희가 비명에 갔을 때 한 일본인은 일본제국 최후의 군인이 죽었다고 말했는데, 그의 정서는 일제 패망 전 '황국 군인'의 군국주의에 뿌리를 두고 있었다.[32] 유신쿠데타는 특히 일본제국 소장파 군인들의 쿠데타와 맥이 닿아 있었다. 박정희가 5·16쿠데타를 일으키기 전, 부산에서 여러 번 그와 술자리를 같이 한 언론인이자 소설가인 이병주는 박정희한테서 일본에 대한 남다른 친연성을 인상 깊게 느꼈다. 그는 박정희가 1932년 5월 15일 청년 장교들이 만주침략에 이견을 보인 일본 수상을 사살한 5·15사건과 1936년 2월 26일 황도파 청년 장교들이 쿠데타를 일으켜 내·대신 등 고위 관리를 죽이고 국가 개조를 요구한 2·26사건을 일으킨 천황절대주의와 국수주의 신봉자 장교한테 심취해 있는 것을 여러 차례 목도했다.[33] 사실 유신체제에는 일제 말의 군국주의 파시즘을 생각나게 하는 것들이 적지 않다. 유신체제하의 병영국가도 그러하고, 사회안전법, 반상회, 학도호국단 부활, 영화관에서 영화 시작하기 전에 애국가가 울려퍼지는 것에 맞춰 기립해야 했던 것, 걷다가도 저녁 6시(동절기에는 5시)면 사이렌 소리에 맞춰 그 자리에 서서 차렷자세로 국기에 대해 경의를 표해야 했던 것 등이 모두 그러하다. 5·16쿠데타 초기에 있었던 재건체조·재건복·국민가요·재건 국민운동도 그러하지만, 유신정권의 장발 자르기, 미니스커트 단속하기, '불순'가요 금지, 영화 필름 싹둑싹둑 자르기 등에서도 비슷한 냄새가 난다.

### 한일협정과 '친한파'

근래 과거사 청산 문제가 부각되면서 한일협정의 문제점이 다방면에서 제기되었다. 잘못된 한일협정에 준해서 일본이 북일협정을 맺으려 한다는 비판도 많다. 한일협정이 졸속 체결되었다는 비판은 어제 오늘의 일이 아니다. 이승만정권에서의 한일회담은 말할 나위도 없고, 지일(知日)정부에 친일정부라는 평을 받았던 장면정권에서의 한일회담에 대해서도 다른 문제와는 달리 반대시위가 없었다. 하지만 박 정권의 경우 이 문제로 1964년에는 계엄령을 선포했고, 한일협정이 체결된 1965년에는 위수령을 발동해야 할 만큼 거센 반대시위가 전개되었다. 이 시위에는 학생과 야당뿐만이 아니고, 학계·언론계·종교계 인사와 군인 등이 두루 참가했다.

유독 박 정권의 한일회담 및 한일협정에 반대가 치열했던 것은 이유가 있었다. 다른 사안과는 다르기 때문에 한일 국교 정상화는 특히 국민적 합의가 존중되어야 하는데, 정당성이 없는 군사정권이 일본 측에 "군정 기간 동안 교섭을 마무리해야지 민정이양이 되면 시끄럽다"고 훈수까지 하며 밀실에서 흑막외교로 졸속 처리하려 했기 때문이다. 1962년 김종필·오히라회담에서 오히라 일본 외상이 '독립축하금', '경제원조' 명목으로 무상원조 3억 달러 등을 제공한다고 했을 때에도 김종필은 반대하지 않았고, 독도 문제를 제3국에 맡기자는 제의까지 했다. 심지어 한국 측은 독도를 파괴하자는 제안도 했다.[34] 이러한 태도는 그후에도 변함이 없었고 결국 한일협정이 맺어졌다. 이렇게 한일회담이 이루어지고 협정이 맺어진 까닭은 친일파 청산이 무산된 것이 주된 요인이었다.

기본조약을 포함한 한일협정은 배상 문제와 직결된 을사조약 등 일제강점기 이전 조약의 무효를 모호하게 처리했다. 최근에 공개된 한일회담 문서 어디를 보아도 일본이 강제연행 등에 대해 배상·보상하겠다는 말은 없다. 또한 청구권협정을 읽어봐도 일본이 배상·보상한다는 말은 어느 곳에서도 나오지 않고, 다만 '무상'(강조는 필자의 것) 3억 달러 장기저리 차관 2억 달러를 제공하며, 그 돈은 일본과 협의해서 경제발전에 써야 한다고 적혀 있다. 따라서 일본은 청구권협정에서 독립축하금 등으로 무상

유상의 '원조'를 한 것일 뿐이고, 강제연행 등에 대해 배상·보상을 하지 않았다는 것은 명백하다. 그럼에도 청구권협정에 청구권 문제가 최종적으로 해결되었다고 명기하여, 일본은 강제연행 등에 대한 배상·보상은 물론 한일협정 체결 이후 등장한 일본군 성노예에 대한 배상·보상을 거부하는 근거로 이것을 이용하고 있다. 사죄와 관련해서도 1965년 2월 20일 한·일기본조약이 가조인되었을 때 이동원 외무장관이 "과거의 어느 기간에 양 국민에게 불행한 관계가 존재했다"라고 말하자, 시이나 일본 외상이 이러한 과거 관계가 유감이고 깊이 반성한다고 답변하는 것으로 끝났다. 도대체 '어느 기간'이 무엇이고 '양 국민의 불행한 관계'란 무슨 망발인가. 그러나 이러한 협정과 사죄는 박 정권으로서는 자연스러운 일이었다. 후에 이동원은 "제가 오히려 배상이란 용어를 빼자고 했습니다"라고 말했지만,[35] 그것은 이미 박정희가 1961년 11월 12일 도쿄에서 일본 수상 이케다에게 설명한 그대로였다. 박정희는 1964년 3월 16일에도 과거 한일 간의 불명예스러운 조약들을 언급할 필요가 없다고 말했다. 국가원수로서 있을 수 없는 발언이지만, 황국 군인으로서는 자연스러운 태도가 아닐까? 한일협정 체결 시 한국 측은 대통령 박정희, 국무총리 정일권이었다.

  친일파 청산 등 과거사 청산이 안 됨으로써 한일 양국에서 얼마나 도착된 역사의식을 갖게 되었는가를 단적으로 말해주는 것이 '친한파'와 '반한파'이다. 먼저 한일협정 체결 시 일본 측을 살펴보자. 천황은 침략전쟁의 최고 책임자인 히로히토였다. 수상 사토는 기시 전 수상의 동생으로, 1966년에 1910년 합병조약은 대등한 입장에서 그리고 자유의사에 토대해서 체결되었다고 말했다. 외상 시이나는 만주국에서부터 기시 밑에서 일했는데, 기시가 도조 내각 통산성대신이었을 때 차관이었다. 그는 1963년에 "대만을 경영하고 조선을 합방하고 만주에 오족협화(五族協和)의 이상을 기탁한 것이 일본제국주의라면 그것은 영광의 제국주의이다"라고 토로했다. 소위 친한파의 대표적 인물은 기시였다. 기시는 누구인가. 그는 만주국 산업부 차장, 총무처차장으로 괴뢰만주국의 실권자였고, 도조 내각에서 군수차관과 상공대신을 역임했다. 이처럼 침략전쟁에서 요직을 맡았으므로 패전후 A급 전범으로 구속되었으나, 미국의 정책이 바뀐 덕에 석방되어 1957년에는 수상까지 되었다. 기시와 함께 친한파를 대표하는 야즈기는 만주침략 때부터 군부의 배후로 암약한 '쇼와 최대의 괴물'로, 박 정권 때에는 일본경제권에 한국경제를 아우르는 구상을 했다. 친한파 거물 고다마 역시 A급 전범이었으나 기시와 함께 석방되었다. 이와 같이 친한파는 한국과 중국 침략의 거물들이어서, 또다시 한국 속에 만주국을 건설하려고 하는 것이 아니냐는 의혹을 사기도 했다.[36] 친한파는 또 3선개헌과 유신체제에서 박정희를 돕는 등 박정희 독재에 적극 협력한, 한국민주주의와 인권의 적이었다. 그런데 친한파라니. 이와 달리 1970년대에 한국 언론이 자주 쓴 '반한파'는 일제 패망 전에는 한국의 민족해방운동에 호의적인 계열과 맥이 닿아 있다. 그리고 유신정권 시절에는 김지하필화사건, 김대중납치사건에서 두 김씨를 도왔고 유신체제를 비판하면서 민주화운동을 지원했던 바, 박 정권이 반한파로 몰았던 것을 언론이 그대로 베껴 쓴 것이다. 그 뒤 소위 친한파는 전두환 정권을 지원하면서 일본 역사교과서 왜곡 사건을 일으켰고, 과거사 청산을 거부하면서 대일본제국을 다시 몽상하고 있다. 그 반면 '반한파'는 오늘도 일본의 우경화와 군국주의화를 막기 위해 힘겹게 싸우면서 일본의 과거사 청산을 위해 분주히 활동하고 있다.

### 가치관

역사의식의 도착·혼란은 사회 가치관의 혼란·도착과 표리를 이룬다. 김구와 김규식은 1950년 전쟁이 날 때까지 애국자의 대명사로 알려져 있었다. 그런데 휴전 이후 김구와 김규식을 대표로 하는 합작파·협상파·제3세력 등에 대해 친일파가 대부분이던 서울시경 사찰과에서 펴낸 책자에는 "대한민국을 보이코트하고 있는 반면 협상공존론을 주장하여 민족단결을 분열시키며 (……) 우리의 강토를 크레믈린에 제물로 제공하려고 암약중"이라고 썼다.[37] 중도파 민족주의자들은 1950년대에 극우세력에겐 사갈시(蛇蝎視)되었고, 역적같이 보였다.[38] 이처럼 독립운동자가 핍박받고 감시당했던 것과 대조적으로, 예컨대 3·1절, 광복절에 친일파 경찰서장은 단상 상석에 버티고 앉아 있었고, 역시 친일파인 고위 관리들이 독립선언서나 광복절 기념사를 낭독했다. 학교에서는 일제 말에 황국신민교육을 시켰던 친일파 교장이 조회시간에 훈화하는 것을 흔히 볼 수 있었다. 이러한 사회였기에 '빽'이 있는 자만이 활보할 수 있었고, 비리와 부정부패가 난무하는 가운데 정직과 양심·정의는 무력했고 기를 펼 수 없었다. 그러한 상황에 대해 4월혁명 직후 장준하는 이렇게 말했다.

> 해외에서 독립운동을 하였다는 인사들은 백안시를 당하고 (……) 혁명 선배의 유가족들은 가두에서 문전걸식을 하게 되는 등, 의는 떠나고 불의만이 충천하는 세력으로 이 땅을 뒤덮게 되었다. 누가 다시 애국을 하리오, 누가 다시 의에 살리오, 누가 자기의 몸을 민족의 흥망을 거는 제단에 불사르리오.[39]

역사의식 도착, 가치관 혼란의 주범은 친일파의 반공주의, 곧 극우반공주의였다. 반공이 서슬 퍼런 국시인 세상에서는 진실은 알아서도 안 되고 말해서도 안 되었다. 아는 것이 병이고 모르는 것이 약이었다. 민주주의도 인권도 통일도 민족도 국시 앞에서는 움츠러들었다. 극우반공 이데올로기는 유신체제에서 절정에 달했다. 유신체제를 수호하기 위해 아동교육에서부터 그 당시 대량 보급되기 시작한 TV 및 라디오를 활용해 극렬히 반공 공세를 폈다. 한국전쟁 때 군·경에 의한 대규모 민간인 집단학살에 대해서도 사실과 다르게 주장했다. 특히 반북 이데올로기가 극단적으로 주입되어 이북은 보통사람이 사는 땅이 아니고, 흡혈귀나 이리 떼가 횡행하는 소름 끼치는 지역이 되었다. 인간을 그것도 동족을 최대한 증오하고 적개심을 갖게 하는 비인간적인 교육을 시켰다. 유신체제는 그처럼 병든 사회였다. 1977년 10월 문익환 목사는 감옥에서 "사팔뜨기가 된 우리의 눈이 제대로 돌아/산이 산으로, 내가 내로, 하늘이 하늘로,/나무가 나무로, 새가 새로, 짐승이 짐승으로,/사람이 사람으로 제대로 보이는 어처구니없는 꿈 말이외다"라는 시를 지었지만, 1970년대의 한국사회는 산이 산으로, 나무가 나무로, 사람이 사람으로 보이는 사회가 아니었다.

## 4  6월항쟁 이후 친일행위청산운동

1960년 4월 이승만정권의 붕괴로 과거사 문제가 여러 방면에서 제기되었다. 친일파 문제도 제기되었다. 당시 20여 명의 경무관과 이사관 중 약 7할이, 160여 명의 총경 중 약 4할이, 500여 명의 경감 중 약 3할이 일제에 복무한 자들이었는데,[40] 허정과도정권은 5월 초 단행한 경찰 인사에서 오히려 발포명령자와 사찰경찰을 기용해 악감만 샀다. 공무원과 군 인사도 구태의연했다. 그러자 김창숙, 김병로, 이강, 신숙 등의 원로는 "현 경찰 간부와 모든 공무원의 승진을 중지하고 일정(日政) 잔재의 경찰관은 재등용해서는 안 된다" 등 5개 항의 시국수습책을 제시했다.[41] 원로들의 친일파 등용 반대는 별다른 성과를 거두지 못했다. 그렇지만 3·15부정선거에서 수훈을 세웠고, 민주당이 야당 시절 혹독히 시달림을 받았던 (대공)사찰 요원 등 경찰은 장면정부가 상당히 큰 규모로 숙정을 했다.[42] 4월혁명

당시에 비록 친일파 숙청은 거의 안 되었지만, 김구 암살 등 의혹 사건들과 한국전쟁 전후 시기의 대규모 민간인 집단학살 진상규명 문제는 사회의 이목을 끌었다. 또 여론의 압력으로 헌법을 개정하고 '혁명입법'으로 반민주행위자 공민권제한법, 부정선거관련자 처벌법, 부정축재 특별처리법, 특별재판소 및 특별검찰부 조직법 등 4개 특별법이 제정되었다. 그러나 곧이어 발생한 박정희의 쿠데타로 과거사 청산은 제대로 되지 못했고, 오히려 여러 유족회 간부들이 구속되었으며, 거창 등의 피학살자 합동분묘가 파헤쳐졌다. 뿐만 아니라 통일운동을 펼치고 사회개혁과 민족자주를 주장했던 혁신계 인사와 청년·학생들이 대거 검거되어 '특수범죄처벌에 관한 특별법'으로 처단되었다. 독립운동을 했던 애국자, 혁신운동세력이 친일행위자 박정희 등에 의해 '특수범죄'라는 얄궂은 이름으로 장기간 영어의 생활을 하게 되고 정치권에서 추방당한 것이다.

    1987년 6월항쟁은 과거사 문제를 다시 제기할 수 있는 분위기를 조성했다. 친일파 문제의 경우 1966년에 『친일문학론』을 펴낸 이후 친일파 연구에 심혈을 기울여온 임종국의 서거가 직접적인 계기가 되었다. 친일 청산이란 임종국의 유업을 잇고자 연구소 설립이 추진되어 1991년 2월 27일 일제의 한국 강점의 시발점이 되는 강화도조약 체결일에 사무실을 마련했다. 개소식에는 강만길, 리영희, 송건호 등이 자리를 함께했다. 연구소 명칭은 반민족문제연구소(초대 소장 김봉우)였는데, '반민족문제'라는 이름이 붙은 이유는 민족사에서 긍정적인 면보다는 부정적인 면이 너무나 강하다는 인식 아래 친일의식 청산의 투지를 높이기 위해서였다.[43] 반민족문제연구소는 몇 년 후 민족문제연구소로 명칭이 바뀌는데, 이로써 친일파 청산의 주력 단체가 탄생했다. 그런데 임종국이 서거하지 않았더라면 반민족문제연구소는 탄생하지 않았을까? 그렇지는 않았을 것이다. 반민족문제연구소는 임종국이 생존했다면 그를 모시고 출범했을 것이다. 왜냐하면

서울시청 앞 광장을 가득 메운 이한열 열사 추모 인파의 모습.

4월혁명 이후에 과거사 청산 문제가 제기되었듯이, 자유와 민주주의가 쟁취되면 당연히 그것이 문제되지 않을 수 없다. 그것이 역사의 순리이다. 그렇지 않다면 그 역사는 죽은 역사로 볼 수밖에 없다. 반민족문제연구소는 출범하면서 『실록 친일파』, 『한국문학의 민중사』, 『일제침략과 친일마적단』 등 임종국의 저서를 잇달아 펴냈다. 그리고 1992년 개소식 1주년에 맞춰 '식민지배 청산 문제의 민족사적 이해'란 제하에 학술회의를 열었고, 그 다음 해에는 '한국 현대사와 친일파 청산 문제'로 학술회의를 열었다. 반민족문제연구소가 친일파 문제의 심각성을 일반 대중한테 알게 한 데는 1993년에 편집한 『친일파 99인』 1~3과 그 다음 해에 출판한 『청산하지 못한 역사』 1~3이 큰 역할을 했다. 이로써 반민특위가 해산당한 지 40여 년 만에 친일파 청산 문제, 친일행위 진상규명이 사회 문제로 부상했다.

6월항쟁 이후에는 제주4·3사건에서의 주민 집단학살, 보도연맹원 집단학살 등 한국전쟁 전후의 민간인 집단학살에 대한 진상규명운동도 활발히 전개되었다. 일본군 성노예 문제는 국제적으로도 활발히 문제가 제기되고 논의되었다.

친일행위청산운동은 21세기에 들어와 활기를 띠었다. 민족문제연구소에서 『친일인명사전』을 만들려는 계획은 연구소 설립 초기부터 있었지만, 그것이 구체화한 것은 2000년에 들어와서였다. 『친일인명사전』 편찬을 위한 기획위원회가 각계 인사로 구성되었고, 2001년 3월 1일에 재단설립발기인대회가 열렸다. 발기인들은 3억 5,000여만 원의 기금을 모았고, 그것을 토대로 통일시대민족문화재단이 창립되어 산하에 친일인명사전편찬위원회를 두었다. 이 시기에는 박정희기념관 건립이 추진되었는데, 민족문제연구소 등이 맹렬히 반대해 일단 무산시켰다. 2002년 2월 28일 국회 내 '민족정기를 세우는 의원 모임'의 김희선 등 25명의 의원은 692명의 친일인명을 발표하는 것 외에도 방응모·김성수·김활란·모윤숙 등 16명을 친일파로 규정하고 명단을 발표해 사회의 주목을 받았으나, 명단과 관련된 언론사의 격렬한 반발에 부딪혔다. 몇 해 전 그 언론사들이 세무사찰을 받았을 때 보여주었던 반응과 비슷했다. 이들 언론사에는 이성이나 반성, 자기 성찰이 비집고 들어갈 자리가 없어 보였다.44 '민족정기 모임' 의원들은 그해 3월에 친일행위 진상규명 입법을 추진하기 위한 법률추진단을 구성했고, 2003년 8월 14일에는 일제강점하 친일반민족행위 진상규명에 관한 특별법안을 155명이 공동발의했다. 2003년 9월에는 친일행위진상규명 특별법 제정을 촉구하는 범국민추진위원회 구성이 제안되었고, 그리하여 많은 어려움 끝에 2004년 3월 일제강점하 친일반민족행위 진상규명에 관한 특별법이 국회를 통과했다. 그러나 진상규명 범위와 시기 등에서 많은 문제가 제기됨으로써 개정안이 제출돼 다음 해인 2005년 1월에 통과되기에 이르렀다. 2004년에는 일제강점하 강제동원 피해 진상규명 등에 관한 특별법이 통과되었다. 2005년 5월에 통과된 진실과 화해를 위한 과거사정리기본법은 과거사 관련 활동을 총괄하게 되었다. 이해 12월에는 친일반민족 행위자 재산의 국가 귀속에 관한 특별법이 제정되었다. 또 하나의 숙원이 이뤄진 것이다. 친일행위 과거사 청산에서 대단히 중요한 『친일인명사전』을 편찬하는 사업은 순탄치 못했다. 2003년 국회에서 『친일인명사전』 기초 사업 지원 예산을 한나라당이 전액 삭감한 것은 국민적 공분을 불러일으켜 2004년 초에 있었던 네티즌 모금이 단 11일 만에 목표액 5억 원을 넘어서는 놀라운 결과를 낳았다.[45] 이러한 성원에 힘입어 2005년 8월에 『친일인명사전』 수록 예정자 1차 명단이 발표되었다.

### 친일행위 등 과거사 청산의 전망

어째서 21세기에 들어와서야, 그것도 해방 60년이 되는 2005년을 전후해서야 친일반민족행위 진상규명에 관한 특별법 등 과거사 관련 특별법이 제정되고 위원회가 구성되어 진상규명 작업과 명예회복 활동이 이루어지게 되었을까. 무엇보다도 민주화운동세력과 유족, 사건 관계자들이 투쟁해 열매를 획득했다는 점이 중요하다. 민주화운동세력은 박 정권 때부터 반독재투쟁 활동을 해온 경험을 과거사청산운동에 쏟았고, 여기에 유족들과 사건 관계자, 뜻있는 이들이 적극 동참해 제2의 독립운동, 제2의 민주화운동을 전개해 민주주의를 뿌리내리고 한반도와 아시아에 평화가 오도록 투쟁했다. 어둠 속에 묻혔던 현대사의 진실이 6월항쟁 이후 점차 밝혀지고, 인권이 신장되고, 민주주의가 진전된 것은 과거사 청산을 추동해낸 기본적 힘이 되었다. 2004년 총선에 자유주의자들이 역사상 처음으로 다수파가 되고 수구냉전세력이 소수파가 된 것도, 노 정권이 과거사 청산에 열의를 보인 것도 직접적으로 작용했다. 노 정권은 과거사 문제에 직결되어 있는 국정원, 국방부, 경찰청에도 진상규명위원회를 두었다.

동양에서 60년은 한 시대를 보내고 새로운 시대를 맞는 역사적 의미를 띤다. 해방 60년에 과거사의 진상규명과 피해자 명예회복으로 응어리를 풀고 서로 화해하면서 새출발하는 것은 반드시 거쳐야 할 도정(道程)이었다. 근래에 정경유착이 약화되고, 경제계와 정치계의 투명성, 특히 선거 투명성이 높아져 우리 사회가 그만큼 정상화되었다. 친일행위 진상규명 등은 사회 전체의 투명성을 위해 절실히 요구되었고, 이제는 진실에 토대를 둔 역사를 가르칠 수 있게 되었음을 의미한다. 이것은 우리가 해방 60년을 맞아 새출발하는 데 반드시 요구되는 과제였다.

친일행위 진상규명 등 과거사 청산은 인권과 민주주의, 사회 투명성, 한반도와 아시아의 평화를 위해 절실히 필요하다. 사실 너무 늦긴 했지만 21세기에 들어와 특별법이 제정되어 위원회가 활동하는 등 과거사 청산은 해방 이후 처음으로 상당히 큰 성과를 보이고 있다. 그러나 해방 직후와 정부수립 직후에 있었던 극우세력의 방해·반대 책동이 다시 거세게 일어나고 있어 반드시 전망이 밝은 것만은 아니다. 극우세력은 국회의원들이 친일파 명단을 공개하는 것에 대해서도 상식을 초월한 막말로 비방하고 강한 적개심을 드러냈다. 그들은 친일파 청산은 진작에 했어야지 이제 와서 꺼낸다는 것은 혼란을 가중시킨다고 주장한다. 그렇지만 해방 직후 친일파 청산을 전력을 기울여 방해한 세력이 누구인지는 다 알고 있다. 또 그들이 지지했고 안주했던 이승만정권과 박정희정권의 반공독재 아래서 과거사 청산은 언급조차 할 수 없었다는 것을 그들이 가장 잘 알고 있다. 과거사 청산은 민주화운동으로 수구냉전세력이 약화되고 진실을 말할 수 있는 자유가 쟁취됨으로써 가능하게 되었고, 그러다 보니 늦어질 수밖에 없었다. 친일파 후손들은 친일행위진상규명 특별법에 대해 민족정기라는 이름으로 또 다른 사회갈등을 일으킨다고 주장한다. 그렇지만 과거사 청산이 안 됨으로써 극우반공체제에 수십년간 내재되어 있던 사회갈등, 응어리가 이제야 풀리고 있다는 것을 주목해야 한다. 진정한 화해와 갈등의 해소는 과거사 청산에 의해서만 이루어질 수 있다는 것을 제주도의 경우는 단적으로 보여주었다. 친일파나 학살 가해자들은 극소수이고 또 살아 있는 사람들도 많지 않다. 하지만 사회는 투명성을 요구하고, 한 번 맺힌 응어리는 풀리지 않으면 세대를 이어 계속 남는다. 이 역시 과거사 청산과 화해·상생의 관계를 말해준다.

극우세력은 우회적인 방법으로도 과거사청산운동 때리기를 하고 있다. 극우는 단정운동의 중심이자 반공·반북주의의 선봉으로, 김구를 살해한 행위를 대한민국에서 표창해야 한다고 역설했는데, 오늘에 와서는 북에 대한 협력이나 지원을 무턱대고 퍼주는 것이라고 여론을 오도하면서, 친북좌익세력이 400만이라고 숫자까지 제시했다. 그들은 일본의 우익세력과도 결탁해 과거사청산운동을 반대했다. 지식인으로 반공독재에 협력한 바 있는 자유시민연대 공동대표 한승조는 일본『산케이신문』의 자매월간지『정론』에 실린「공산주의·좌파사상에 기인한 친일파 단죄의 어리석음—한일병합을 재평가하자」는 글에서 "일본의 지배는 결과적으로 한국의 발전을 촉진시키는 자극제의 역할을 했다는 것을 인정해야 한다"고 피력했다. 그리고 "종전 후 친일파 숙청에 적극성을 보인 북한 공산주의자의 노선에 추종하는 것이 한국의 '386세대' 및 노무현정권"이라고 설명했다. 그는 "(일본군 위안부가) 그렇게 많은 사례가 아니었는데, 굴욕을 당했다는 노파를 내세워 몇 번이나 보상금을 요구하는 것은 고상한 민족의 행동이 아니다"라고 말해[46] 일본군 성노예 문제를 비하했다. 어디서 많이 듣던 소리가 아닌가. 반세기가 흘렀는데도 극우의 사고방식은 너무나 똑같아 새삼 놀라지 않을 수 없다. 극우세력은 지금은 과거사 청산보다 경제성장을 해야 할 때라며 쉬지 않고 성장제일주의를 역설하여 서민대중이나 장년노년층, 수구세력에 호소하고 있다.

　근현대사의 유산이기도 한 이중적 사고도 친일행위 등 과거사 청산을 어렵게 하고 있다. 많은 한국인이 일본의 역사왜곡에는 분노하지만, 정작 역사교과서의 문제점에 대해서는 외면했다. 친일파와 박정희에 대한 이중 잣대도 문제다. 또 상당수가 친일파의 재산 환수는 찬성하면서도 친일행위 진상규명에 대해서는 애매한 태도를 보이고 있고, 한국의 과거사 청산에는 관심이 없으면서도 일본이 한국과 관련된 과거사 청산을 하지 않는다고 비난한다. 과거사 청산 문제가 이목을 집중시켰던 2005년 한 여론조사에 의하면 일본인은 30%가 한일 간의 배상 문제가 해결됐다고 응답한 반면, 한국인 95%는 해결되지 않았다고 답했다. 과거사 문제 해결을 위해 무엇이 가장 중요한가에 대해서는 한국인의 42%와 중국인의 48%가 일본의 납득할 만한 사죄를 꼽았다.[47] 비슷한 시기에 발표된 다른 여론조사에서도 한국인들은 한일관계에 대해 88.5%가 부정적 반응을 보였고, 일본에 대해 신뢰한다는 응답은 9.2%에 불과했다.[48]

　앞에서 친일파 청산의 좌절로 친일파가 사회 요소요소를 장악함으로써 심각한 가치관 혼란, 나아가서는 가치관 도착 현상이 보인다고 기술했지만, 그러한 가치관 혼란은 21세기에 와서도 엿보인다. 서울시 중고등학생을 대상으로 한 조사에 따르면, 응답자의 28.4%가 뇌물을 써서 문제가 해결된다면 그렇게 할 것이라고 답했다.[49] 공무원의 경우 '우리 사회는 법을 지킬수록 손해인가'라는 질문에 한국의 20~30대 공무원은 43.6%가, 40대 이상은 45%가 그렇다고 응답했는데, 중국의 20~30대 공무원은 2.7%만이 그렇다고 답했다.[50] 공공윤리관에 대한 조사는 과거사 청산이 안 된 일본과 한국이 얼마나 문제가 심각한가를 보여주었다. 사회에 피해가 되더라도 내 직장에 이익이 된다면 적극 협조한다는 문항에 미국인은 3.78%만 긍정적으로 답했는데, 한국인은 71.97%, 일본인은 79.43%나 그렇게 답했다. 또 외국에 불이익을 주더라도 우리나라에 도움을 주는 정책을 지지한다는 문항도 일본인은 64.07%가, 한국인은 27.82%가, 미국인은 12.9%가 긍정적 반응을 보였다.[51] 이러한 실례는 그 사회가 과거사 청산이 얼마나 안 되었는가를 말해주는 지표이지만, 그것을 실현시키려고 할 때 얼마나 큰 장애에 부딪힐까를 예견케 하는 지표이기도 하다. 더 충격적인 조사결과는 이민과 관련해 나왔다. 이 조사에서는 우리나라가 살기 좋은 나라가 아니라는 데 77.8%가 동의했는데, 이민 갈 생각이 있다는 사람이 50.8%였고, 특히 20대는 67.1%가 이민 가고 싶다고 대답했다.[52] 물론 조사에 따라 기복이 있기 때문에 이 조사결과만으로 판단하는 것은 위험하지만, 도대체 국민의 과반수 이상이 이민 가고 싶다는 나라가 어디에 있을까. 이것이 친일파 청산의 좌절, 장기간에 걸친 극우반공독재와 무관할까.[53] 과거사 청산에 더 큰 장애는, (최근 들어 장년노년층이 훨씬 심각하지만) 인권이나 투명성, 민주주의 등 한국사회가 가야 할 길에 대해서 우리 국민이 대단히 냉소적인 태도를 보이고 오로지 경제성장이 필요하다고 주장한다는 점이다. 국회에서 한 여론조사는 민주주의와 경제발전 중 어느 것이 중요하느냐는 질문에 86.4%가 경제발전이라고 응답했고, 민주주의라고 응답한 사람은 겨우 15.3%밖에 안 되었다.[54] 지방자치 선거 결과와 합치되는 여론으로 대단히 위험한 현상이라 아니할 수 없다. 일부에서 파시즘 등장을 경고하는데, 결코 기우만은 아닌 것 같다.

    일본이 과거사 청산에 눈감고 우경화와 군국주의화의 길을 가고 있는 것도 한국의 과거사 청산에 어려움을 던져주고 있다. 일본은 이상한 나라다. 걸프만전쟁 때 전쟁비용으로 130억 달러를 미국에 내놓고, 패전 후 1990년까지 군인유족 은급, 전쟁 희생자 원호비 등으로 40조 원을 넘게 썼는데—이것은 그 뒤로도 계속 지급되었다—동남아시아와 한국 등에 내놓은 배상·보상 및 준보상액은 6,565억 엔밖에 안 된다.[55] 그것도 경제협력 방식이었고 그래서 일본 기업의 해외 진출에 이용되었다. 주지하다시피 독일은 21세기에 들어와서도 강제노역 피해자들한테 보상금을 지급하고 있는데, 한 분석에 따르면 1988년까지 세계 제2의 경제대국 일본이 지불한 배상·보상액은 국민 1인당 부담액으로 환산할 경우 당시 서독의 65분의 1밖에 안 된다.[56] 더욱 이상한 것은 오늘까지 그리고 이후로도 독일은 나치 활동자들을 재판에 회부했고, 회부할 것인데,[57] 많은 일본인들이 전후 도쿄전범재판은 잘못된 것이라고 생각하고 있고, 고이즈미처럼 A급 전범을 영웅시하거나 전두환 정권을 지원했던 나카소네처럼 아예 총리가 "A급 전범이라고 불리는 사람들이 범죄인이라는 생각은 털끝만큼도 없다"고 말하는 바와 같이[58] 전범들을 옹호한다는 것이다. 그것은 무력공격사태대처법 등 '유사3법' 등을 통과시키고 히노마루를 강제로 게양케 하고 기미가요 제창을 강요한 것과 같은 의도에서 나온 언행이다. 고이즈미는 전쟁할 수 있는 국가를 꿈꾸며 육상자위대 제1진을 제2차 세계대전 이후 처음으로 전투지역인 이라크에 파견했다. 그것도 하필이면 일부러 일본이 군국주의 열풍 속에 제국주의국가로 발돋움하는 계기가 되었던 러일전쟁 개시 100주년인 2004년 2월 8일에 맞추어 보냈다. 같은 시기에 『산케이신문』 등 극우 언론은 '강한 일본'이라는 향수를 부추겼고, 많은 남녀 젊은이들이 옛날 일본 군인들을 떠올리며 이라크에 휘날리는 일장기에 자긍심을 느낀다고 보도했다.[59] 이들은 21세기에 군국주의를 부추기며 평화헌법을 고쳐 일본을 전쟁할 수 있는 나라로 만들겠다고 열을 올리고 있다. 고이즈미에 이어 극우사관을 옹호하던 아베가 일본 수상이 되었을 때 언론은 이제 전쟁할 수 있는 나라의 깃발을 들었다고 평했다. 참으로 불길한 일이다.

    일본이 우경화하고 전쟁국가로 치닫는 것은 아시아의 평화를 위협하고 긴장을 고조시킬 뿐만 아니라, 한국의 과거사 청산을 어렵게 한다. 특히 일본의 극우와 한국의 극우가 결탁하는 것을 경계해야 한다. 기시 등 일본의 '친한파'는 유신체제를 붕괴할 때까지 지원했는데, 10·26정변 이후 전두환 등 신군부가 집권해 독재 권력을 휘두르는 것을 다시 지원했다. 일본은 12·12쿠데타 이후 1980년 5월 10일까지 최소한 여섯 차례에 걸쳐 출처가 불분명한 북의 남침설을 전달해 전두환의 권력 강화를 도왔고, 5·17쿠데타를 일으키는 근거로 활용할 수 있게 했다. 광주에서 유혈사태가 벌어지던 5월 20일에는 마에다를 특명전권대신으로 파견했고, 6월과 8월에는 세지마 류조가 비공식 특사로 방문했다.[60] 일본은 미국과 함께 광주 유혈사태의 방조자였다. 나카소네 정권은 전두환 정권을 물심양면으로 지원했다. 오늘날에도 두 나라의 극우는 상당수가 손을 잡고 있다. 일본의 극우 또는 자민당 집권세력은 동아시아에서의 고립을 막기 위해 한국에 박정희-전두환의 맥을 잇는 정권이 나타나기를 몹시 고대하고 있다. 일부 한국의 극우세력은 미국의 부시 정권, 일본의 고이즈미-아베 정권에 각별한 친근감을 갖고 있다. 그들은 한승조 사태가 날까봐 조심하고 있지만, 일본의 역사교과서 왜곡을 왜곡으로 생각하지 않고, 일본의 극우가 군국주의 침략을 미화하며 일본제국의 부활을 꿈꾸는 것은 당연하다고 생각한다. 그들한테는 고이즈미가 미국을 방문해 세계의 다수가 세계평화의 위협 인물로 싫어하는 부시[61] 앞에서 "당신이 필요해요. 당신을 사랑해요"라는 노래를 열창한 것이 조금도 이상해 보이지 않는다.

그렇지만 세계에는 '회개와 화해의 세계화'라고 할 만한 현상이 나타나고 있다.[62] 1990년대 이후 곳곳에서 과거사 청산을 하고 있고, 남아프리카공화국의 예처럼 그러한 청산운동을 국제적으로 지원하고 있다. 일본은 제 손으로 한 명의 전범도 체포하지 않았지만, 독일과 프랑스 등 유럽에서는 나치와 나치협력자 재판을 시한을 두지 않고 하고 있다.[63] 1970년 독일의 브란트 수상이 폴란드 바르샤바의 유대인 위령탑 앞에 무릎을 꿇고 헌화한 이래, 대통령과 총리가 나치가 저지른 행위를 잊지 말라고 독일인에게 계속해서 호소했고, 그것은 유럽통합의 튼튼한 밑거름이 되었다. 일본에 대한 비판도 국제적으로 높아가고 있다. 독일의 슈뢰더 총리가 부헨발트 수용소 해방 60주년을 맞아 "역사를 바꿀 수는 없지만 수치스러운 역사로부터 우리는 많은 것을 배울 수 있다"고 참회한 것을 독일 언론들은 일본의 역사교과서로 인해 파문이 일고 있는 아시아의 분위기와 함께 보도했다.[64] 이스라엘은 홀로코스트 역사박물관 개관식에 일본만은 초청하기를 거부했다. 일본이 원폭 피해를 의도적으로 부각해 마치 가해자가 아닌 피해자인 것처럼 조작하였기 때문이다.[65] 고이즈미의 야스쿠니 신사 참배에 미국과 유럽 지식인들의 비판이 확산되고 있고,[66] 중국은 정상회담을 거부했다. 미하원은 2006년 9월 일본군 군대 위안부 동원 관계 결의안을 제출한 것에 이어 일본의 과거사정책에 관한 청문회를 열었다.

일각에서는 극우세력의 방해 책동으로 경찰이 반민특위를 습격했던 1949년 6월 같은 사태가 오지 않겠느냐고 우려하지만, 그때와 지금은 상황이 매우 다르다. 2005년 해방 60년을 맞아 한국은 민주주의와 경제발전을 동시에 달성한 나라로 평가되었는데, 한국의 민주주의는 한 일본인이 말한 것처럼 일본보다 활력이 있다. 시민운동도 아시아에서 가장 활기찬 나라에 들어간다. 6월항쟁 이후 한국은 여러 면에서 달라졌다. 반동이 오더라도 6월항쟁 이전으로 역사를 돌려놓을 수는 없게 되어 있다. 뿐만 아니라 과거사 관련 시민단체들은 특별법 쟁취라는 성과를 거두었고, 그것이 열매를 맺도록 활동하고 있다. 친일행위 조사나 민간인 집단학살 조사도 상당히 진척되어 있어서 어떠한 상황에서도 그것을 은폐할 수 없을 것이다. 인권도 신장되어, 예컨대 한센병 환자 문제만 하더라도 시민단체가 일제강점기의 피해 조사와 보상을 요구했고, 국가인권위원회에서는 1945년의 집단학살과 노동착취, 강제격리 등 인권침해 사례를 조사했다. 일본 등

이웃나라와의 연대도 강화되고 있다. 2001년 일본 역사교과서 문제가 발생했을 때 일본과 한국의 시민단체는 연대하여 후쇼샤판 역사교과서 채택률을 0.039%에 머물게 했고, 2005년에도 일본 극우의 활동에도 불구하고 0.4%를 넘지 못하게 했다. 한·중·일 세 나라는 여러 형태로 역사 인식을 공유하기 위한 연대활동을 전개하고 있고, 그것은 부분적이지만 성과를 거두고 있다. 세계 민주주의와 평화를 위해 과거사청산운동을 지원하는 것이 중요하다는 인식도 국제적으로 확산되고 있다. 계속 어려움에 부닥치겠지만 2005년의 시점에서 볼 때 친일행위 진상규명 등 과거사청산운동은 일정한 궤도에 올라 있다. 친일반민족행위 진상규명위원회 등 여러 과거사위원회와 민족문제연구소의 『친일인명사전』 편찬에 기대를 거는 이유도 여기에 있다.

# 7장
주

1 반민특위 와해에 이르기까지 해방 후 친일파 청산 과정에 대해서는 다음과 같은 논문과 저서가 있다. 김대상, 「일제하 부일협력자의 처리에 대한 고찰」, 『한일연구』 2, 1973(김대상의 연구는 『창작과비평』 1975년 봄호에 실린 「일제잔재세력의 정화문제」가 널리 읽혔다); 최중희, 「반민특위에 관한 분석적 연구」, 이화여대 석사학위논문, 1976; 오익환, 「반민특위의 활동과 와해」, 『해방전후사의 인식』, 한길사, 1979; 길진현, 『역사에 다시 묻는다』, 삼민사, 1984; 이헌종, 「8·15 이후 친일파 처리 문제에 관한 연구」, 연세대 석사학위논문, 1988; 서중석, 『한국현대민족운동연구』 2, 역사비평사, 1996, 제2장 「정부수립 초기 민족주의와 반공주의의 갈등」 제1절 및 제3장 「초기 극우반공체제의 형성과 5·30선거」 제1절; 허종 「1945~1950년 친일파 처리와 반민특위의 활동」, 경북대 박사학위논문, 2002; 이강수, 『반민특위 연구』, 나남, 2003 등.
2 서중석, 「동아시아국제학술회의 기조연설문: 동아시아 3국 역사부교재 학술회의의 의미」, 『한중일 3국의 역사인식의 공유를 위해』, 일본교과서바로잡기운동본부(아시아평화와 역사교육연대)·역사문제연구소, 2003, 12쪽; 서중석, 「친일청산의 현재적 의미」, 『21세기 한국사회와 친일청산문제』, 심산사상연구회·민족문제연구소, 2004, 37쪽. 이와 함께 윤건차, 「지식인의 '친일의식'을 어떻게 생각하는가? — '친일파'에 대한 고찰을 중심으로」, 『식민지의 일상, 지배와 균열』, 문화과학사, 2006 참조.
3 임헌영, 「식민지지배의 청산을 위한 모색」, 『한국근현대사와 친일파문제』, 아세아문화사, 2000, 66쪽.
4 『동아일보』 2004. 3. 29.
5 헨더슨, 『조선의 정치사회』, 鈴木沙雄 등 역, サイマル出版會, 1973, 150쪽.
6 게인, 『해방과 미군정 1946. 10-11』, 1948, 까치편집부 역, 까치, 1986, 68쪽.
7 심지연, 『대구10월항쟁연구』, 청계연구소, 1991, 자료편 420~423쪽.
8 김종범·김동운, 『해방전후의 조선 진상』, 조선정경연구소, 1945(돌베개출판사 재편집, 1984, 52~53쪽).
9 『조선일보』 1945년 12월 5일자 사설 「임시정부에 제안함」.
10 경제보국회 사건에 대한 상세한 전말은 정병준, 『우남 이승만연구』, 역사비평사, 2005, 580~600쪽 참조.
11 『서울신문』 1946. 11. 12(국사편찬위원회 편, 『자료 대한민국사』 3, 1970, 784쪽).
12 장병혜·장병초 편, 『대한민국 건국과 나』, 창랑 장택상기념사업회, 1992, 122쪽.
13 문봉제, 「서북청년회」 9~11, 『중앙일보』 1973. 1. 4~6.
14 조선총독부 경무국 보안과, 『高等外事月報』 2, 1939. 8, 86쪽.
15 細川嘉六, 『식민사』, 理論社, 1972, 330쪽.
16 조병옥, 『나의 회고록』, 민교사, 1959, 168쪽.
17 『한성일보』 1946. 10. 10.
18 남조선과도입법의원편, 『남조선과도입법의원속기록』 2, 여강출판사, 1984 영인, 436, 361~362쪽.
19 서중석, 『한국현대민족운동연구』, 역사비평사, 1991, 581~582쪽.
20 강정구, 「해방후 친일파 청산 좌절의 원인과 그 민족사적 교훈」, 『한국근현대사와 친일파문제』, 128쪽.
21 『국회속기록』 제1회, 1948. 8. 26. 윤재욱 의원 발언.
22 『국회속기록』 제1회, 1948. 11. 6.

23 김영진 편,『反民者大公判記』, 한풍출판사, 1949, 80~86쪽; 고원섭 편,『반민자죄상기』, 백엽문화사, 1949, 22~30쪽.
24 서중석,『조봉암과 1950년대』하, 역사비평사, 2000, 제4장 피해대중과 극우반공체제 참조.
25 서중석,『한국현대민족운동연구』2, 역사비평사, 1996, 141~142쪽.
26 오소백,「백범 살해범 안두회 공판」,『우리는 이렇게 살아왔다』, 광화문출판사, 1962, 106~113쪽.
27 공보실 편,『대통령이승만박사담화집』2, 1956, 17쪽.
28 『한국일보』, 1956년 8월 10일자. 사설「8·8지방선거가 의미하는 것 — 권력에 짓밟힌 선거의 斷片」.
29 최인규,『최인규옥중자서전』, 중앙일보사, 1984, 43쪽.
30 국회공론사,『행정간부전모』1960에 나와 있는 공무원 이력에 의거했음.
31 중추원 부의장을 역임한 친일파 거두 민병석은 반민족문제연구소에서 엮은『친일파 99인』1에, 박정희, 정일권, 민복기는 반민족문제연구소의『청산하지 못한 역사』1에,백두진은『청산하지 못한 역사』2에 실려 있다. 국무총리의 경우 유신독재 전반기 해당자는 김종필인데, 그는 19세에 해방을 맞았다. 유신독재 후반기 해당자는 최규하인데, 그는『청산하지 못한 역사』1에 실려 있다.
32 이상우,「박정권 대일편향의 내막」,『신동아』1985. 9, 405쪽.
33 이병주,『대통령들의 초상』, 서당, 1991, 94~96쪽.
34 『동아일보』1992. 6. 22~23.
35 좌담,「한일국교정상화 그날과 오늘」,『신동아』1985. 6, 255쪽.
36 이상우, 앞의 글, 408~410쪽.
37 서울특별시 경찰국 사찰과 편,『극비 사찰요람』, 1955, 1쪽.
38 조봉암,「우리의 당면과업」,『조봉암과 진보당』, 한길사, 1991, 492쪽.
39 장준하,「革命尙未成功」,『사상계』1960. 8, 83쪽.
40 『동아일보』1960. 5. 7. 석간.
41 『한국일보』1960. 5. 7.
42 서중석,「한국 야당의 두 얼굴 — 민주당(1955~1961)을 중심으로」,『이승만의 정치이데올로기』, 역사비평사, 2005, 282~283쪽.
43 임헌영,「다시 임종국 선생의 정신으로 돌아가자」,『민족문제연구소창립15주년기념자료집』, 민족문제연구소, 2006, 6쪽.
44 김민철,「친일파 청산 문제를 어떻게 이해할 것인가」,『기억을 둘러싼 투쟁』, 아세아문화사, 2006, 27쪽.
45 조세열,「망각의 역사를 넘어서」,『민족문제연구소창립15주년기념자료집』, 20~24쪽.
46 『동아일보』2005. 3. 5.
47 『동아일보』2005. 4. 27.
48 『한국일보』2005. 6. 10.
49 『동아일보』2002. 1. 3.
50 『동아일보』2004. 3. 18.
51 『동아일보』2001. 6. 20.
52 『동아일보』2001. 4. 12.
53 『동아일보』2001. 4. 12.『고대신문』이 고대생들을 대상으로 한 조사에 따르면, 한국과 미국의 국적 중 어느 국적을 택하겠느냐는 질문에 44.8%가 미국 국적을 선호했다. 이에 대해 고려대학교의 한 교수는 대학생들 상당수가 겉과 속이 다른 생각을 가지고 있는 것으로 분석했다(『조선일보』2003. 10. 7).
54 『한국일보』2005. 12. 7.

55 田中宏,「일본의 전후 책임과 아시아」,『근대일본과 식민지』 8, 岩波書店, 1993, 193~199쪽.
56 『한겨레신문』 1993. 8. 19.
57 2006년 9월에도 83세의 독일 여성이 나치 전력이 밝혀져 미국에서 추방되어 독일에서 재판받을 것으로 보도되었다(『동아일보』 2006. 9. 22).
58 『한겨레신문』 2006. 6. 27.
59 『한겨레신문』 2004. 2. 9.
60 『한국일보』 2000. 5. 18. 관동군 참모로 소련에 11년간 억류되었던 세지마는 조선 여성의 위안부 동원은 불가피했고, 태평양전쟁은 일본의 자존자위(自存自衛) 전쟁이었다고 주장했다(『동아일보』 1995. 9. 23;『한국일보』 1995. 9. 24).
61 영국 BBC가 미국, 한국, 영국, 프랑스, 이스라엘, 요르단 등 11개국 사람들한테 실시한 여론조사에 따르면 57%가 부시한테 비우호적인 것으로 나타났다(『조선일보』 2003. 6. 18).
62 다카하시 데츠야,『일본의 전후책임을 묻는다』, 이규수 역, 역사비평사, 2000, 6쪽.
63 독일은 전후 점령 종료 후에도 나치 전범을 계속 추적해서 10만 건 이상 용의자를 수사했고 6000건 이상을 유죄판결했다(같은 책, 11쪽).
64 『동아일보』 2005. 4. 12.
65 『동아일보』 2005. 3. 18.
66 『한국일보』 2006. 5. 5.

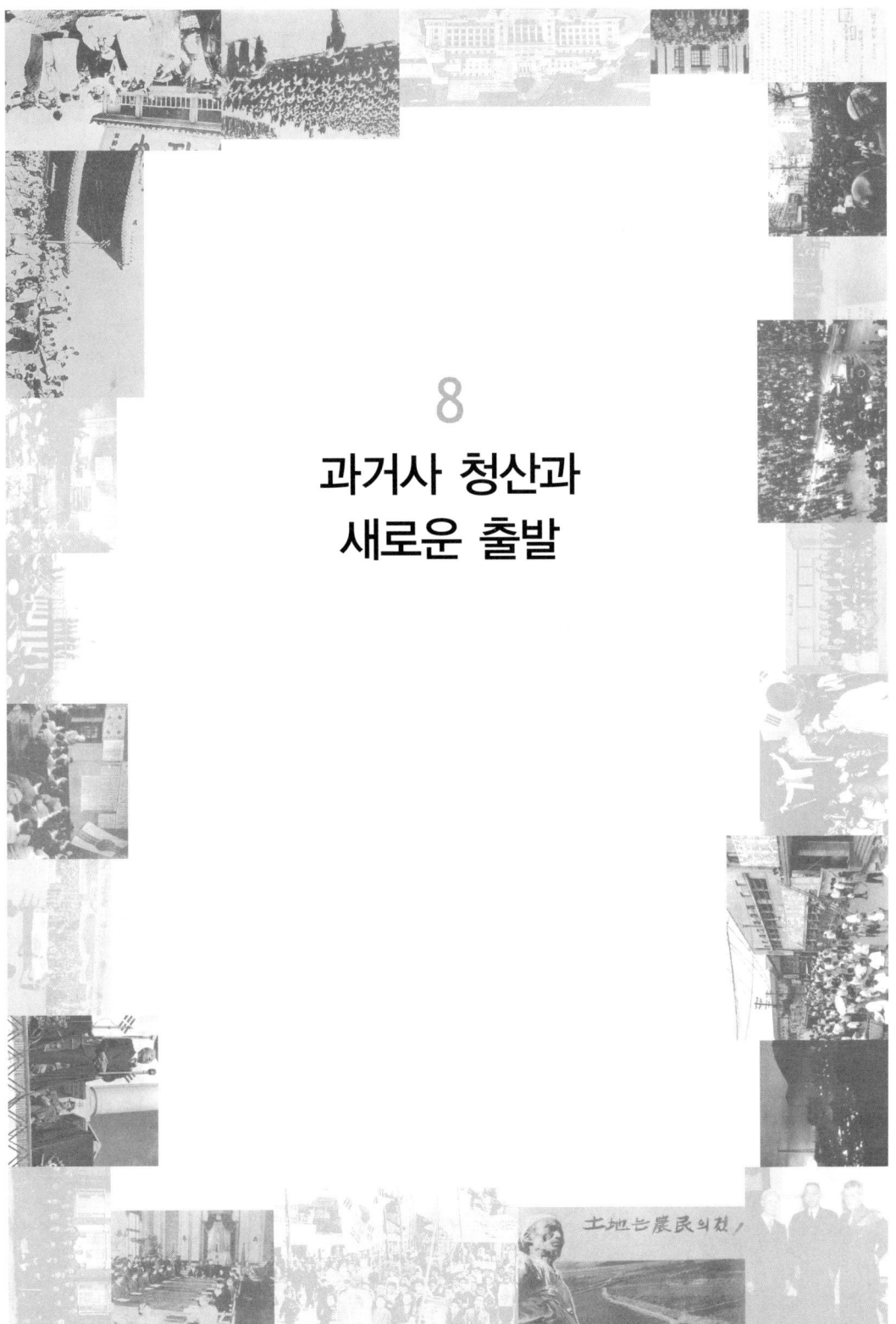

# 8
# 과거사 청산과 새로운 출발

## 1 들어가며

2005년에 해방 60년을 맞으면서 민주화와 경제발전을 함께 이뤄낸, 세계에서 보기 드문 예라는 자부심을 갖기도 했는데, 2006년 하반기부터 대통령 선거에서 야당 후보 당선이 점쳐지면서 지금까지 우리가 해낸 이 정도의 민주주의마저 과연 지킬 수 있을까 하는 우려가 제기되었다. 특히 야당과 일부 언론이 맹렬히 반대했거나 훼손하려 했던 남북관계나 과거사 관련 여러 위원회가 어떻게 될 것인가에 관심이 쏠렸다.

과거사 관련 특별법의 경우 수십년간 극우반공독재의 사슬에서 숨을 죽이다가 1987년 6월항쟁 이후 십수년간에 걸친 투쟁으로 간신히 획득한 것이다. 이는 반세기에 걸쳤던 민중의 응어리를 풀어내 국민적 화해와 화합을 이룩하고, 이제는 진실이 살아 숨 쉬는 정의롭고 투명한 사회를 만들어내, 새로운 역사를 시작하자는 다짐이었다. 그런데 그것이 2007년 대선 결과에 따라 중대한 도전에 직면할 수 있게 되었다.

오늘의 시점에서 과거사 처리 문제를 되돌아보는 데는 다른 이유도 있다. 제주4·3사건위원회 등 몇몇 위원회의 활동이 사실상 끝났거나 거의 끝나가고 있고, 일제강점하 강제동원위원회, 진실·화해를 위한 과거사정리위원회 등의 활동도 기간이 대체로 절반이 지났거나 절반에 이르렀기 때문에 이 시점에서 과거사 문제를 점검해보는 것이 필요하지 않을까 한다.

과거사 처리 문제에는 유골 문제, 배상·보상 문제와 추모하고 기념하는 시설 문제, 해당 자료를 보존·활용하고 역사교과서 등에 반영하는 교육과 기억 문제가 따르지만, 이 글은 주로 진상규명 문제에 초점을 맞추어 기술할 것이다. 먼저 과거사 문제의 역사적 추이를 살펴볼 수 있도록 6월항쟁 이전에 과거사 문제가 어떻게 제기되어 어떠한 상태에 이르렀는가를 4월혁명 이전과 이후로 나누어 간략히 기술하려 한다. 그리고 6월항쟁 이후 과거사 문제가 어떻게 쟁점이 되어 특별법 제정에 이르렀는가를 살펴보고, 특별법 및 특별법에 의해 설치된 위원회의 문제점을 일별할 것이다. 이어 과거사 관련 위원회의 활동을 점검하고, 향후 전망과 과제를 살펴보고자 한다.

## 2  6월항쟁 이전의 과거사 문제

### 4월혁명 이전의 과거사 문제

해방 직후 해방을 해방답게 하는 최대의 과제는 토지개혁과 함께 친일파 청산으로 인식되었다. 새 국가 새 사회를 건설하기 위해서는 경자유전의 경제적 정의와 민족정기를 세우는 것이 필수불가결하다고 인식되었기 때문이다. 따라서 해방 직후부터 전쟁이 나기 전까지 과거사 문제는 주로 친일파 청산을 둘러싸고 제기되었고, 그것은 친일파 청산을 요구하는 민중·정치세력과 미군정·이승만정권과의 싸움으로 나타났다.

미군은 인천에 상륙해 서울에 들어오자 일제 패망과 함께 숨죽여 살거나 도피했던 친일 경찰을 불러들이는 등 친일 경찰·관리들을 미군정에 재

배치하는 현상유지 정책을 씀으로써 한국인과의 갈등이 커졌다. 주한미군 사령관 하지 중장은 여운형·변혁세력에 대항하기 위해 이승만을 미국에서 불러와 지원했다. 이승만이 정국의 헤게모니를 장악하기 위해 조직한 독립촉성중앙협의회는 여운형에 이어 박헌영·조선공산당이 친일파 문제로 이승만과 결별함으로써 보수세력 일색이 되었다. 미군정의 정책과 이승만의 등장으로 친일파가 도량하여 좌와 우의 민족통일전선 형성이 힘들어지고 정국이 혼란에 빠지자, 한 우익 신문까지「임시정부(귀국한 지 며칠 안 된 김구의 대한민국임시정부―필자)에 제안함」이란 사설에서 "현재 민족통일전선의 암이 되고 있는 친일파 민족반역자가 문제이다. 이런 도배를 신성한 우리의 건국에서 배제함으로써 후환을 단절하는 데 어느 누가 찬동치 않을 것인가"라고 썼다.[1]

반탁투쟁은 친일파한테 새로운 활로를 열어주었다. 반탁투쟁에 대거 참가해 '애국자'로 '세탁'한 친일파들은 친일파 배제를 강력히 주장한 조선공산당이 모스크바 삼상회의 결정을 적극 지지하자 그들을 매국노로 비난했다.

제1차 미소공동위원회가 결국 반탁투쟁 문제로 결렬되자 분단을 막기 위해 김규식과 여운형을 중심으로 좌우합작운동이 전개되었을 때 친일파 처리 문제는 중요 쟁점이 되었다. 이 시기에는 안재홍 같은 우파도 친일파 배제를 주장했다. 통일정부 수립을 반대하고 이승만·한민당에 결탁해 단독정부 곧 분단정부를 세우려고 획책했기 때문이었다. 좌우합작위원회는 1946년 10월에 발표한 합작 7원칙에서 친일파·민족반역자를 처리할 조례를 입법기구에서 만들자고 제안했다. 대구 10월항쟁을 수습하기 위해 조직된 조미(朝美)공동소요대책위원회에 참석한 여운형 등은 친일 경찰의 대부 격인 조병옥 경무부장과 장택상 수도경찰청장의 퇴진을 하지 사령관한테 강경히 요구했다.

1946년 12월 출범한 남조선과도입법의원에 참여한 김규식 등 합작파들은 친일파·민족반역자 처단은 민족적 명제라고 주장하고 특별법 제정을 촉구했다. 입법의원에서 특별법안을 심의할 때 한민당 중진 서상일 의원은 나치협력자들을 숙청한 드골정부는 반동정권이자 반역정부였다고 일갈했고, 다른 한 의원은 이완용이 부득이해서 도장을 찍었다고 강변했다. 4개월간의 논란 끝에 특별법이 통과되자 딘 군정장관은 공포를 거부했다.

　1948년 5·10 선거로 구성된 제헌국회는 헌법을 통과시키자마자 바로 친일파 숙청에 나섰다. 정부수립이 공포되기 10일 전인 8월 5일 특별법기초위원회가 설치되어 반민족행위처벌법안이 상정되었다. 친일파들은 "민족처단을 주장하는 놈은 공산당의 주구"라고 외치면서 반민법안 통과를 반대했고, 이승만정권의 공공연한 비호하에 반공구국궐기대회를 열었다. 이로써 친일파 숙청 문제는 친일파·이승만정권의 반공국가주의와 제헌국회·민족주의자의 민족정기·국가 기강 확립의 대결로 나타났다. 반민법 통과에 이어 반민족행위특별조사위원회(반민특위)가 구성되어 친일 경찰을 검거하는 등 활동을 개시하자 경찰은 무력을 동원해 반민특위를 습격했다(반민특위사건).

　이승만정권은 1949년 6월에 극우반공체제를 확립하기 위해 대대적인 공세로 나왔다. 6월 6일 반민특위 습격이 있기 하루 전에 보도연맹이 해당 법률이 없는데도 조직되었다. 6월 20일부터는 친일파 처단에 앞장섰던 핵심 소장파 의원들을 다수 체포해(국회프락치사건) 국회를 무력화했고, 6월 26일에는 민족주의의 상징인 김구가 대낮에 살해되었다. 이러한 상황에서 친일파 숙청은 더 이상 거론될 수 없었다.

　친일파는 해방 직후 혁명적 열기가 드높았던 시기가 아니면 숙청이 어려울 수밖에 없었다. 친일파들은 일제강점기·미군정시기에 보여주었던바대로 생존능력이 탁월해 어디에서나 검은 손을 뻗치며 암약해 권력의 요소요소에 포진했다. 이승만정권의 6월 공세로 반민특위가 무력해지고 전쟁으로 극우반공체제가 뿌리내림에 따라 친일파 문제는 1987년 6월항쟁 이후에야 비로소 다시 거론되었다.

친일파 문제가 아니더라도 여운형암살사건, 김구암살사건 등 과거사 문제는 미군정기와 이승만정권기에 계속 발생했다. 특히 제주4·3사건에서는 군·경의 주민 집단학살로 수만 명이 희생되었고, 여순사건으로도 많은 민간인이 학살당했다. 전쟁은 더욱 큰 학살을 불러일으켰다. 전쟁 발발 직후 보도연맹원과 형무소 재소자들이 집단으로 도처에서 학살당했고, 빨치산에 의한 학살도 적지 않았다. 빨치산 토벌 임무를 맡은 육군 제11사단에 의한 집단학살도 여러 곳에서 발생했다. 그렇지만 집단학살에 대해서 가해자 처벌이나 국가의 사과는커녕 진상규명 요구조차 제기하지 못했다. 사실 시신조차 처리하기 어려운 험악한 세상이었다.

그러나 딱 하나 예외가 있었다. 국민방위군사건과 11사단에 의한 거창 주민 집단학살이 국회에서 크게 논란이 되고 급기야 이시영 부통령의 항의 사임을 불러와 이승만정권으로서는 이 사건을 재수사하지 않을 수 없었다. 그리하여 1951년 12월 거창 주민 집단학살에 대한 대구고등군법회의에서 연대장 오익경은 무기, 대대장 한동석은 10년, 계엄사령부 민사부장 김종원은 3년 징역형을 받았다. 비록 이승만 대통령의 '특별명령'에 의해 김종원이 곧 풀려났고[2] 오익경 등도 얼마 후 석방되었으며, 김종원은 일약 치안국장으로까지 영전했지만, 이 재판은 최근에 제정된 특별법을 포함해 민간인 집단학살 사건에 대해 가해자 책임을 물은 유일무이한 사건이라는 점에서 각별한 역사적 의미가 있다.

**4월혁명 이후의 과거사 처리 문제**

4월혁명 이후 친일파 문제가 전혀 거론되지 않은 것은 아니다. 이승만 정권이 무너지고 허정과도정부가 들어서서 경찰 인사를 할 때 친일행위를 한 고위 간부들 자리바꿈만 하고 관료와 군 인사도 구태의연하게 처리하자, 김창숙·김병로·이강·신숙 등 원로가 "현 경찰 간부와 모든 공무원의 승진을 중지하고 일정(日政) 잔재의 경찰관은 재등용해서는 안 된다" 등의 시국수습책을 제시했다.[3] 그러나 더 이상 논의되지는 않았다. 김구암살사건과 조봉암·진보당사건, 그리고 1952년 8·5 정부통령 선거 때 조봉암 대통령 후보 선거사무차장이었던 김성주 고문치사 사건, 장면 부통령 저격 사건 등 의문사와 의혹 사건 등에 대한 진상규명 요구도 있었으나, 김성주 사건, 장면 부통령 저격 사건을 제외하면 별다른 진전이 없었다.

그렇지만 4월혁명으로 민간인 집단학살 진상규명 요구가 봇물처럼 터져나왔다. 1960년 5월 11일 거창사건 유족들이 학살 당시 신원면장이었던 박명보를 타살해 불태워버린 사건이 크게 보도되면서 경남 산청과 함양 등지에서의 학살 사건, 경북 문경에서의 학살 사건, 전남북의 함평과 남원 등지에서의 학살 사건 등 군·경에 의한 주민 집단학살 사건이 연일 폭로되었다. 이렇게 되자 자유당 의원들이 다수인 국회도 좌시할 수 없어 1960년 5월 23일~6월 21일에 양민학살사건 진상조사특별위원회를 구성해 조사했다. 그렇지만 체계적으로 짜임새 있게 조사하지도 않았고, 이 위원회의 「양민학살사건 진상조사보고서」에 쓰여 있듯이 조사 기간이 제한된 데다, 경찰기관 등의 협조를 얻지 못해 피상적인 조사로 끝나고 말았다. 반면 경상남북도를 중심으로 각 지역 유족회가 조직되어 시신 발굴 및 합장, 진상규명 등에 활발히 나섰다.

4월혁명시기(1960년 4월~1961년 5월)에 가장 큰 과거사 청산 문제로 부각된 것은 이승만·자유당정권 문제였다. 3·15부정선거 원흉인 자유당 간부, 이승만정부 고위 관리와 부정축재자들에 대한 처단 요구는 4월혁명 직후부터 제기되었고, 김병로 등도 하루속히 특별법을 제정하여 혁명과업을 완수해야 한다고 역설했다. 그러나 장면정부와 국회는 소극적인 태도로 일관하다가 1960년 10월 8일 부정선거범 등 6대 사건에 법원이 경형을 선고하자 여론의 빗발치는 항의에 못 이겨 헌법을 개정하고, 이어 반민주행위자 공민권제한법, 부정선거관련자 처벌법, 특별재판소 및 특별검찰부 조직법을 제정했으며, 마지막으로 1961년 4월 부정축재처리 특별법을 통과시켰다. 그러나 정부의 비협조 등으로 특별검찰부 활동은 지지부진했고, 재판도 부정선거와 관련해 내무부 사건 정도가 진행되었을 뿐이다. 그나마 5·16쿠데타로 자유당 간부와 이승만정권 고위 공직자들의 공민권 제한도 '무효화'되었다.

장면정부 과거사 처리로는 집권 3개월 안에 4,500명의 경찰을 숙정한 것을 들 수 있다. 또 원성이 높았던 대공 사찰 요원 중 100여 명이 공민권 제한 자동 케이스에 해당되는 것으로 보도되었고, 심사 케이스는 3,700명의 사찰 요원 중 2,524명이 해당되는 것으로 알려졌다.[4]

1961년 5·16쿠데타를 일으킨 박정희 등 군인들은 4월혁명기의 과거사 진상규명 활동을 오히려 단죄하는 반동행위를 저질렀다. 각지에 조직되었던 피학살자유족회 관계자들 다수가 체포되어 사형(이원식), 무기(노현섭) 등의 중형에서부터 집행유예에 이르기까지 형을 선고받았다. 유족회 관계자들이 위령제를 거행하고 피학살자의 명예회복과 가해자 처벌 등을 요구하였던바, 학살당한 좌익분자를 애국자인 양 가장시켜 허위선전함으로써 용공사상을 고취했다고 억지 죄명을 씌운 것이다. 거창의 경우 쿠데타 권력은 문병현 유족회장 등 6명을 구속하고 4월혁명 후 만들어진 합동묘지 봉분을 파헤쳤으며, 위령비는 비문을 정으로 쪼아 땅속에 파묻게 했다. 이러한 사태는 제주도나 경남 거창 등지에서도 일어났다. 5·16쿠데타에 의해 '제2의 집단학살'이 자행된 것이다. 반면 거창 주민 집단학살로 10년형을 선고받았던 대대장 한동석은 쿠데타 이후 강릉·원주 시장을 거쳐 보사부 서기관이 되었다.[5]

　5·16쿠데타 권력이 조직한 혁명재판부는 3·15부정선거 원흉들뿐만 아니라 통일운동을 벌였던 혁신계 인사와 청년·학생, 노동운동 관련자, 피학살자 유족회 관계자들을 '특수반국가행위' 사범으로 묶고 이들을 특별소급입법인 '특수범죄 처벌에 관한 특별법'으로 단죄했다. 이 과정에서 부정선거 원흉보다 대한민국임시정부 국무위원이었던 장건상·김성숙 등이 포함된 '특수반국가행위자'가 더 가혹하게 당했다. '특수반국가행위 사건'은 608명의 혐의가 수리되어 혁명검찰부 수리 사건 전체의 41.3%나 차지한 반면 부정선거 관련자는 396명밖에 안 되었고, 형량도 전자가 높았다.[6] 뿐만 아니라 부정선거 원흉은 내무부장관이었던 최인규만 처형되고, 다른 이승만정권 고위 관료와 자유당 간부들은 설령 중형을 선고받았어도 1~3년 안에 석방되었는데, 혁신계는 조용수『민족일보』사장과 최백근 사회당 간부가 사형당했고, 다수가 1960년대 후반까지 복역했다. 박정희 군부정권의 성격을 잘 보여주는 하나의 예였다.

　박정희의 5·16쿠데타와 유신쿠데타는 새로이 과거사 문제를 대량 산출했다. 당시에 조용수처럼 '특수범죄 처벌에 관한 특별법'에 의해 사형받은 사람들은 물론이고, 그 밖의 각종 사건으로 혁명재판소에서 재판받은 사람들이 이제 판결무효 또는 무죄를 주장할 수 있게 되었기 때문이다. '깡패 소탕'의 명분으로 끌려와 사형당하고 강제노역에 처해졌던 사람들도 삼청교육대 경우처럼 명예회복을 요구할 수 있을 터이고, 갑오경장 이래 최대의 물갈이라고 말해질 정도로 무수히 쫓겨난 공무원들이나 포고령 등으로 문을 닫은 수많은 언론사 종사자들도 5·17쿠데타로 추방당한 언론인처럼 항변할 수 있게 된 것이다. 12·12쿠데타와 5·17쿠데타도 역사바로세우기에 의해 심판받았는데, 그것과 똑같이 자유민주주의체제를 유린한 5·16쿠데타와 1972년 10·17 유신쿠데타에 대해서도 역사바로세우기가 있어야 할 것이다. 그와 함께 5·16쿠데타 직후의 국가재건최고회의와 유신쿠데타 직후의 비상국무회의에서 대량 산출된 법률의 위헌 문제가 논의되어야 할 것이다.

## 3   6월항쟁 이후 특별법이 제정되기까지

### 과거사 진상규명운동의 전개

과거사 중 최대의 긴급 현안은 광주학살의 진상규명과 책임자 처벌이었다. 1980년대에 학생들은 광주학살의 원흉을 처단하라고 외치면서 시위를 벌였는데, 6월항쟁 이후에는 광주와 서울에서 학생들이 전두환과 노태우를 처단하라는 시위를 잇달아 벌였다.

광주학살의 진상규명 기회는 의외로 쉽게 찾아왔다. 1988년 4월 26일 총선에서 여소야대 국회가 탄생해 야당의 주도로 그해 11월부터 국회 내에 '5·18광주민주화운동 진상조사특위', '제5공화국에 있어서의 정치권력형 비리조사특위' 등이 설치되었다. 그리하여 광주학살 진상규명 청문회가 열렸던바, 이 청문회는 TV로 생중계되어 전국 시청자의 관심을 집중시켰고, 결국 전두환 부부를 백담사로 '유배'가게 하는 계기가 되었다. 뿐만 아니라 그때까지 침묵 속에서 고통받은 피학살자 가족들한테 큰 용기를 불어넣었다. 그 뒤 계엄사령관이었는데도 12·12쿠데타로 체포되었던 정승화 등이 1993년에 전두환 등을 반란 혐의 등으로 고소한 것에 대해 검찰은 1995년 7월 '공소권 없음' 결정을 내렸다. 성공한 내란은 처벌할 수 없다는 논리였다. 그러나 그해 10월 '노태우 비자금'이 폭로되어 노태우에 이어 전두환도 체포되었다. 이 두 사람과 12·12쿠데타, 광주학살 등에 관여한 14명은 공소시효특례법 등의 적용을 받아 내란 수괴 등의 혐의로 기소되었다. 1997년에 대법원은 전두환 무기징역, 노태우 17년 징역의 원심을 확정지었다. 어느 정도는 성공한 '역사 바로세우기'였다.

한국전쟁 전후 민간인 집단학살 사건에 대해 가장 발빠르게 움직인 것은 거창 희생자 유족들이었다. 이미 유족들은 거창사건 희생자 위령비 복원에 대해 그 지역 출신인 전두환 대통령에게 진정서를 내기도 했지만, 6월 항쟁 직후인 1988년 2월 궐기대회를 열었고, 다음 해 8월에는 합동추모제를 여는 등 활발히 활동했다. 1990년에는 거창양민학살희생자 위령추진위원회 명의로 '거창양민학살 명예회복 및 배상에 관한 특별입법'을 촉구하는 성명서를 발표했다. 1996년 1월 김영삼 대통령의 오른팔이었던 거창 출신 김동영 의원의 사후(死後) 영향력 등도 작용해 '거창사건 등 관련자의 명예회복에 관한 특별조치법'이 공포되었다. '거창사건 등'이라고 한 것은 같은 시기에 같은 부대에 의해 저질러진 산청 주민 집단학살 등을 포함한다는 의미였다.

거창의 경우처럼 단일지역성이 강한 곳이 제주도다. 이 때문에 주민 집단학살에 대한 진상규명운동이 제주도에서 가장 힘있게 전개될 수 있었다. 이미 1970년대에 현기영에 의해 『창작과비평』에 소설 「순이삼촌」이 실렸고, 1986년에 『녹두서평』에 이산하의 시 「한라산」이 실려 사건화되면서 제주4·3사건이 제주도 바깥에 알려졌지만, 본격적인 진상규명 작업은 1989년에 제주4·3연구소가 발족해 활발한 활동을 벌이고, 같은 시기에 제주도의 신문에 「4·3은 말한다」가 연재되기 시작하면서부터 시작되었다.[7] 1993년에는 제주도의회에 4·3특별위원회가 설치되어 「제주4·3 피해조사 1차보고서」 등이 나왔다. 그렇지만 1990년대 초만 해도 학살 사건 등의 진상규명 활동에는 기관원들이 따라다녔다. 특히 피해자들이 입을 열지 않아 진상규명은 어려움에 봉착했다. 제주도의 경우 진상규명운동을 벌인 것은 제주4·3사건을 목도한 사람들이 아니고 젊은 층이었다. 연좌제 등으로 주민들이 수십년 동안 엄혹한 세월을 살았기 때문이다. 한국전쟁을 전후하여 일어난 민간인 집단학살 중 최대 규모였고, 남한의 거의 전 지역에서 군(郡) 단위로 군·경에 의해 학살이 저질러진 보도연맹원 학살에 대한 진상이 1988년부터 밝혀졌다. 김태광 기자는 1988년 『말』 12월호에 「해방 후 최대의 양민 참극 '보도연맹'사건」을, 다음 해 『말』 2월호에는 「속'보도연맹'사건」을 써서 보도연맹 학살 참극을 세상에 알렸다. 그때만 해도 보도연맹이라는 단체가 무슨 단체인지, 한자로는 어떻게 쓰는지를 모르는 사람이 아주 많았고, 그 사건으로 죽임을 당했는데도 어떤 사건으로 아버지가 학살당했는지를 자식이 몰랐을 정도로 극우반공체제는 너무나 비인간적인 닫힌 체제였다. 부산 『항도일보』는 창간 특별기획으로 1989년 2월부터 보도연맹원 학살 등의 집단학살 현장을 찾아가 14개월 동안 취재했다.[8]

의문사 진상규명 요구도 조직적으로 일어났다. 1987년 8월에 민주화운동유가족협의회(민가협)가 만들어졌고, 다음 해에는 군대 내 의문사 사건 진상규명을 위한 공동대책위원회와 의문사유가족협의회가 출범했다. 1992년에는 27개 추모단체가 모여 전국민족민주열사 추모사업연대회의를 결성했다. 이어서 1994년에는 시민과 일부 의원 등 10만여 명이 서명하여 국회 내 의문사 진상조사 특별위원회 구성을 요청하는 청원서가 국회에 제출되었다. 1991년에는 반민족문제연구소(후에 민족문제연구소로 개칭)가 설립되어 친일 문제를 제기했다.

과거사청산운동은 국제연대운동의 형태로도 일어났다. 1990년대에 가장 활발하게 일어난 과거사청산운동은 일본군 성노예 문제에 관한 것이다. 1993년 세계인권회의에서는 성노예 문제 등에 대한 처벌을 강조했고, 1994년 국제법률가위원회는 일본군 성노예는 국제협약을 위반한 것으로 판단된다고 강조했다. 1996년부터 유엔인권위원회에서는 여러 차례에 걸쳐 이 문제를 심도 있게 다루었는데, 1998년 발표된 유엔인권소위원회의 특별보고서(맥두걸 보고서)는 일본군 성노예가 명백한 국제법 위반임을 밝히고, 일본정부의 배상 책임과 관련자의 기소 의무를 확인했다. 2000년 일본 도쿄에서 열린 일본군성노예전범여성국제법정은 일본 천황 히로히토가 강간과 성노예 등 인도에 반한 행위에 관한 책임에서 유죄라고 판결해 주목을 받았다.

과거사 관련 활동가들은, 1997년 2월 대만 2·28사건 50주년에 맞춰 한국·일본·대만 활동가들이 타이베이에서 연 '동아시아 냉전과 국가 테러리즘'과 그 이후 제주(1998년), 오키나와(1999년), 광주(2000년) 등지에서 열린, 백색 광기에 의한 국가 테러리즘 학술회의 등에 의해서 고무받았다. 특히 AP통신이 보도함으로써 1999년 9월 30일부터 국내 신문에 대서특필된, 충북 영동 노근리에서의 미군에 의한 주민 집단학살 사건은 민간인 집단학살 진상규명에 새로운 활력을 불어넣었다. 노근리사건은 그 이전부터 알려져 있었지만, AP통신의 보도였기 때문에 그동안 민간인 학살 사건을 애써 외면했던 극우적인 보수신문조차 크게 보도했다. AP통신 보도는 치밀했고, 노근리 학살에 대한 미군의 고백과 참회는 감동을 주었다. AP통신은 이어 경북 칠곡군 왜관교 참상과 충북 단양군 영춘면 괴게골 참상 등을 보도했다. 어느 것이나 미군에 의해 저질러진 주민 집단학살이었다. 이도영이 미국국립문서보관소에서 발굴한 대전형무소 재소자 약 1,800명에 대한 생생한 학살 사진도 2000년 1월 초에 보도되어 큰 충격을 주었다. 노근리 사건이 보도되면서 2000년 10월까지 미군에 의한 민간인 학살 61건과 군·경에 의한 민간인 학살 12건이 국방부에 접수되었다.[9]

MBC에서 '제주4·3', '여수 14연대 반란', '보도연맹 1-잊혀진 대학살', '보도연맹 2-산 자와 죽은 자' 등 대형 민간인 집단학살과 동백림사건, 조봉암사건, 인혁당사건, 김형욱 실종 사건, 이수근 사건 등 의혹에 싸인 사건 등을 국내외에서 입체적으로 취재해, 1999년 9월 12일부터 2002년 4월 28일까지 초기에는 1주일 간격으로 방송되었고(이후에도 취재·방송했음), 〈이제는 말할 수 있다〉라는 프로그램으로 58편을 각각 55분간 방영한 것도 충격을 주었다.

이처럼 어느 누구도 부인할 수 없는 자료에 의해 수많은 민간인 집단학살 사건과 의혹 사건이 속속 보도되었기 때문에 아무리 비정상적인 사회라도 도저히 침묵으로 일관할 수는 없는 상황에 이르렀다. 그렇지만 장기간에 걸친 일제 지배, 극우반공독재로 양심과 양식이 마비되었는지 적지 않은 행정부 책임자나 국회의원, 일부 언론과 지식인, 종교인, 문화인들은 진상규명운동에 여전히 요지부동이었고, 그것을 방해하고 음해하는 데 조금도 주저하지 않았다. 반공·냉전 이데올로기의 얼음장이 얼마나 두꺼운가를 말해주는 것이기도 했다.

### 특별법 제정과 특별법·진상규명위원회를 둘러싼 여러 문제

집단학살 사건과 의문사, 의혹 사건의 진상규명을 위한 특별법 제정 운동은 1990년대 말에 더욱 치열하게 전개되었다. 1997년 말부터 의문사 진상규명 및 명예회복을 위한 특별법 제정을 요구했던 유가족들은 1998년 11월 4일부터 1999년 12월 30일까지 422일 동안 국회 앞에서 천막농성을 벌였다. 제주4·3사건 진상규명 및 명예회복을 위한 활동도 활발히 전개되었다. 드디어 20세기가 저물어가는 1999년 12월에 제주4·3사건 진상규명 및 희생자 명예회복에 관한 특별법과 의문사 진상규명에 관한 특별법이 국회를 통과했다.

그렇지만 전쟁 직전과 직후에 발생한 민간인 집단학살의 진상규명을 위한 특별법 제정은 험난하기만 했다. 활동가들과 유족들은 2000년에 전쟁 전후 민간인 학살 진상규명을 위한 전국적인 운동을 벌이기로 다짐했고, 2001년에는 민간인 학살 문제를 통합적으로 다루는 특별법을 만들기 위한 활동을 벌여 그해 9월 김원웅 등 의원 47명의 발의로 민간인학살 전국통합특별법이 국회에 제출되었다. 그와 함께 민간인학살 특별법 제정을 위한 전국공동대책위원회를 조직해 집단 진정, 농성과 국회 앞 1인시위, 그리고 증언대회·결의대회·총력투쟁대회 등 여러 형태의 대회를 열었지만, 행정부도 국회도 냉담한 반응을 보일 뿐이었다.

2000년대에 들어와서는 일제강점하 강제동원에 대한 진상규명을 위한 관련 단체와 학술단체들의 모임이 빈번해졌고, 2003년에는 일제강점하 강제동원 피해 진상규명 등에 관한 특별법이 의원들에 의해 발의되었다. 친일파 문제도 부각되어 친일행위 진상규명을 위한 입법활동이 활발했다. 그리하여 2004년 3월 일제강점하 강제동원 피해 진상규명 등에 관한 법률과 일제강점하 친일반민족행위 진상규명에 관한 특별법이 제정되었다. 그러나 후자는 진상규명 범위와 시기가 축소되어 '진상규명 저지법'이라는 비난을 받았다.

과거사 진상규명 활동은 노무현 대통령이 2004년 3·1절 기념사에서 전과는 달리 일본의 과거청산을 촉구하고, 그해 4월 15일 치러진 총선에서 탄핵 파동으로 헌정사상 최초로 자유주의자들이 의석의 과반수를 넘어서게 됨으로써 새 국면을 맞았다. 친일반민족행위 특별법 개정 법률이 2005년 1월 제정되었다. 2005년 5월에는 난산을 거듭했던 진실·화해를 위한 과거사정리기본법이 제정되었다. 이 법은 집단학살 문제 외에도 의혹 사건과 의문사를 다루게 했고, 한나라당 주장으로 독립운동 관계 사건도 포함되었다. 친일반민족행위자 재산의 국가 귀속에 관한 특별법도 2005년 12월 제정되었다. 2004년 11월 국가정보원에 과거 사건 진실규명을 통한 발전위원회가, 경찰청에 과거사진상규명위원회가 발족했다. 2005년 5월에는 국방부에 과거사진상규명위원회가 만들어졌다. 하지만 과거사 문제가 산적해 있는 법무부는 끝내 이러한 기구를 구성하지 않았다.

과거사 관련 특별법은 진상규명과 명예회복에 초점을 두었고, 과거사 문제에서 빼놓을 수 없는 정부나 군·경찰 등의 가해자에 대한 처벌을 요구하지 않고 있다는 점에서 독일과 프랑스 등 유럽의 사례와 큰 차이가 있지만, 그 밖에도 많은 문제점을 안고 있다. 과거사정리기본법의 경우 다루는 범위가 너무 넓어 집단학살 문제 등에 집중해서 진상을 규명하기가 어렵게 되어 있다. 특별법과 특별법 간의 균형 문제도 있다. 일제강점하 강제동원위원회의 경우 진상규명 대상 인원이 아주 많은데도 위원회 위원도 소수이고 위원장이 비상임이며 격도 낮다. 상임위원은 한 명도 없다. 그 반면 친일반민족행위자 재산조사위원회는 위원장이 상임이고 장관급이며, 상임위원이 두 사람이나 되고 직원도 많다. 위원회 활동을 하면서 특별법 자체의 미비사항이 계속 드러나고 특별법들 간에 균형이 맞지 않는 것은 행정부와 국회가 충분히 심의하지 않고 편의적·타협적으로 처리한 데다, 정략이 작용했기 때문이다. 위원회 구성에서도 야당 추천 케이스만 문제가 있는 것이 아니다. 이 때문에 위원회에서 무조건 반대만 하는 위원들이 있는가 하면, 무성의하거나 무능한 위원들도 적지 않다.

대부분의 특별법이 진상규명에 주안점을 두었으나, 진상규명은 활동 기간의 제약 외에도 인력 부족으로 어려움을 겪고 있다. 기본적으로 위원회에 배정된 전문인력이 적지만 여러 위원회가 비슷한 시기에 생겨났기 때문에 유능한 전문인력을 확보하기가 쉬운 일이 아니다. 진상규명과 관련해서 제일 큰 문제는 자료 또는 증거 부족이다. 일제강점하 강제동원위원회의 경우 노무자, 군인·군속, 일본군 위안부로 20여만 명이 피해자로 신고했지만, 군인·군속을 제외하면 대부분 근거자료가 충분치 않다. 보도연맹은 법률에 근거하지 않고 공안사건 관계자들에 의해 임의로 만들어졌는데, 이들에 대한 집단학살 관련 자료가 아주 적다. 국가가 공공연히 유치장 등에 수용하고 분류해서 집단으로 살해했으면 명령계통에 관한 자료와 함께 최소한 피학살자 명단과 학살 장소·시간이라도 작성해놓았어야 하는데, 이런 일을 거의 하지 않았다. 다른 민간인 집단학살 사건도 자료가 빈약하다. 국가가 관여한 의문사나 의혹 사건도 자료가 없는 경우가 많다.

정부 각 부처 간 협력이 제대로 안 되는 것도 진상규명을 어렵게 하고 있다. 의문사진상규명위원회의 경우 대통령 소속인데도 국방부, 국정원이나 기무사 등에서 자료요청에 협조하지 않았다. 위원회 내에서도 부처 간에 의견 차이가 심하게 노정되는 경우가 있다. 제주4·3사건위원회의 경우 장관이 바뀔 때마다 다른 주장이 나오는가 하면, 국무총리(위원장) 주재로 진상조사보고서가 통과되었는데도 보고서와 상반된 주장을 하는 장(차)관이 적지 않다. 위원회에 장관이 나오게 되어 있는데, 국장급도 아닌 과장급 직원이 나오는, 찬밥 대우를 받는 위원회도 있다. 과거사 진상규명 기구 간에 상반된 주장을 하는 경우도 있다. 2004년 허원근 일병 사망 사건에 대한 의문사진상규명위원회와 국방부 특별조사단 발표가 그러하다. 그와 관련해서 특별조사단의 하사관이 의문사위원회 조사관에게 총기를 발사하고 수갑을 채우는 등 조사관을 협박하고 조사를 방해한 일이 언론에 크게 보도되었다.

정부부처 또는 국가기관 책임자 중에는 민간인 학살 사건이나 의문사, 의혹 사건을 축소하려는 경향이 있고, 여전히 수구냉전 이데올로기나 구체제 관료의식에 젖어 있는 경우도 있다. 2000년 7월에는 조성태 국방부 장관이 민간인 집단학살을 연구하는 국방군사연구소에 사건을 축소하라고 지시한 바 있고 이 사항이 그대로 지켜졌음을 드러내는 보고서가 확인되었다.[10] 그해 10월 문일섭 국방부차관이 한미안보학술대회에서 노근리

사건과 매향리 사격장 문제 등과 관련해 "몇 만 명에 불과한 소수의 의사"라는 취지의 발언을 했다.[11] 한국전쟁전후 민간인학살진상규명 범국민위원회(범국민위원회)는 조성태 장관 지시에 대한 항의 기자회견을 열고 국방부를 찾아갔다. 범국민위원회는 인권단체와 함께 2002년 2월에도 국방부의 민간인 학살 축소·은폐 시도를 규탄하는 공동성명을 발표했다. 제주경찰청은 특별법이 통과되었는데도 2000년판 『제주경찰사』에서 과거와 같이 제주4·3사건을 왜곡하여 항의를 받고 회수하여 폐기하는 소동을 벌였다. 2004년 7월에는 국방부 발행 『6·25전쟁사』 1권에 수록되어 있는 제주4·3사건 기술이 국방부장관도 위원으로 참여한 제주4·3사건위원회에서 2003년에 통과된 『제주4·3사건 진상조사보고서』와 다르고, 폐기처분된 『제주경찰사』를 인용한 점이 국회에서 문제가 되어 수정하게 되었다.

## 4 과거사위원회의 활동

### 제주4·3사건위원회 등

1998년에 출범한 거창사건 등 관련자 명예회복위원회는 사망자 934명(거창 548명, 산청과 함양 386명)을 명예회복시켰다. 거창사건 등의 특별법 개정이 논의되자, '거창사건 등'에만 국한하지 말고 같은 제11사단이 저지른 전북 고창, 전남 함평 등 전남북 여러 지역 주민 집단학살 진상규명으로 확대해야 한다는 주장이 제기되었으나, 유족들은 피해자 보(배)상을 강력히 주장해 보상을 주된 내용으로 한 개정안이 국회에 계류중이다.

의문사진상규명위원회는 2000년 출범할 때부터 진상규명을 요구하는 사건들이 쇄도해 비상한 관심을 끌었다. 위원회는 예산 부족, 조사관 절대 부족으로도 진상규명에 어려움을 겪었지만, 위증을 처벌할 권한이 없었고, 조사 불응 시 형사처벌 같은 대처 방법이 없어 곤경에 빠지곤 했다. 특히 피고 측이 되기 쉬웠던 경찰, 국정원, 국방부, 기무사가 협조하지 않았고, 때로는 노골적으로 방해·저항하고 충돌하기도 했다. 그래도 의문사 1호로 지목된 최종길 교수 사건은[12] 진척이 있었으나, 장준하·이철규·박창수 사건이나 1980년대 초의 학생운동권 녹화사업 실체를 밝히는 데는 역부족이었다. 이 위원회는 비전향 장기수의 민주화 활동 인정으로 보수언론으로부터 집중 포화를 맞다가 2004년 6월 활동을 마감했다.

2004년 출범한 노근리 사건 희생자 심사 및 명예회복위원회는 2005년에 218명을 희생자로 인정했다. 이중 150명이 학살 현장에서 사망했고, 13명이 행방불명이며, 55명이 후유증을 앓고 있는 것으로 파악되었다.[13]

2000년 8월에 출범한 제주4·3사건위원회는 비교적 단순한 사건이었던 거창사건 등이나 노근리사건과 달리 수만 명이 좌익으로 몰려 학살된 사건이었기 때문에 가해자 측에서도 나름대로 치밀하게 대응했다. 이 위원회에서는 처음에는 희생자 명예회복 제외 기준으로, 후에는 수형자를 희생자에 포함하는 문제로 격렬한 논쟁을 벌였다. 수형자를 대량으로 산출한 군법회의가 적법한 절차에 따라 진행되지 않았음을 여러 자료를 통해 입증하고 그 점을 명료히 기술한 『제주4·3사건 진상조사보고서』가 통과된 이후에도 군·경에 의해 수년 동안이나 이의가 제기된 것이다. 위원회는 보고서를 채택하는데도 신중을 기해, 2003년 3월 조건부로 채택한 뒤 6개월 동안이나 위원장인 고건 국무총리가 직접 주재한 가운데 보고서를 조목조목 다시 논의한 뒤 10월 15일 최종 확정지었다. 『제주4·3사건 진상조사보고서』는 인명피해를 2만 5,000~3만 명으로 추정했다. 당시 제주도민의 약 10%가 희생당한 것이다. 앞에서 언급한 대로 노무현 대통령은 10월 31일 제주4·3사건으로 과거 국가권력이 잘못을 저지른 데 대해 국정을 책임지고 있는 대통령으로서 "진심으로 사과와 위로의 말씀을 드린다"고 말했다. 클린턴 미국 대통령이 2001년 1월 노근리 사건에 대해 미국민을 대표해 '깊은 유감'을 표명한 바 있지만,[14] 이는 주민 집단학살에 대한 정부 차원의 최초의 사과였다. 이로써 제주도민들은 반세기 이상에 걸친 반목과 갈등에서 벗어나 한 많은 응어리를 풀게 돼 화해와 상생의 밝은 새출발을 하게 되었다. 과거사 문제 처리가 얼마나 중요하고 커다란 영향을 미치는가를 여실히 보여준 한 예였다. 위원회가 2007년 3월까지 심의하여 결정한 희생자는 신고자 1만 3,595명 중 31명이 제외된 1만 3,564명이었다. 1만 3,564명 중 여자가 2,871명, 10세 이하가 749명, 11~20세가 2,260명, 70세 이상이 334명이었다. 2007년 1월 개정된 제주4·3 특별법에 따라 추가로 신고할 수 있게 되었다. 이 개정법률은 수형자를 희생자에 포함해 이를 명문화했다.

### 일제강점하 강제동원위원회 등

2004년 11월에 출범한 일제강점하 강제동원피해진상규명위원회는 증거자료가 분명한 군인·군속과 노무자, 일본군 위안부를 먼저 심의하기 시작해 신고된 20만여 명 중 2007년 7월 현재 5만여 명을 피해자로 결정했다. 노무자의 경우 1차적인 자료가 없는 경우가 많아 논란이 따르게 되어 있다. 이 위원회는 일본의 규슈, 홋카이도, 러시아의 사할린, 중국의 해남도 등지로 끌려간 노무자들과 관련된 각종 탄광 사건이나 학살 사건, 제주도와 거문도로 끌려간 노무자 문제, 그 밖에 우키시마 호 침몰 사건과 같은 의혹사건을 조사하는 임무도 맡고 있다. 그동안 52건을 조사대상으로 정했는데, 사할린 이중징용 피해, 야스쿠니 신사 합사 한국인 혼령 명부와 합사 경위, 대동아성전기념비와 7인의 한국인 특공대, 다이헤이마루 사건, 우토로 주민의 도일 배경, 거문도 군사시설 구축과 주민 강제동원, 사할린

가미시스카 조선인 학살 사건, 소록도 한센병 환자의 강제노역에 관한 진상조사 등 11건에 대한 진상조사가 완료되었다(2007년 7월 현재). 생존한 노무자나 일본군 위안부, 군인·군속의 경우 1차 근거자료가 없으면 증언을 청취해 판단했다. 이들의 증언은 역사자료로서 가치가 있다. 2007년 5월까지『수족만 멀쩡하면 막 가는 거야』등 6권의 구술기록집이 출판되었다. 이 위원회는 2년 동안 활동한 이후 6개월씩 두 번 연장할 수 있다.

2005년 5월 발족한 친일반민족행위 진상규명위원회는 친일반민족행위를 최종 결정하기까지 두 차례에 걸친 이의신청 등 까다로운 절차를 두었다. 1904년에서부터 1919년까지를 '제1기 조사'로 정한 위원회는 2006년 12월 이완용·박제순 등 10명을 매국, 남정철·윤웅렬 등 15명을 수작·습작, 홍재하 등 18명을 중추원, 계응규 등 14명을 통치기구 부문, 조진태 등 6명을 경제, 이용구 등 32명을 정치·사회 단체, 이인직 등 6명을 종교, 정운복 등 5명을 학술·문화 부문으로 분류해서 친일반민족행위자로 결정해『2006년도 조사보고서』I·II로 발표했다. 일각에서 친일행위자로 거론했던 유길준·장지연은 포함되지 않았다. 이러한 결정에 고종의 형인 이재면, 이재면 아들인 이준용의 자손과 조진태의 자손은 친일반민족행위 결정 취소 소송을 행정법원에 냈다.[15] 위원회는 제2기(1919~1937) 조사대상으로 민영휘 등 110명을 선정했다. 많은 사람들이 1937년 이후의 제3기에 누가 해당될 것인가에 큰 관심을 보이고 있다. 다른 위원회와 달리 이 위원회 위원장은 음해에 시달렸다. 이 위원회는 4년 존속하며 6개월 연장할 수 있다.

2005년 12월 제정된 친일반민족행위자 재산의 국가 귀속에 관한 특별법은 2006년 9월 일부 개정을 했다. 1990년대 초반 이완용 후손에 의한 재산반환 소송에서 원고승소 판결이 나면서부터 주목받았던 친일파 후손에 의한 재산반환 소송은 1990년대 후반에 지방자치단체에 의한 '조상땅 찾아주기사업'으로 확대되면서 사회적 이슈가 되어 친일파 후손의 의도와는 상반되게 특별법이 제정되기에 이르렀다. 특별법 제정 직전인 2005년 11월 현재 34건의 재산반환 소송 결과 원고승소 13건, 원고패소 9건, 소취하 5건이었고, 7건은 재판이 진행중인 것으로 알려졌다.[16] 친일파 재산 환수와 관련해서 일제 초기나 그 이전은 재산 취득 시기가 명확하지 않은 점이 문제고, 1920년대 이후 중추원 참의는 재산가가 많이 임명되었는데 재산을 친일행위로 축적했는지 경제적 행위로 축적했는지가 논란이 될 수 있다. 2007년 5월 친일반민족행위자 재산조사위원회는 고희경·송병준·이완용·이병길의 재산 등 약 36억원에 해당하는 재산(공시지가 기준)을 국가로 귀속시키는 결정을 내렸다. 이 위원회는 4년간 활동하며 2년 연장할 수 있다.

### 과거사정리위원회 등

국정원 과거 사건 진실규명을 통한 발전위원회는 비상한 관심을 모았다. 박정희정권과 전두환·신군부 정권의 수많은 의혹·공작 사건이 대개 중앙정보부에서 한 일이었기 때문이다. 이 위원회는 2005년 12월에 인혁당 및 민청학련사건에 대해 발표했다. 그리하여 이 사건들이 박정희 대통령과 중앙정보부장에 의해 실체가 매우 과장된 채 발표되었고, 이 발표가 수사 지침이 되어 고문 등이 수반된 짜맞추기에 의해 관련 단체가 반국가단체로 조작되었음을 밝혔다. 위원회는 '인혁당재건위'사건 관계자 8명의 사형집행은 국내외로부터 '사법살인'이라는 말을 들은 최악의 공안사건이었던바, 이들 중 일부가 관련된 북한방송 녹취 노트 회람도 최고 징역 1~2년 정도에 그치는 것이 마땅하다고 판단했다. 이 위원회가 피해자 피해 회복을 위해 국가 차원의 적절한 조치가 이루어져야 한다고 의견을 제시한 것은 '인혁당재건위'사건에 대한 사법부의 재심 판결에 영향을 미쳤다. 그런데 일부 언론의 보도로 인한 김형욱 실종 사건에 대한 발표나 KAL858기 사건 발표는 가려운 데를 충분히 긁어주지 못했다. 정보부가 국가의 보안·정보 업무를 총괄했던 곳이어서 자료 처리나 증거 차단·인멸에 유난히 철저했고, 특무공작 활동은 극소수의 팀 관계자만이 알고 있어서 그들이 무덤까지 진실을 안고 가겠다고 할 경우 대처할 방법이 없기 때문이다. 김대중납치사건의 경우 한일 외교 문제가 개재된 고도의 정치적 사건이라는 점도 발표하는 데 어려움을 주고 있는 것으로 보인다.

경찰청과거사 진상규명위원회는 2006년 9월 보도연맹원 집단학살, 남민전(남조선민족해방전선)사건, 대구 10월항쟁 등에 대해 조사결과를 발표했다. 약 30만 명이 가입한 것으로 알려진 보도연맹원의 경우 MBC의 〈이제는 말할 수 있다〉에서는 약 20만 명 이상이 집단학살되었을 것으로 추정하기도 했지만, 최소한 5만 명 이상, 아마도 10만 명 이상이 희생된 것으로 추정되는데, 이 위원회는 가입자수를 6만 2,053명 이상으로 추정했고, 경찰청 자료를 통해 신원이 확인된 보도연맹원 희생자는 3,593명으로 나타나지만, 총체적인 보도연맹원 피해 규모를 확정하기는 어렵다고 판단했다. 이 위원회는 보도연맹원 학살에 관련해 향후 추가조사를 하겠다고 밝혔지만, 그렇다 하더라도 미흡한 점이 많다. 보도연맹원 조직과 운영 과정, 집단학살의 명령계통이나 집행과 관련해서, 보도연맹 조직의 핵심 인물인 오제도·선우종원·정희택 검사의 기록과 증언을 활용하지 않은 것도 그렇지만, 국회속기록이나 여러 형태의 신문 기록, 제주 성산포경찰서장 문형순 등의 자료, 여러 군·경찰 관계자들의 증언 및 피학살자 측의 증언을 별반 이용한 것 같지 않고, 학살명령계통과 관련 있는 생존해 있는 고위 관계자 증언 채록도 보이지 않는다. 전체적으로 볼 때 지금까지 이루어진 연구와 각종 기술을 엄밀하고 꼼꼼하게 검토, 분석했다고 보기 어렵다. 한편 남민전 사건에서 남민전을 반국가단체로 규정한 대법원 판단에 이견이 없지만 간첩단 사건으로 보기는 어렵다고 피력했고, 대구 10월항쟁과 관련해서 박정희 친형 박상희가 2,000여 명의 군중을 이끌고 구미경찰서를 습격해 서장 등을 감금하는 등 사태를 주도하다가 논에서 사살되었다는 사실을 밝혔다. 이 위원회에서는 2006년 6월, 인민군으로 위장해 주민들을 모아놓고 인민군 동조자로 보이는 사람들을 학살한 나주(경찰)부대 사건에 대해, 나주부대가 인민군으로 위장한 것은 자구행위였지 주민들을 희생시키기 위한 것이 아니었다고 밝히고, 5개 지역에서 약 35명 정도가 희생된 것으로 중간조사결과를 발표했다. 그러자 해남유족회·완도유족회와 범국민위원회는, 증언을 일방적으로 채택했고, 피해 규모가 축소되었으며, 인민군으로 위장하고 들어간 '작전'이 무엇을 위한 작전인지가 애매하게 처리되었다고 반박문을 발표하고 경찰청과거사위원회를 항의 방문했다.[17]

　　국방부과거사진상규명위원회는 2006년 7월 『강제징집·녹화사업 진상조사보고서』와 『실미도사건 진상조사보고서』를 공개했다. 이 위원회는 강제징집과 관련해 전두환 대통령의 지시 등을 밝혀냈고, 강제징집 인원과 녹화사업 인원에 대해서도 1980년대에 있었던 국방부 측 발표가 의도적으로 축소된 것임을 지적하고, 1982년 9월부터 1984년 12월까지 강제징집자 921명과 정상 입대자 및 민간인 271명 등 1,192명을 대상으로 녹화사업을 추진했음을 밝히고, 그와 함께 녹화사업 실태를 분석했다. 이 위원회가 강제징집과 녹화사업에 대해 많은 사실을 밝힐 수 있었던 것은 국방부장관과 기무사령관이 협조했기 때문이다. 위원회는 실미도 사건과 관련해 관계 당국과 공군은 희생된 기간병, 공작원, 민간인과 유족 부상자들에게 사과할 것을 권고했다. 2006년 11월에 공표된 『삼청교육대 사건 진상조사보고서』에서 위원회는 삼청교육대원들에게 가혹행위를 한 혐의로 기소유예나 공소취소를 받은 조교 등의 경우 정당성에 의심이 간다고 지적하고, 형집행면제 처분을 받은 장교 등의 경우 재량권 남용 행위를 했다고 규정했다. 그리고 이 사건은 공직자 숙정이나 언론인 해직 및 언론통폐합과 함께 내란죄의 한 부분으로 볼 수 있다고 밝히고 정부의 공개사과를 요구했다.

2005년 12월 출범한 진실·화해를 위한 과거사정리위원회는 민간인 집단학살, 의혹 사건, 의문사 사건을 총괄하고, 다른 위원회에서 조사된 것이 미진할 경우 그것을 심화시킬 임무도 떠맡고 있다. 이 위원회 활동으로는 2007년 1월에 나온 『2006년 하반기 조사보고서』가 주목된다. 이 보고서에는 '민족일보 조용수 사건', '김익환 일가 고문·가혹행위 사건', '태영호 납북 사건', '이수근 위장간첩 사건', '이준호 가족간첩 사건' 등의 진실규명 결과보고와 「긴급조치위반판결 분석보고서」가 들어 있다. 위원회는 조용수 사건에 대한 보고에서, 국가재건최고회의는 5·16 주도세력이 아무런 법적 근거 없이 불법으로 설치한 것이라고 명시하고, 최고회의에서 혁명재판소 및 혁명검찰부 설치법 및 특수범죄처벌에 관한 특별법을 제정한 것은 근대 입헌국가에서 법리적으로 성립할 수 없고 국민주권주의 및 입헌민주주의에 정면으로 배치되는 행위로, 용인될 수 없다고 밝혔다. 따라서 특수범죄처벌에 관한 특별법 등으로 형을 받은 경우 무효를 주장할 수 있게 되었다. 또한 이 위원회는 조용수가 사회대중당의 주요 간부가 아니었다는 점, 민족일보 사설 등이 북에 동조·고무하였다고 보기 어려운 점, 이영근으로부터 창간 자금을 받았다고 보기 어려운 점 등을 들어 조용수를 사형에 처한 것은 비인도적·반민주적 인권유린에 해당한다고 규정하고, 국가는 형사소송법이 정한 바에 따라 재심 등의 조치를 취할 것을 권고했다. 오랫동안 논란이 되어왔던 이수근 위장간첩 사건에 대해서는 중앙정보부가 이수근이 위장귀순이 아니라는 판단에 따라 판단관으로 채용해 국민승공 계몽사업에 활용했으나, 이수근이 중앙정보부의 지나친 감시 및 재북 가족의 안위에 대한 염려 등으로 출국하자 당혹한 나머지 이수근을 위장간첩으로 조작하여 처형한 비인도적이고 반민주적인 인권유린 사건이라는 결론을 내렸다. 또한 1974년 1월 8일 긴급조치 제1호가 선포된 이래 1979년 12월 8일 긴급조치 제9호가 해제될 때까지 2,159일간 '긴조시대'가 유지되었던바, 위원회는 긴급조치 위반 사건 판결문 1,412건(그중 9호 위반이 1,289건)을 입수해 분석했다.[18] 그중 긴급조치 위반 유형별 판결 현황을 보면 589건 중 재야 정치인·종교인·교수·기자 등이 관련된 것이 85건(14.5%), 학생운동과 관계있는 것이 191건(32%)인데 비해, 놀랍게도 음주중 대화나 수업중에 박정희 또는 유신체제를 비판한 것이 무려 282건으로 전체의 48%나 되었다. 위원회는 긴급조치에 대한 국무회의 사전심의나 국회의 사후적 통제 과정이 명목에 불과했고, 그 적용 범위와 효과가 지극히 광범하고 적용 기간이 장기간에 걸쳤음을 지적하고, 이것은 민주주의의 기본원칙에 반하는 초헌법적·위헌적 권한이라고 규정했다.「긴급조치 위반판결 분석보고서」에서 다룬 사건 1,412건을 판결한 판사 492명 가운데 100여 명은 지방법원장 이상의 고위 법관을 지냈고, 12명은 2007년 1월 현재 법원 및 헌법재판소 고위직에 있는 것으로 보도되었다.[19]

과거사정리위원회는 2007년 5월, 1962년에 '강제 헌납'된 부일장학회(현 정수장학회) 재산을 원소유주에게 돌려주라고 정부에 권고했고, 6월에는 오송회·나주 동창교 사건의 재심을 권고했으며, 7월에는 1987년 대통령 선거를 앞두고 일어난 KAL858기 폭파 사건과 1974년 광복절 기념식장에서 일어난 육영수 저격 사건(일명 문세광 사건)에 대한 조사에 들어가기로 결정했다.

과거사 진상규명에서 한국현대사 최대의 비극인 민간인 집단학살이 가장 중요할 수밖에 없다. 과거사정리위원회의 『2006년 하반기 조사보고서』에 따르면 2005년 12월부터 2006년 11월까지 접수된 사건 1만 845건 중 민간인 집단희생이 73.0%에 해당하는 7,908건이나 된다. 위원회에서 전력을 기울여 학살 사건 진상규명에 노력하고 있고, 11사단에 의한 함평 학살 사건과 청원·진천지역 보도연맹원 학살 사건 등은 조사결과보고서를 검토·수정중에 있지만, 위원회의 모든 역량을 최대한 이 부분에 투입해야 할 것이다. 위원회는 4년간 활동할 수 있고, 2년을 더 연장할 수 있지만, 집단학살 사건의 경우만은 필요에 따라 시한이 더 연장될 수 있도록 법을 개정해야 할 것이다.

## 5 과거사 청산으로 새로운 출발을

과거사 진상규명은 사법부로부터도 청신호가 왔다. 2007년 1월 23일 법원이 인혁당재건위사건 재심에서 무죄판결을 내린 것은 '사법부바로세우기'가 시작된 것으로 받아들여졌다. 이용훈 대법원장이 2005년 9월 취임사에서 "우리는 사법부가 행한 법의 선언에 오류가 없었는지, 외부의 영향으로 정의가 왜곡되지는 않았는지 돌이켜보아야 합니다"라고 한 말이 일단 구체화된 것이다. 대법원은 그동안 과거사 정리 차원에서 1972~1987년에 있었던 시국·공안 사건 가운데 재심 사유가 있는 사건 224건(간첩 사건 141건, 긴급조치 위반 사건 26건, 반국가단체 구성 사건 13건, 민주화운동 12건, 기타 32건)을 선정하였던바, 그것에 대해 적절한 기회에 포괄적으로 오류를 인정함으로써 명예가 회복되도록 할 것이라고 '인혁당재건위'사건 재심 판결 직후 보도되었다.[20]

과거사 관련 위원회 활동을 2007년 시점에서 평가하는 것은 성급한 일일 것이다. 기본 임무가 거의 끝났다 하더라도 평가하기가 쉽지 않지만, 활동중인 위원회의 경우 부분적으로만 그간의 성과를 발표했기 때문이다. 법의 미비, 정부기관·국회의 비협조, 전임 인력 부족도 문제지만, 일부 극우세력이나 언론의 방해도 진실을 밝히는 작업을 힘들게 하고 있다. 무엇보다도 진상규명 자료의 결핍이 문제다.

제주4·3사건위원회의 경우 비교적 진상규명이 성공적으로 이루어졌다. 진상규명과 대통령의 사과, 피해자 명예회복은 반세기 동안 맺혔던 응어리를 풀어주고 제주도를 화합과 상생의 섬으로 거듭나게 하는 데 디딤돌이 되었다. 그런가 하면 일제강점하 강제동원위원회처럼 진상규명이 반밖에 이루어지지 않은 상태에서 기한에 쫓기는 곳도 있다. 의문사진상규명위원회, 과거사정리위원회, 국정원·국방부·경찰청의 과거사위원회 활동은 인권 중시, 법치주의 실현에 이바지할 것이다. 어느 경우나 우리 사회를 맑게 하고 투명하게 하여 민주주의와 인권을 진전시키고 건강한 시민사회를 형성하는 데 기여할 것으로 기대된다.

한국은 극우반공 성향의 독재정권이 장기간 존속했기 때문에 미래 사회를 전망할 수 있는 현대사 연구가 대단히 어려웠는데, 그 점에서 여러 과거사위원회는 톡톡히 한몫을 하고 있다. 과거사위원회 활동 자체가 암흑 속에 갇혀 있었거나 왜곡되었던 현대사를 밝히는 작업이지만, 부산물로 국내외에서 수집되고 생산된 수많은 자료는 현대사 연구에 적지 않은 도움이 될 것이다. 또 여러 위원회의 판정이나 판단은 현대사 이해에 하나의 척도가 될 수 있다.

그렇지만 과거사 진상규명에서 넘어야 할 산들은 아주 많다. 그중에 큰 장벽이 최근 여론조사에 나타난 국민의식이다. 한국인은 대다수가 일본이 과거사 청산에 소극적인 것에 비판적이지만, 우리의 과거청산은 외면하는 이중 잣대를 가지고 있다. 그것과 맥을 같이 하는 것이지만 민주주의나 인권보다 경제발전이 중요하다는 주장이 심상치 않게 나오고 있다. 2005년에 국회에서 실시한 여론조사에 의하면 민주주의와 경제발전 중 어느 것이 중요하다고 생각하느냐는 물음에 응답자의 86.4%가 경제발전을 택한 것으로 보도되었다.[21] 노장층의 경우 다수가 주요 정신적 과거사 청산 대상인 반공·냉전 이데올로기, 근대화지상주의에 영향을 받은 때문이라고 볼 수 있지만, 젊은이들 의식도 보수화되고 있다. 대학생을 대상으로 한 여론조사에 따르면, 비합법적 방법으로 목표를 달성하는 데 동의한 응답자가 1987년에 4.8%였는데, 2005년에는 23.8%로 증가했다.[22] 6월항쟁 20년을 맞아 실시한 여론조사에서 대학생 10명 중 6명이 6월항쟁을 모르는 것으로 나타났다.[23] 이러한 역사의식을 가지고 있기 때문에 2005년 전반기에 MBC와 SBS에서 각각 두 차례에 걸쳐 방영한 기획물에서 박정희 부인 육영수가 문세광이 아닌 경호실 경호원에 의해 죽었을 수 있다고 지적했고, 특히 MBC는 이 사건과 경호실, 중앙정보부의 관계를 시사하는 보도를 했는데도, 이처럼 세상을 뒤집어엎을 만한 초대형 뉴스에 별다른 반응이 없었다. IMF사태 이후 경제성장 신화와 연결되어 박정희 생존 시보다 월등 커진 박정희 신드롬은 진실규명 무력화에 대단한 위력을 발휘했다. 그 점은 황우석 신드롬에서도 입증되었다. 압력을 무릅쓰고 MBC 〈PD수첩〉이 2005년 11월 22일 '황우석 신화의 난자 의혹'을 방영하자 방송 중단을 촉구하는 전화가 빗발쳤고, 황교수팀에 문제를 제기한 것을 매국으로 몰아갔다. 이 프로그램 12개 광고주 중 11개 광고주가 광고 중지를 요청했다. 황교수가 무슨 말을 하든 온 나라가 그의 말을 맹신할 자세를 갖춘 것처럼 보였다.[24] 참으로 무서운 세상이었다.

그렇다고 양심과 양식이 무력한 것은 아니었다. 대통령 선거 직전에 있었던 2002년 12월 광화문·서울시청 일대를 수놓은 촛불시위는 수많은 양심의 시위에 다름 아니었다. 긴급조치 위반 사건을 판결했던 판사 492명 가운데는 명단 공개에 대해 '마녀사냥식 여론재판'이라는 씁쓸한 반응을 보인 이도 있었지만,[25] 일부 판사는 "당시를 떠올리면 솔직히 괴롭다" 등의 답변을 해[26] 보수적인 법조계에도 변화가 있음을 보여주었다. 지난 7월에는 한국전쟁이 터졌을 때 헌병 장교였던 김만식이 보도연맹 학살에 대해 새로운 증언을 했다.[27] 군·경 관계자들 가운데는 과거에도 진실을 고백한 분들이 있었지만, 김만식의 경우는 노근리 사건의 진실을 밝히고 속죄한 미군처럼 진실을 말할 사람들이 나타날 수 있다는 한 예였다.

구태여 독일의 예를 들지 않더라도 많은 나라가 과거사 청산을 위해 노력하고 있다. 스페인에서는 1975년 프랑코 사후 좌우파가 과거사를 파헤치지 않겠다고 약속한 침묵협약이 2004년 4월 사회당정부가 들어서면서 깨졌다. 그해 9월 진상조사위원회가 출범했고, 프랑코 동상 철거에 착수했다. 2005년 1월 브라질 연방정보국은 군사독재의 실체를 밝힐 수 있는 민주화투쟁 관련 사망자와 실종자에 대한 자료를 공개하기로 결정했다. 같은 해 6월 아르헨티나 대법원은 1976~1988년 군정 기간에 인권유린을 자행한 관계자들을 보호해온 두 사면법에 대해 위헌 판결을 내려 '더러운 전쟁'을 통해 고문, 납치, 유괴 등을 자행한 자들을 심판대에 세울 수 있게 되었다. 비슷한 시기 우루과이는 전 독재자 보르다베리를 법정에 세웠고, 미국 하원에서는 일본군 위안부 강제동원 결의안을 통과시켰다.

1987년 6월항쟁이 있기 전까지 청년층만 해도 보도연맹원 집단학살이 일어났는지를 모르고 있었다. 자신의 부친이 보도연맹원 학살 사건으로 사망했다는 사실을 6월항쟁 이후에야 알았다는 증언들도 나왔다. 보도연맹원 학살은 전국 각지에서 일어났기 때문에 당시 일정한 연령 이상의 주민이라면 거의 다 알고 있었는데, 그토록 엄청난 사건이 1987년까지 거론이 되지 않았고, 국민 다수가 아예 그 사실조차 몰랐다는 것은 로망 롤망이 말한, 인간의 양심과 이성을 적대시하는 자폐증적 사회체제라고 아니할 수 없다. 이제라도 과거사에 대한 진상규명을 통해 과거사를 올바로 기억하고 참회하여 밝고 투명한 미래를 열어야겠다. 과거사 청산으로 새로운 출발을 하자는 것이다.

## 8장
## 주

1 『조선일보』 1945. 12. 5.
2 이승만이 이기붕 국방부장관, 이종찬 육군참모총장에 대해 김종원을 석방하라고 명령한 것에 대해서는 동아일보사 편저 『제1공화국』 2, 홍자출판사, 1975, 376~377쪽 참조.
3 『한국일보』 1960. 5. 7.
4 서중석, 「한국 야당의 두 얼굴 — 민주당(1955~1961)을 중심으로」, 『이승만의 정치이데올로기』, 역사비평사, 2005, 282~283쪽.
5 한국혁명재판사편찬위원회 편, 『한국혁명재판사』 4, 1962, 189~368쪽; 서중석, 『조봉암과 1950년대』 하, 역사비평사, 2000, 801~805쪽.
6 한국혁명재판사편찬위원회 편, 앞의 책 2, 16~61쪽.
7 이것은 그 뒤 『제민일보』에서 10년간 연재되었고 『4·3은 말한다』 1~5권으로 출판되었다.
8 이 신문 연재기사는 1991년에 『울부짖는 원혼』이란 제목으로 출판되었다(『항도일보』가 이름을 바꾼 『부산매일』에서 발행).
9 『한겨레신문』 2000. 10. 24.
10 『한겨레신문』 2000. 7. 25.
11 『동아일보』 2000. 10. 27.
12 『한국일보』 2001. 12. 11.
13 『한겨레신문』 2005. 5. 24.
14 『한국일보』 2001. 1. 13.
15 『문화일보』 2007. 1. 18.
16 백동현, 「'친일반민족행위자 재산의 국가귀속에 관한 특별법' 제정과 그 의미」, 역사비평, 2006 여름호, 21~27쪽.
17 한국전쟁 전후 민간인 학살 진상규명 범국민위원회, 「통한의 메아리」 제31호, 9, 28~31쪽.
18 『2006년 하반기 조사보고서』에는 긴급조치 4호와 관련해 1974년 11월 말 현재 민청학련과 인혁당재건위 관련자 169명이 처벌된 것으로, 긴급조치 9호 관련 피해자는 974명으로 집계돼 있다.
19 『한겨레신문』 2007. 1. 30.
20 『동아일보』 2007. 2. 1.
21 『한국일보』 2005. 12. 7.
22 『동아일보』 2006. 7. 13.
23 『한국일보』 2007. 5. 28.
24 『한국일보』 2005. 11. 23; 『한겨레신문』 2005. 11. 26.
25 『동아일보』 2007. 1. 31.
26 『한겨레신문』 2007. 1. 30·31.
27 『한겨레신문』 2007. 7. 4.

# 인명 찾아보기

## ㄱ

가와바타 데이지 98
강달영 89
강만길 373
고이즈미 351, 381~383
고종 33, 89, 410
고희경 411
곽상훈 250, 253, 266, 296
곽영주 275, 280, 332, 364
구보 시게루 51
구추백 107
권동진 89, 91
권승렬 239
기다 사가키치 51
기시 292, 369, 370, 382
길재호 333
김계림 148
김계유 222, 233, 234
김구 19, 98, 100~102, 110~113, 121, 140, 146, 147, 156~158, 160, 164, 165, 178, 186, 197, 198, 211, 213, 217~219, 224, 226, 227, 230~232, 240~243, 272, 358, 361, 370, 371, 373, 378, 393, 394
김규식 19, 69, 98, 99, 111, 140, 147, 150, 157, 162, 166, 196, 213, 215, 217, 218, 224, 226, 241, 242, 353~355, 370, 371, 393, 394
김근배 227
김남식 138, 142, 208
김남천 154
김대락 75
김대중 6, 228, 307, 309, 311, 312, 320, 331, 332, 341, 342, 370, 412
김동진 273

김두봉 98, 113
김병로 92, 140, 147, 253, 266, 273, 372, 396, 397
김산 75
김삼룡 108
김선태 253
김성곤 333
김성수 147, 186, 225, 355, 375
김성숙 265, 398
김수한 262
김영삼 22, 269, 309~314, 317, 328, 331, 334, 338, 340, 400
김영선 267, 293
김옥선 311
김완룡 235
김용식 280, 292
김원봉 87, 102, 111
김윤수 253
김인식 237
김일 115
김일성 103~106, 113~115, 121, 122, 183, 228, 309
김재규 305, 308, 315, 328~335, 337, 341
김정길 227
김정렬 254, 281
김종원 234, 275, 363, 395
김좌진 70, 85, 92
김준연 285
김준태 274
김지회 227
김창숙 253, 266, 372, 396
김책 104, 115
김철안 281
김칠성 319

찾아보기 421

김태선 228, 230, 232
김학무 113
김한종 75
김형욱 288, 333, 403, 412
김활란 375
김희선 375

## ㄴ·ㄷ·ㄹ·ㅁ

노덕술 224, 360
노무라 기치사부로 98
노무현 378, 404, 408
다카기 소키라 46
다카하시 도루 51
데라우치 마사타케 42
도조 369, 370
루즈벨트 240
리영희 373
매그루더 281, 289, 290
맨스필드 285
모윤숙 375
무라이 구라마쓰 98
문봉제 217, 356
미나미 지로 43, 58, 63
미쓰야 미야쇼 70
미야케 시카노스케 107
민규식 220, 355

## ㅂ

박건웅 98
박만원 254
박상진 72, 75
박승환 116
박용만 73
박용익 254
박은식 73, 77

박정희 228, 240, 290, 292, 294, 296, 303~314, 320, 322~335, 338~341, 349~351, 365~367, 369, 370, 373, 375, 377, 379, 382, 397, 398, 411, 413, 415, 418
박제환 267
박준규 269
박찬길 239, 243
박태선 281
박헌영 108, 138, 142~145, 151, 164, 186, 187, 393
박효삼 102, 113
방응모 375
백낙준 264, 266, 275, 277
백남규 275
백남운 150, 158, 210
백선엽 288
백운평 85, 86
부시 382

## ㅅ

사노 마나부 107
사이토 마코토 40, 41
사토 369
서민호 266, 269
서상일 262, 263, 265, 358, 394
서철 115
선우종원 412
소선규 266
손도심 253
송건호 373
송병조 100
송병준 411
송인상 254, 274
송진우 137, 142
순종 89
스티븐슨 286, 287
시게미쓰 마모루 98

422

시라카와 요시노리 98
시이나 369
신규식 73
신도환 275
신숙 253, 372, 396
신언한 253, 275, 281
신익희 98, 220, 275, 363
신채호 34, 87, 91
신현확 274

## ㅇ

아놀드, A. V. 147, 148
아베 미쓰이에 41, 381, 382
아이젠하워 290
안길 115
안두희 231, 232, 361
안재홍 15, 89, 116, 137, 140, 142, 150, 181, 212, 217, 227, 358, 393
안창호 82, 230
야나이하라 다다오 43, 46, 47
야마나 미키오 43
야즈기 370
양세봉 103, 104
양호민 262
엄항섭 231
여운형 114~116, 137~154, 156~158
여운홍 138~140, 142, 231, 265
오광선 102
오동기 19, 228~230, 240
오위영 268, 293
오익경 395
오제도 253, 412
오천석 267
오치성 333
오화섭 259
올리버 215
요시노 사쿠조 43, 47, 56

우가키 가즈시게 41, 45, 60
우에다 겐키치 98
우진 70
웨일즈, 님 75
유각경 254
유인석 73, 84
유지광 275
유진산 268, 269
윤병석 73
윤보선 261, 266, 276, 281, 295
윤세주 113
윤치영 229, 237~239
윤호병 250
이강 253, 372, 396
이강학 253, 274, 282, 364
이관술 108
이광수 41, 88
이기붕 250, 279, 281, 288, 290, 330, 363, 364
이기호 281
이동녕 73, 82
이동화 138~140, 142, 262
이동휘 72, 73, 82, 83
이만규 139, 140, 146, 149, 151, 164
이명세 281
이병길 411
이병도 250
이상설 72, 73
이석대 72
이선근 281
이성우 274, 362
이승만 6~8, 10, 11, 16~20, 22, 23, 82, 83, 140, 146, 158, 160, 164, 165, 178, 179, 186, 195, 197, 198, 208~221, 223~232, 235, 236, 238, 240~243, 249, 250, 252~256, 258, 260, 261, 264, 266, 269, 270, 272, 274, 279~283, 285~288, 290~292, 294~297, 303, 319, 320, 325, 328~331, 339, 341, 349~352, 354~365, 368, 372, 377, 392~398
이승희 72

이여성 149, 158, 159, 180, 192
이영준 266
이완용 358, 394, 410, 411
이용기 225, 227
이익성 102, 113
이재유 107, 108
이재학 250, 254, 262, 264, 265, 282, 362, 364
이재현 281
이재형 266, 277
이정재 275
이존화 262
이종찬 250, 267, 288, 332
이주하 107, 108
이중재 254, 281
이진호 44
이철승 265, 268, 282, 311
이청천 102, 105
이케다 292, 369
이토 히로부미 98
이호 250, 253
이홍광 104
이회영 73
임종국 373, 374
임철호 254, 272, 364
임화수 275
임흥순 275, 281

## ㅈ

장개석 87, 113
장건상 263, 319, 398
장경근 254, 272, 278, 362, 364
장덕수 355
장도영 228, 289, 290
장승원 72
장영복 275
장준택 275, 276
장택상 217, 220, 221, 224, 230, 274, 353, 356, 393

전봉덕 232
정기섭 254
정낙헌 227
정일형 267, 284~287, 293
정태식 158, 159
정헌주 267
정희택 412
조덕송 207, 208
조동걸 12, 75
조동호 116, 148
조두원 148
조병옥 92, 142, 220, 224, 230, 353, 363, 393
조봉암 19, 151, 216, 228, 320, 326, 363, 396, 403
조소앙 73, 100, 111, 150, 217, 218
조용수 398, 414
조용순 250
조인구 252, 275, 280
조재천 262, 269, 275, 293
조헌영 238, 359
지창수 207, 222, 225, 227, 241
진광화 113


## ㅊ · ㅋ · ㅌ · ㅍ

차지철 330, 332~335, 340, 341
채응언 71
최경록 289, 290
최난수 224
최남선 41, 91
최능진 19, 217, 228~230, 240
최대교 232
최린 41, 89
최백근 398
최병환 274
최상룡 138, 142, 161
최석채 262
최영희 289, 366

최용건 104, 115, 122
최용달 108, 109
최응복 275
최인규 253, 254, 272, 274, 275, 283, 332, 363, 364, 398
최찬익 281
최철기 227
최헌길 275
최현 104, 106, 114, 115
커밍스, 부르스 138, 161
태완선 268, 366
파머 288, 289

## ㅎ

하나다 가나시쓰게 54
하세가와 요시미치 35, 42
하지, 존 140, 146, 147, 160, 161, 215, 352~354, 393
하타다 다카시 50, 51
한광석 281
한동석 395, 398
한흥동 72
한희석 253, 254, 262, 362, 364
허헌 91, 92, 146, 148, 149
허형식 104
현석호 267, 268, 283, 288, 289, 293
현우현 158
홍범도 84, 85
홍익표 267
홍종만 231
홍진기 8, 254, 272, 275, 280
홍택희 224
홍한표 208
황남준 208
황두연 239, 243
후쿠다 도쿠조 50

# 기타 찾아보기

## ㄱ

갑오경장 398
거창사건(거창양민학살사건) 396, 400, 407, 408
건국동맹 115, 116, 122, 137, 145
건국준비위원회(건준) 15, 116, 117, 122, 137, 138, 141~146, 149~151, 156, 163, 164, 182, 186, 191
걸프만전쟁 380
경성제국대학 49, 55, 107, 108
경성콩그룹 108
경성트로이카 107
경신참변(경신학살) 86
경제보국회 사건 355
경찰청과거사 진상규명위원회 412
경학사 73, 75
고려공산청년회 89
고려족중앙총회 69
관세동화정책 45
광무신문지법 34
광복군 110~112, 121
광주학생운동 14, 37, 91, 93, 94
광주항쟁 5, 10, 11, 14, 303, 304, 306, 309, 311, 325, 326, 328, 335, 337~342
구보사건 51
국가보안법 20
국민방위군사건 395
국민정신총동원조선연맹 58
국민징용령 62
국민총력조선연맹 58
국방부과거사진상규명위원회 413
국회프락치사건 218, 394
궁성요배 58
근로인민당 178, 180

근우회 91~93
긴급조치 1호 323
긴급조치 4호 323
긴급조치 9호 311, 313, 323, 330
김구암살사건 19, 20, 218, 228, 272, 395, 396
김대중납치사건 228, 307, 370, 412
김대중내란음모사건 228
김영삼제명사건 22, 312
김지하필화사건 370

## ㄴ · ㄷ · ㄹ

남로당 18, 149, 178~182, 184, 187, 188, 192, 194, 196~198, 207~209, 224~228, 241, 242, 290, 333
남로당 프락치 사건 290
남조선민족해방전선(남민전) 412
남조선과도입법의원(입법의원) 183, 195, 198, 354, 355, 358, 394
내선일체운동 41, 43
내지연장주의 13, 35, 41~43
노근리사건 402, 408
노농총동맹 36, 121
농산어촌진흥운동 58
단정운동 6, 11, 17~20, 23, 210~212, 215~220, 223~225, 227, 231, 232, 241, 242~244, 378
대장성 42, 44, 50
대한광복회 71, 72
대한국민의회 82
대한군정서 85
대한독립당 90, 99
대한민국임시정부 15, 16, 69, 82, 83, 94, 100, 101, 110, 111, 113, 120, 121, 137, 142, 146,

156, 232, 393, 398
대한군북로독군부 85
도쿄전범재판 381
독립운동 기지건설운동 71~73, 120
독립촉성중앙협의회(독촉중협) 212, 354, 393
독립촉성국민회(독촉국민회) 19, 217
동경제국대학 49
동명중학교 86
동조동근론 43
동화주의 35, 41, 46, 47, 88
러일전쟁 72, 381

**ㅁ**

모스크바 삼상회의(삼상회의) 139, 140, 155, 157, 159~162, 165, 166, 212, 357, 393
무관총독 48
무단통치기 32, 34, 39, 79, 118
문관총독 32
문화통치기 32, 35, 37, 39, 49, 50
미군정 7, 23, 147, 148, 150, 151, 164, 184, 186, 208, 214, 217, 219, 220, 223, 243, 349, 350, 352~355, 357, 360, 392~395
미소공동위원회(미소공위) 17, 139, 140, 157, 161, 162, 177, 178, 180, 181, 186~188, 192, 193, 195, 197~199, 213, 214, 216, 226, 358, 393
미쓰야협정 70
미일신안보조약 292
민간인학살진상규명 범국민위원회(범국민위원회) 407, 413
민족자주통일중앙협의회(민자통) 286
민주주의민족전선(민전) 138, 186~188, 192, 196
민주화운동유가족협의회(민가협) 401

**ㅂ**

반민족문제연구소(민족문제연구소) 373~375, 384, 401
반민특위사건(6·6반민특위습격사건) 218, 359, 394
보도연맹 6, 8, 18, 236, 374, 394, 395, 401, 402, 405, 412, 416, 419
봉오동전투 84~86, 121
부마사태 308, 310, 332~334, 341
부민단 73, 75, 84
부산양서조합 322
부산정치파동 250, 270, 362
부산항쟁 310, 315, 324, 336
부정축재처리안 255
북로당 178~183, 191, 192, 194~198
북조선인민위원회 183, 184, 198
분할통치 40

**ㅅ**

4당 공동 코뮤니케 159, 165
사르트르 351
사립학교규칙 56
사립학교령 56
4월혁명 5, 6, 10, 11, 14, 20, 21, 251, 252, 260, 266, 269, 273, 274, 276, 280, 281, 286, 290, 294, 295, 297, 298, 303, 318, 319, 322, 324~326, 328, 329, 336, 338~340, 349, 371, 372, 374, 392, 396, 397
4·26(승리의 화요일) 325, 331, 364
4·19봉기(4·19시위) 21, 252, 306
사회대중당(사대당) 261~265, 273, 414
사회안전법 365, 367
3·15 정부통령 선거(3·15부정선거) 8, 23, 217, 249~252, 254, 272, 273, 276, 280, 282~284, 288, 303, 304, 361, 372, 396, 398
3·1운동 14, 15, 32, 36, 37, 40, 41, 60, 71, 73, 75

~82, 86~89, 91, 93, 120, 176, 237
삼청교육대 398, 413
샌프란시스코회의 162
서북청년회(서청) 217, 230, 356
서울대학교민족통일연맹(민통련) 285~287
소·일기본조약 70
소장파 전성시대 19, 218
숙명여자고등보통학교 56
숭실학교 55
시국대응전선사상보국연맹 61
10월항쟁(대구폭동) 221, 223, 242, 353, 358, 360, 393, 412
신간회 36, 37, 87, 90~93, 95, 107, 121
신민당 187, 226, 268, 269, 271, 293, 295, 309~311, 313, 331~333, 338~340
신탁통치 16, 17, 138~140, 155, 157~162, 165, 213, 220, 357
신풍회 268, 269
신한혁명당 73
신흥무관학교 70, 72, 73, 75, 121
10·2시위 306, 307
12·12쿠데타 312, 337, 382, 398~400
10·26거사(10·26정변) 304, 305, 312, 329~331, 341
12월테제 107, 109, 185, 187, 190~192

## ㅇ

어랑촌전투 85
여순사건 6, 17~20, 207~210, 219, 222~232, 234~244, 333, 360, 395
영인평화협정 39
5·30 선거 19, 20, 217, 242, 265, 319, 360, 361
5·10 선거 19, 20, 207, 212, 214, 216~218, 225, 226, 230, 242, 394
5·20 선거 362, 365
5·15사건 367
5·17쿠데타 312, 337, 341, 342, 382, 398

5·18광주민주화운동 진상조사특위 399
YH사건 311, 327
완루구전투 85
워싱턴회의(태평양회의) 83
원산총파업 93
위수령 21, 322, 323, 325, 334, 338, 368
유신정우회(유정회) 23, 332, 365, 366
유신체제 7~10, 21, 23, 303~309, 311~315, 317, 322, 324, 327~329, 331, 334, 335, 337, 339~342, 349, 361, 365~367, 370~372, 382, 415
유신쿠데타 307, 317, 321, 322, 324, 340, 365~367, 399
유엔인권소위원회 특별보고서(맥두걸 보고서) 402
유엔임시위원단 215
유일당촉성회 92
6월항쟁 10~12, 14, 20, 23, 24, 303~307, 325, 326, 328, 331, 336~342, 372, 374, 376, 383, 392, 395, 399, 400, 418, 419
6·3사태 324, 326
6·29선언 328, 331, 341
6인위원회 254
을사조약 368
의문사진상규명위원회 406, 407, 417
의열단 69, 87, 94~97, 100, 101
2대악법 반대투쟁 268, 271, 297
24파동 259, 283
2·26사건 367
2·12 총선 337, 338, 341
〈이제는 말할 수 있다〉 24, 403, 412
2·8 한미경제협정반대 공동투쟁위원회 291
이화학당 55
인민당 16, 138~140, 148~152, 154, 156, 158~161, 164, 165, 187, 192, 214, 226
인민대표회의 142, 143, 145, 156, 163, 186, 188
인민위원회 145, 148, 149, 151, 177, 180, 182~186, 192, 194, 196, 199, 242
인혁당재건위사건(인혁당사건) 323, 333, 403, 411, 416

일선동조론 43
일진회 34, 36
임시의정원 82, 111
임진왜란 32

## ㅈ

자유당 20, 23, 249, 250, 252~257, 261~265, 271~275, 277, 278, 281, 284, 297, 332, 362~364, 396~398
자유당정부통령선거대책위원회 253, 264, 277, 278
자주주의 46, 47
재만책진회 92
전러한족대표자회 69
정오묵도 58
정읍 발언 212, 214, 215
제일교포간첩단사건 365
제1차 세계대전 32, 76, 83
제1차 마산항쟁(3·15마산시위, 3·15의거) 283, 318, 319, 321, 336
제2차 마산항쟁 252, 318, 319, 322, 325, 326, 339
제5공화국정치권력 비리조사특위 399
제주4·3봉기 221
제주4·3사건 18, 207~209, 232, 243, 360, 374, 395, 403, 407
제주4·3사건 진상규명 및 희생자명예회복 위원회 (제주4·3사건위원회) 235, 236, 391, 408
조미공동소요대책위원회 353, 393
조선고적조사위원회 49
조선공산당 89, 92, 95, 107, 108, 138, 144, 185, 187, 188, 190, 191, 196, 226, 393
조선교육령 52, 60, 65
조선문인보국회 60
조선문인협회 60
조선민족해방동맹 101, 111
조선민족혁명당 101, 102, 111, 113

조선방공협회 61, 357
조선사상범보호관찰령 61, 365
조선의열단(의열단) 69, 87, 94~101
조선의용군 113, 114, 122
조선의용대 98, 102, 103, 111~114, 121, 122
조선인민공화국(인공) 138~152, 156, 157, 159, 164, 182, 192
조선청년총동맹 88, 91~93
조선총독부 13, 14, 34, 37~39, 43, 50~52, 54~56, 58, 60, 63, 65, 66, 70, 74, 86~88, 96, 116, 122, 352, 358, 366
조선혁명군 70, 92, 103, 104
조선혁명당 92, 98, 99, 101, 103, 110
조선혁명자연맹 111
종속주의 41, 46, 47
좌우합작운동 16, 17, 138, 150, 153, 162, 165, 166, 199, 215, 393
주한미군사령부 146, 212, 215, 241
중경 임시정부 110, 114, 116, 122, 138, 213, 220, 357
중일전쟁 6, 13, 32, 37, 41, 47, 48, 57, 58, 62, 63, 70~72, 101, 115, 117, 119
중추원 39, 41, 364, 410, 411
진보당 151, 228, 258, 262, 326, 396
진보당사건 228, 262, 396
진실·화해를 위한 과거사정리위원회 391, 414

## ㅊ·ㅋ·ㅌ·ㅍ

창씨개명 45, 60, 63, 109
창조파 69, 84
천황제 13, 31, 58, 61, 63, 65, 109, 117, 119, 328
청산리전쟁 84~86, 121
청조회 269
『친일인명사전』 11, 375, 376, 384
친일반민족행위자 재산조사위원회 405, 411
친일행위청산운동 350, 372, 375
7·29 민의원·참의원 총선거(7·29 총선) 20, 249,

260, 261, 263~266, 271, 273, 277, 279, 284, 285, 289, 295, 298
카이로선언 64, 65
코민테른 105, 107, 109, 182, 185
태평양전쟁 6, 7, 58, 212
통감부 34, 55
통감부시기 34, 54, 57
통일주체국민회의 338, 365
트루먼독트린 215
팔로군 113, 122
8월테제 144, 147, 187, 191~193
8·8 투기억제조치 316
프랑스대혁명 47
〈PD수첩〉 24, 418

한일회담 293, 294, 324, 368
한족회 69, 73, 75, 84
허정과도정권 249, 252, 255, 272, 292, 294, 298, 372
헌정동지회 257
혁명의용군사건 19, 228, 230, 240, 242
형평운동 81, 121
혼춘사건 85
화북독립동맹 113
화북조선청년연합회 113
화요파 108
화흥중학교 86
황국신민의 서사 32, 58
황국신민체조 60
황국신민화교육 35, 57, 65
황국신민화운동 7, 13, 32, 35, 41, 47, 54, 57, 58, 60~63, 65, 70, 109, 119, 351, 356

## ㅎ

학도근로보국대 60
학도특별지원병제 64
한국광복동지회 98
한국독립군 102, 103, 105
한국독립당 98~101, 110
한국전쟁 5, 6, 20, 21, 209, 252, 254, 272, 287, 317, 360, 372, 373, 375, 400, 401, 413, 419
한국혁명당 98
한독당 100, 101, 110, 111, 114, 188, 193, 214, 231, 232, 361
한미행정협정(SOFA) 292
한민당 16, 19, 138, 140, 147, 150, 156, 158~160, 165, 188, 193, 195, 197, 198, 211, 212, 216~219, 224, 225, 232, 238, 241, 243, 250, 265, 266, 269, 285, 354, 355, 358, 361, 393, 394
한민당 8총무 250
한성사범학교 55
한성정부 82
한인애국단 98, 100, 101
한·일기본조약 369

**사진 저작권**

90쪽, 108쪽, 177쪽, 211쪽, 218쪽, 314쪽 ⓒ 조선일보
99쪽, 112쪽, 155쪽 위 ⓒ 백범기념관
141쪽 ⓒ 몽양여운형기념사업회
229쪽 ⓒ 이경모
251쪽, 330쪽, 374쪽 ⓒ 민주화운동기념사업회
278쪽 ⓒ 동아일보
296쪽, 362쪽 ⓒ 경향신문
353쪽 ⓒ 현일영